KB219843

한쪽으로 치우친 종말론의 축을 균형 있게 잡아주는 책이다. 미들턴은 "새 하늘과 새 땅"보다는 사후세계에 고정되어 있는 우리의 종말론적 시각을 넓혀주는 노력을 아끼지 않는다. 개인적 종말론에 치우쳐 사후 세계만을 최종 목적지로 오해하고 있는 이들에게 하나님 중심적 종말론, 온 피조세계를 품는 통전적 종말론, 종말과 윤리가 통합되는 윤리적 종말론의 중요성을 일깨운다. 종말 때문에 세상을 버리는 것이 아니라, 종말 때문에 세상으로 뛰어들어 문화적 책임감을 다하고자 씨름하며, 하늘과 땅이 하나 되는 요한계시록 21-22장의 비전을 꿈꾸는 이들에게 적극 추천한다. **김경식** 웨스트민스터 신학대학원대학교 신약학 교수

종말에 "이 세상"이 완전히 파괴되고 성도들은 천국으로 불리는 "저 세상"에 가게 될 것이라는 믿음은 성경적인가? 많은 기독교인이 지금까지 그렇게 배웠다. 그러나 이 책은 그런 "내세적" 천국 개념이 비성경적이라고 주장한다. 저자는 내세적 천국 개념을 조장하는 듯이 보이는 성경본문들을 꼼꼼히 주해함으로써, 종말에 성도가 들어갈 천국을 새로운 관점에서 체험하도록 도와준다. **김구원** 개신대학원대학교 구약학 교수

전적으로 타락하고 무능한 인간에 대한 우리의 확고한 신앙은 세상에 가득한 죄악과 불의를 당연한 것으로 여기며 체념하게 만들었고, 내세에 주어질 천국의 구원만을 사모하며 이 땅에서는 오직 믿음의 교리만을 되새기게 했다. 죽은 다음에 가는 천국과 전적으로 부패한 현세 사이에서 내세를 바라며 이 땅의 평안과 물질만을 추구하는 종교인, 바로 이것이 오늘 우리 기독교인의 단적인 모습 같다. 미들턴의 책은 하나님이 지으신 세상과 사람의 영광스러움, 예수 그리스도로 말미암아 우리에게 부여된 영광의 삶이 어떤 것인지 또렷이 보여준다. 구원이 무엇인지, 참으로 사모해야 할 하나님 나라가 무엇인지, 이 책을 찬찬히 읽어볼 일이다. 적지 않은 분량이지만, 이 책을 소화한다면 우리가 살아가는 삶이 꽤 달라질 것이다.

김근주 기독연구원 느헤미야 연구위원

상식과 전문지식 사이에 괴리가 있는 경우가 많다. 예컨대 불에 데면 상처 부위를 꽁꽁 싸매라는 상식이 있다. 그런데 전문 의학 지식에 의하면 화상 열이 나는 몸은 노출시켜야 치료에 도움이 된다고 한다. 전문지식을 모르는 경우 우리는 상식에 의존하게 되고 그 피해는 고스란히 우리 자신에게 돌아온다. 동서고금을 막론하고 성경 교리 지식 가운데 상식과 전문지식의 괴리가 가장 큰 영역이 종말론, 그리고 요한계시록 해석일 것이다. 저자는 성경본문을 훌륭히 주석함으로써 "새 하늘과 새 땅"에 대한 전통적이고 상식적인 이해가 잘못되었음을 직시하고 대안적 이해를 제공한다. 이 주제에 관해 상식에서 전문지식으로 넘어가도록 좋은 길잡이가 될 책이다.

김동수 평택대학교 신약학 교수

하나님 나라가 역사의 끝자락에 새롭게 될 이 "땅"에 도래한다는 리처드 미들턴의 주장은 풍문에 의한 종말론이 주류를 이루고 있는 오늘날의 한국 교계에 가히 혁명적이고 전복적이다. 저자는 역사의 끝에 있을 일들(종말론)에 대한 성경적 가르침을 "창조-타락-구속-완성"이라는 커다란 개혁신학 전통의 기독교 세계관을 통해 유려하고 명확하게 진술하고 있다. 그가 보여주는 성경의 나선형적 역사관은 단순히 최초 창조로의 회복이 아니라 구속적 회복으로서 창조의 완성을 가리킨다. 이것이 함의하고 있는 바, 인간의 삶 전체가 예배이며 종교라는 미들턴의 신념은 그가 제시하는 종말론의 절정이기도 하다. 모든 신학 분야에 깊은 통찰을 주는 탁월한 저작이다.

류호준 백석대학교 신학대학원 구약학 교수

종말 신앙의 궤적을 세밀하게 탐색하는 이 책은 성경과 우리 사이의 간격이 얼마나 멀리 떨어져 있는지 진단한다는 측면에서 파격적이다. 창조에서 종말까지 성경 이야기의 기본 구조를 추적하여 그리스 철학의 구조에 함몰된 종말론의 민낯을 들춰낸 저자는 하나님의 구원이 얼마나 구체적이고 역사적이며 사회정치적인 차원에서 이해되어야 하는지, 그리고 개인을 넘어 공동체와 만물의 갱신을 지향하는지를 강조한다. 또한 이런 특성은 영적이고 관례적인 해석으로는 파악되지 않는다고 지적하며 자세한 읽기의 필요성을 역설한다. 현재와 미래의 관계를 이처럼 설득력 있게 해명하기란 쉽지 않다. 결국 이 책의 독서는 설교자와 신학도는 물론, 모든 그리스도인의 필수 과제가 되었다.

윤철원 서울신학대학교 신학대학원 신약학 교수

종말론에 대해 새롭고 혁명적이며 설득력 있는 사고전환을 요구하는 저술이다.『그리스도인의 비전』을 통해 "창조, 타락, 구속"이라는 기독교 세계관의 모델을 제시함으로써 큰 영향을 끼쳤던 미들턴이,『새 하늘과 새 땅』에서는 앞의 "구속"에 초점을 맞추어 총체적 구원이 "총체적 종말론"을 요구한다고 주장한다. 이 땅은 예수님의 재림 후에 버려져 없어질 운명이 아니다. 오히려 새롭게 갱신된 땅 위에서 총체적 구원이 펼쳐질 것이다! 하나님의 형상인 그리스도인이 새 땅에서 문화 명령을 계속 수행할 것이라는 주장은 우리가 지금 어떻게 생각하고 어떻게 살아야 할지를 제시해준다. 현대 기독교인의 필독서로 추천하고 싶다.

이상일 총신대학교 신약학 교수

1980-1990년대 한국 기독교의 세계관 운동은 성과 속을 구분하는 극단적 이원론으로 물든 교회를 향해 커다란 도전과 자극이 되었다. 하지만 아직도 "이곳"이 아닌 "저곳"만을 고대하며 살아가는 내세지향적 종말론의 잔재가 남아 있는 현실을 감안할 때,『새 하늘과 새 땅』의 출간은 시의적절하다. 특히 이 책은 성경의 거대 내러티브를 통합적으로 조망하고 성경적 종말론의 근거를 풍부하게 제시함으로써, 지난 세계관 운동의 단점을 보완하고 장점을 강화시키고 있다. 창조세계의 회복을 고대하는 모든 이들에게 추천한다.

장세훈 국제신학대학원대학교 구약학 교수

오랫동안 한국교회는 종말론 이해에서 잘못된 공중 휴거와 땅의 멸망이라는 늪에 빠져 허우적거렸다. 이런 상황에서 미들턴의『새 하늘과 새 땅』은 우주적 갱신이라는 성경적 종말론을 제시하는 사막의 오아시스 같은 책이다. 미들턴은 브라이언 월시와 함께 펴낸『그리스도인의 비전』으로 오래전부터 한국교회에 잘 알려진 인물이다. 총체적 구원의 관점에서 신구약성경을 관통하면서 "새 하늘과 새 땅" 주제를 다룬 이 책은『그리스도인의 비전』의 속편이라고 할 수 있다.

　『새 하늘과 새 땅』은 종말론의 핵심적인 질문, 즉 "그리스도가 재림하실 때 우주는 멸망하는가?"에 대해 매우 설득력 있는 대답을 제공한다. 저자는 구약에서의 총체적 구원과 함께 우주적 회복에 대한 신약의 비전을 "새 하늘과 새 땅"의 주제로 풀고 있다. 인간의 죄악으로 인한 자연환경의 파괴는 끝이 보이지 않고, 통속적 종말론의 틀 속에서 이 땅이 마지막 날에 전부 불타 없어질 것으로 이해되는 이 시대에,『새 하늘과 새 땅』이 던지는 메시지는 참으로 시의적절하다.　　　　　　　　　　**조석민** 에스라성경대학원대학교 신약학 교수

『새 하늘과 새 땅』은 성서적 종말론에 대한 깊이 있는 연구서인 동시에 해당 주제를 쉽게 풀어쓴 대중서이기도 하다. 대중적인 기독교 종말론은 창조세계에 대해 부정적 견해를 가지고 있다. 현재 세상은 죄와 폭력으로 얼룩진 현장이며 궁극적으로는 종말에 완전히 불에 타 소멸될 대상으로만 흔히 이해된다. 따라서 이 땅에서 이루어지는 하나님 나라는 완전히 무시되고 저곳에 있는 하나님 나라에만 집중한다. 이 책은 이런 편협하고 왜곡된 종말론에 강력한 태클을 건다.

저자는 총체적이고 성서적인 종말론에 도달해야 하는 만큼 기독교인의 인식도 성숙해져야 함을 논리적으로 설득한다. 하나님 나라란 "저 세상"이 아니라 "이 세상"에서 완성됨을 설득력 있게 보여주는 것이다. 이런 주장은 성서적일뿐만 아니라 교리 신학적이고 교회사적 검토를 거치고 있는 동시에, 현장 목회자의 글도 존중하면서 그 타당성을 더하고 있다. 왜곡된 종말론에서 자유롭지 못한 한국교회에 참으로 반갑고 귀한 선물이 주어졌다. 미력하나마 이 책이 더 많이 읽혀지는 일에 일조하고 싶다. 제대로 신앙생활 하고 싶은 분들에게 꼭 읽어야 할 책으로 강력히 권한다.　　　　**차준희** 한세대학교 구약학 교수

미들턴은 교회가 지금까지 소중히 간직했던 말씀, 하지만 잘못 해석된 성경본문 속으로 과감히 뛰어든다. 그리하여 "하늘로 가는" 것에 대한 "내세적" 소망이 어떻게 복음적 신앙에 대한 총체적 오독인지를 보여준다. 저자는 복음이 땅에서의 도피가 아닌 땅의 변화와 관련된다는 점을 선명히 보이기 위해, 성경본문의 풍부한 보고를 가지고 독자를 고되고 단단한 길로 걷게 한다. 미들턴은 우리의 종말론 이해가 형편없는 함의를 가지고 있음에 대해 회개할 것을 촉구한다. 바로 이것이 미들턴 자신도 공언하는 회개다. 이 책이 많은 사람들에게 읽힌다면, 우리가 복음 속에 담긴 우리 공동의 미래, 사회경제적·정치적 파생물을 수반하는 공동의 미래에 대해 생각하고 행동하는 방식에 엄청난 영향을 끼칠 것이다.

월터 브루그만 컬럼비아 신학대학원 교수

이 책은 학계에서 자주 소홀히 취급되는 성경의 한 핵심적인 주제에 대한 탁월한 신학적 고찰이다. 미들턴은 이 주제에 대한 기독교 해석역사에 깊은 주의를 기울이면서 신구약본문을 광범위하게 넘나들며, 폭넓은 관심을 받을 만한 매우 사려 깊은 논의를 제시한다.

테런스 E. 프레타임 루터 신학교 교수

성경을 믿는 진지한 그리스도인 대다수가 근본적으로 비성경적인 종말론적 인생관을 신봉한다는 사실은 다분히 역설적이다. 미들턴은 "총체적 종말론"에 대한 통찰력 있는 해설을 통해 절실히 필요했던 교정 수단을 제공한다. 또한 우리가 그 일부로 속해 있는 창조된 우주의 번영에 대한 하나님의 약속을 강조하면서 신구약을 효과적으로 통합한다. 매우 포괄적이고 성경해석에 충실히 근거를 두며 신학적으로도 풍성하기에 성서신학 영역에서 교과서 역할을 훌륭히 해낼 책이라고 생각된다. 일독을 강권하고 싶다.

도널드 A. 해그너 풀러 신학대학원 교수

리처드 미들턴은 혁명을 이야기하고 있다! 성경의 확고한 비전은 새 땅에서 부활한 인간에 대한 비전인데 왜 그리스도인들은 하늘에서 영원토록 지내겠다는 무기력한 목표에 만족해야 하는가? 당신의 상상력을 내세적 이원론의 사슬에서 해방시키고 구속된 만물에 대한 환상이 우리의 제자도에 새로운 생명을 불어넣는, 멋지고 매력적인 성경 이야기의 세계로 들어가라. **실비아 키이즈마트** 토론토 대학교 트리니티 칼리지 교수

만물의 갱신에 대한 미들턴의 비전은 포괄적이고 깊이 있으며 흥미진진하고 쉽게 이해된다. 하지만 무엇보다 더 큰 유익은 이 비전이 사실이라는 점이다. 별처럼 빛나는 역작이다. 여러분께 진정으로 추천한다.

코넬리우스 플랜팅가 칼빈 대학 연구 교수, 『기독 지성의 책임』 저자

성경에 뿌리를 두고, 통찰력으로 가득하며, 명쾌하고 매력적으로 쓰인 『새 하늘과 새 땅』은 성경의 전인적 구원 이야기를 호감 가도록 제시한다. 리처드 미들턴의 새 책은 공중 휴거와 땅의 멸망이라는 흔한 종말론과 대비되는 우주적 갱신에 대한 성경적 관점을 되찾는다. 땅은 종말에 전부 타서 없어질 것이라는 주장 때문에 성경이 생태학적 퇴행을 정당화하는 데 자주 이용되는 시대에, 『새 하늘과 새 땅』은 더할 나위 없이 시의적절하다. 간단히 말해서, 우리에게 절실히 필요한 이 책은 같은 종류의 저서 중 가장 뛰어나다. 많은 독자에게 읽히기를 기원한다. **스티븐 보우머-프레디거** 호프 칼리지 교수, 『땅의 아름다움을 위하여』 저자

미들턴은 내 소중한 스승 중 한 분이다. 그와의 만남은 매번 나를 변화시킨다. 이 책도 다르지 않다. 미들턴은 (찬송가 가사에서 영속화된) 이미 습득된 나쁜 해석 습관을 깨닫도록 돕는 동시에, 성경을 새롭게 읽고 새 땅에 대한 성경적 소망을 인식하도록 우리를 초대한다. 이 책이 내가 소망하는 만큼 널리 읽힌다면 북미의 기독교가 변화될 것이다.

제임스 K. A. 스미스 칼빈 대학 교수, 『하나님 나라 상상하기』 저자

『새 하늘과 새 땅』은 수십 년간의 집중적이고 주의 깊은 연구에 바탕을 두고, 성경의 권위를 높이는 통합적 신학 관점이 뒷받침하는, 건전한 성경연구의 매우 뛰어난—나는 탁월하다고 말하고 싶다—예다. 이 책은 내세적 플라톤주의가 기독교의 종말론적 상상력에 끼친 오래되고 강력한 영향에 치명타를 날리며, 세속적·문화적인 모든 차원을 포함한 창조세계의 통합적이고 포괄적인 회복을 약속하신 하나님을 찬양한다. **앨 월터스** 리디머 대학교 교수

마르틴 부버는 거룩한 것과 거룩하지 않은 것의 배타적 구별을 잠재적 포용성을 가진 구별, 즉 거룩한 것과 아직 거룩하지 않은 것으로 다시 생각했다. 비슷한 맥락에서 리처드 미들턴은 확고한 성경적 근거에 입각하여, 온갖 모호함 속에 휩싸인 현 세상을 하나님의 구속 목적에서 아직 완성되지 않은 새 하늘과 새 땅으로 다시 상상한다. 그 결과는 인간 소망의 근본적 방향전환과 하나님이 하시는 "이 세상의 구속적 변혁을 위한 사역"에 동참하라는 고무적 요청이다. 이 책을 60년 전에 읽었다면 얼마나 좋았을까? 그랬다면 내 삶은 지금과 천지 차이로 달라졌을 것이다. 하지만 이 시점에도 이 책은 내 과거를 다시 해석하고 새로운 전망 속에서 미래를 향해 살아갈 수 있게 해준다. J. 제럴드 잰즌 크리스천 신학대학교 교수

A New Heaven and a New Earth

J. Richard Middleton

새 하늘과 새 땅

변혁적-총체적 종말론 되찾기

J. 리처드 미들턴 지음 | 이용중 옮김

Holy
WavePlus

내 신실한 친구이자 인생 여정의 동반자

마샤에게 이 책을 바친다.

차례

도표 차례

그림

표

나는 어떻게 이 책을 쓰게 되었는가?

스물두 살에 자메이카 신학대학교에서 신학학사 과정을 마친 후 캐나다로 이주한 나는, 석사과정(궬프 대학교 철학석사) 중에 친구 브라이언 월시(Brian Walsh)와 함께 『그리스도인의 비전』(*The Transforming Vision*, IVP 역간)이라는 기독교 세계관에 관한 책을 썼다.[1] 이 책은 현대 세계 속에서 그리스도인의 원숙한 제자도를 삶으로 실천해야 할 필요성에 중점을 두고 구원에 대한 총체적 관점을 제안한 저술로, 비교적 최근에 생겨난 기독교 세계관 연구분야에 관한 최초의 저서들 가운데 하나였다. 이 책에서 우리는 성과 속의 구별이 없는 총체적 세계관을 주장했을 뿐만 아니라, 이 세계관의 근거를 물리적 우주, 인간 문화 및 사회 모두를 포함한 창조세계의 구속에 대한 성경의 가르침에 명시적으로 두었다.

　브라이언 월시와 내가 『그리스도인의 비전』을 썼을 때 이런 총체적 강조점은 우리 두 사람에게 전적으로 새로운 통찰은 아니었다. 우리는 그전에 토론토의 기독교 학문연구소에서 몇 년간 함께 공부한 적이 있었는데, 그곳은 신앙과 학문에 대한 통합적 관점의 근거를 우주 구속에 대

---

1) Brian J. Walsh and J. Richard Middleton, *The Transforming Vision: Shaping a Christian World View* (Downers Grove, IL: IVP Academic, 1984).

한 성경의 가르침에 둔 학제간 대학원 과정이었다.[2] 하지만 토론토에서 지내기 전에도 이미 나는 성경이 장차 있을 천상에서의 내세적 삶이 아닌 요한계시록 21-22장에 묘사된 새 하늘과 새 땅을 구속받은 인간들의 최종적 운명으로 가르치고 있다고 확신했다. 자메이카에서 신학을 공부하는 동안 나는 세계관이 전반적으로 변화하는 경험을 했는데, 그 일부로서 종말론(말세에 대한 교리)에 대한 이런 총체적 접근방식에 대해 확신하게 되었다.[3]

세계관의 변화가 일어난 과정

무엇이 이런 세계관의 변화를 초래했는가? 우선 기독교 신앙의 기본적인 논리가 있었다. 내가 예수 그리스도 안에서 알게 된 사랑의 하나님은 자신이 만드신 세상—인간의 죄와 타락에 깊은 영향을 받은 세상—을 다른 어떤 비물질적인 영역이나 장소를 위해 폐기처분하는 것이 아니라 그 세상을 구원하고 구속하기를 원하셔야 앞뒤가 맞았다. 결국 하나님의 계획은 인간을 구원하는 것인데, 그렇다면 왜 하나님이 원래 우리를 두

---

2) 기독교 학문연구소에 대한 역사적 소개를 보려면 Robert E. VanderVennen, *A University for the People: A History of the Institute for Christian Studies* (Sioux Center, IA: Dordt College Press, 2008)를 보라. 기독교 학문연구소 비전의 바탕이 된 아브라함 카이퍼의 유산에 대해서는 다음 책들을 보라. Peter S. Heslam, *Creating a Christian Worldview: Abraham Kuyper's Lectures on Calvinism* (Grand Rapids: Eerdmans, 1998); Richard J. Mouw, *Abraham Kuyper: A Short and Personal Introduction* (Grand Rapids: Eerdmans, 2011).

3) 로저 링겐버그(Roger Ringenberg)는 연구논문인 "A History of Jamaica Theological Seminary, 1960-1992" (선교학 박사 논문, Trinity Evangelical Divinity School, 1992)를 집필했다. 자메이카 신학대학교의 후원을 받아 나온 논문집을 보려면 Garnett Roper and J. Richard Middleton, eds., *A Kairos Moment for Caribbean Theology: Ecumenical Voices in Dialogue* (Eugene, OR: Pickwick, 2013)를 보라.

셨던 이 땅을 포기하려 하시겠는가?

이전에 자메이카 섬에서 가장 높은 곳인 블루 마운틴 피크에 등반 여행을 갔을 때 해발고도 2,300미터에서 해가 떠오르는 가슴 벅찬 광경을 본 기억이 난다. 몇 분간의 침묵이 흐른 뒤 내 친구 후니오르(Junior)는 아쉬운 듯이 이렇게 말했다. "정말 아름다운 광경이야. 이런 멋진 광경이 언젠가 다 사라진다니 참 유감이군." 그 순간 번뜩 떠오른 깨달음을 나는 지금도 기억한다. **그렇게 되지 않을 것이다.** 나의 성장해가는 기독교 신앙의 일부로 기꺼이 받아들이게 된 이 땅에서의 삶의 아름답고 놀라운 것들이 하나님의 궁극적인 구원 목적에서 분리될 수도 있다는 건, 내가 보기에 말이 되지 않았다.

이런 기본적인 직관 내지 신학적 통찰은 자메이카에서 대학생활을 하는 동안 했던 성경연구를 통해 확인되었다. 오늘날의 대다수 그리스도인들은 몸의 부활에 대한 믿음과 최종적 운명으로서의 비물질적인 천국 사이의 해결되지 않는 긴장 상태를 경험하며 살아가는 경향이 있다. 또한 많은 이들이 (요한계시록에서 나온) 새 하늘과 새 땅의 개념을 마음속에 지니고 있으면서도 그 개념을 어떻게 이해해야 할지 잘 모른다. 나 또한 바로 이런 혼란 속에서 신학공부를 시작했다. 그러나 구약 및 신약 강의를 수강하고 다양한 성경문헌 속에 묘사된 하나님의 구원의 본질을 이해하려 애쓰자, 세상을 "매우 좋게" 창조하시고(창 1:31), 예수 그리스도 안에서 진정한 인간으로 성육신하신 하나님이 바로 이런 행위들을 통해 물질적 우주의 가치와 일상적·현세적 삶의 정당성을 긍정하셨다는 사실이 흥미롭게도 점점 분명해졌다. 그뿐만 아니라, 성경은 명시적으로 하나님이 창조세계를 그 진정한 영광스런 운명, 인간의 죄가 가로막은 그 운명으로 이끄시기 위해 창조세계(인간과 비인간)를 회복시키는 일에 전념하신다고 가르친다는 점을 깨닫게 되었다.

학부과정 3학년 때 프랜시스 쉐퍼(Francis Schaeffer)의 초기 저작들을 읽기 시작했는데, 이는 나의 세계관 형성에 심대한 영향을 끼쳤다.[4] 내가 쉐퍼에게 매력을 느낀 점 중 하나는 그가 현대 문화에 대한 많은 초기 저작의 근거를 총체적인 구원관에 두었다는 것이었다. 쉐퍼는 전문적인 신학자는 아니었지만 구속되도록 예정된 이 땅의 창조세계 속에서 살아가는 사회문화적 존재로서의 전인(全人)과 관련된 구원의 의미를 밝히고자 했다. 훗날 나는 현대 문화에 대한 쉐퍼의 분석에서 심각한 결함을 발견하게 되었지만, 그럼에도 불구하고 쉐퍼는 구속자이기도 한 창조자와 통합적으로 관련지어질 수 있고 하나의 구조로 이루어진 삶에 대한 비전을 파악하는 데 도움을 주었다.[5]

그러나 성경이 창조세계의 구속에 대해 가르치는 내용의 상호 관련성을 나에게 가장 유익하고 명쾌히 밝혀준 것은 바로 신약학자 조지 엘든 래드(George Eldon Ladd)의 저작들이었다. 래드는 이런 가르침을 이 세상에서 천국으로 데려감을 당한다는 비성경적 개념과 명백하게 대비

---

4) 내가 읽은 쉐퍼의 책들은 다음과 같다. *The God Who Is There* (Downers Grove, IL: InterVarsity, 1968); *He Is There and He Is Not Silent* (Wheaton: Tyndale House, 1972); *Escape from Reason* (Downers Grove, IL: InterVarsity, 1968); *Art and the Bible: Two Essays* (Downers Grove, IL: InterVarsity, 1973); *True Spirituality* (Wheaton: Tyndale House, 1971); *Pollution and the Death of Man* (Wheaton: Tyndale House, 1970). 처음 세 권에는 모든 문화에 대한 그리스도의 주권에 비추어 본 서구 문화에 대한 비판적 평가가 담겨 있는 반면, 마지막 세 권은 예술, 영성, 지구 환경보호에 대한 총체적 관점의 함의를 보여주는 데 특별히 유익했다.

5) 다음 책에서부터 쉐퍼의 문화에 대한 접근방식에 중요한 변화가 생겼다. *How Should We Then Live? The Rise and Decline of Western Thought and Culture* (Old Tappan, NJ: Revell, 1976). 이 책(과 그 책을 각색한 영화)에서 쉐퍼는 미국을 기독교 국가로 보는 결정적으로 비성경적인 관점을 받아들이기 시작했다. *How Should We Then Live?*에서 쉐퍼는 이른바 잃어버린 이상적 과거를 갈망하는 것처럼 보인 반면, 이 시점 이후의 저작에서는 자신의 이상을 공유하는 그리스도인들이 미국의 문화를 공격적으로 장악할 것을 제안하기 시작했다. 특히 *A Christian Manifesto* (Wheaton: Crossway, 1981; rev. ed., 1982)를 보라.

새 하늘과 새 땅

시켰다.[6] 성서신학에 관한 래드의 저작은 우리가 완곡어법으로 "내세"라고 부르는 것과 관련하여 하나님 나라라는 성경적 주제를 내 나름대로 연구하며, 하나님의 궁극적 목적에 있어서 하늘과 땅에는 어떤 역할이 있는지 알아보는 계기를 마련해주었다. 이 연구의 결과로, 아직 학부생이었던 나는 성경 어디서도 "하늘"이 구속받은 자들의 최종적인 고향이라고 주장하지 않는다는 놀라운 깨달음을 얻었다. 비록 그리스도인들이 마치 천상의 운명을 가르치는 것처럼 종종 해석하는 신약의 많은 본문이 있지만, 그 본문들은 사실 그렇게 말하지 않는다. 오히려 성경은 창조질서 전체의 구속을 일관되게 고대하며, 이는 바울이 "우리 몸의 속량"(롬 8:23)이라고 부르는 기독교의 부활 소망과 매우 잘 어울리는 모티프다.

이 놀라운 깨달음을 얻은 뒤에 나는 그레이스 선교교회(자메이카에 있는 나의 고향교회)의 내가 가르치던 성인 주일학교 반에서, 신약에서 그리스도인이 하늘에 영원히 살 것이라거나 하늘이 의인들의 최종적인 고향이라고 분명히 말하는 구절을 단 하나라도 찾아볼 것을 처음으로 요구했다. 심지어 누구든 그런 본문을 찾아낼 수 있으면 금전적 보상을 하겠다고 제안했다. 나는 성인이 된 이후 지금까지 교회와 학원선교 공부모임, (캐나다, 미국, 자메이카에서) 내가 가르쳐온 많은 강좌에서 이런 제안을 계속해왔다. 다행스럽게도 지금까지 한 푼도 잃지 않았다. 아무도 그런 본문을 찾아내지 못했다. 성경에 그런 구절이 없기 때문이다.

월시와 나는 『그리스도인의 비전』을 함께 쓴 지 약 10년쯤 뒤 다시 힘을 합쳐 『포스트모던 시대의 기독교 세계관』(*Truth Is Stranger Than It*

---

6) 래드의 많은 저작 중에서 특별히 나에게 중요했던 것은 다음 두 권이다. *The Pattern of New Testament Truth* (Grand Rapids: Eerdmans, 1968); *The Presence of the Future: The Eschatology of Biblical Realism* (Grand Rapids: Eerdmans, 1974). 두 책 모두 오늘날까지도 가치 있는 진술로 남아 있다. 후자는 래드가 쓴 *Jesus and the Kingdom* (New York: Harper & Row, 1964)의 개정판이다.

Used to Be, 살림 역간)을 저술하여 이런 총체적 관점이 포스트모던 문화에 대해 갖는 함의를 다루었다. 이 책은 이전 책과 같이 성경연구를 문화분석과 결합한 저술이다.[7] 그때 이후로 나의 연구 초점은 내가 가르치고 글을 쓰는 주된 학문 분야인 성경연구, 특히 구약연구 쪽으로 점점 더 옮겨갔다. 최근에야 훨씬 더 자세하게 살을 덧붙일 수 있게 되었지만, 내 모든 강의와 글쓰기에서 일관된 배경이 되는 전제는 자메이카에서 대학 다니던 시절부터 쭉 공부해온 전인적 구원에 대한 것과 동일하고 기본적인 관점이었다.[8]

왜 이 책을 썼는가?

여러 다양한 상황에서 다양한 사람에게 창조세계의 구속에 대한 이런 배경적 가정을 설명해야 했기 때문에, 결국 나는 종말론에 초점을 맞춘 총체적 구원에 대한 이해를 뒷받침할 핵심적인 (내가 이해한 바와 같은) 성경적 증거를 제시할 글을 쓰기로 결심했다. "새 하늘과 새 땅"이라는 제목의 글은 2006년에 발표되었다.[9] 글이 발표된 직후에 당시 브라조스 출판사/베이커 아카데믹의 편집장이었던 로드니 클랩(Rodney Clapp)이 책

---

7) J. Richard Middleton and Brian J. Walsh, *Truth Is Stranger Than It Used to Be: Biblical Faith in a Postmodern Age* (Downers Grove, IL: IVP Academic, 1995).

8) 되돌아보니 나는 하나님의 의도 안에 있는 전인적 구원의 근거를 언급하는 방식으로서 창조에 관한 본문 및 주제에 대해 글을 쓰는 일에 줄곧 매력을 느껴왔다는 사실을 깨닫는다. 예를 들어, J. Richard Middleton, *The Liberating Image: The Imago Dei in Genesis 1* (Grand Rapids: Brazos, 2005)을 보라.

9) J. Richard Middleton, "A New Heaven and a New Earth: The Case for a Holistic Reading of the Biblical Story of Redemption," *Journal for Christian Theological Research* 11 (2006): 73-97, http://www.luthersem.edu/ctrf/JCTR/Vol11/Middleton_vol11.pdf.

으로 내자고 제안했다. 저녁식사로 매운 태국음식을 먹으며 그는 이렇게 말했다. "총체적 종말론을 책 한 권 크기로 알기 쉽고 명쾌하게 다룬 글이 나올 때가 됐습니다." 이 책은 내가 종말론적으로 들린 로드니의 요구에 응답하려고 시도한 것이다. 그 후로 로드니는 다른 출판사로 옮겼지만, 짐 키니(Jim Kinney)가 이 책이 출판되도록 수고해준 데 대해 감사한다. 또 이 책의 탈고가―종말과 같이―늦어졌을 때 인내심 있게 참아준데 대해서도 감사한다.

이전 여러 세기에는 성육신, 삼위일체, 또는 이신칭의와 같은 신학적 주제들을 명확히 설명하려는 시도가 이루어져온 반면, 20세기에는 종말론이 어느 때보다 더 집중적인 주목을 받았다. 그러나 이런 종말론적 고찰은 대부분 현세의 삶을 초월하려는 비성경적 충동과 현세에 대한 성경적 긍정을 혼합해놓은 혼란스럽고 미성숙한 것이었다. 이는 전문적인 신학자들과 교회 구성원들 사이에서 공히 사실이며, 서로 다른 신학적 전통에 속한 그리스도인들 사이에서도 그렇다.

따라서 책임 있는 성경 석의에 뿌리를 두고 성서 구원관의 신학적 주장과 윤리적 함의와도 조화를 이루며 명쾌하게 표현된 기독교 종말론이 나타날 때가 무르익었다. 이런 종말론은 지금 여기서 신실하게 살아가는 길을 제시해주어 교회에도 도움이 되어야 할 것이다.

이 책은 그런 종말론을 향한 하나의 작은 기여다. 여기서의 일차적 목적은 신약의 종말론이 성경에 대한 사변적 부가물이 아니라, 어떻게 실제로 성경 전체에서 일관적으로 드러나는 총체적 신학에 부합하고 그 신학의 논리적 결과물이 되는지를 명확히 밝히는 것이다. 도널드 페어번(Donald Fairbairn)이 표현한 대로 "종말론의 의미는 성경의 통일성, 하나님의 목적들의 통일성, 궁극적으로 우리가 예배드리는 하나님의 통일성과 선하심을 증언하는 방식에 있다."[10]

이 책의 일차적 목적은 (구약에서 시작되어) 창조세계 구속에 대한 신약의 분명한 종말론 비전에서 절정에 이르는 일관된 성서신학의 윤곽을 그리는 것이다. 그러나 이 책에는 이런 일차적인 방향에서 파생되는 두 가지 부차적 목적도 있다. 첫째, 성경적 근거가 있는 총체적 종말론이 하나님의 세상에 사는 우리의 현재 삶에 대해 갖는 윤리적 함의 몇 가지를 탐구할 것이다. 둘째, 최소한 예비적인 방식으로라도, 기독교 종말론의 역사에서 땅의 구원에 대한 성서적 시각이 어떻게 변했는지를 살펴볼 것이다.

창조세계의 구속에 대한 성경의 시각을 광범위한 독자들이 이해할 수 있게 하고 싶다는 개인적 소망을 고려해서, 성경연구에 문외한인 사람들도 쉽게 이해할 수 있지만 어떤 내용도 지나치게 단순화하지 않는 책을 쓰고자 노력했다. 오랜 세월에 걸쳐 나는 평신도들도 신학적으로 예리해질 수 있으며, 성경 교사들은 학생들도 어려운 개념들을 충분히 다룰 수 있다는 점을 존중할 필요가 있다는 사실을 알게 되었다.

이런 사실에 비추어 내 책은 성경(신구약) 전체에 걸쳐 그 의미가 종종 논란이 되는 구절, 해석을 위해 우리가 가지고 들어가는 가정의 영향을 받는 구절을 피하지 않고 다룬다. 나는 이런 몇 가지 가정을 파헤치고 (가능한 한) 성경 자체의 (고대적) 세계관에서 본 성경 여행으로 독자들을 인도하고자 했다. 이 과정에서 당면한 문제들에 대한 지나치게 전문적인 논의는 피하려 했고, 복잡한 주제들을 명료한 문장으로 설명하려 애썼

---

10) Donald Fairbairn, "Contemporary Millennial/Tribulational Debates: Whose Side Was the Early Church On?" in *A Case for Historic Premillennialism: An Alternative to the Left Behind Eschatology*, ed. Craig L. Blomberg and Sung Wook Chung (Grand Rapids: Baker Academic, 2009), 130.

다. 또한 몇 가지 분석을 명확히 표현하는 다양한 도표와 도해를 사용했는데, 특히 이는 성경 곳곳에서 식별할 수 있는 다양한 패턴을 예시하기 위함이다.

　내 입장과 반대되는 논증들을 포함하여 많은 대안적 관점을 조심스럽게 고려했지만, 이런 관점들에 대한 참고 문헌을 포함할 경우 독자들이 당면 주제에서 벗어나 곁길로 샐 수도 있다는 판단이 들면 종종 생략했다. 그럼에도 불구하고 그런 문제들을 계속 연구하는 데 관심이 있는 이들을 위해 많은 각주를 제시했고, 그중 일부는 대안적 관점이나 나의 논증에 대한 추가적인 근거, 더 깊은 연구를 위한 자료를 다루고 있다.

이 책의 계획

이 책은 열두 장과 부록으로 구성된다. 1장 "서론: 내세적 소망의 문제"는 먼저 하늘을 최종적 운명으로 보는 전통적 기독교 천국관이 무엇이 문제인지를 설명하고, 그 다음에는 이런 내세적 개념의 역사적 근원이 그리스 철학자 플라톤(기원전 427-347년)의 혁신적인 가르침에 있음을 대략 설명함으로써 이 책이 다루는 기본 문제를 설정한다. 이런 역사적 분석은 부록 "새 땅은 어떻게 되었는가?"에서 계속되며, 여기서는 우주의 구속에 대한 성경적 기대가 어떻게 플라톤 식의 내세적 시각으로 인해 손상되었는지를 이해하기 위해 교회사를 폭넓게 살펴본다. 이렇게 해서 서론과 부록은 이 연구의 주된 내용을 감싸는 북엔드 역할을 한다.

　그 사이의 여러 장은 성서신학에 초점을 맞추는데, 먼저는 총체적 구원에 대한 성경의 일관된 가르침이 어떻게 명백한 종말론의 근거가 되는지를 명확히 밝히며, 그 다음에는 이 종말론의 몇 가지 윤리적 함의를 탐구하는 방법으로 진행한다. 이는 이런 기대가 어떻게 성경의 전반적 시각에 깊이 뿌리박혀 있는지를 살펴보기 위해서는 "말세"(대부분의 그리스도인들이 종말론으로 생각하는 것)에 대한 신약의 기대를 살펴보는 일을 뒤로 미룰 필요가 있다는 뜻이다. 신약의 종말론은 성경 다른 부분에 덧붙여진, 말도 안 되는 개념들로 이루어진 즉석 조각 그림 맞추기가 아니다. 더 정확히 말하면 신약의 종말론은 그야말로 성경의 일관된 구속 관점의 논리적이고 적절한 정점이며, 그리스도인의 삶과 관련해서 지극히 중요하다.

창조부터 종말까지

성서신학에 대한 우리의 시도는 2장과 3장에서 성경이 말해주는 대단히 중요한 이야기와 더불어 시작된다. 2장 "왜 우리는 여기에 있는가?"는 성경 이야기의 시작, 즉 창조된 세계라는 배경 속에서 인간을 향한 하나님의 원래 의도와 그 의도가 죄로 인해 방해받게 된 상황에 초점을 맞춘다. 우리가 하나님을 예배하도록 지음 받았다는 통속적 개념과 달리, 성경은 문화발전과 이 땅의 환경 보호를 포함하여 하나님의 형상으로 창조된 인간에 대한 보다 현세적 목적을 암시한다. 그러나 (반역과 폭력으로 이해되는) 인간의 죄는 이 땅에서의 번성한 삶을 원하시는 하나님의 원래 의도를 가로막았다.

3장 "성경 이야기의 구성"은 성경 구속 이야기의 전 범위를 스케치하며 개관하는 장이다. 여기서 우리의 일차적 관심은 창조에서 종말까지 성경의 거대한 이야기의 기본 줄거리 구조를 식별하는 것이며, 이는 (우리를 땅에서 하늘로 데려가는 것이 아니라) 지상의 피조물을 구속하시려는 하나님의 흔들림 없는 목적을 분명히 밝혀준다.

구약에 나타나는 총체적 구원

이런 개관을 염두에 두고 4장부터 6장까지는 구약에 나타나는 총체적

새 하늘과 새 땅

구원을 다루며, 이 고대 본문이 지상에서 번성하는 삶을 위한 하나님의 지속적 헌신을 묘사하는 몇 가지 방식을 드러낸다. 4장 "구원의 패러다임으로서의 출애굽"은 하나님이 자기 백성을 애굽의 속박에서 구원하신 성경 이야기와 그들의 구체적인 새 생명으로의 회복을 전면에 내세운다. 4장은 이 전형적 사건이 어떻게 신구약에서 구원을 이해하기 위한 하나의 모형 역할을 하는지를 보여준다.

다음으로 5장 "율법, 지혜문헌, 예언서에서의 현세적 번영"에서는 이스라엘의 율법과 지혜 전승이, 심판에 대한 예언 신탁과 포로기 후의 회복에 대한 기대와 더불어, 지상에서의 인간의 일상적 삶에 평안과 복을 가져다주시려는 하나님의 갈망에 대한 일관되고 총체적인 관점을 어떻게 증언하는지를 자세히 살펴본다.

하지만 구약은 하나님의 세계 안에서 죄와 타락이 존재함에 대해 잔인하리만치 솔직하다. 그래서 6장 "심판과 구원을 위한 하나님의 강림"은 하나님의 오심을 세상이 흔들리거나 녹아내리는 현상을 동반한 생생한 신현, 곧 구원의 전주곡으로 묘사하는 본문들을 다룬다. 이 본문들은 심판이 하나님의 뜻에 저항하는 이들에게는 피할 수 없는 실재라는 점을 강조한다. 그럼에도 불구하고 심판을 넘어선 하나님의 궁극적 목적은 인간과 인간 이외의 세상의 번영을 위한 하나님의 원래 의도를 성취하는 것이다. 이런 구약의 비전은 신약의 구원에 대한 이해에서 본질적인 신학적 배경 역할을 한다.

다음으로 7장부터 12장까지는 신약의 총체적인 비전으로 관심을 돌린다. 먼저 7장부터 10장까지는 (어울리지 않아 보이는 본문들을 근거로 한 가능한 반론을 포함하여) 우주적 구속에 대한 신약신학에 초점을 맞춘다. 다음으로 11장과 12장은 이 신학의 몇 가지 윤리적 함의를 다룬다.

우주적 갱신에 대한 신약의 비전

7장 "부활과 통치의 회복"은 후기 구약본문에서 시작하여 신약까지 부활 소망의 내적 논리와, 그 소망과 인간의 지상 통치의 회복의 관계를 탐구한다. 신약에서 (첫째는 예수님의 경우에, 둘째는 아담의 경우에, 다음으로는 예수님을 따르는 모든 사람의 경우에) 부활과 통치의 관계는 하나님이 죽음과 이 시대의 부패한 세력을 정복하기 위해 오신다는 성경의 비전에 핵심적이다.

8장 "만물의 구속"은 구속의 우주적 비전을 조명하기 위해 죄와 악이 역전되리라는 신약의 기대의 다양한 갈래를 종합한다. 구원은 도덕적 변모와 공동체의 갱신뿐 아니라 (그것도 중요하지만), 우리의 몸과 이 땅 자체까지 포함한 만물의 갱신도 포함한다는 사실이 신약에서 분명해진다.

총체적 종말론에 관한 문제 본문

그러나 마치 우주의 멸절과 "하늘"에서의 내세적 운명을 가르치는 것처럼 전형적으로 잘못 해석되는 일부 신약본문들이 있기 때문에 이런 잘못된 해석을 살펴볼 필요가 있다. 이것은 9장 "그리스도가 재림하실 때 우주는 멸망하는가?"와 10장 "성경적 종말론에서의 하늘의 역할"이 감당할 몫이다. 이런 "문제" 본문들을 주의 깊게 살펴보면 이 본문들이 실제로는 창조세계의 구속을 뒷받침할 추가 근거를 제공한다는 점이 밝혀진다.

하나님 나라의 윤리

7장부터 10장까지는 우주적 구속에 대한 신약 신학을 다루고 더불어 문제 본문의 의미를 분명히 밝히는 반면, 11장과 12장에서는 예수님의 가르침, 특히 누가복음 4장에 기록된 나사렛 회당에서의 예수님이 계획하신 설교에 주목함으로써 하나님 나라의 몇 가지 윤리적 함의를 살펴본다.

새 하늘과 새 땅

11장 "나사렛에서 선포된 복음"에서는 예수님이 나사렛에서 선포하신 복음의 총체적이고 현세적인 성격에 초점을 맞추어 그분의 메시지가 전인격과 사회질서 자체의 갱신에 대해 갖는 의미를 풀어낸다. 그러나 예수님의 메시지에 담긴 복음은 잘못 이해될 위험성이 있었기 때문에 예수님은 하나님 나라가 외인들에게 열리는 것에 관한 중대한 경고를 덧붙이셨고, 이로 인해 그분을 살해하려는 자들이 생겨났다. 이는 우리에게 천국 복음을 넘어서서 예수님 시대에나 우리 시대에나 예수님이 일으키시는 왕국의 윤리적 도전에 응할 것을 요구한다. 이것이 12장 "하나님 나라의 도전"의 임무다. 이 두 장은 함께 성경적 종말론이 윤리에 관해 지닌 몇 가지 의미, 특히 깨어진 세상―하나님의 나라가 시작되었으나 아직 그 성취에는 이르지 못한 세상―속에 대안적 공동체로서, 담대하지만 인간미 있게 살라는 교회에 대한 요구를 깊이 파고든다.

신구약에 나오는 총체적 구원에 대한 일관된 성경의 가르침에 대한 탐구가 마무리되면, 이 책의 부록 "새 땅은 어떻게 되었는가?"에서는 땅의 회복에 대한 성경의 비전이 교회사의 흐름 속에서 쇠퇴한 것을 추적함으로써, 천상적 최종 상태에 대한 개념이 어떻게 통속적인 기독교 종말론을 지배하게 되었는지를 살펴본다. 부록은 보다 총체적 시각의 회복을 알리는 최근의 희망적 징후에 대한 언급으로 마무리된다.

이 책이 총체적 종말론의 성경적 기초를 밝히는 가운데 독자들이 우리 주변과 내부에서 악의 심대한 영향을 보다 분명하게 깨닫는 데 도움이 되는 한편, 우리로 하여금 하나님이 약속하신 새 하늘과 새 땅에 대한 기대 속에서 순종과 긍휼의 삶을 살게 하기를 소망한다.

나는 때가 무르익었다고 믿는다. 총체적 종말론이 가까이 와 있을 수도 있지 않은가?

1장
•
서론
내세적 소망의 문제

내가 가르치는 한 강좌에서는 정기적으로 학생들에게 인터뷰 숙제를 내준다. 개방형 질문이기는 하지만 일련의 유도된 질문을 사용해서 학생들이 아는 목회자, 교회 지도자, 선교사를 인터뷰하도록 요구하는 것이다. 질문은 인터뷰 대상자가 구원이나 구속의 본질, 세상 속에서 그리스도인이 된다는 것의 의미, 그리스도인으로서의 소명의 본질, 하나님이 신실한 자들에게 요구하시는 것, 참된 예배, 사역, 제자도의 본질 등을 포함한 중첩되는 많은 문제를 어떻게 이해하고 있는지 묻는다. 모든 질문은 인터뷰 대상자의 세계관, 더 구체적으로는 이른바 영적·종교적 문제와 세상 속에서의 평범한 일상적 삶의 문제의 관계를 어떻게 이해하는지, 그 결과 세상 속에서 어떻게 행동해야 하는지를 드러내려는 주된 목표를 중심으로 삼고 있다.[1]

---

1) 여기서 나는 "세계관"이라는 말을 (기독교 담론에서 이 말을 이해하는 하나의 전통과 같이) 개념적 체계 또는 관념의 틀이라는 의미에서가 아니라 이론 이전, 심지어 인지 이전에 삶에 대한 관점이 어떻게 세상을 살아가는 사람들에게 방향을 설정해주고, 특정한 목표나 목적

골치 아픈 문제

인터뷰 대상자들이 기독교 신앙은 삶과 분리되어서는 안 되며 이 세상과 관련되어야 한다고 주장하는 것은 흔한 일이다. 이것은 비교적 최근에 일어난 태도 변화로, 신앙을 내세적으로 해석하던 모습에서 보다 총체적이고 통합된 관점을 바라는 모습으로 바뀐 것이다. 이런 흐름을 따라 점점 더 많은 사람이 우리의 소명이나 사역을 성과 속으로 나눌 것이 아니라, 우리가 하는 모든 일과 관련지어야 한다는 점을 인식하는 추세다.

그러나 흥미로운 점은 인터뷰 대상자들이 실제로 "모든 것"의 예로 언급하는 것과 거기서 제외시키는 것이 무엇인가다. 어떤 이들은 하나님이 세상을 만드셨고 사랑하시기 때문에 "창조세계"를 돌봐야 할 필요성이 있다는 것을 훌륭하게 설명한다. 어떤 이들은 세상이 처해 있는 끔찍한 상태를 언급하면서 그리스도인들이 상황을 개선하는 일에 관여해야 한다고 말한다. 또 다른 이들은 정직과 성적 순결을 가치 있게 여기고, 낙태에 (그리고 때때로 전쟁에) 반대하는 등의 윤리적 문제를 강조한다. 그들은 종종 믿음이 그 사람이 하는 일에 (보통은 그리스도인다운 행동

을 향해 그들의 삶을 인도하는지를 가리키는 데 사용하고 있다. 이런 "세계관"의 용법은 카이퍼의 신칼뱅주의 전통에서 유래했고, 다음 문헌들에 나오는 분석의 기저를 이룬다. Brian J. Walsh and J. Richard Middleton, *The Transforming Vision: Shaping a Christian World View* (Downers Grove, IL: IVP Academic, 1984); James H. Olthuis, "On World-views," *Christian Scholar's Review* 14 (1985): 153-64, reprinted in *Stained Glass: Worldviews and Social Science*, ed. Paul A. Marshall, Sander Griffioen, and Richard J. Mouw (Christian Studies Today; Lanham, MD: University Press of America, 1989), 26-40. 이런 정서적·사전 인지적인 "세계관" 이해와 아우구스티누스주의의 갈망에 관한 전통, 찰스 테일러의 최근 개념인 "사회적 상상"과의 관계를 유익하게 관련짓는 신칼뱅주의 전통에 속한 보다 최근의 저작을 보려면 James K. A. Smith, *Desiring the Kingdom: Worship, Worldview, and Cultural Formation* (Cultural Liturgies 1; Grand Rapids: Baker Academic, 2009), 특히 65-71을 보라.

을 본받고 탁월함을 추구하는 데 전념해야 한다는 말 외에 구체적으로 어떻게 해야 하는지는 밝히지 않은 채) 영향을 미쳐야 한다고 말한다. 그리고 그들은 특별히 "관계"의 중요성을 강조한다. 그러나 대부분의 인터뷰 대상자들은 "관계"를 개인적이거나 친밀하거나 가족적 유형으로 축소시키는 경향이 있다.

하지만 "관계"는 거의 모든 것을 포함하는 매우 포괄적 용어다. 나는 다른 사람들뿐만 아니라 사회정치적 제도, 전통, 환경, 동물, 음식, 시간과 공간, 출생과 사망, 역사, 과학, 예술과도 **관계**를 맺고 있다. 나는 과학기술, 오락, 경제제도, 사상과 이념, 우울증, 질병, 고통, 소비주의, 세계화, 폭력 등과도 **관련되어** 있다. 그렇다면 한 사람의 구원이나 믿음은 이 지구 위에서 살아가는 삶의 스펙트럼 전체와 어떻게 관련되는가?

인터뷰 대상자 중 아주 적은 숫자의 사람들만이 관계의 범위를 폭넓은 일상적 현실로 다룬다는 사실은 많은 것을 시사한다. 믿음은 삶전체와 관련되어 있다고 주장하는 이들은 실제로 어느 정도의 연관성을 언급하지만, 그럼에도 거기에는 생략된 부분이 많다. 창조세계를 돌봐야 할 필요성을 강조하는 이들조차 이 "창조세계"를 자연이나 환경으로 축소시키는 경향이 있고, 인간과 인간이 역사를 통해 발전시켜온 모든 문화사회적 형성물도 창조질서의 일부라는 사실은 별로 숙고하지 않는다.

수년간 이런 인터뷰를 읽는 과정에서 분명해지는 사실은 (더 나은 단어가 없어서 이 단어를 쓰지만) "문화"는 아무도 주목하지 않는 골치 아픈 문제라는 점이다. 우리는 매 순간 문화적이고 사회적인 의미, 구성물, 제도의 복잡한 관계망과 관련을 맺고 있지만, 이런 문제들과 관련해서 (목회자들과 교회 지도자들을 포함한) 오늘날 많은 그리스도인의 시각에는 중요한 맹점이 있다. 인간 문화의 전 범위가 믿음의 방정식 속에 전혀 포함

되지 않고 있다는 것이다.[2]

학생들이 인터뷰 대상자들에게 물어보는 질문 중 하나는 인간과 세계를 향해 하나님이 의도하시는 종말 상태에 대한 관점인 종말론과 관련된다. 구체적으로 인터뷰 대상자들은 의인들의 최종 상태를 어떻게 이해하는지를 질문받는다. 이 질문에 대한 대답은 매우 전통적인 경향을 띠고, 심판과 죽어서 "하늘"로 가는 일에 집중되어 있다. "하늘"은 주로 다음 두 가지 방식으로 생각되는 경향이 있다. 첫째, 하늘은 시간과 공간을 넘어선 초월적 영역으로 이해된다. 둘째, 하늘은 일차적으로 하나님과의 교제와 하나님께 대한 예배로 특징지어진다. 신실한 이들의 최종 운명은 다른 세계에서 하나님의 친밀한 임재 안에 영원토록 찬양이 이어지는 예배로 상상된다. 몸의 부활에 대한 전통적 교리는 보통 긍정되지만, 이는 일반적으로 무시간적·비물질적 영역에 대한 개념과 어느 정도 긴장관계에 놓여 있다. 인간 문화의 구속에 대한 의식적 사고는 확실히 없다.

그러나 어떤 응답자들은 천상의 "하늘"이 성경적이기보다는 전통적이라는 점을 점점 더 많이 이해하고 있고, 그런 "하늘" 대신 요한계시록의 "새 하늘과 새 땅"에 대한 비전을 분명히 표현한다. 그러나 이런 보다 우주적인 비전에 대한 그들의 분명한 표현조차 인간 문화의 구체성에 대해서는 명백한 위상을 부여하지 않는 경향이 있다. 윤리학과 종말론 모두에서 이 중대한 문제가 인식되지 않고 있다.[3] 사실 인터뷰뿐만 아니라, 교회에서의 나의 경험과 신학 및 성경연구를 통해서 얻은 결론은 종말론

---

2) Andy Crouch, *Culture Making: Recovering Our Creative Calling* (Downers Grove, IL: IVP Academic, 2008)은 문화와 믿음과 관계를 전면에 내세우고 있다. 이 책에는 문화에 대한 지혜로운 분석이 담겨 있고(1부), 그 뒤에 문화의 관점에서 성경 이야기를 탁월하게 재진술한 내용이 이어지며(2부), 문화 참여의 기준에 대한 유익한 사고가 덧붙여져 있다(3부).

3) 문화의 구속에 대한 의식적 사고가 없는 것은 문화가 인터뷰 대상자의 (인지 이전의) 세계관에서 전혀 중요한 자리를 차지하지 않고 있음을 시사한다.

이 윤리와 필연적으로 관련되어 있다는 것이다. 몇몇 인터뷰 대상자들이 우주적 회복에 대한 성경적 관점을 명백히 긍정하기 때문에 종말론에 대한 명시적인 진술을 언급하고자 하는 것은 아니다. 이런 긍정은 공허한 고백에 불과하며 세상 속에서 의미 있는 행동을 이끌 수 있는 실질적 비전의 역할을 하지 못하는 것이 분명하기 때문이다. 핵심은 우리가 구원의 정점으로 바라고 기대하는 것이 우리가 현재를 살아가고자 하는 방식에 진정으로 영향을 끼친다는 점이다. 윤리는 삶으로 표현된 종말론이다. 그것은 신약학자 조지 엘든 래드의 표현대로 "미래의 현존"이다.[4]

성경의 일급비밀

신약이 세상의 최종 운명을 생각하는 방식의 핵심은 예수님이 마태복음 19:28에서 선포하신 다가오는 "갱생"(KJV, NASB)에 관한 말씀이다. 마태는 여기서 그리스어 "팔린게네시아"(*palingenesia*)를 사용하는데, NIV와 NRSV는 둘 다 이 단어를 "만물의 회복"으로 번역하여 예수님의 예언에 담긴 우주적 기대의 의미를 정확하게 파악한다. 마찬가지로 우리는 베드로가 "만물"의 "회복[*apokatastasis*]"을 명백히 선언하는 것을 보게 되며(행 3:21), 여기에는 실제로 "만물"(*panta*)을 뜻하는 그리스어가 포함되어 있다. 서신서를 보면 그리스도를 통해 "만물"을 자신과 화목하게 하시려는 하나님의 의도가 골로새서 1:20에 분명히 표현된 것을 찾아볼 수 있다. 에베소서 1:10은 그리스도 안에서 "만물"을 통일 내지 결합하고자 하시는 하나님의 갈망에 대해 말하고 있다. 이 두 바울서신 본문에서 "만물"(*ta panta*)이라는 어구는 즉시 하늘에 있는 것들과 땅에 있는 것들로

---

4) George Eldon Ladd, *The Presence of the Future: The Eschatology of Biblical Realism* (Grand Rapids: Eerdmans, 1974).

명시된다. "하늘과 땅"은 창세기 1:1이 하나님이 창조하신 세상을 묘사하는 방식 그대로이므로, 신약의 이 표현은 우주적 구속을 위한 비전을 가리킨다. 이런 우주적 비전은 요한계시록 21:1과 베드로후서 3:13에서 발견되는 "새 하늘과 새 땅"이라는 어구의 기저를 이룬다. 그러나 이 어구의 구체적 기원은 이사야 65:17(및 66:22)의 예언 신탁인데, 이 신탁에서는 바벨론 유수의 참화 이후에 번영과 평안의 삶이 회복되고 재건된 예루살렘의 구속받은 공동체가 있는 치유된 세상을 상상한다. 이사야의 현세적이며 예언적인 기대는 일반적으로 제2성전기 유대교 후기와 신약에서 온 우주와 인간사회로 보편화된다.

창조세계를 새롭게 하거나 구속하려는 하나님의 의도에 대한 이런 총체적 시각은 아마도 대부분의 교회 신도들과 심지어 많은 성직자도 (그들의 신학적인 유형이 어떠하건) 잘 모르는 성경의 일급비밀일 것이다. 여기 서론에서 우주의 구속에 대한 성경의 가르침을 충분히 설명할 수는 없지만, 어느 정도는 설명해야 한다. 이 개념의 내적 논리를 이해하기 위해서는 신약 관점의 구약적 뿌리를 추적하는 것이 특히 유용하다.

한 가지 좋은 출발점은 구약이 내세에 어떤 실질적인 소망도 두지 않는다는 점이다. 죽은 이들은 무덤이나 스올에서 하나님께 나아가지 못한다. 반대로 복과 평안을 위한 하나님의 목적은 역사 속에서 이생을 살아가는 신실한 자들이 기대하는 것이다. 이런 관점은 신학적으로 현세적 실존을 포함한 창조세계의 선함에 대한 성경의 가르침에 그 근거를 두고 있다. 하나님은 (물질적 존재를 포함한) 창조세계 전체를 선하다고―실제로 "심히 좋다"고(창 1:31)―선언하셨고, 인간에게 하나님의 형상으로 지음 받은 청지기로서 이 세상을 다스리고 발전시킬 임무를 부여하셨다(창 1:26-28; 2:15; 시 8:5-8).

이 땅에서의 삶에 대한 긍정은 구약에 나오는 하나님의 핵심적이고 전형적인 구원 행위, 즉 애굽의 속박에서의 탈출(출애굽)에서 더 구체적으로 표현된다. 이 사건에 대한 이스라엘의 기억은 불의와 고난에 대한 응답으로 역사 속에 개입하시는 하나님을 증언하는 것만이 아니다. 출애굽은 구속받은 자들이 윤택한 땅에 정착하고 하나님의 토라에 따라 살아가는 공동체로서 온전함과 번영을 회복할 때 성취되는 사회정치적 구원의 명백한 사례다.

실제로 구약 전체는 언어와 문화의 발전, 땅과 농작물의 풍요함, 자녀의 출생과 안정된 가정생활, 이웃 사이에서의 정의와 국제관계의 평화 등과 같은 세속적 문제에 대한 관심을 드러낸다. 구약은 구원을 영적으로 해석하지 않고, 오히려 생명을 파괴하는 모든 것에서 하나님이 백성과 땅을 구원하시므로 백성과 땅이 번영을 회복하는 것으로 이해한다. 하나님의 구원 목적은 한동안 자기 땅에 살고 있는 선택된 민족에게 국한되지만, 이런 "최초의 배타적 조치"는 구약학자 테런스 프레타임(Terence Fretheim)의 표현대로 "최대한으로 포용적인 목적", 즉 모든 나라와 궁극적으로 창조질서 전체의 구속에 기여한다.[5]

초기 구약에는 실제적인 내세에 대한 어떤 묘사도 볼 수 없지만, 후기 몇몇 본문에서는 사정이 달라지기 시작한다.[6] 예를 들어 에스겔의 유명한 마른 뼈 골짜기에 대한 환상에서(겔 37장) 이스라엘의 회복은 그들이 바벨론 유수에서 겪었던 "죽음" 이후에 부활의 비유를 사용하여 묘사된다. 그러나 논란의 여지는 있지만 이것은 여전히 비유이지, 우리가 부활이라고 부를 만한 것에 대한 기대는 아니다. 다음으로 초기 묵시 본문인 이사야 25:6-8은 (하나님이 구속받은 자들에게 가장 좋은 음식과 가장 오래

---

5) Terence E. Fretheim, *God and World in the Old Testament: A Relational Theology of Creation* (Nashville: Abingdon, 2005), 29, 103.
6) 구약에서 부활의 소망이 대두되는 측면은 7장에서 더 깊이 다룰 것이다.

된 포도주를 대접하실) 시온 산에서 벌어질 메시아적 잔치에서 죽음 그 자체가 문자적으로 정복될 것을 상상한다. 이 본문에서는 야웨(YHWH)[7]가 "사망을 영원히" 멸하시며(고전 15:54에서 인용. 참조. 15:26) "모든 눈물을" 닦아주실(계 21:4에 반영) 날을 고대한다. 그러나 부활의 주제를 가장 명시적으로 밝힌 구약본문은 다니엘 12:2-3의 묵시적 비전이다. 이 본문에서는 신실한 순교자들이 (창 3:19에 따르면 우리 모두가 죽을 때 돌아가는) 땅의 티끌에서 일어나 "영생"을 얻을 것이라고 약속한다.

이렇게 내세에 대한 발전해가는 시각은 "장차 있을 천국"과 아무런 관련이 없다는 점에 주목하는 것이 중요하다. 그 기대는 명백히 현세적이고, 죽음이 앗아간 현세적 평안의 약속을 신실한 이들에게 보증하기 위한 것이다. 여기서 「솔로몬의 지혜서」 3장은 특히 유익하다. (개신교 정경에는 없지만 70인역에는 있는) 이 본문은 "불멸"을 이 땅 위에서 다스리는

---

7) 이 책 전체에 걸쳐 구약에 나오는 하나님의 고대 이름을 표현하기 위해 "YHWH"를 사용하며 이 이름은 대부분의 영역본에서 "LORD"(작은 대문자, "주")로 번역된다. 이 이름은 "YHWH"로 음역된 히브리어 자음들을 가리키는 신성 4문자(Tetragrammaton)로도 알려져 있다. 대부분의 성서학자들은 이 이름이 원래 "야웨"로 발음되었다고 생각하지만 엘레판티네(이집트)에 있는 유대인 정착지에서는 이 이름이 "야후"로 발음되었다는 증거가 있다 ("우"로 표현된 히브리어 글자는 자음의 기능도 할 수 있지만 "오" 모음이나 "우" 모음에 해당되는 묵음 표지의 기능도 할 수 있다). 제2성전기에(아마 기원전 3세기까지) 일부 유대인들은 "YHWH"를 너무 거룩해서 발음할 수 없는 이름으로 취급하기 시작했고 성경에서 하나님의 이 이름을 읽을 때마다 "주"(히브리어 'ădōnāy, 나중에 그리스어로는 kyrios)라는 말로 대체해서 발음하기 시작했다('ădōnāy의 어원은 사실 꽤 복잡하다. 이 말은 엄밀히 말하면 아마도 "폐하"의 복수형인 "나의 주들"이라는 뜻이기 때문이다). 훗날 이런 전통은 히브리어 성경 마소라 본문에서 관례화했는데, 일반적으로 'ădōnāy에서 나온 모음을 "YHWH"에 해당하는 자음에 삽입한다. (기원전 2세기에 나온 것으로 추정되는) 사해 사본에서는 일부 대목에서 나머지 본문과 구별하기 위해 신성 4문자를 쓸 때 옛 히브리어 글자체를 사용한다. 오늘날까지 경건한 유대인들은 하나님의 이름을 말하려 하지 않고, 대신 "주", 'ădōnāy, "가장 높으신 분", "영원하신 분", 또는 Ha-shem(직역하면 "그 이름")으로 대체하려 한다. 내가 하나님의 이름을 "YHWH"로 쓰는 목적은 독자들이 이 이름을 원하는 대로 발음하도록 허용하기 위해서다.

일과 구체적으로 관련짓는다(「솔로몬의 지혜서」 3:1-9, 특히 7-8절). 즉 부활은 (악인들이 의로운 순교자들을 압도하고 죽이는) 압제라는 현세적 상황의 역전이다. 따라서 부활은 인간들에게 땅에 대한 통치권을 허락하는 창세기 1:26-28과 시편 8:4-8에 나타난 인간의 본래적 존엄성과 지위를 성취한다.

유대인의 이 오래된 기대는 예수님의 하나님 나라 선포에 일관성 있는 신학적 배경을 제공하며, 예수님은 이 하나님 나라를 가난한 자들을 위한 "복음", 곧 포로 된 자들을 위한 해방으로 해석하시고(눅 4:18) 치유, 축사, 죄 용서(이 모두가 일그러진 삶을 바로잡는 방식이다)를 통해 실현하신다. 이런 기대는 온유한 자가 "땅을 기업으로 받을" 것이라는 예수님의 산상 설교의 가르침과, 마태복음 뒷부분에 나오는 "세상이 새롭게"될 때 제자들이 예수님과 함께 보좌에 앉아 다스리고 심판하게 될 것이라는 가르침(마 19:27-30)과도 의미가 통한다.

예수님이 죽은 자들 가운데서 부활하신 사건을 잠자는 자들 중의 "첫 열매"로 묘사하는 바울의 언급(고전 15:20)은 새 창조의 수확과 고대하던 죄와 사망에 대한 역전이 시작되었음을 뜻한다. 이런 역전은 그리스도가 악과 지상에서의 생명과 평안을 향한 하나님의 의도에 대적하는 모든 것을 결정적으로 물리치시기 위해 영광 가운데 돌아오실 때 완성될 것이다 (고전 15:24-28). 그때 다음과 같은 요한계시록의 말씀이 성취될 것이다. "세상 나라가 우리 주와 그의 그리스도의 나라가 되어"(11:15). 그때에는 썩어짐에 종노릇하며 신음하던 창조세계 자체가 이 종노릇에서 해방되어 하나님의 자녀들이 경험할 바로 그 영광에 들어가게 될 것이라고 바울은 설명한다(롬 8:19-22).

이런 총체적 구원관의 내적 논리는 창조자가 창조세계를 아직 버리지 않으셨고 (인간과 인간 이외의) 세상을 구하며, 처음부터 의도된 충만한 평안과 번영을 회복하기 위해 일하고 계신다는 것이다. 또한 구속받은 인간들은 하나님의 형상으로 새롭게 되어 일상생활 속에서 이 비전을 위해 일하고 이를 실현해야 한다.

교회 안의 잘못된 찬양

이와 같은 총체적 비전은 대중적인 기독교 신앙이나 심지어 교회의 예배 안에서 아주 드물게 발견된다. 실제로 회중예배에서 불리는 많은 전통 찬송가(와 현대적인 복음성가)는 이 비전을 노골적으로 부정한다. 회중석(또는 청중석)에 있는 사람들은 보통 자신들이 부르는 찬양에서 그들의 신학, 특히 종말론을 배우기 때문에 이 점은 매우 중요하다.

"영광에서 영광으로 / 천국까지" 이르기를 고대하는 고전적인 찰스 웨슬리(Charles Wesley)의 찬송가 "하나님의 크신 사랑"(Love Divine, All Loves Excelling)[8]에서부터 "우리를 하늘에 합당하게 하사 그곳에서 당신과 함께 살게 하소서"라고 기도하는 "그 어린 주 예수"(Away in a Manger)[9]에 이르기까지 회중은 내세적 종말론에 늘 노출되어 있었고 거기에 동화되었다. "하나님의 나팔 소리"(When the Roll Is Called Up Yonder) 같은 몇몇 찬송가는 모순되게도 부활의 개념을 천국의 소망과 결합시킨다.

그리스도 안에서 죽은 자들이 일어나

---

8) 찰스 웨슬리가 1747년에 쓴 "하나님의 크신 사랑"의 4연. *The Hymnal for Worship & Celebration*, ed. Tom Fettke et al. (Irving, TX: Word Music, 1986) 92장이다.

9) 존 토머스 맥팔런드(John Thomas McFarland)가 1904년에서 1908년 사이에 쓴 "그 어린 주 예수"의 3연(이 찬송가의 처음 두 연의 저자는 알려져 있지 않다). Fettke et al., *The Hymnal for Worship & Celebration* 157, 158장이다.

그의 부활 영광에 동참할 그 밝고 구름 없는 아침에

그가 택한 자들이 하늘 너머 그들의 집으로 모이고

거기서 명단이 불릴 때, 나는 거기 있으리라.[10]

어떤 찬송가들은 심지어 "내 주님 지신 십자가"(Must Jesus Bear the Cross Alone)와 같이 부활을 몸과 전혀 관련 없이 해석한다. 이 찬송가는 1절에서 죽음을 해방으로 간주하며, 또 다른 절에서는 "오, 부활의 날! / 주 그리스도께서 하늘에서 내려 오셔서 / 내 영혼을 데려가실 때"라고 단언한다.[11]

"하늘에 올라가서"(When We All Get to Heaven)와 같은 찬송가는 제목에서 확연히 표가 나고,[12] "갈보리산 위에"(The Old Rugged Cross)는 "그때에는 그가 저 멀리 있는 내 집으로 나를 부르시리라 / 거기서 그의 영광에 영원토록 참여하리라"라는 가사로 끝난다.[13] 또한 "나는 비록 약하나"(Just a Closer Walk with Thee)는 다음과 같은 가사에서 절정에 이른다.

연약한 나의 생명이 끝나

내게 남은 시간이 더 이상 없을 때

---

10) 제임스 M. 블랙(James M. Black)이 1893년에 쓴 "하나님의 나팔 소리"의 2연. Fettke et al., *The Hymnal for Worship & Celebration* 543장이다.

11) "내 주님 지신 십자가"의 2연과 4연. 2연은 토머스 셰퍼드(Thomas Shepherd)가 썼고 (1693년에 발표됨) 4연은 헨리 워드 비처(Henry Ward Beecher)가 썼다(1855년에 발표됨). Fettke et al., *The Hymnal for Worship & Celebration* 449장이다. 4연은 원래 "너희 천사들이 별들에서 내려와 / 내 영혼을 데려간다"라고 되어 있다.

12) Fettke et al., *The Hymnal for Worship & Celebration* 542장이다.

13) 조지 베너드(George Bennard)가 1913년에 쓴 "갈보리산 위에"의 4연. Fettke et al., *The Hymnal for Worship & Celebration* 186장이다.

나를 부드럽고 안전하게 그리로 이끄소서.
당신 나라의 강가로, 그 강가로.[14]

마찬가지로 "성도여 다 함께"(Come, Christians, Join to Sing)는 "하늘의 복된 강가에서 / 그분의 선하심을 흠모하리라 / 영원히 노래하며 / 할렐루야, 아멘!"이라고 단언한다.[15]

죽은 뒤 저 세상에서 영원토록 예배드린다는 이런 개념은 "내 주 되신 주를 참 사랑하고"(My Jesus, I Love Thee)와 같은 많은 찬송가의 핵심적 주제다. 이 찬송가는 이렇게 선언한다. "영광과 끝없는 기쁨이 있는 대저택에서 / 나는 늘 그처럼 밝은 하늘에서 당신을 사모하겠습니다."[16] 이와 비슷한 맥락에서 "옛 사람들처럼 기쁨으로"(As with Gladness Men of Old)는 1연에서 "이 땅의 것들이 지나갈 때 / 마침내 우리의 구속받은 영혼들을 데려가소서 / 인도해줄 별이 필요 없는 곳으로"라고 요청하며 또 다른 연에서는 다음과 같은 소망을 표현한다. "밝은 하늘나라에서 / …거기서 영원히 노래하리라 / 우리 왕께 할렐루야를!"[17]

정말 감사한 것은 대부분의 찬송가집에는 다음과 같이 예언하는 "나 같은 죄인 살리신"(Amazing Grace)의 6절 가사가 더 이상 실려 있지 않다는 사실이다.

---

14) 작자 미상인 "나는 비록 약하나"의 3연(이 미국 민요 찬송가는 1930년대에 널리 알려지게 되었다). Fettke et al., *The Hymnal for Worship & Celebration* 380장이다.
15) 크리스천 H. 베이트먼(Christian H. Bateman)이 쓴 "성도여 다 함께"의 3연. Fettke et al., *The Hymnal for Worship & Celebration* 108장이다.
16) 윌리엄 R. 페더스톤(William R. Featherston)이 1864년에 쓴 "내 주 되신 주를 참 사랑하고"의 4연. Fettke et al., *The Hymnal for Worship & Celebration* 364장이다.
17) 윌리엄 C. 딕스(William C. Dix)가 1858년경에 쓴 "옛 사람들처럼 기쁨으로"의 4연과 5연. Fettke et al., *The Hymnal for Worship & Celebration* 163장이다.

새 하늘과 새 땅

이 땅은 곧 눈처럼 사라져버릴 것입니다.

해는 더 이상 빛나지 않을 것입니다.

그러나 나를 이 아래로 부르신 하나님은

영원토록 내 하나님이 되실 것입니다.[18]

하지만 이 고전적 찬송가를 현대적으로 고친 크리스 톰린(Chris Tomlin)의 "놀라운 은혜(나의 사슬은 사라졌네)"로 알려진 곡은 찬송가에 익숙하지 않은 신세대의 젊은 예배자에게 내세적 사고방식을 형성시켜 주기 위해 바로 이 절을 노래의 새로운 클라이맥스로 재도입한다.[19]

이런 예는 의인들의 최종 운명을 이 땅에서의 역사적 실존에서 초월적이고 비물질적인 영역으로의 이동으로 묘사하는 찬양 가사를 수박 겉핥기식으로 살펴본 것일 뿐이다. 대중적인 신학자이자 설교자인 A. W. 토저(A. W. Tozer)가 했다고 전해지는 말과 같이 "그리스도인들은 거짓말을 하지 않는다. 단지 교회에 가서 거짓말을 노래할 뿐이다."[20] 아마도 이

---

18) 존 뉴턴(John Newton)이 1773년 설날에 대상 17:16-17을 본문으로 전한 설교와 관련해서 원래는 "믿음의 재고와 기대"라는 제목으로 쓴 시인 "놀라운 은혜"의 6절. 많은 찬송가집에는 뉴턴이 쓴 여섯 연으로 된 가사 중 처음 네 절이 "우리 여기서 만 년 동안 지낸 뒤에"로 시작되는 5절 가사와 더불어 실려 있는데, 5절은 때때로 부정확하게 존 P. 리스(John P. Rees)가 쓴 것으로 간주된다(리스는 1828년에 태어났는데, 5절은 1790년에 "예루살렘, 나의 행복한 집"이라는 제목의 한 찬송가의 일부로 출판되어 등장하며, 해리엇 비처 스토우(Harriet Beecher Stowe)가 『엉클 톰의 오두막』(*Uncle Tom's Cabin*, 교학사 역간)에서 뉴턴의 찬송가 가사 가운데 두 연과 처음 관련지었다). 6연은 Fettke et al., *The Hymnal for Worship & Celebration* 202장의 "Amazing Grace"에는 빠져 있다.

19) 크리스 톰린의 앨범 *See the Morning* (Six Steps Records, 2006)에 수록된 곡 "Amazing Grace (My Chains Are Gone)."

20) 이 인용구는 토저의 저작에 대한 명시적 인용 없이 인터넷 곳곳에서 발견된다. 저명한 토저 연구가인 제임스 L. 스나이더(James L. Snyder)는 이 인용구가 발간된 저작에서는 발견되지 않지만, 토저가 (오디오 녹음으로 들을 수 있는) 몇몇 설교에서 한 말을 정확히 반영한다고 인정한다. "그 말은 토저의 말이며 이 주제에 대한 토저의 감정을 표현한다"(2010년 12월 20일의 개인적 대화에서).

말은 너무 지나칠런지 모른다. 그럼에도 불구하고 나는 자메이카 킹스턴의 교회에서 자라던 시기에 이런 노래들을 꾸준히 접했다는 사실을 증언할 수 있다. 이 노래들은 내세적인 최종 운명으로서의 천국이라는 개념을 분명히 강화시켰다.

그러나 나는 이런 노래들을 접한 것과 더불어 순전히 지리적 근접성 때문에 특히 밥 말리(Bob Marley)와 웨일러스(The Wailers)의 음악을 통해 전달된 라스타파리안주의(Rastafarianism, 에디오피아의 옛 황제 하일레 셀라시에[Haile Selassie]를 메시아로 숭배하는 자메이카 종교. 흑인이 선민이며 언젠가 고향인 아프리카로 돌아갈 것이라고 믿음-편집자 주)의 현세적 신학을 알게 되었다는 점에 끊임없이 감사한다. 나는 헌신된 그리스도인이므로 라스타 신학에서 발견되는 모든 것에 동의할 수는 없지만, 그럼에도 불구하고 웨일러스의 여러 노랫말에 깊이 뿌리내리고 있는 성경적 의식을 발견한다.[21] 예를 들면 "우리와 그들"(We an' Dem)이라는 노래는 "태초에 하나님(Jah)이 모든 것을 창조하셨다 / 그리고 그는 인간에게 만물에 대한 지배권을 주셨다"라고 주장하며, "전해줘"(Pass it on)에서는 "하나님 나라에서는 / 인간이 다스릴 것이다"라고 외친다.[22] 이런 가

---

21) 나는 다음 글에서 밥 말리, 피터 토시, 버니 웨일러(Bunny Wailer)가 부른 많은 노래의 신학을 살펴보았다. "Identity and Subversion in Babylon: Strategies for 'Resisting against the System' in the Music of Bob Marley and the Wailers," in *Religion, Culture and Tradition in the Caribbean*, ed. Hemchand Gossai and N. Samuel Murrell (New York: St. Martin's Press, 2000), 181-204. 밥 말리의 가사가 성경본문과 주제를 어떻게 이용하고 있는지에 대한 탁월한 심층 연구를 보려면 Dean MacNeil, *The Bible and Bob Marley: Half the Story Has Never Been Told* (Eugene, OR: Cascade, 2013)를 보라.

22) 밥 말리와 웨일러스가 앨범 *Uprising*에 발표한 밥 말리의 곡 "We and' Dem." 웨일러스의 앨범 *Burnin'*(Island Records, 1973)에 발표된 밥 말리의 곡 "Pass It On." "야"(Jah)는 "할렐루야"와 같은 표현에서 발견되는, 하나님의 이름인 "YHWH"("야웨")의 단축형이다. 라스타파리안주의자들은 KJV에서 시 68:4을 인용하기 좋아한다. "하나님께 노래하라 / 하나님

사들은 (인정하건대 남성 중심적인 언어로) 창조 때 인간들에게 허락된 현세적 존엄성, 하나님 나라에서 회복될 존엄성에 대한 성경적 시각을 표현한다.[23]

피터 토시(Peter Tosh)가 부른 "일어나라, 일어서라"(Get Up, Stand Up, 토시가 밥 말리와 함께 작곡한 노래)는 공중 재림의 교리를 지상에서의 정의에 대한 갈망과 대조하면서 종말론의 윤리적 함의를 잘 이해하고 있다.

> 당신도 알다시피 대부분의 사람들은
> 위대한 하나님이 하늘에서 내려와
> 모든 하찮은 것을 데려가고
> 모두를 남겨둘 거라고 생각한다.
> 그러나 당신이 삶에 어떤 가치가 있는지를 안다면
> 당신은 당신의 삶을 돌볼 것이다.
> 바로 여기 이 땅 위에서.

이 노래는 계속해서 현세의 삶에서 초점을 잃게 하는 "설교자"를 비판하며 "죽어서 예수님의 이름으로 천국에 가는 / 이런 신학의 유희에 신물이 났다"라고 단언한다.[24] 바로 이것이 밥 말리로 하여금 "토킹 블루

의 이름을 송축하라 / 그의 이름 '야'로 하늘들 위에 오르시는 그분을 찬양하며 / 그분 앞에서 기뻐하라."

23) 이런 가사들은 어떤 고정된 형식으로도 발표되지 않았고 종종 녹음할 때마다 (때때로 상당히) 달라진다. 따라서 여기에 인용된 가사는, 내가 들은 버전의 노래를 직접 받아 적은 가사다. 이런 복잡한 사정 때문에 밥 말리 전기작가 한 명은 어떤 자메이카 레게 그룹의 정확한 음악 목록을 편집하는 일은 야 라스타파리(Jah Ratafari) 외에는 어떤 사람의 인내심이라도 시험하게 될 것이라고 논평했다(Timothy White, *Catch a Fire: The Life of Bob Marley*, rev. ed. [New York: Henry Holt, 1996], 393).

24) 피터 토시가 앨범 *Equal Rights* (Columbia Records, 1977)에 발표한 밥 말리와 피터

스"(Talkin' Blues)라는 노래에서 "교회에 폭탄을 터뜨리고 싶어 / 설교자가 거짓말하는 걸 이제 아니까"라고 말하게 한 신학이다.[25] 그러나 토저의 말이 옳다면, 설교자만이 아니라 실제로 성경에서는 그런 것을 전혀 가르치지 않는데도 신령한 하늘로의 탈출에 관한 찬양을 쾌활하게 부르는 예배자도 거짓말을 하고 있는 것이다.

그렇다면 "천국에 간다"라는 생각은 어디서 왔는가? 그리고 이런 내세적 운명은 어떻게 땅의 회복에 대한 성경의 가르침을 대체하여 결국 대중적 기독교 종말론을 지배하게 되었는가?

천상의 운명이라는 개념의 기원

지상이 아닌 초월적 영역을 구원의 목표로 보는 개념의 기원은 기원전 5세기 말과 4세기 초(428-348년)에 나온 플라톤(Plato)의 혁신적인 가르침으로 거슬러 올라간다. 플라톤 이전 그리스 문화에서 내세에 대한 지배적인 관점은 기본적으로 호메로스(Homer)가 「일리아스」(The Iliad)나 「오디세이아」(The Odyssey) 같은 작품에서 표현한 관점이다. 이 관점에 의하면 현세의 삶이 곧 영광과 명예를 찾을 수 있는 곳이었고 죽음은 비극이었다. 죽은 자들이 기대할 수 있는 것은 고작 구약의 스올과 크게 다르지 않은 하데스(명부)에서의 유령과 같은 실존이 전부였다. 이는 긍정적인 기대가 전혀 아니었고 오히려 과거의 생명력의 망령만이 지하 세계의 영역에서 지속된다는 관점이었다.[26]

토시의 곡 "Get Up, Stand Up"으로, 원래는 웨일러스의 앨범 Burnin'(Island Records, 1973)에 (약간 다른 가사로) 녹음된 곡이다.

25) 웨일러스가 앨범 Natty Dread (Island Records, 1974)에 발표한 밥 말리의 곡 "Talkin' Blues."

26) 예컨대 아킬레우스(Achilleus)가 꿈에 죽은 파트로클로스(Patroclus)의 방문을 받는 「일

그러나 영혼이 별들 사이에서 선재했으나 그 후에 지상에 파묻혔다고 주장하는 밀교 신화의 영향을 받은 플라톤은 인간이 불멸의 영혼 또는 지성(참된 자아)과 일시적이고 부패하기 쉬운 몸으로 구성되어 있다는 인간관을 제기했다. 마찬가지로 우주도 초월적이고 초감각적인 영원한 관념의 영역(형상계)과, 가변성 및 유전을 특징으로 하는 감각적 영역으로 구성된 이원적인 것이었다. 플라톤이 쓴 다양한 대화편에 표현된 그의 이원론에는 분명 다양한 형태가 있다. 예를 들면 「파이돈」(*Phaedo*)의 급진적 이원론을 볼 수 있는데, 거기서는 이성적 영혼이 부패하기 쉬운 몸과 정면 대립하며, 몸은 영혼을 잘못된 길로 이끌고 아래로 끌어내린다. 또한 철학은 죽음을 위한 연습이다. 이 세상에서도 철학자는 (순수하고 추상적인 사고를 통해) 자신의 영혼(지성)을 몸에서 분리시킬 수 있기 때문이다.[27] 「티마이오스」(*Timaeus*)의 보다 부드러운 이원론은 앞의 이원론과 대조되며, 거기서 시간은 "영원의 움직이는 형상"이고 이 세계는 흠이 있지만 아름다운 이상적 세계를 반영하는 곳이다.[28] 그럼에도 불구하고 이 두 가지 형태의 이원론을 하나로 묶어주며 플라톤이 후세에 물려준 세계관은 비물질적인 불멸의 영혼에 대한 근본적으로 새로운 가정과, 보다 높고 신적인 실체에 도달하기 위해 현재의 물질, 감각, 변화의 세계를 초월하려는 열망을 수반했다. 환생(또는 영혼의 윤회)의 끝없는 순환에

리아스」23.99-107과, 오디세우스(Odysseus)가 지하 세계로 여행하는 「오디세이아」11(특히 11.208-222에 나오는 그의 죽은 어머니 안티클레이아[Anticleia]와의 만남과 11.475-491에 나오는 죽은 아킬레우스와의 만남)을 보라. 이런 호메로스 저작에 나타나는 하데스의 성격에 대한 명쾌한 논의를 보려면 N. T. Wright, *The Resurrection of the Son of God* (Christian Origins and the Question of God 3; Minneapolis: Fortress, 2003), 39-45을 보라. 구약의 스올 개념에 대해서는 같은 책, 87-99을 보라.

27) Plato, *Phaedo* 64a-68b을 보라. 이 책의 언어는 의도적으로 남성 중심적이다.

28) "영원의 움직이는 형상"이라는 플라톤의 표현에 대해서는 「티마이오스」37d을 보라. 우주의 아름다움에 대한 묘사를 보려면 「티마이오스」29e-31b을 보라.

서 벗어나는 유일한 길은 속사람을 몸의 영향으로 인한 모든 오염에서 깨끗이 정화하는 것이었다.

플라톤의 가장 유명한 제자인 아리스토텔레스(Aristotle, 기원전 384-322년)는 약간 다른 형태의 플라톤 철학을 널리 퍼뜨렸다. 아리스토텔레스는 영혼을 몸에서 분리할 수 있는 비물질적 실체가 아니라 몸의 형상 내지 통일성으로 이해하게 되었지만, 형상과 질료 또는 비물질적 관념과 부패하기 쉬운 물질적 실체라는 플라톤의 근본적 개념 구별을 받아들였다.[29] 하지만 이보다 더 중요한 점은 아리스토텔레스가 비물질적이고 이성적인 것이 육체적이고 물질적인 것보다 우월하다는 플라톤의 **가치** 구별을 받아들였다는 점이다. 시간이 흐르면서 실재에 대한 이런 공통된 이원론 관점은 그리스화된 문화권에서 점점 더 대중화되었다.[30]

그러나 명확한 내세에 대한 플라톤의 관념은 전통적인 하데스 개념을 즉각 대체하지는 않았다. 사실 플라톤이 「티마이오스」 41d-e에서 티마이오스로 하여금 인간 영혼이 별에서 기원했다는 이야기를 하게 한

---

29) 몸과 영혼의 관계에 대한 아리스토텔레스의 견해는 「영혼에 대하여」(*De anima*)에 가장 분명하게 표현되어 있다. "형상"은 플라톤과 아리스토텔레스 철학에서 물질적인 것들 안에 있는 통일성을 부여하는 요소로 이해되는 보편적 개념 내지 "관념"을 뜻하는 전문용어다. 플라톤은 이런 형상들이 물질적 세계와 독립적으로 존재한다고 (그러나 이 세상 속에 구현된다고) 생각한 반면, 아리스토텔레스는 형상이 독립적으로 존재하지 않는다고 생각했다.

30) "이원론"이라는 말은 종교 및 철학 문헌에서 다양한 방식으로 사용된다. 역사적으로 이 말은 서로 다른 기원을 지닌 두 형이상학적 원리가 존재한다는 생각을 표현하는 데 사용되었다. 최근에는 이 말이 (2항 대립으로 자주 일컬어지는) 이중성 또는 이원성 일체를 가리키는 데 사용되었다. 나의 용법은 이 두 용법과 다르다. 나는 "이원론"이라는 용어를 한 측면이 다른 측면보다 **가치 면에서 우선순위**를 가지고(즉 그것이 더 낫고 더 높고 더 중요한 것으로 간주되고), 나머지 측면은 그에 상응하게 (더 낮거나 중요하지 않거나 심지어 순전히 악한 것으로) **평가절하**되는 이분법 일체를 지칭하는 데 사용한다. 그러므로 "이원론"은 단지 개념적 이원성을 가리키는 것이 아니라, 더 정확히 말해 타당한 개념적 구별이 되는(또는 되지 않는) 것에 덧붙여진 세계관적·사전 인지적·정서적 수준에서의 가치 구별을 가리킨다. 가치 또는 세계관의 이원론에 대한 논의를 보려면 Walsh and Middleton, *Transforming Vision*, 6-7장을 보라.

새 하늘과 새 땅

다는 "그럴듯한 이야기" 또는 신화에도 불구하고, 플라톤 자신도 실제로 "별의 세계"가 죽을 때 영혼이 되돌아가는 영역이라고 가르친 적은 없다. 플라톤이 실제로 개인적 불멸성(개인적 정체성의 잔존)을 믿었는지는 논란의 대상이지만, 영혼이 말 그대로 (행성, 별, 천사, 신들 같은) 천상의 영묘한 존재들이 살고 있는 달 너머의 부패하지 않는 별의 세계에서 왔거나 그리로 돌아간다고(고대인들은 하늘을 그런 식으로 상상했다) 생각하지는 않았다. 오히려 플라톤이 가정한 추상적이고 엄밀하게 비물질적인 형상의 세계는 이런 통속적인 별의 세계에 대한 개념을 "비신화화"하려는 시도였다.

플라톤의 영향(특히 「티마이오스」 41d-e)은 처음에는 사후에 별의 세계에서 별이 (또는 별과 같이) 될 수 있는 가능성에 대한 (고대 세계 전역에 걸친) 산발적 믿음을 가져왔다.[31] 그리고 그의 영향은 훗날 기독교 시대에는 (땅 위, 땅 너머에 위치해 있는) 하늘에서 (부활한 몸으로) 하나님과 함께 거한다는 관념을 초래했다. 그러나 기독교 전통은 먼 훗날에 이르러서야 비로소 비물질적이고 비공간적인 영원한 상태에 관해 플라톤이 실제로 신봉했던 것보다 더 형이상학적인 개념을 받아들이게 되었다.[32]

플라톤적 세계관과 특별히 내세에 대한 플라톤의 보다 추상적인 개념은 기원후 3세기에 그리스 철학자 플로티노스(Plotinus, 204-270년)에 의해 추가 동력을 얻었고, 플로티노스는 (아리스토텔레스와 스토아학파의 사상들과 결합된) 플라톤의 개념적 틀을 개조하여 아우구스티누스(Augustine)에서부터 위(僞) 디오니시우스(Pseudo-Dionysius)와 그 이후

---

31) 예를 들어 Cicero, *De republica* 6.13-16을 보라.
32) 플라톤주의의 영향은 제2성전기 유대 묵시문헌에 나오는 의인의 최종 운명에 대한 다양한 견해 속에서도 볼 수 있다. 어떤 본문들은 구속받은 자들이 새롭게 된 우주에 거하게 될 것이라고 예상하는 반면, 또 다른 본문들은 내세적인 하늘로의 이동을 암시한다.

에 이르기까지 기독교 신학자들에게 깊은 영향을 준 실재에 대한 비전을 퍼뜨렸다. 오늘날 신플라톤주의로 알려진 플로티노스의 관점은 여러 세기 동안(역사비평이 등장한 오늘날까지) 단순히 플라톤의 관점을 더 명확히 표현한 데 불과한 것으로 간주되었다.[33]

최소한 일부 기독교 신학자들은 이성적인 영혼 내지 지성이 불멸의 존재이며 인격의 가장 고상한 부분이라는 (이성의 신격화에 가까운) 플라톤의 개념을 받아들이기를 주저했을지 모르지만, 플로티노스는 이성을 초월하며 이성보다 더 높은 어떤 것이 들어설 여지를 만들었다. 플로티노스는 합리적 지성이나 영혼 위에(어떤 의미에서는 그 안의 더 깊은 곳에) 직관적이고 초이성적인 정신 혹은 (훗날 일부 기독교 신학자들이 성령 내지 로고스와 동일시한) "누스"(Nous)가 발견될 수 있고, 그 위에(그리고 그 안에)는 모든 실재가 흘러나오는 존재의 통합된 충만함과 깊이인 일자(一者)가 있다고 주장했다(일부 그리스도인들은 이를 성부나 신성의 신비와 동일시했다). 플로티노스는 이처럼 신적인 것으로의 상승을 내면으로의 전환과 명백히 동일시했고, 이를 통해 중세와 심지어 현대까지 교회 곳곳에서 울려 퍼진 서구 형태의 신비주의를 창시했다.

기원후 4세기와 5세기에 아우구스티누스에게 영향을 끼친 것은 구체적으로 플로티노스 식의 플라톤주의였지만, 2세기와 3세기의 많은 교부에게 지배적인 지적 분위기를 형성한 것은 중기 플라톤주의라고 알려진 이전 형태의 플라톤주의였다. 나는 플라톤주의 개념들이 그리스-로마 문화의 배경 속에서 자신의 신학을 표현하고 전달하는 데 유용하다고

---

33) 아우구스티누스가 「고백록」 7.9과 7.20에서 플로티노스의 「엔네아데스」(The Enneads)를 단순히 "플라톤주의자들"의 책이라고 부른다는 점에 주목하라. 플로티노스는 밀도 있는 철학적 논문들을 썼는데, 그의 제자 포르피리오스(Porphyry)가 이를 「엔네아데스」("아홉들": 각각 아홉 개의 논문으로 된 여섯 개의 덩어리)로 모아놓았다.

생각했던 이런 기독교 선조들에게 너무 가혹한 평가를 내려서는 안 된다고 생각한다. 결국 신약신학에 있는 유대적 개념을 기독교 신앙의 모태가 되는 새로운 문화 환경에 관련지을 필요가 있었기 때문이다. 교부들이 당시 가장 뛰어난 지적 유산을 이용한 것은 자연스런 일이었다. 교부들은 복음을 그들 자신의 문화와 관련지으려 했을 뿐이고, 이는 모든 시대의 그리스도인들이 행해온 일이었다. 종종 우리의 믿음과 정반대되는 관행과 사상에 동화될 수도 있는 부수적인 위험을 인식하지 못한 채로 말이다.

교부들에게 동감하지만, 그럼에도 그들이 기독교 신앙과 그리스 철학을 종합한 부정적 결과를 알 필요는 있다고 생각한다. 그런 결과에는 신약 저자들이 생각했을 법한, 모든 것을 초월하는 기독교 종말론의 변형이 포함된다(물론 거기에 한정되지는 않는다). 이런 변형의 역사는 이 책의 부록에서 좀 더 자세히 다루어질 것이다. 당장에는 플라톤이 물려준(그리고 신플라톤주의에 의해 강화된) 기독교 종말론에 만연한 유산에 대해 리처드 보컴(Richard Bauckham)과 트레버 하트(Trevor Hart)가 다음과 같이 요약한 것을 인용하는 것만으로도 충분할 것이다. "기독교적 소망은 우리가 살아가는 **이 세상의** 영원한 미래에 대한 소망이라기보다, **또 다른 세상**('하늘')에서의 인간적 성취에 대한 소망으로 늘 이해되었다."[34] 뒤따라오는 장들을 보면, 만물의 구원과 관련한 성경의 가르침에서 우리가 얼마나 떨어져 있는지가 명확해질 것이다.

---

34) Richard Bauckham and Trevor Hart, *Hope against Hope: Christian Eschatology in Contemporary Context* (Trinity and Truth; London: Darton, Longman & Todd, 1999), 129(미들턴 강조).

1부

창조에서
종말까지

2장

◆

왜 우리는 여기에 있는가?
거룩한 부르심으로서의 인간 되기

가장 좋은 출발점은 태초다.

영화 「프린세스 브라이드」(*The Princess Bride*)에서 거인 페직(Fezzik)이 "도둑의 숲"에서 스페인 사람 이니고(Inigo)를 발견한 뒤에, 이니고는 3인조의 리더인 비지니(Vizzini)가 일이 잘못될 때마다 언제나 처음으로 되돌아갔다고 설명한다. "우리가 일을 시작한 곳이 여기잖아. 그러니 여기가 시작점이지. 그래서 난 비지니가 올 때까지 여기 머물 거야."

우리는 타락한 세상, 깨어진 현실, "일"이 명백히 잘못된 곳 한가운데 살고 있다. 우리가 어떻게 여기 오게 되었는지, 다음 수순은 어떻게 돼야 하는지 이해하려면 처음으로, 곧 하나님이 세상을 창조하실 때 품으셨던 의도로 되돌아갈 필요가 있다. 조만간 3장에서 우리는 창조에서 종말까지의 성경 이야기의 전 범위를 탐구하면서, 줄거리에 대한 이해가 어떻게 하나님의 창조와 구원의 사역에 일관성을 가져다주는지를 구체적으로 살펴볼 것이다. 그러나 먼저 2장에서는 하나님과 세상과의 놀라운 이야기의 시작을 살펴볼 것이다. 이는 인간으로서의 우리 삶의 의미와 목적을 밝혀준다. 또한 우리는 상황이 어떻게 잘못되었는지도—아주 적절한 영국 숙어를 사용하자면 우리가 어떻게 "줄거리를 놓쳤는지"를—살펴볼 것이다. 우리는 길을 잃어버림으로 하나님의 원래 목적에서 벗어났다는 실존적 의미에서뿐만 아니라, 성경 이야기의 내적 논리를 종종 이해하지 못하고 있다는 개념적 의미에서도 줄거리를 놓쳐버렸다.

성경을 이야기로 읽기

좋은 이야기에는 많은 구성요소가 있지만 줄거리는 가장 기본적 요소 가운데 하나다. 줄거리라는 개념은 사실 매우 간단하다. 무언가가 잘못되어가다가 바로잡히는 그런 것이다. 멀게는 아리스토텔레스로부터 우리는 "묶기"(또는 "얽힘")와 "풀기"라는 두 가지 운동의 관점에서 줄거리의 본질에 대한 사고를 발견할 수 있다.[1] 우리는 이를 종종 "서사적 긴장/뒤얽힘"과 "서사적 해결"이라고 부른다. 따라서 죄와 구속에 대한 성경 이야기가 줄거리의 기초를 이룬다는 점을 이해하기는 어렵지 않다.

　　성경 이야기의 줄거리는 **창조-타락-구속**으로(때때로 **완성**을 덧붙여서) 요약할 수 있다. 이는 세상에 대한 하나님의 원래 의도에서부터 그분의 의도가 실현되는 것을 막는 근본적 문제를 거쳐, 그 문제를 고치거나 해결하는 과정으로 전개되는(그 결과 하나님의 의도가 마침내 성취되는) 하나의 운동을 암시한다.[2] 많은 그리스도인은 이런 기본적 틀에 말로는 동

---

1) Aristotle, *Poetica* 18.1-3(아리스토텔레스는 극에 대해 이야기했고 "줄거리"라는 단어를 명시적으로 사용하지는 않았다).

2) 창조-타락-구속의 틀은 Brian J. Walsh and J. Richard Middleton, *The Transforming Vision: Shaping a Christian World View* (Downers Grove, IL: IVP Academic, 1984)의 2부("The Biblical World View")와 J. Richard Middleton and Brian J. Walsh, *Truth Is Stranger Than It Used to Be: Biblical Faith in a Postmodern Age* (Downers Grove,

의를 표할지 모르지만, 그 틀이 실제로 성경을 읽는 데 있어 언제나 지침 역할을 하는 것은 아니다. 그 틀은 성경의 수많은 내용 속에서 상실되거나 압도될 뿐만 아니라, (우리가 "구속" 또는 "구원"이라고 부르는) 회복의 움직임이 성경 독자인 우리 관심의 초점이 되는 경향이 있다. 그리고 이런 구속적 움직임은 분명 성경 지면의 대부분을 차지한다. 그 결과 많은 독자는 성경 줄거리의 전반적 구조(구체적으로 그것이 창조에 바탕을 두고 있다는 점)를 간과하기 쉽다. 그러나 처음 상태(창조)와 문제의 본질(타락)에 대한 이해가 없으면 이런 회복의 본질(구속)—그리고 그 결과 하나님 목적의 최종적 성취가 지닌 본질—을 조직적으로 잘못 해석하게 될 것이다. 그렇게 되면 회복을 잘못된 것을 고치는 것으로 이해하기는 어려울 것이다.[3]

그러므로 2장은 인간(우리가 여기에 있는 이유)과 창조세계 전체에 대한 하나님의 원래 의도를 더 잘 이해하기 위해 이야기의 첫 움직임(창조)을 명확히 밝히는 데 할애된다. 이는 무엇이 잘못되었는지에 대한 성경 자체의 묘사를 이해시켜줄 것이다.[4] 이 땅에서의 삶의 목적과 목표에 대

IL: IVP Academic, 1995)의 2부("The Resources of Scripture")에 나오는 성경 해설의 지침이 된다.

3) 나는 성경 이야기의 줄거리를 창조-타락-구속-**완성**으로 요약하려는 이들의 동기를 잘 안다. 이 요약은 성경 이야기의 절정이 단순히 태초의 원시 상태로 되돌아가는 것이 아님을 암시하기 때문이다(즉 창조와 종말 사이에는 어떤 불연속성이 있다). 나는 (2장과 이후의 장들에서 분명히 밝혀지겠지만) 이 점에 전적으로 동의한다. 그러나 중요한 것은 최종적인 종말론적 상태가 창조를 초월하지는 않는다는 점이다. 최종 상태는 창조의 처음 상태를 초월하지만 사실 (죄의 균열이 고쳐진 이후에) 하나님의 창조 의도가 성취된 것이다.

4) 2장에서는 창조신학에 관한 나의 이전 저작을 활용했으며 다음의 글과 책도 포함한다. "Image of God," in *Dictionary of Scripture and Ethics*, ed. Joel Green et al. (Grand Rapids: Baker Academic, 2011), 394-97; *The Liberating Image: The Imago Dei in Genesis 1* (Grand Rapids: Brazos, 2005). 이 책은 (*Transforming Vision* 3장과 *Truth Is Stranger* 6장을 포함하여) 이 주제에 대한 나의 이전 글들을 종합한 것이다. 2장에 있는 각주 곳곳에 *The Liberating Image*의 여러 단락을 표시해두었다. 당면한 주제에 대한 보다

한 (그 목적이 어떻게 궤도를 이탈했는지를 포함한) 분명한 이해가 없으면 우리는 구원과 종말론에 대한 비성경적 개념에 휘둘리게 될 것이다. 그러나 인간의 원래 목적(과 죄로 인한 그 목적의 왜곡)에 대한 확고한 이해가 있으면, 우리는 이어지는 여러 장에서 인간을 회복시켜 이 땅에서의 목적을 성취하도록 의도된, 성경의 줄거리에 담긴 주된 구속적 움직임의 윤곽을 그릴 수 있는 확고한 위치에 서게 될 것이다.

하나님께 예배드리기 위해 창조되었다?

그렇다면 목적은 무엇인가? 왜 우리는 여기에 있는가? 성경의 첫머리를 보면 하나님이 현세적인 소명을 지닌 인류를 창조하셨음이 분명하다. 창세기 1:26-28에서는 하나님께 위임받은 인간의 사명이 동물들을 다스리고 땅을 정복하는 것으로 묘사된 반면, 창세기 2:15에서 인간의 사명은 일하고 동산을 보호하는 것으로 묘사된다. 시편 8:5-8은 (성경 첫머리에 있는 것은 아니지만) 하나님이 하나님의 손으로 지으신 작품을 다스릴 인간을 만드셨고 "만물"을 그들의 발아래 두셨다고 말하며, 다양한 형태의 동물들을 그 예로 열거한다. 모든 창조 관련 본문에 나타나는 이런 움직임은 우리가 "선교적"이라고 부를 만한―하나님에게서부터 인간을 통해 땅으로 뻗어나가는―것이다. 인간의 근본적 사명은 다소 현세적 관점으로 표현되는데, 하나님을 대신하여 권한을 이 땅 위에서 책임 있게 행사하는 것이다.

그러나 통속적인 기독교 전통에서 인간이 하나님을 예배하도록 창조되었다는 것은 거의 격언에 가깝다. 교회에 출석하는 신자들은 강단에서

광범위한 논의에 관심 있는 독자들은 참고하길 바란다.

이 흔한 개념을 얼마나 많이 들었는가?(또는 회중석에서 얼마나 자주 찬양으로 불렀는가?) 그래서 성경 독자들은 때때로 성경에서 인간의 처음 목적과 존재 이유가 하나님을 예배하는 것(또는 이원론적 범주를 동반한 "영적인 것"에 대한 우리 개념과 일치할 만한 어떤 것)이라고 결코 명시적으로 표현되어 있지 않다는 사실을 깨닫고 충격을 받는다. 이는 물론 우리가 하나님을 예배하지 말아야 한다는 뜻은 아니다. 더 정확히 말해서 우리에게 필요한 것은 "예배"에 대한 재정의다.

첫째, 우리는 인간이 하나님께 드리는 예배를 언어적이고 감정적으로 강렬한 찬양으로 축소시키지 말아야 한다(이것이 우리가 보통 예배라는 말을 사용할 때 의미하는 바다). 더 정확히 말해서 우리의 예배는 우리가 행하는 모든 일에 있다.[5] 이 점은 로마서 12:1-2에 잘 나타나 있는데, 거기서 바울은 몸으로 보여주는 온전한 순종(그는 이것이 곧 우리의 참된 예배라고 말한다)을 묘사하기 위해 이스라엘의 성전 제사에서 제물과 예전에 사용되는 표현을 차용한다.[6] 둘째, 예배는 올바르게 이해하자면, 인간에게만 국한된 것이 아니다. 더 정확히 말하면 하늘과 땅의 모든 피조물이 하나님을 예배하도록 요구받는다.

이 우주적인 예배는 시편 148편의 주제다. 이 시편의 1절은 "하늘에서 여호와를 찬양하며"라고 말한다. 그 다음에는 하나님을 예배하도록 요구받는 천상의 피조물들(1-4절)의 목록이 뒤따르는데, 여기에는 천사

---

5) 예배를 감정적으로 강렬한 찬양의 표현으로 축소시키는 것은 마치 결혼생활 속에서의 사랑을 로맨스로 축소시키는 것과 같다. 결혼한 이들이라면 잘 알고 있듯이 발렌타인데이 카드와 꽃다발도 멋진 사랑의 표현이지만 설거지, 요리, 집 청소, 재정관리, 새벽 세 시에 애 보기, 학교에서 자폐아 돌보기 등으로도 사랑을 표현해야 한다.
6) 영어에서는 "예배"(worship)와 "섬김"(service)을 구별하지만 성경에서는 일반적으로 이런 개념들에 대해 명백히 구별된 단어를 사용하지 않는다. 오히려 같은 단어가 성전에서의 제사장의 섬김과 일상적 노동, 둘 다에 사용될 수 있다. 둘 다 하나님께 바치는 섬김 또는 예배의 형태다.

들의 군대와 모든 천체(태양, 달, 별들), 가장 높은 하늘, 하늘 위의 물도 포함된다. 그러나 천상의 피조물들만 하나님을 예배하도록 요구받는 것이 아니다. 7절은 "땅에서 여호와를 찬양하라"라고 말한다. 그 다음으로 바다 괴물들, 깊은 바다, 기상 현상(번개, 우박, 눈, 바람)을 포함한 지상의 피조물들의 목록이 이어지고 산, 나무, 짐승과 새, (마지막으로) 인간이 그 뒤를 잇는다(11-12절).[7] 인간이 하나님을 예배하도록 요구받는 많은 일단의 피조물 가운데 하나에 불과하다는 점은 의미심장하다. 사실 인간은 천상과 지상의 피조물들에게 하나님을 예배할 것을 요구하는 열한 개의 절(1-4절, 6-12절) 가운데 겨우 두 절에서만 언급된다.

인간의 창조와 목적을 다루는—창세기 1-2장이나 시편 8편, 심지어 시편 104편 같은—성경본문들을 살펴보면, 그중 어느 것도 우리가 하나님을 "예배"하기 위해 창조되었다고 말하지 않는다. 솔직히 말해서 예배는 인간의 유일무이하거나 독특한 특징이 아니다. 우리는 인간 중심적 세계관을 갖고 있기 때문에 예배가 오직 인간에게만 해당된다고 생각한다. 성경의 세계관에 따르면 산과 별도 인간과 똑같이 하나님을 예배한다. 오늘날에는 터무니없는 주장처럼 들리겠지만, 바로 이것이 시편 148편의 (또한 다른 성경본문의) 분명한 함의다.[8]

---

7) 시 148:8에 따르면 바람도 하나님께 순종한다. 인간 이외의 피조물들이 창조주께 바치는 순종을 묘사하는 다른 성경본문들로는 렘 8:7; 시 33:6, 9; 147:7-9; 148:5-6 등이 있다. 실제로 이 모티프는 창 1장에서 최고조로 표현된다. 창 1장은 하나님이 단순히 피조물에게 신적인 뜻에 따라 존재하며 기능하라고 명령 혹은 지시하시며("~이 있으라") 말씀으로 창조하시는 모습을 묘사한다. 시 96편은 인간 이외의 세상에게 하나님을 찬양할 것을 권고하면서, 창 1장의 신적인 명령("~이 있으라")의 수사법을 예배의 주제와 결부시킨다. "하늘은 기뻐하고 / 땅은 즐거워하며 / 바다와 거기에 충만한 것이 외치고 / 밭과 그 가운데에 있는 모든 것은 즐거워할지로다"(11-12a절).

8) 시편 한 권만 해도 피조물이 하나님을 찬양하는 모습을 묘사하는 본문은 놀랍도록 많다. Terence E. Fretheim, *God and World in the Old Testament: A Relational Theology of Creation* (Nashville: Abingdon, 2005), 267-68에서 그 목록을 보라. 이 주제에 대한 프레

그렇지만 산과 별은 어떻게 하나님을 예배하는가? 언어나 감정을 통해 예배하는 것은 분명 아니다. 정확히 말하면 산은 단순히 고도에 따라 무성한 초목이나 험준한 바위나 빙하로 뒤덮인 산이 됨으로써 하나님을 예배한다. 그리고 별은 태양 같은 별에서부터 적색 거성, 백색 왜성, 맥동성, 블랙홀에 이르기까지 그 크기와 수명 주기에 따라 핵에너지로 불탐으로써 하나님을 예배한다.

산이 산이 됨으로써 하나님을 예배하고 별이 별이 됨으로써 하나님을 예배한다면, 인간은 어떻게 하나님을 예배하는가? 인간이라는 말이 의미하는 온전히 영광스런 상태의 인간이 됨으로써 하나님을 예배한다. 인간은 문화적 존재이며, 우리의 예배로 정의되지 않는다고 성경은 말한다. 예배는 피조물을 정의하는 것이기 때문이다(모든 피조물은 예배하도록 요구받는다). 그러나 인간 피조물은 독특한 방식, 즉 하나님이 우리에게 주신 능력을 사용하여 땅의 환경을 우리의 창조주를 영화롭게 하는 복잡한 세계(사회문화적 세계)로 변형시키며 땅과 상호작용함으로써 그분을 예배하도록 지음 받았다.

하나님의 형상(*Imago Dei*)으로서의 인간의 문화적 소명

인류학자들이 알고 있듯이 모든 문화(culture)의 바탕은 농업(**agri**culture)이다. 애초에 사람들이 먹고 살기에 충분한 식량을 생산하는 방법을 발견하지 못했다면, 오늘날 우리가 향유하는 이런—도시, 정부, 기술, 예술, 과학, 학문적 제도를 가진—복잡한 문화를 발전시킬 수는 없었을 것이다. 수렵 채집인들은 원시적 문화밖에는 발전시킬 수 없다. 어떤 형태든

타임의 분석은 8장에 있다.

복잡한 사회질서를 발전시키려면 사람들은 어딘가에 정착해서 충분한 식량 공급을 할 수 있어야 한다. 이는 창세기 2장의 인간이 처한 최초의 환경인 에덴동산에도 해당되는 이야기다. 최초의 인간들에게 동산의 나무에서 나는 실과를 마음대로 먹도록 하신 하나님의 배려(창 2:16)는 이 동산이 인간의 필요를 채워줄 양식을 공급하기 위해 생겨났음을 명백히 보여준다.

그러나 역설적으로 동산 그 자체도 인간을 필요로 한다. 창세기 2장은 하나님이 물 근원이 생겨날 때까지 동산을 경작하는 일을 미루셨다고 설명하는데(5, 6절), 이는 식물이 자랄 수 있으려면 물이 필요하기 때문에 논리적이다. 또한 하나님은 인간이 생겨날 때까지 동산의 경작을 미루셨다(5, 7-8절). 이는 창세기 2장의 동산이 단순히 "자연적" 현상이 아니라 인간이 참여해야 하는 문화적 기획임을 암시한다. 인간은 땅**에서** 만들어졌을 뿐만 아니라(7절) 특정한 사명 내지 소명을 염두에 두고 땅을 **위해** 만들어졌다.[9] 창세기 2:15에서는 원시적인 수렵 채집 사회를 넘어서는 어떤 것을 꿈꾸면서 인간의 원래 목적을 동산을 경작하고(일하고/개발하고) 지키는(보호하는/돌보는) 것으로 묘사한다. 따라서 창세기 2장은 농업(경작된 동산)을 인간의 첫 번째 공동체적·문화적 기획으로 표현한다. 실제로 동산을 처음 가꾼 이는 창조자이므로 하나님이 최초의 문화적 기획을 시작하시고 (하나님의 형상으로 창조된) 인간들에게 따라야 할 본을 세

---

9) 인간과 땅/흙 사이에는 창 2:7에서 "인간"을 뜻하는 단어('ādām)와 "흙"을 뜻하는 단어('ādāmâ) 사이의 히브리어 언어유희를 통해 표현된 근본적인 공명이 있다(창 2-3장에서 "아담"은 아직 창 4:1에서와 같이 고유명사 "아담"이 아니라는 점에 주목하라. 더 정확히 말해서 히브리어에서는 "그 인간"[bā'ādām]이라고 말하고 있다). 영어에서 이와 비슷한 언어유희는 하나님이 "humus"(부식토)에서 "human"(인간)을 창조하셨다는 말일 것이다. 이 언어유희와 그 신학적 의미에 대해서는 다음 책에 나오는 창 2-3장에 대한 면밀한 해석을 보라. Phyllis Trible, "A Love Story Gone Awry," in *God and the Rhetoric of Sexuality* (Overtures to Biblical Theology; Philadelphia: Fortress, 1984), 72-143.

우셨다고 말할 수도 있다.[10]

창세기 2장과 같이 시편 104편도 농업을 인간에게 한정된 것으로 간주한다. 이 아름다운 창조 시편에는 인간에 대한 언급이 별로 없다(총 서른다섯 구절 중에 겨우 다섯 절 정도에만 있다). 그러나 이 시편에 있는 인간에 대한 두 번의 주된 언급 중 하나는 단순히 인간의 노동을 사자가 먹이를 얻기 위해 하는 사냥(21-22절)과 나란히 진술된 하나의 실제적인 일로 언급한다(23절). 사자는 자기들의 특징적인 일(사냥)을 하고 우리도 우리의 일(노동)을 한다. 시편 104편에 나오는 인간에 대한 또 다른 주된 언급은 하나님이 인간에게 식물을 선물로 주신 것을 가축에게 풀을 선물로 주신 일과 더불어 묘사한다. 그러나 가축은 (생물학적 유기체로서) 단지 하나님이 주시는 풀만 먹는 반면, 인간은 (문화적 존재로서) 농부가 되어 땅에서 농산물을 생산하고 자신의 생명 유지와 즐거움을 위해 포도, 올리브, 밀을 포도주, 기름, 빵으로 바꾸어놓는다(14-15절).[11]

시편 104편과 창세기 2장은 농업에 초점을 맞춘 반면, 시편 8편은 축산업을 하나님의 세상에서 인간이 해야 할 기본적인 일로 전면에 내세운다. 인간은 왕 같은 위엄을 지니고 동물들의 다양한 영역―땅, 공기, 물―에 대한 권위 내지 지배권을 허락받는다(5-8절[마소라 본문 6-9절]).[12] 동

---

10) 하나님이 최초의 동산지기/문화 창조자였다는 통찰은 Andy Crouch, *Culture Making: Recovering Our Creative Calling* (Downers Grove, IL: IVP Academic, 2008), 108에서 착안했다.

11) 시 104편에 나오는 인간에 대한 또 다른 중요한 언급은 마지막 구절인데(35a절), 여기서 시편 기자는 하나님께 죄인들을 땅에서 없애달라고 요청한다. 아마도 그들의 권력남용은 이 땅에서의 삶의 올바른 역할 수행을 방해할 것이다(이런 관점은 이후의 여러 장에서 살펴보게 되겠지만 마 24:37-41과 같은 종말론적 심판에 관한 본문을 해석하는 데 있어서 중요하다).

12) 시 8편에 대한 히브리어 성경의 절 번호는 영어와 약간 달라서 마소라 본문의 6-9절은 영역본의 5-8절에 상응한다.

물 사육은 여기서 큰 위엄과 특권을 지닌 일로 간주된다. 실제로 그것은 인간이 온 우주의 주권적 통치자이신 "하나님보다 조금" 못한(5절) 자신의 지위를 드러내는 일이다.[13]

창세기 1:26-28은 앞에서 말한 모든 모티프를 "하나님의 형상"(*imago Dei*)으로서의 인간이라는 개념 안에 결합시킨다. 이 구절들은 인간을 (시 8편과 같이) 동물의 왕국을 다스리고 (창 2장에서 동산을 가꾸는 일이나 시 104편에서 땅에서 소출을 내는 일과 비슷하게) 땅을 정복하기 위해 창조된 존재로 묘사한다. 창세기 1장은 인간의 사회 조직의 기초인 농업과 축산업을 강조함으로써 궁극적으로 문화, 기술, 문명의 모든 측면의 발전을 상상한다. 인간은 하나님의 대변자로서 이런 발전을 이룩해야 하며, 이는 하나님의 "형상"과 "모양"으로 창조된 것의 결과다(창 1:26-27). 여기서는 인간이 "하나님보다 조금 못하게" 창조되었다는 시편 8:5의 메아리가 들리는 듯하다. 따라서 지상의 환경을 창조주를 영화롭게 하는 복잡한 사회 문화적 세계로 변화시키기 위해 능력을 발휘하는 고귀한 사명은 거룩한 사명, 신성한 부르심이며, 그 속에서 인류는 지상에 있는 하나님의 형상으로서 우주에 대한 창조자의 주권과 비슷한 것을 드러낸다.[14]

---

13) "하나님보다 조금 못하게"라는 어구는 "신적인 존재들보다 조금 못하게" 또는 "천사들보다 조금 못하게"라고도 번역할 수 있다(70인역에서 이렇게 번역한다). 천사들은 인간처럼 하나님의 대표자로서 위임된 통치권을 행사한다고 여겨졌기 때문에 그 의미는 본질적으로 바뀌지 않는다. 이 문제에 대한 논의를 보려면 Middleton, *Liberating Image*, 58-60을 보라.

14) 대부분의 구약학자들은 오늘날 인간이 하나님을 대신하여 땅을 통치하는 것을 바로 창 1:26-28이 하나님의 형상과 모양(*imago Dei*)이라는 표현을 통해 의미하는 것으로 해석한다. 그러나 "하나님의 형상" 개념이 (마치 성경이 우리에게 이 주제에 대해 아무런 지침도 제공하지 않는 것처럼) 해석하기 어렵다고 불평하거나, (창 1장의 문맥에는 별로 주의하지 않고) 하나님과 인간의 공통점에 대해 추측하는 것은 대중적인 신학 저작들의 경우에 흔한 일이다. 인간을 "하나님의 형상"으로 보는 해석역사에 대한 설명을 보려면 Middleton, *Liberating Image*, 1장을 보라.

고대 근동—고대 이스라엘의 삶의 터전이자 구약성경의 배경인 세상—에서는 주요 신마다 보통 그 신에게 바쳐진 성전 안의 구석진 신상 안치소에 세워진 나름의 형상이나 제의용 신상이 있었다. 그리고 고대 세계의 사람들은 그 형상(또는 공식적 신상)을 통해 제사장들이 실제로 중재하는 가운데 각 신과 접촉할 수 있다고 생각했다.[15] 이런 제의용 신상(또는 성경이 부르는 이름과 같이 "우상")을 제외하면 고대 근동에서 지상에 있는 신들의 일차적 형상으로 여겨진 존재는 바로 왕이었다. 고대 근동에는 신의 모양 내지 형상이라고 일컬어지는 이집트의 바로와 메소포타미아 왕들에 대한 언급이 있다.[16] 이 개념의 핵심은 왕이 (신전의 제의용 신상과 같이) 지상에서 신들의 임재와 뜻을 드러내는 공식적 중재자라는 것이다. 제사장들도 신들의 중재자로 여겨지기 때문에 그들도 (왕처럼 자주는 아니지만) 때때로 신의 형상으로 일컬어졌다. 그러나 왕과 제사장의 관계는 분명하다. 각 나라의 왕은 그 나라의 국가 종교의 대제사장으로도 간주되었기 때문이다. 왕은 자기 백성에게 있어 지상에서 신들의 최고 중재자였다.[17]

고대 근동의 왕은 물론 자기 나라의 정치적 통치자이기도 했다. 왕은 입법자이자 예술과 문명의 후원자였다. 왕은 도시를 세우는 일의 최고 책임자였고, 나라의 큰 공공 및 종교시설 건설 계획을 처리했으며, 통

---

15) 구약을 해석하는 데 있어 고대 근동 배경의 가치에 대해서는 Peter Enns, *Inspiration and Incarnation: Evangelicals and the Problem of the Old Testament* (Grand Rapids: Baker Academic, 2005), 2장을 보라.

16) 신의 형상으로서의 고대 근동의 왕들에 대한 언급의 목록을 보려면 Middleton, *Liberating Image*, 3장, 특히 108-22을 보라.

17) 이런 고대 개념의 한 예가 창 14:18-20에서 발견되는데, 이 구절은 가나안 땅 살렘의 제사장-왕인 멜기세덱을 언급하지만, 그는 그의 신 엘 엘리온(=지극히 높으신 하나님)의 "형상"이라고 명백히 불리지는 않는다. 본문은 이것이 멜기세덱이 아브라함의 하나님을 알았던 이름이라고 전제하는 것 같다.

치의 일환으로 (농업의 기반이 되는) 관개시설 유지를 감독했다. 구체적으로 메소포타미아 고대문헌들은 왕이 수로 관개시설을 감독함으로써 사회의 기반이 되는 농업을 위해 물을 공급해야 한다는 점을 명시한다. 왕은 탁월한 정원사였다. 왕이 지상에서 신들의 임재를 중재하고 나타내는 제사장 역할을 하는 때는 바로 (농업에서부터 법률과 예술에 이르기까지) 복잡한 문화와 문명을 조직하고 관리하며 왕권을 행사할 때였다(그림 2.1.을 보라).

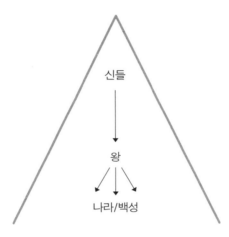

그림 2.1. 신의 능력과 임재를 매개하는 왕

성경은 일반적인 고대 근동의 배경에 의존하지만, 동시에 이런 구도의 일정한 측면들을 뒤집어엎는다. 첫째, 성경에서는 지상에서 대표해야 할 많은 신들이 존재하지 않는다. 오직 한 분 참 하나님만이 존재할 뿐이다. 그리고 이 하나님은 인간이 어딘가에 지은 신전에서 인간의 손으로 만든 움직이지 않는 신상으로 형상화되지 않는다. 성경의 유일신적 경향은 고대의 세계관을 근본적으로 변화시킨다.

그러나 성경이 이 세계관을 변화시키는 데는 또 다른 방식이 있다.

즉 성경은 어떤 엘리트 계층(왕이나 제사장)만이 지상에서 하나님의 임재를 나타낸다고 말하지 않는다. 오히려 인류 전체가—남녀 불문하고 사회적 지위와 상관없이—하나님의 형상으로 지음 받았다. 성경은 하나님의 형상을 근본적으로 보편화 혹은 민주화하며 이를 모든 사람에게 적용한다. 실제로 이스라엘은 고대 근동에서 왕정이 문명에 필수적이라고 생각하지 않은 유일한 민족이었다. 원래 이스라엘에는 왕이 없었다. 이스라엘은 기원전 11세기에 백성이 "모든 나라와 같이"(삼상 8:4-5) 되기를 원해서 예언자 사무엘에게 왕을 구했을 때 처음 왕을 가졌다. 원래는 이스라엘 민족 전체가 하나님의 복을 땅의 모든 족속에게 전달하는(창 12:3) "제사장 나라" 또는 "거룩한 백성"(출 19:6)이 되어야 했다. 그리고 그 이전에는 인류 전체가 세상에서 하나님의 형상이 되는 왕과 예언자의 사명으로 부르심 받았다(창 1:26-27). 그러므로 성경은 평범한 사람들에 의한 땅의 문화적 개발에 관심이 있다. 마치 온 인류가 고대 세계의 왕들이 하던 일을 떠맡은 것처럼 말이다.

평범한 사람들의 문화적 성취에 대한 이런 관심은 창세기 4장이 왕이 아닌 사람에 의한 최초의 도시 건설 소식을 전하는 이유다(17절). 창세기 4장 또한 가축사육(20절), 악기(21절), 금속 도구(22절)의 기원을 언급한다. 구약에 묘사된 바와 같은 인간의 소명은 이처럼 혁신과 비전, 지상 환경을 변화시키기 위한 공동 자원의 결집을 요구하는 개발과 관련된 소명이다. 창세기 4장에 언급된 것과 같은 문화적 관행과 산물이 생겨났다는 사실은, 이 땅에서의 번영을 위한 창조주의 목적에 따라 세상을 그 원시적 출발점 이상으로 발전시키기 위해 하나님의 형상으로서의 문화적 능력을 발휘하는 사람들로부터 비롯된다(그림 2.2.를 보라).

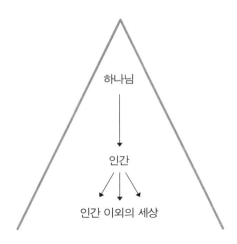

그림 2.2. 하나님의 능력과 임재를 매개하는 인간

　　인류가 현세적 부르심 내지 문화적 소명을 지닌 채 창조되었다는 점
은, 하나님이 창조 과정을 마치셨을 때 세상은 "매우" 좋았지만 더 나아
질 수 없다는 의미에서 "완벽한" 것은 아니었음을 암시한다.[18] 이것이 바
로 인간의 사명이다. 창조 과정에 대한 이런 발전적 이해는 신들이 태초
에 제정한 사회질서를 변화 없이 유지하는 것을 이상으로 삼은 고대 근
동의 역사관과 매우 다르다. 반대로 성경에서 하나님이 만드신 태초의
세상에는 인간의 문화적 능력 발휘―창조 때 인간에게 허락된 소명―를
통한 향상의 여지가 있다.[19]

---

18) 창조세계의 선함과 창조세계의 완벽함이라는 중요한 구별에 대해서는 Fretheim, *God
　　and World*, 41, 125을 보라.
19) 창 1-11장이 제안하는 대안적 비전과 대조되는 고대 근동의 모방적·반복적 이상에 대한
　　자세한 분석으로는 Middleton, *Liberating Image*, 5장, 특히 204-19를 보라.

우주적 성전에서 하나님의 임재를 매개함

인간이 하나님의 형상으로 창조되었다는 명시적 진술은 구약성경에서 매우 드물게 언급되지만(창 1:26-27; 5:1-3; 9:6), 이 개념은 그 용어가 빠져 있는 곳에서도 종종 나타난다. "하나님의 형상"을 문화적 능력의 발휘와 관련짓는 한 가지 매력적인 예는 잠언에서 발견된다. 잠언 3:19-20은 하나님이 우주(하늘과 땅)를 지혜(ḥokmâ), 명철(tĕbunâ), 지식(da'at)으로 세우셨다고 말한다. 마찬가지로 잠언 후반부에 나오는 본문(24:3-4)에 따르면 인간이 집을 지을 때 그 건축계획은 바로 앞의 세 가지 특성을 필요로 한다.

따라서 하나님의 원래 창조활동과 인간의 건축계획 사이에 분명한 유사점이 있다. 구약에서는 고대 근동에서와 같이 우주 자체가 많은 피조물이 거주하기에 알맞은, 지혜롭게 건축된 건물로 여겨지며(욥 38:4-7을 보라), 이는 구약 및 고대 근동 학자들이 널리 인식하는 사실이다.[20] 이것은 우리가 인간의 건축계획에서 지혜를 활용할 때 하나님이 우주를 지으신 것을 재현 또는 형상화하고 있음을 의미한다. 실제로 인간의 문화적 사명과 같이, 창조 자체도 원래는 혼돈하고 공허했던 세상(창 1:2)을 하나님이 6일 동안 복잡한 우주로 변형시키신 발전적 기획이었다.

지혜와 하나님을 닮는 것의 관계는 아마도 잠언 8장의 의인화된 지혜가 하나님의 인류 창조를 기뻐하는 이유일 것이다(31절). 이 본문은 인간들이 (그분의 창조 지혜를 본받아 행동한다면) 이 땅의 문화적 발전을 통

---

20) 이 주제에 대한 탁월한 글로는 Raymond C. Van Leeuwen, "Cosmos, Temple, House: Building and Wisdom in Mesopotamia and Israel," in *Wisdom Literature in Mesopotamia and Israel*, ed. Richard J. Clifford (Society of Biblical Literature Symposium Series 36; Atlanta: Society of Biblical Literature, 2007), 67-90이 있다.

해 하나님의 창조목적에 기여할 수 있을 것으로 예상한다.

"하나님의 형상"이라는 주제는 출애굽기 31장에서 성막을 건축하는 책임을 떠맡은 브살렐에 대한 묘사를 이해하는 데 도움을 준다(출 35장의 평행본문을 보라). 브살렐은 나머지 숙련된 일꾼들을 감독할 장인으로서 하나님의 영(창 1:2에서 형태가 없는 세상 위에 운행하셨던 바로 그 영)으로 충만하며 또한 그분이 세상을 창조하실 때의 바로 그 세 가지 자질—지혜, 명철, 지식—로 충만해서 보석, 금속, 돌, 나무를 사용하여 예술적인 계획을 실행할 수 있다(출 31:2-5; 35:30-35도 함께 보라). 브살렐은 하나님이 세상을 창조하실 때 사용하셨던 지혜를 본받거나 구현함으로써 성막 건축에 훌륭한 장인의 솜씨를 보여줄 수 있다.[21]

하나님의 우주 창조와 브살렐의 성막 건축 사이의 (대우주와 소우주로서의) 개념적 유사성은 창조세계 전체가 단지 어떤 건물이 아니라 우주적 성전—모든 피조물(인간과 인간 외의 존재)이 그 속에서 창조자를 예배하도록 부르심 받은 하나님의 거주와 통치를 위한 신성한 영역—으로 묘사되고 있음을 암시한다. 세상을 우주적 성소 내지 성전으로 묘사하는 것은 사실 고대 근동에서 매우 흔한 생각이며 구약 전체에 전제되어 있다.[22] 이런 묘사는 시편 148편에 등장하며, 이 시편은 (우리가 살펴본 대로) 하늘과 땅의 다양한 피조물들에게(1-4, 7-12절), 마치 모든 피조물이 함

---

21) 출 31:3(평행 구절: 35:31)은 창 1:2 외에 모세 오경에서 "하나님의 영"이라는 어구가 나타나는 몇 안 되는 구절 중 하나다. 창 1:2과 출 31:3 사이에서 "하나님의 영"이 나타나는 다른 유일한 곳 또한 "하나님의 형상"이라는 주제를 암시한다는 점은 의미심장하다. 창 41:38-39에서 애굽인들은 요셉의 탁월한 분별력과 지혜 때문에 요셉 안에 하나님의 영이 있음을 깨달았다. 이는 요셉에게 왕적 권위를 얻을 수 있는 자격을 부여한다. 하나님의 형상을 입은 인간이 땅의 통치권을 허락받는 것처럼, 그리고 브살렐이 성막 건축에 대한 감독권을 부여받는 것처럼, 요셉은 바로의 부사령관이 되어 애굽 전역에 대한 통치권을 부여받는다.

22) 이 주제에 대해서는 Middleton, *Liberating Image*, 2장, 특히 77-88을 보라.

께 우주적 성소에서 예배자들의 무리를 구성하는 것처럼, 그들의 창조자를 찬양할 것을 요구한다(5-7, 13-14절). 이는 이사야 66장의 비전이기도 한데 거기서 야웨는 하늘이 자신의 보좌요 땅이 자신의 발등상이라고 선포하신다(1a절). 이 본문에서 왜 인간이 하나님을 위해 (바벨론 유수 이후의 예루살렘 성전 재건을 가리키는) 땅의 "집"을 지으려 애쓰느냐고 질문하는 것은 당연하다. 하나님은 이미 우주를 자신의 거처로 창조하셨기 때문이다(1b-2절). 모든 공간이 이미 신성한데, 신성한 공간—하나님을 예배할 장소—을 따로 건축할 필요가 있겠는가?

출애굽기에서 성막 건축이 완성되었을 때(40:34-35) 성막은 하나님의 영광의 임재(후대의 유대인 저자들이 "셰키나"라고 부르곤 했던 것)로 가득했다고 한다. 그러므로 우리는 땅이 실제로 하나님의 우주적 성소가 되어야 한다면 왜 이사야 66장은 그와 비슷하게 온 땅을 하나님의 임재로 가득한 곳으로 묘사하지 않는지 의아하게 여길 수도 있다. 왜 하나님은 하늘에 거하시며 땅은 하나님의 발등상에 불과한가?

여기서 우리는 당연히 죄의 존재와 더불어 우리의 인간적 소명에 대한 비난받을 만한 잘못된 대처를 고려해야만 한다. 그러나 인간의 죄가 하나님의 임재를 이 땅의 삶에서 내쫓은 것은 아니다. 그것은 지나치게 단순한 생각이다. 오히려 우리는 성경의 창조 이야기와 어울리는 보다 발전적인 해석이 필요하다. 하나님이 자신의 임재를 창조세계에 자동적으로 가득 채우려 하셨다는 것은 성경에 분명히 나타나지는 않는다. 창세기 1:2은 태초에 마치 하나님이 자신의 임재를 세상 속에 불어넣으실 준비를 하고 계신 것처럼 그분의 영이 창조세계 위로 운행하고 계셨다고 말한다. 그러나 창세기의 창조 기사 끝에 이르면, 그 시점에 죄는 아직 존재하지 않는데도 하나님은 자신의 영이나 임재로 세상을 가득 채우시지 않는다.

성경을 정경 순서에 따라 읽어보면 성령충만은 창세기 2장의 동산 이야기가 나올 때까지 연기된다. 거기서 하나님은 흙에서 인간을 만드신 뒤 이 생기 없는 피조물에게 자신의 숨결을 불어넣으시고 그 피조물은 살아 있는 존재가 된다. 여러 성경학자들이 최근에 지적한 것처럼 창세기 2장은 앗수르와 바벨론의 다양한 서판에서 알려진 의식인 mïs pî(입 씻기)와 pït pî(입 열기)라는 메소포타미아 의식의 여러 특징을 지니고 있는데, 이 의식은 보통 강가의 신성한 숲에서 거행되었다(이는 창 2장의 동산 이야기에 반영된 주제다).[23] 이 의식의 목적은 새로 조각한 제의용 신상에 생기를 불어넣어 그 신상으로 하여금 그것이 형상화한 신의 영과 임재로 가득한 살아 있는 실체가 되게 하는 것이었다. 그렇게 해서 이 형상은 "실체가 변화되었다." 즉 생기 없는 물체에서 살아 숨 쉬는 지상에서의 신의 체현물로 변화된 것이다.[24]

창세기 1장과 2장을 고대 근동의 개념적 배경에 비추어 함께 읽으면 이 두 장이 (그 진정한 차이에도 불구하고) 서로 심오한 조화를 이루고 있다는 사실이 분명해진다. 두 본문 모두에서 인간은 지상에 있는 하나님 임재의 결정적 장소인 우주적 성전 안에 있는 공인된 제의용 신상, 우주적

---

23) Andreas Schüle, "Made in the 'Image of God': The Concepts of Divine Images in Gen 1-3," *Zeitschrift für die Alttestamentliche Wissenschaft* 117 (2005): 1-20; Catherine Leigh Beckerleg, "The 'Image of God' in Eden: The Creation of Mankind in Genesis 2:5-3:24 in Light of the *mis pi, pit pi* and *wpt-r* Rituals of Mesopotamia and Ancient Egypt" (박사 학위 논문, Harvard University, 2009); Stephen L. Herring, "A 'Transubstantiated' Humanity: The Relationship between Divine Image and the Presence of God in Genesis i 26f.," *Vetus Testamentum* 58 (2008): 480-94.

24) 소킬드 야콥슨(Thorkild Jacobsen)은 메소포타미아에서 제의용 형상의 봉헌과 생기 부여를 묘사하기 위해 "실체 변화"라는 개념을 처음 사용한 인물이다. Jacobsen, "The Graven Image," in *Ancient Israelite Religion: Essays in Honor of Frank Moore Cross*, ed. Patrick D. Miller Jr., Paul D. Hanson, and S. Dean McBride (Philadelphia: Fortress, 1987), 15-32을 보라.

성소 안에 있는 살아 있는 하나님의 형상으로 이해된다. 고대 근동의 신전에서 제의용 신상이나 형상이 신의 임재를 숭배자들에게 매개한 것처럼, 인간도 창조자의 임재를 (야웨가 좌정하신) 하늘에서 땅으로 전달하도록 신적으로 임명된 중재자다. 그러나 신들의 제의용 형상은 거짓된 형상이고 아무 도움이 되지 못하는 반면(시 115:4-8), 인간은 땅에 대한 적극적인 문화 개발을 통해 하나님의 임재를 나타내도록 부르심 받은, 참되고 하나이신 하나님의 강력하고 살아 있는 형상이다. "하나님의 형상"으로서의 인간은 순종적인 능력 발휘를 통해 프리즘과 같은 역할을 하는데, 하나님의 순수한 빛을 굴절시켜 온 땅 구석구석에 창조자의 영광으로 찬란하게 빛나는 문화 활동의 무지개로 만든다.[25] 우리는 하늘에 좌정하신 하나님을 신실하게 대표함으로써 창조의 왕이신 그분의 임재를 땅에까지 확대하여, 하나님의 충만한―종말론적―임재, 곧 그분이 만물에 충만케 되실 날을 위해 이 땅을 준비한다. 그때 (하나님이 땅의 영역에 충만히 내재하실 때) 창조세계의 우주적 성전은 그 의도된 운명에 이르게 될 것이다.

현세적 능력의 모델로서의 하나님

그러나 창조세계의 운명이 성취되기 위해 모든 문화적 능력 발휘가 유효한 것은 아니다. 오늘날의 창세기 독자들이 땅에 대한 인간의 무제한적인 "지배" 혹은 "정복"이 무엇을 의미할지에 대해 걱정하는 것은 온당하

---

25) 나는 처음에는 1989년의 온타리오 기독 학생회가 후원한 한 학회의 기조 강연에서, 그 뒤에는 1991년 5월에 캐나다 신학학회에 다음 제목으로 제출한 논문에서 "하나님의 형상"이 (그분을 반사하는) 거울보다 (그분의 영광을 밖으로 향하게 하는) 프리즘을 더 닮았다고 주장했다. "The Liberating Image? Interpreting the Imago Dei in Context," *Christian Scholar's Review* 24 (1994): 8-25.

다. 그러나 역사적 과정에 정해진 답이 없다고 해서, 세상에서 발휘되는 문화적 능력에 대해 아무런 지침이 없다는 말은 아니다. 실제로 우리는 무엇보다 하나님 자신이 발휘하신 창조적 능력을 일차적인 본보기로 지니고 있다.

특히 "하나님의 형상"에 대한 직접적인 배경을 형성하는 창세기 1장의 창조 이야기를 펴보면, 규범적인 능력 발휘가 무엇을 포함하는지에 대한 설명이 나온다. 우선 창세기 1장에서 하나님은 태초 혼돈의 어떤 세력도 정복하지 않은 채 창조하시는 것이 분명하다. 이 점은 성경 시대에 고대 메소포타미아에서 가장 눈에 띄고 통속적인 신화 중에 하나였던 바벨론 창조신화 「에누마 엘리시」와 뚜렷한 대조를 이룬다.[26] 이 바벨론 신화의 원본에서 마르둑 신은(앗수르 신화에서는 아슈르 신) 괴물이자 태초의 대양이기도 한 (혼돈의 세력을 상징하는) 티아맛을 정복함으로써 우주를 창조한다. 우주는 (질서와 의의 영역으로서) 이 패배한 짐승의 시체에서 창조된다.[27] 바벨론 시대와 앗수르 시대에 (학자들이 "혼돈과의 전쟁"[Chaoskampf]이라고 부르는) 이런 전투에 의한 창조 이야기는 지상에서 신들의 형상이자 대리자인 왕이 다른 나라와 민족을 정복하고 굴복시키는 것을 정당화하는 역할을 했다. 이 정복에서 왕은 혼돈의 괴물의 역사적 화신을 진압하고, 이를 통해 세상(바벨론)을 질서 있고 안전한 곳으로 만드는, 지상에서의 마르둑 형상 역할을 한다.[28]

---

26) 고대 메소포타미아에서 「에누마 엘리시」의 정치적·윤리적 의미를 포함해서 이 작품에 대한 해설을 보려면 Middleton, *Liberating Image*, 160-67을 보라.
27) 「에누마 엘리시」에서는 세상이 티아맛의 시체에서 만들어질 뿐만 아니라, 인간도 티아맛의 죽임 당한 배우자/남편인 킹구의 피에서 창조된다. 그러므로 우주와 인간은 모두 끊임없이 정복을 통해 통제해야 하는 악한/마귀적인 원리를 포함하고 있다.
28) 성경에 이 모티프가 (한정적으로) 존재하기 때문에 야기되는 문제를 포함해서, 전투에 의한 창조의 윤리 문제에 대한 광범위한 분석을 보려면 Middleton, *Liberating Image*, 6장을 보라. 이 장을 더 짧게 요약한 글은 "Created in the Image of a Violent God?

그러나 창세기 1장은 이런 창조관에 반대한다. 이 창조관은 폭력을 본래적이고 규범적인 것으로 떠받들기 때문이다.[29] 대신 창세기 1장의 하나님은 최초의 형태가 없는 물 덩어리(2절)를 복잡하고 잘 만들어진 평온한 세상으로 끈기 있고 솜씨 있게 발전시키신다. 하나님은 이 창조 과정의 각 단계를 "좋다"고 판단하실 뿐만 아니라(4, 10, 12, 18, 21, 25절), 온 창조질서를 "매우 좋다"고 말씀하신다(31절). 창세기 1장 곳곳에 흩어져 있는 이런 진술을 통해 창조자는 자신이 만드는 세상에 대한 명백한 기쁨만이 아니라, 피조물의 존재 자체의 타당성과 선함도 긍정하신다. 따라서 인간의 능력 발휘는, 만일 그것이 성경의 하나님을 참되게 본받는다면, 창조의 선함을 증진시키고 찬미하는, 비폭력적이고 발전적인 것이 될 것이다. 능력은 타인에게 복이 되기 위한 것이다.

창세기 1장에서 창조세계에 대한 하나님의 돌보심은 이 본문이 제사를 신에게 음식을 제공하는 일로 이해하고, 땅 위의 농작물과 가축의 풍요를 보장하는 데 필요한 것으로 생각한 고대 근동의 종교적 관습에 반대하는 방식에서도 분명히 드러난다. 이와 대조적으로 창세기의 하나님은 영속적인 풍요로 동물과 인간에게 값없이 복을 내리시며(1:22, 28), 동물과 인간 모두에게 생명 유지를 위한 양식을 허락하신다(1:29-30). 시편 104편은 창세기 1장보다 훨씬 더 명시적으로 (그리고 보다 자세하게) 생명체들에 대한 하나님의 아낌없는 돌보심, 특히 식물, 동물, 인간에게 음식과 물을 공급하심에 대해 묘사한다(10-30절; 시 147:7-9에 나오는 요약도 함께 보라). 이처럼 피조물의 유익을 위한 하나님 자신의 관대

The Ethical Problem of the Conquest of Chaos in Biblical Creation Texts," *Interpretation* 58 (2004): 341-55에 발표되었다.

29) 전투에 의한 창조의 대안으로서의 창 1장에 대한 더 자세한 분석으로 Middleton, *Liberating Image*, 263-66을 보라.

한 능력 발휘는 세상에서 인간이 어떻게 능력을 발휘해야 하는지를 보여주는 본보기가 된다.

　아마도 이 모든 것 중에 가장 중요한 점은 성경의 하나님이 우주의 주권적 통치자로서 능력을 독점하지 않으신다는 점일 것이다. 대신에 하나님은 기꺼이 인류에게 자신의 대리인으로서 땅을 다스리는 역할을 맡기신다(창 1:26-28). 하나님은 세상을 세세하게 다 관리하지 않으시고, 대신 하나님의 형상으로 창조된 인간이 현세 삶의 아름다움과 복잡성을 발전시키는 데 기여하기를 전적으로 기대하신다. 이런 권한 공유의 증거는 창세기 1장에서 하나님이 이름 짓는 일에 다소 제한적으로 관여하시는 모습에서 나타난다. 창조자는 창조의 첫 사흘 동안에는 낮과 밤뿐 아니라 하늘과 땅, 바다에 이름을 부여하시지만(5, 8, 10절), 넷째 날부터 여섯째 날까지는 어떤 것에도 이름 짓기를 그만두시고, 이 왕의 특권을 하나님의 형상으로 지음 받은 인간이 차지하도록 남겨두신다. 그리고 창세기 2장에서 최초의 인간은 동물들의 이름을 짓는데(19-20절), 이는 분별력을 권한과 결합시키되 미래 세대가 이름 지을 창조세계의 광대한 영역을 여전히 남겨놓는 행위다(아마도 우리의 복잡한 과학적 분류 체계를 이런 측면에서 바라볼 수 있을 것이다).[30]

　이런 권한 공유는 몇몇 엘리트(보통은 왕)만 하나님의 형상으로 간주된 고대 근동의 세계관과는 근본적으로 다르다. 사실 고대 세계에서 사회질서 전체는 신들에게 복을 받을 수 있는 기회를 통제한 소수의 손에 권력이 집중되는 것을 바탕으로 했고, 그로 인해 대다수 대중은 더 낮고

---

30) 하나님이 동물들의 이름을 짓는 일에 있어서 인간에게 허락하신 책임(과 자유)의 수준은 놀랍다. 창 2:19에 따르면 최초의 인간이 각 동물을 무엇이라고 부르던지 그것이 그 동물의 이름이 되었다. 하나님은 대안을 제시하기 위해 개입하지 않으시고, 각 이름이 유지되는 것을 허락하셨다. 이 점에 대해서는 Fretheim, *God and World*, 58을 보라.

의존적인 사회적 지위로 전락했다.[31] 그러므로 인간이 지상에서 하나님을 닮은 권한을 행사할 때는 성경의 기록에서 창조 때 어떤 인간도 다른 인간에 대한 지배권을 허락받지 않았다는 사실을 고려할 필요가 있을 것이다. 문화적 발전의 과정은 하나님 자신이 인간과 권한을 공유한 것을 본보기로 삼아 지배력을 협력적으로 공유하는 데서 비롯되어야 한다.

창세기의 창조 기사는 개인적인 경우에나 조직적인 사회적 구조 안에서나, 인간 사이의 불의나 타인에 대한 권력남용을 비판하기 위한 규범적 근거를 제공한다. 구체적으로 말하면 남자와 여자는 하나님의 형상으로 창조되었고 다스리라는 공통의 명령을 받았으므로(창 1:27-28), 이 사실은 역사 전반에 걸친 가부장적 사회 제도와 다양한 형태의 성차별주의 속에서 발생한 남녀 간의 권력 불평등에 의문을 제기한다. 또한 "하나님의 형상"은 어떤 민족적·인종적·국가적 구별보다 선행하므로(창 10장을 보라) 이는 민족중심주의, 인종주의, 또는 어떤 형태의 민족적 우월성에 대해서도 대안을 제공한다. 세상 속에서 발전해온 타당한 문화의 다양성 아래서 사람들은 하나의 인간 가족을 구성한다.

처음부터 하나님의 의도는 이처럼 창조 때의 하나님 자신의 권한 행사 방식에서 근본적으로 명백히 드러난 평안, 관대함, 복이 있는 협력적인 세상을 만드는 것이다. 신약에서 예수님은 원수에 대한 사랑조차 "하나님의 형상"에 그 근거를 두시면서 다음과 같은 점을 암시하신다. 즉 이런 식의 타인을 향한 급진적 관대함은 모든 사람을 향한 창조자 자신의 "온전한" 사랑을 반영하며, 이는 하나님이 해와 비로 하여금 의인과 악인 모두에게 유익이 되게 하시는 데서 잘 드러난다는 것이다(마 5:43-48; 참조. 눅 6:27-35). 결국 다름 아닌 하나님이 친히 행하시는 창조 활동이 우

---

31) 창조신화가 어떻게 고대 메소포타미아에서 사회질서의 바탕이 되었는지에 대한 분석을 보려면 Middleton, *Liberating Image*, 4장, 특히 147-73을 보라.

리의 문화발전과 그에 수반되는 땅을 돌보는 일과 사람 사이의 정의롭고 자비로운 행동을 위한 윤리적 패러다임 내지 모델 역할을 해야 한다. 문화적 능력을 지혜롭게 발휘함으로써 우리는 진정으로 "하나님의 형상" 역할을 하고, 현세적 활동의 전 범위에서 창조자의 임재를 매개하며, 이를 통해 성경 이야기의 최초의 서술 순서를 성취한다.

인간의 폭력 문제

그러나 성경 기록에서 죄의 갑작스런 등장은 하나님을 형상화해야 할 인간의 소명을 비극적으로 손상시킨다. 창세기 3장에서 이 죄는 처음에는 창조자의 말씀에 대한 믿음 부족에서 기인한, 하나님이 규정하신 경계(선과 악을 알게 하는 나무)에 대한 위반 내지 침해로 묘사된다. 하나님에 대한 이 최초의 범죄는 원시 역사(창 1-11장)의 나머지 부분에서 사람 사이의 경계 위반(폭력)에 중대한 영향을 끼쳤다.[32]

창세기에 따르면 인간들이 하나님이 동산에서 주신 단 하나의 금지령을 어김으로써 그분이 주신 한계에 반기를 들었을 때(2:17; 3:6), 그 결과로 뱀과 땅에 "저주"가 임하게 된다(3:14, 17; 5:29). 이 저주는 하나님이 창조 때 피조물에게 허락하신 최초의 "복"과 긴장관계에 있다(1:22, 28; 2:3). 첫 범죄의 결과로 인간들은 동산에서 추방되고 생명나무에 접근할 기회를 차단당한다(3:23-24). 이보다 더 구체적인 결과는 일이 이제

---

32) 이것이 기독교 신학에서 전통적으로 "타락"이라고 일컬어온 것이다. 나는 이 용어를 비전문적 의미에서 최초의 죄와 그 죄에 수반된 인간과 땅에 관한 결과를 묘사하는 데 사용하는 것에는 아무 문제가 없지만, 이 비유가 창 3장에 대한 우리의 해석을 지배하게 해서는 안 된다고 주장하는 성경학자들의 견해에 동의한다. "타락"은 영혼이 하늘에서 내려와 몸 안에 갇혔다는 밀교의 신화를 묘사하는 데는 적절한 비유일지 모르지만, 창 3장은 최초의 죄를 "위반" 내지 "균열"의 관점에서 묘사한다.

부터 고통스런 고역이 되고, 출산이 과도한 고통을 가져오리라는 점이다(3:16a).[33] 또한 여자에 대한 남자의 권력의 기원도 찾아볼 수 있는데(3:16b), 이는 (창 1장이나 2장에서) 하나님의 원래 의도의 일부가 아니었다. 인간 죄의 결과로 죽음이 침입하여 현세 삶의 번영을 위한 하나님의 계획을 파괴하기 시작했다.[34]

여기서 중요한 것은 인간이 자기 죄로 인해 문화적 피조물의 자격을 잃은 것은 아니라는 점이다. 창세기 4장에서 발견되는 것은 긍정적인 문화 혁신이, 이 땅에서의 삶을 번영케 하시려는 하나님의 목적을 방해하고 그분의 임재가 창조세계에 충만히 스며들지 못하게 하는 권력남용의 혁신과 서로 뒤얽힌 예들이다.[35] 최초의 도시(17절)와 가축사육, 악기, 금속 도구의 최초의 예들(20-22절)은 최초의 살인(8절)과 함께 발견되는데, 이 사건은 이번에는 명백히 인간에게 임한 또 다른 "저주"로 이어진다(11절). 그 뒤로 인간의 폭력은 창세기 4장에서 라멕에 대한 기록과 더불어 확대된다. 라멕은 최초의 중혼자일 뿐만 아니라(19절)—즉 그는 여성에 대한 특정한 형태의 폭력을 시작한다—(자신을 상하게 한 젊은이에 대한) 최초의 보복 살인에 관여하며, 그 일을 자신의 두 아내에게 자랑한다(23-24절).

그러나 창세기는 하나님의 선한 창조세계에 죄가 갑작스럽게 등장한 사건이 "하나님의 형상"을 없애지는 못함을 보여준다. 하나님이 남자와

---

33) 출산의 "고통"과 땅을 일구는 일의 "수고"(창 3:16-17)는 똑같은 히브리어 단어('iṣṣābôn)를 번역한 말이다. KJV는 둘 다를 "슬픔"으로 번역한다는 점에서 보다 민주적이다.

34) 이는 하나님이 금지된 나무 열매를 먹은 결과로 약속하신 "죽음"이 즉각적인 문자적 죽음도 아니고(원래의 인간 부부는 이런 의미에서 즉시 "죽지"는 않았다), 심지어 유한성(제한된 기간)이 원래는 불멸했던 인간의 생명 속에 들어온 것도 아니었음을 암시한다. 더 정확히 말하면 생명의 충만함이 죽음(생명의 반대)이 침입하여 원래의 창조세계의 번영을 더 럽히면서 손상되기 시작했다.

35) 원시 역사 속에서의 권력남용에 대한 더 깊은 분석을 보려면 Middleton, *Liberating Image*, 219-21을 보라.

여자를 모두 자신의 "모양"으로 창조하시는 일은 되풀이되며(5:1-2), 이 형상/모양은 미래 세대에게도 전해진다(5:3). 그럼에도 불구하고 인간의 폭력(이는 근본적으로 "하나님 형상"의 권력남용이다)은 창세기 6장에서 통제의 범위를 벗어난다. 1:28에 나오는 하나님의 풍요의 복에 따라 인간들은 실제로 번성하여 땅을 가득 채우지만(5:3-32의 계보를 보라), 결국에는 하나님의 세상을 번영하게 하는 데 기여하거나 땅 위에서 신적 임재를 확대시키는 것이 아니라 땅을 폭력이나 피 흘림으로 가득 채운다(6:11, 13). 창세기 6장에 따르면 인간의 폭력이 땅을 너무 부패하고 황폐하게 했기에(5, 11-12절) 하나님은 근심하시며(6절) 땅을 이 오염에서 깨끗이 씻기 위해 큰 홍수를 통한 회복 작업에 관여하신다.[36] 홍수가 수반한 엄청난 파괴에도 불구하고 노아와 그의 가족과 남은 동물들은 새 출발이 가능하도록 보존된다(8:18-19). 하나님은 땅(9:13)과 모든 생물들(9:11-12, 15-17)과 언약을 맺으시고, 이 땅에서의 삶이 번영하는 데 꼭 필요한 계절의 규칙성과 낮과 밤의 시간적 주기(8:22)를 유지하겠다고 맹세하신다.

홍수 이후 하나님은 인류에게 풍요의 복과 땅을 가득 채우라는 명령을 다시 언급하시고(9:1, 7), 심지어 "하나님의 형상"으로서의 인간 창조를 재확인하신다(9:6). 그러나 인간의 마음은 근본적으로 변화되지 않았다(8:21; 참조. 6:5). 나아가 살인이 실제적인 가능성으로 남아 있기 때문에 형상에 대한 재확인은 이제 인간 생명의 신성함의 근거를 명시적으로 마련하는 데 이용된다(9:6). 실제로 부패는 곧 또 다시 인간의 삶 속에 침투한다. 노아는 최초의 포도원을 가꾸는 모습으로 묘사되지만(9:20), 이

---

36) 창 6:6에서 하나님이 "근심"하시는 것을 표현하는 동사는 인간에게 그들의 죄의 결과로 닥치는 "고통"이나 "수고"와 똑같은 히브리어 어근에서 파생되었다(3:16-17). 다시 말해서 우리는 폭력적인 권력남용을 통해 단지 우리 자신을 해치고 다른 사람들과 땅에 악영향을 끼치기만 하는 것이 아니다. 우리의 폭력은 하나님에게까지 해를 끼친다. 창조자의 고통은 우리의 고통을 반영하며, 하나님은 그분이 만드신 세상과 그토록 밀접한 관계를 맺고 계신다.

주목할 만한 성취는 그 후 노아의 술 취함과 서로 얽혀 있고(9:21), 미래 세대에 대한 그의 "저주"를 포함한 부자 관계의 파탄이 그 뒤를 잇는다(9:22-27).

원시 역사(창 1-11장)는 바벨탑 건설계획에 대한 기록에서 절정에 이른다(11:1-9). 중요한 점은 이 기록이 창세기 1:26-28의 문화 명령에 대한 반응으로 발생한 다양한 문화와 언어의 발전(10:5, 20, 31)을 포함해서, 인류의 다양화 및 땅 위에서의 확산(10:5, 18, 32) 이후에 등장한다는 점이다. 따라서 바벨은 한 장소에 정착해서 단일한 언어를 가진 획일적인 제국을 건설하고, 이를 통해 인류에 대한 하나님의 원래 의도에 저항함으로써 안전을 보장하려는 인간의 퇴행적인 시도를 상징한다. 바벨의 건축계획은 하나님이 건축자들의 단일한 언어를 혼잡하게 하시고 사람들을 땅 위에 흩으심으로 막을 내린다. 이를 통해 하나님은 인간의 능력을 분산시키시고 다양화된 인간의 문화 계획을 다시 시작하신다.[37]

그럼에도 불구하고 홍수가 인간의 삶에서 어떤 근본적인 것도 변화시키지 못했듯이, 바벨의 인구분산도 일시적인 유예 이상의 결과를 가지고 오지 못했다고 간주된다. 이는 인간의 폭력 문제에 대한 항구적인 해결책이 되지도 못했다. 성경의 나머지 내용, 세상의 역사, 우리 자신의 경험은 인간의 마음이 아직도 부패했다는 사실을 증언한다. 우리의 폭력은 아직 해결되지 않았다. 사실 우리는 폭력을 미화하고 정복과 군사적 패권을 이상으로 삼는 세상에서 살고 있다. 하나님은 (성막에서와 같이) 자신의 영광의 임재를 나타내는 구름이 땅을 덮고 가득 채우기를 원하시지만, 우리는 우리에게 맡겨진 권한의 폭력적인 남용을 통해 땅을 물리적·도덕적 오염의 구름으로 뒤덮었고, 이로 인해 땅을 하나님의 충만한

---

37) 바벨의 의미에 대한 더 자세한 해설으로는 Middleton, *Liberating Image*, 221-28을 보라.

임재에서 분리시켰다.[38]

성경 이야기의 최초 순서는 인류가 함께 협력하고 이 땅의 환경에 대해 능력을 발휘하여, 처음에는 원시적이었던 땅의 상태를 하나님께 영광 돌리는 복잡한 문화로 바꾸길 기대한다. 그러나 인간은 하나님께 반역하며 점점 더 서로 대적하는 일에 자신의 능력을 사용하여, 우리가 잘 알듯이, 폭력과 잔인함과 학대가 난무하는 세상—실제로 땅을 부패나 무가치함에 종속시키는 결과—을 초래했다. 성경의 이 대목에서 생겨나는 이야기상의 질문은 이것이다. 하나님은 자신의 창조목적을 가로막는 이 근본적인 걸림돌을 해결하시기 위해 그 다음에 무엇을 하실 것인가?

---

38) 땅이 하나님의 임재와 그 외 "하늘들"(우주)로부터 분리되었다는 점은 C. S. 루이스가 우주 삼부작의 첫 책인 *Out of the Silent Planet* (London: Bodley Head, 1938)에서 지구를 "침묵하는 행성"이라고 부르는 것의 배경에 깔린 생각이다.

1부 | 창조에서 종말까지

3장
◆
성경 이야기의 줄거리

2장에서 우리는 인간에 대한 하나님의 창조의도, 특히 땅 위에서 하나님의 형상이 되는 문화적 소명과 이런 소명이 어떻게 죄로 인해 왜곡되었는지를 살펴보았다. 하나님은 이 이야기를 어떻게 다시 본 궤도로 되돌려놓으시는가?

3장에서 내 접근방식은 성경의 줄거리 구조의 넓은 윤곽을 구약에서 신약까지 훑는 것이다. 이렇게 성경 줄거리를 훑을 때는 이야기의 온갖 우여곡절을 다 다루지 않는다. 단순히 요약하거나 심지어 생략하는 내용도 많이 있을 것이다. 내 초점은 성경 이야기의 내적 논리, 특히 성경 줄거리에 담긴 구속의 주된 움직임이 이 이야기의 첫 장면과 어떻게 관련되어 하나의 (복잡하지만) 일관된 거대한 이야기로 귀결되는지에 있다.[1] 줄거리를 뼈대 수준으로 파악하는 일은 성경 이야기의 서술적 요점을 가

---

1) 성경 줄거리에 대한 이런 개요는 내 글 "A New Heaven and a New Earth: The Case for a Holistic Reading of the Biblical Story of Redemption," *Journal for Christian Theological Research* 11 (2006): 73-97을 발전시킨 것이다.

장 분명하게 볼 수 있다는 가치를 가진다.[2]

성경 줄거리에 대한 이런 개요는 하나님의 목적이 지닌 총체적이고 현세적인 성격을 뒷받침하는 역할을 한다. 줄거리의 기본적 요지와 흐름에 집중함으로써 종말론적 구속은 우리가 땅에서 하늘로 이동하는 것이 아니라, 땅 위에서의 인간의 문화적 삶을 회복하는 데 있음을 알게 될 것이다. 전개되는 성경 이야기에 자세히 주의를 기울이면 의인의 최종적 운명 역할을 하는 하늘이 결코 없다는 사실이 드러날 것이다.

내러티브 분석을 위한 범주들

2장에서는 성경의 줄거리를 죄(구성의 복잡화)와 구속(구성의 해결)의 측면에서 요약했다. 무언가 잘못되었다가 고쳐지는 줄거리인 것이다. 그러나 이제 나는 좀 더 복잡한 문제를 분석대상으로 삼고 싶다. 여기서는 신약학자 톰 라이트(N. T. Wright)의 저작을 통해 알게 되었고 블라디미르 프롭(Vladimir Propp)과 A. J. 그레마스(A. J. Greimas)에게서 차용한 여러 범주에 의존할 것이다.[3] 이 범주들은 임무를 완수하기 위해 대리자를 보

---

2) 성경 이야기의 다양한 차원은 뒤따라오는 여러 장에서 보다 충분히 설명될 것이다. 4-6장까지는 구약에 나오는 총체적 구원의 주제를 탐구하고, 7-10장에서는 이런 관점과 어울리지 않아 보이는 본문을 포함해서 신약에 나오는 우주적 구속 개념을 다룬다.

3) N. T. 라이트는 *The New Testament and the People of God* (Christian Origins and the Question of God 1; Minneapolis: Fortress, 1992)에서 이 범주들을 사용했지만, 나는 1988년 7월 7, 8일에 토론토의 기독교 학문연구소(ICS)에서 진행된 마가복음에 관한 라이트의 5부로 된 강연과, 그 후 1989년 1월 31일부터 2월 1일까지 "역사적 하나님 나라 탐구"라는 제목으로 ICS에서 진행된 3부로 된 그의 강연을 듣는 동안 내 나름의 기본적 분석을 발전시켜야겠다는 자극을 받았다. 프롭과 그레마스의 "행위자 분석"을 위한 범주들을 성경 연구에 적용할 수 있는지에 대한 상세한 논의를 보려면 다음 책들을 보라. Pamela J. Milne, *Vladimir Propp and the Study of Structure in Biblical Hebrew Narrative* (Bible and Literature; Sheffield: Sheffield Academic Press, 1988); Daniel Patte, *The Religious*

내는 일에 초점을 맞추고 있어서, 하나님이 특정한 사명을 위해 부르시거나 택하신 사람들의 많은 실례가 담겨 있는 성경의 거대 서사에 충분히 적용 가능하다.[4] 그러나 이런 범주들을 성경 이야기 줄거리에 적용하기 전에 (그리고 이 범주들을 단지 추상적인 방식으로 설명하는 대신), "빨간 망토 소녀"라는 단순한 이야기에 적용함으로써 이 범주들이 어떻게 작용하는지 살펴보는 것이 유익하리라고 생각한다(그림 3.1.을 보라).[5]

그림 3.1. 줄거리 분석을 위한 범주들

이 이야기는 어머니가 맛있는 과자가 담긴 바구니를 할머니에게 전해드리도록 빨간 망토 소녀에게 심부름을 보내면서 시작된다. 여기에 보내는 이, 대리자, 임무, 받는 이라는 최초의 내러티브 순서를 잘 보여주는 탁월한 실례가 있다. 이 이야기는 사명 또는 임무와 더불어 시작되지만

Dimensions of Biblical Texts: Greimas's Structural Semiotics and Biblical Exegesis (Semeia Studies; Atlanta: Scholars Press, 1990).
4) 구체적인 용어("보내는 이", "대리자", "임무", "받는 이", "장애물", "돕는 이")는 내가 직접 지은 것이며 모형은 상당히 수정된 것이다(나는 프롭과 그레마스의 저작에서 많은 부분을 생략했고 라이트의 도식을 단순화했다). 이 모형은 오직 성경의 큰 줄거리에 대한 서사 분석을 위한 자기 발견적이고 비전문적인 모형으로만 의도된 것이다. 실제로 이 모형은 다음 책에서 이런 모형이라는 언급 없이 성경 이야기의 줄거리를 개요 하는 데 사용된다. J. Richard Middleton and Brian J. Walsh, *Truth Is Stranger Than It Used to Be: Biblical Faith in a Postmodern Age* (Downers Grove, IL: IVP Academic, 1995), 6장.
5) 이 유용한 예에 대해 나는 N. T. 라이트의 1988년 강의에 빚을 지고 있다.

줄거리는 아직 없다. 본 줄거리는 처음의 서술 순서가 완결되는 것을 가로막는 장애물 내지 복잡한 문제의 등장과 함께 시작된다. 덩치 큰 나쁜 늑대가 등장한 것이다. 최초의 대리자는 이제 임무를 수행하는 데 있어서 도움이 필요하다. 그래서 돕는 이(실제로는 두 번째 대리자)가 등장하는데 그의 임무는 장애물을 제거함으로써 첫 번째 대리자에게 도움을 주는 것이다. 이 이야기에서 나무꾼은 할머니를 집어삼킨 덩치 큰 나쁜 늑대를 죽임으로써 빨간 망토 소녀를 돕는다. 그러나 장애물이 제거된 일은 아직 이야기의 결말이 아니다. 이야기는 처음의 내러티브 순서가 마침내 완결될 때 비로소 결실을 맺는다. 즉 내러티브상의 해결이 발생한다. 이야기는 빨간 망토 소녀가 맛있는 과자가 담긴 바구니를 할머니에게 전해드리려 하면서 시작되었으므로, 빨간 망토 소녀와 할머니, 그리고 나무꾼까지 함께 소풍을 가야만 제대로 끝난다.[6]

이런 내러티브 분석을 위한 범주들을 가지고 이제 창조-타락-구속의 패러다임을 통해 축약적으로 표현된 성경 이야기의 줄거리 구조를 개요 해보자(그림 3.2.를 보라). 이 줄거리 구조에는 구별되는 세 가지 내러티브 단계가 있고, 이야기는 1단계→2단계→3단계→2단계→1단계(교차대구 또는 링 구조)로 진행된다.[7]

---

6) 소풍에서 나무꾼의 존재는 처음의 내러티브 순서에서는 상상하지 않은 새로운 요소다. 마찬가지로 (성경 이야기의 처음 내러티브 순서에는 나타나지 않는) 어린양도 새 예루살렘에 존재한다(계 21:22-23; 22:3).
7) 그러나 이는 문학적인 교차대구법이 아니라, 개념적인 교차대구법이다.

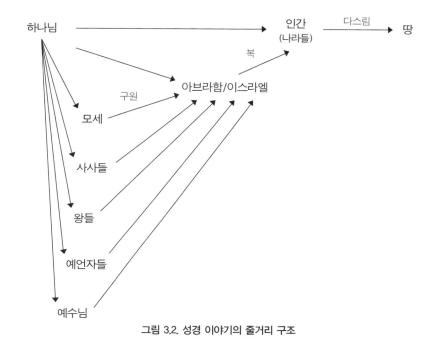

그림 3.2. 성경 이야기의 줄거리 구조

줄거리 1단계: 창조와 인간의 소명

성경의 처음 내러티브 순서(줄거리 1단계)는 꽤 분명하다. 하나님은 땅을 다스릴 인류를 창조하신다. 보내는 이, 대리자, 임무, 받는 이가 성경에서 나타나는 순서다. 이 내러티브 순서는 성경에 나오는 인간 창조에 대한 모든 일차적 진술에서 발견된다. 여기서 2장의 설명을 요약할 수 있다. 창세기 2:15에서 인간의 원래 임무는 동산을 가꾸고 보호하는 것인 반면, 시편 8:5-8에서 인간은 지상과 공중과 수중의 동물들을 다스리는 권세를 위임받는다. 창세기 1:26-28은 동물들을 다스리고 땅을 정복할 사명을 띤 인간을 지상에 있는 하나님의 형상으로 보는 비전 안에 농업과 목축업을 결합시킨다.

　모든 경우에 인간의 소명은 선교적이고 땅을 지향하며, 인간 이외의 세상에게 하나님을 대신하여 인간의 능력을 책임 있게 발휘하는 일을 수반한다. 이런 소명은 처음에는 단지 농업(짐승과 땅을 돌보는 일)에만 관련되지만, 역사적으로 볼 때 농업은 인간의 모든 복잡한 사회 조직과 문화 발전의 기초다. 궁극적으로 인간의 소명은 농업에 바탕을 둔 문화 명령이지만, 모든 형태의 기술적·사회적·예술적·지적 작품을 포함한다. 따라서 처음의 내러티브 순서는 우리가 본래 상태의 땅을 하나님께 영광 돌릴 만한 복합적이고 아름다운 인간 문명으로 발전시키는 것으로 이해할 수 있다.

인류는 문화적 능력을 공동체적으로 발휘함으로써 하나님의 왕 같은 제사장이 되라는 부르심을 성취해야 한다. 이렇게 하여 세상(하나님의 성전)이 하나님의 영광으로 충만할 때까지 창조자의 임재를 그분이 좌정하신 하늘에서 땅의 영역으로 전달하는 것이다. 이것이 현세 인간 역사의 복잡한 특징에 신성하고 궁극적인 의미를 부여하는 "하나님의 형상"의 뜻이다.[8]

그러나 처음의 내러티브 순서의 완성을 가로막기 위해 어떤 문제나 장애물이 생겨난다. 사람들은 하나님이 자기에게 주신 능력을 남용하여 창조주에게 반역하고 서로에게 등을 돌린다. 이런 "하나님의 형상"의 권력남용은 우선 창조주에 대한 불순종으로 나타나며(창 3장), 그 다음에는 사람들 사이의 폭력과 갈라진 관계의 패턴으로 발전한다(창 4-11장). 최초의 범죄가 가져온 이런 결과들은 이어지는 세대마다 증폭되어, 마침내 근본적으로 인간 사이의 규칙 위반인 폭력이 온 땅을 가득 채운다. 실제로 땅을 더럽혀온 인간의 폭력 내지 피 흘림은 창세기 6장에서 홍수의 원인으로 지목된다(11-13절). 그러나 창세기 8장은 내러티브상의 해결을

---

8) 성경 첫머리의 내러티브 순서에 대한 이런 해석을 더 자세히 설명한 글을 보려면 2장을 보라.

위해 시도된 홍수가 궁극적으로 실패했다고 이해한다. 인간의 마음이 변화되지 않았기 때문이다(21절). 원시 역사가 바벨탑 사건과 함께 끝날 때(창 11:1-9), 우리는 최초의 목적이 성취되도록 이 이야기를 다시 정상궤도로 돌려놓기 위한 하나님의 다음 조치는 무엇인지 묻지 않을 수 없게 된다.

줄거리 2단계: 아브라함/이스라엘

창세기 12장부터 시작해서 하나님은 구약 나머지 부분과 신약 대부분의 틀이 될 2차 내러티브 순서—성경 이야기의 부차적 줄거리—를 시작하신다. (폭력을 수반한 죄가 지상에서 "하나님의 형상"이 되어야 할 인간의 소명을 방해하고 왜곡시켰으므로) 실패한 인간 계획이라는 배경 속에서 하나님은 상황을 바로잡기 위해 역사 속에 개입하신다. 이 구속 계획에서 최초의 조치는 아브라함과 그의 자손(이스라엘)을 이제는 다양해진 (땅의 민족과 족속들이 된[창 10장]) 인류로부터 불러내는 일이다.[9] 그들을 부르심 또는 선택하심의 목적은 그들이 원래 대리자인 인류가 자기 본연의 부르심을 성취하는 데 영향을 줄 새로운 대리자 또는 돕는 자가 되도록 하는 것이다.

하나님은 먼저 아브라함을 보호하시고 그에게 큰 가문—실은 한 민족—을 이루고 자기 땅을 얻는 복을 베푸시겠다고 약속하신다(창 12:1-3). 땅을 가득 채우려는 인간의 본래 목적과 유사한 이 약속은 이 새로운 인간 가족이 하나님이 온 인류에게 의도하신 번영의 한 소규모 형태(축소판)일 것임을 암시한다. 그러나 아브라함 가족의 번영은 그가 부르심 받은 궁극적 목적이 아니다. 창세기의 (12:3에서 시작하는) 다섯 본문에

---

9) 원래는 "아브람"이라고 불렸지만, 창 17:5에서 "아브라함"으로 바뀐다.

서 하나님은 아브라함, 이삭, 야곱에게 (자손을 포함해서) 그들을 선택한 장기적인 목적이 그들을 통해 땅의 모든 민족 내지 족속이 복을 받는 것이라고 말씀하신다.[10] 이 복의 정확한 의미에 대해서는 약간의 논쟁이 있지만, 이는 아브라함 가족에게 그들 자신의 번영 이상의(그들의 번영도 분명 포함되지만) 더 넓은 목적이 있음을 암시한다. 인류에게 복을 전달하는 이런 목적은 이 새로운 가족이 세상에서 하나님의 제사장 역할을 할 것임을 암시한다(이 점은 출 19:3-6에서 명백해진다).

아브라함과 그의 자손에게 맡겨진 임무는, 이야기 식으로 말하면, 죄/폭력의 장애물을 제거하거나 극복하도록 도움으로써 인류를 하나님과 화해시키고, 이를 통해 인간이 자신의 원래 목적을 회복하게 하는 것이다.[11] 창세기 2:7에 대한 한 유명한 유대교 미드라쉬는 그 점을 정확히 지적한다. 「창세기 랍바」 14.6에 따르면 하나님은 이렇게 생각하셨다. "나는 아담이 죄를 지으면 아브라함이 와서 상황을 바로잡을 수 있도록 아담을 먼저 창조할 것이다."[12]

따라서 창조자의 임재를 지상에 매개하는 하나님의 형상이 되어야

---

10) 이 궁극적인 목적은 아브라함(창 12:1-3; 18:17-18; 22:17-18), 이삭(창 26:4-5), 야곱(창 28:14)과 관련해서 진술된다.

11) 이 일이 어떻게 이루어질지는 아브라함의 소명에서 명백히 진술되어 있지 않지만, 창 18:19은 아브라함이 "그 자식과 권속에게 명하여 여호와의 도를 지켜 의와 공도를" 행하여 하나님이 아브라함에게 하신 약속이 성취될 수 있게 할 것임을 암시한다.

12) H. Freedman and Maurice Simon, eds., *Midrash Rabbah: Genesis* (10 vols.; London: Soncino, 1939), 1:114에 따른 번역이다. 이 인용구는 유대교에서 아브라함의 눈에 띄는 지위를 감안할 때, 하나님이 아브라함에서부터 시작하지 않으신 이유가 무엇이냐는 질문에 대한 답이다(실제로 본문에서는 아브라함이 아담보다 먼저 창조될 만한 자격이 있었다고 말한다). 다소 어색하지만 보다 최근의 번역을 보려면 Jacob Neusner, *Genesis Rabbah: The Judaic Commentary to the Book of Genesis—A New American Translation*, vol. 1, *Parashiyyot One through Thirty-Three on Genesis 1:1-8:14* (Brown Judaic Studies 104; Atlanta: Scholars Press, 1985), 154을 보라.

할 인간의 소명과, 열방에 복을 가져다줄 아브라함/이스라엘의 구속적 소명 사이에는 중요한 유사점이 있다. 둘 다 책임 있는 매개 활동을 포함하며 둘 다 선교적이다. 인간의 능력 또는 매개는 원래 이 땅의 환경을 문화적으로 발전시키기 위해 사용되어야 했다(줄거리 1단계). 타락 이후의 세상에서는 이와 더불어 구속적으로, 인간의 악과 파산의 문제를 해결하기 위해 사용되어야 한다(줄거리 2와 3단계).

줄거리 3단계: 모세부터 예수님까지

그러나 언약 백성을 위한 하나님의 목적을 가로막을 새로운 장애물이 등장한다. 기근 때문에 이스라엘은 약속의 땅을 떠나지 않을 수 없고, 바로의 궁정에서 높은 자리에 오른 (아브라함의 증손자) 요셉의 영향으로 이집트에 정착한다. 그러나 훗날 "요셉을 알지 못하는" 한 애굽 왕은 다산(多産)하는 이스라엘(그들은 하나님께 정말 복 받았다)에 위협을 느끼고, 그 결과 아브라함의 자손은 결국 애굽에 속박된다(출 1:8-14). 이스라엘 민족은 수적으로 점점 증가했지만 자기 땅에 있지 않았다. 속박된 그들은 번성하고 열방에 복을 가져다주는 데 방해를 받는다.

• 모세

그러자 하나님은 언약 백성을 도울 이야기의 새로운 대리자를 부르신다. 그 대리자는 바로 모세다. 모세가 부르심 받는 장면은 출애굽기 3:1-4:18(과 6:1-13)에 진술되어 있고, 그의 이야기(성경의 큰 이야기 속 하위 부차적 줄거리)는 모세 오경 중 네 권(출애굽기부터 신명기까지)을 차지한다.[13] 이 이야기는 성경의 줄거리 구조에서 3단계의 시작점이 된다.

---

13) 이것이 하위 부차적 줄거리(sub-subplot)라는 점은 그림 3.2.에서 분명히 드러난다.

처음에 모세는 이스라엘을 애굽의 속박에서 구출하도록 부르심 받지만, 이는 그의 복잡한 내러티브적 사명의 시작일 뿐이다. 이 구출(출 1-18장)에 뒤이어 모세는 토라(출 19-24장; 레위기; 민 1-10장; 신명기)를 이스라엘 공동체 생활을 위한 지침으로 전달해야 한다. 백성은 하나님의 의롭고 거룩한 삶의 기준을 따를 필요가 있기 때문이다.[14] (백성이 제2계명[출 32-34장]을 어겼을 때 그들을 위한 중보를 포함해서) 모세의 수고로 인해서 하나님의 임재는 성막(출 25-31장; 35-40장)을 통해 백성 가운데 거하게 될 것이다. 또한 모세의 임무는 새롭게 해방된 백성을 아브라함에게 처음 약속된 땅으로 인도하는 일과 함께 끝난다(백성은 민 10:11-13에서 돌아가는 여행을 시작한다). 내러티브적으로 말하면 모세는 이처럼 하나님이 아브라함에게 하신 약속들—민족 구성과 땅을 중심으로 하되 공동체적 의와 하나님의 임재로 나아갈 수 있는 권리까지 포함하는 약속들—이 성취될 수 있게 하는 일차적 대리자다. 전체적으로 이 약속들은 이스라엘의 번영에 꼭 필요한 요소이며, 이것이 없으면 이스라엘은 열방에 축복을 가져다주는 하나님의 더 큰 목적에 기여할 수 없을 것이다.

따라서 점차 전개되는 구약 내러티브의 형태를 고려할 때, 이스라엘의 애굽에서의 종살이와 모세의 중재/매개(3단계)를 통한 이스라엘의 포괄적인 구원은 중첩되는 두 단계, 즉 이스라엘에 대한 하나님의 의도(2단계)와 세상에 대한 하나님의 의도(1단계)로 이해해야 한다. 한편으로 애굽의 속박은 언약 백성의 번영에 대한 하나님의 소망(2단계)을 가로막는 장애물이며, 출애굽은 하나님이 조상들에게 약속하신 복을 이스라엘에게 회복시키실 과정의 시작이다. 다른 한편으로 이스라엘의 예속은 그들 자신의 번영뿐만 아니라, 온 인류의 번영을 위한 하나님의 목적(1단계)에

---

14) 속박은 백성에게 기형을 초래하는 것으로 여겨질 수 있다. 따라서 토라에는 중요한 개혁적 목적, 즉 백성을 하나님이 바라시는 공동체로 재형성한다는 목적이 있다.

서도 걸림돌이다. 이스라엘의 구원은 인류의 번영이라는 큰 목적에 기여한다.

따라서 출애굽 직후 백성이 시내 산에 도착했을 때, 출애굽기 19장에서 아브라함의 소명을 재천명하는 말씀이 이스라엘 민족 전체에게 적용되는 것은 이치에 합당하다. 애굽으로부터의 구원과 하나님이 새로 해방된 민족과 맺으시는 언약 사이에서는 야웨가 모세를 통해 전달하신 다음과 같은 핵심 진술이 발견된다.

> 내가 애굽 사람에게 어떻게 행하였음과 내가 어떻게 독수리 날개로 너희를
> 업어 내게로 인도하였음을 너희가 보았느니라. 세계가 다 내게 속하였나니
> 너희가 내 말을 잘 듣고 내 언약을 지키면 너희는 모든 민족 중에서 내 소유
> 가 되겠고 너희가 내게 대하여 제사장 나라가 되며 거룩한 백성이 되리라
> (출 19:4-6).

이스라엘이 열방 가운데 하나님의 "제사장 나라"가 될 것이라는 말씀은 세상에 복을 전달하기 위해 아브라함의 가족을 택하셨다는 말씀을 달리 표현한 것이다.[15]

---

15) 출 19:6을 선교적인 말씀 내지 소명의 말씀으로 보는 내 해석은 하나님이 선포하신 말씀을 전개되는 줄거리의 맥락에서 해석하는 작업에 의존한다. 이 본문은 그 자체로는 성경이야기에 대한 다양한 관점을 틀로 삼아 해석할 경우 다양한 방식으로 해석될 만큼 아리송하다. 예를 들면 제사장 나라로서의 이스라엘이라는 개념은 이스라엘이 단순히 하나님이 다스리는 영역/왕국이라거나, 이스라엘 안의 다스리는 혹은 왕 같은 제사장직을 가리킨다거나, 또는 하늘 성전에 나아갈 권리를 가지고 하나님을 섬기도록 허락된 유일한 나라라는 이스라엘의 특권에 대한 언급이라고 해석되었다. 후자의 해석에 대해서는 John A. Davies, *A Royal Priesthood: Literary and Intertextual Perspectives on an Image of Israel in Exodus 9:6* (Library of Hebrew Bible/Old Testament Studies 395; London: T&T Clark, 2004)를 보라.

모세는 이스라엘을 돕도록 보냄 받은 대리자로서, 자신의 임무/사명 완수에 기본적으로 성공했다. 모세 자신은 (불순종 때문에) 약속된 땅에 들어가는 허락을 받지 못했지만, 여호수아서 끝부분에 이르면 이스라엘 지파들이 가나안 땅에 각 지파별로 땅을 분배받아 정착하는 모습을 볼 수 있다. 줄거리 관점에서 보면 우리는 이스라엘이 이제 열방에 복을 전해주는 임무를 잘 해나가리라 기대할 수 있다.[16]

• 사사, 왕, 예언자

그러나 이 임무의 성취를 방해하는 새로운 장애물이 등장한다. 사사기의 첫 부분은 이스라엘 백성이 우상숭배와 도덕적 타락에 빠지고, 가나안의 이웃 민족들에게 공격받고, 하나님께 도와달라고 부르짖고, "사사"라고 불리는 여러 군사 지도자들을 통해 원수에게서 구원받는, 압제와 구원의 주기적 반복을 묘사한다(삿 2:16). 그 뒤로 백성은 일시적인 평화의 시기를 향유하다가 다시 우상숭배와 도덕적 타락에 빠진다. 그리고 같은 일이 다시 반복된다. 사사기의 반복되는 사건에서 이스라엘 백성이 일반적인 경우처럼 용서해달라거나 자기 죄에서 구원해달라고 부르짖지 않는

---

16) 이스라엘이 약속의 땅에 거주하는 모든 민족을 뿌리 뽑아야 하는 *ḥerem* 혹은 "추방"을 포함한 가나안 정복은 열방에 복을 내리려는 하나님의 목적을 전제로 하는 성경 이야기의 전반적 줄거리와 상당한 긴장관계에 놓여 있다. 우리가 가나안 정복을 어떻게 해석하든 성경의 큰 이야기의 전반적 요지를 고려하면, 이 일화를 하나님 백성에게 윤리적으로 규범이 되는 사건으로 해석할 수 없음이 분명하다. 가나안 정복의 기독교적 해석에 대한 논의를 보려면 C. S. Cowles et al., *Show Them No Mercy: Four Views on God and Canaanite Genocide* (Counterpoints; Grand Rapids: Zondervan, 2003)를 보라. 이런 논의 중에서 매우 탁월한 사례는 고든 H. 매티스(Gordon H. Matties)의 여호수아서 주석(Believers Church Bible Commentary; Harrisonburg, VA: Herald Press, 2012)인데, 이 책은 메노파/평화주의의 관점에서 가나안 정복을 다룬다. 매티스가 여호수아서에 대해 처음 숙고한 글을 보려면 "Reading Rahab's Story: Beyond the Moral of the Story (Joshua 2)," *Direction* 24 (1995): 57-70, http://www.directionjournal.org/article/?872를 보라.

다는 점은 의미심장하다.[17] 즉 백성의 번영의 걸림돌은 내적인(그들 자신의 죄) 동시에 외적인(적국의 압제) 것이지만, 백성은 오로지 외적인 문제만을 바로잡으려 한다.

그럼에도 불구하고 하나님은 도와달라는 그들의 부르짖음에 응답하신다. 한 가지 좋은 예는 하나님이 이스라엘을 원수의 압제에서 구원하시기 위해 기드온을 부르신 일이다(삿 6:11-23). 하나님은 다른 사사들도 거듭 세우시지만 줄거리상의 이 모든 해결은 일시적이다. 실제로 사사제도는 삼손에 이르러 쇠퇴하며 그의 영웅적 이야기는 매우 자세하게 서술된다(삿 13-16장). 삼손은 어떤 면에서 바람직한 지도자의 모습과 정반대되는 반(反)사사다. 그는 죽을 때 많은 블레셋 사람을 죽이지만, 분명 이스라엘에 도덕적 본보기가 되지 못한다.

삼손 이후에 사사기는 모두가 자기 보기에 옳은 대로 행할 때(17:6; 21:25), 나라가 지파들 사이의 유혈 폭력으로 갈라지는 모습을 서술한다(삿 17-21장). 요컨대 인간의 삶은 또 다시 폭력이 땅을 가득 채웠던 홍수 이전의 상황으로 후퇴했다. 그러나 본문은 "그때에 이스라엘에 왕이 없었고"라는 반복되는 논평으로 독자를 괴롭힌다(18:1; 19:1; 21:25). 이 말은 왕이 그들의 문제를 해결해줄 것이라는 뜻인가?

백성이 사무엘(제사장이자 예언자이기도 한 마지막 사사)에게 "모든 나라와 같이"(삼상 8:4-5, 20) 왕을 요구할 때, 이 요구는 사무엘의 아들들의 도덕적 지도력에 대한 불만이 발단이 되어 표출된다. 그러나 왕이 자신들을 "다스리게"(직역하면 "심판하게") 하고(삼상 8:5, 6, 20) "우리 앞에 나가

---

17) 사사기 전체에서 이스라엘이 환난을 당해 부르짖으면서 죄를 인정하는 유일한 때는 삿 10:10에 등장한다(10:15에서 반복됨). 그러나 야웨는 그들의 말이 진심이라고 믿지 않으셔서 처음에는 그들을 구출하기를 거부하신다(10:11-14). 비록 나중에는 자비로 그들을 구출하시지만 말이다(10:16).

서 우리의 싸움을" 싸우게 하겠다는(8:20) 백성의 의도는 사사기와의 연속성과 적의 공격이라는 외적인 문제에 국한된(또는 그 문제에 집중된) 왕정의 역할을 암시한다. 이 점은 하나님이 사울을 택하신 일이 백성이 군사적 구원자를 필요로 하는 것에 대한 응답이었음을 언급한 사무엘상 9:15-16에 의해 뒷받침된다. 사무엘은 처음에는 왕에 대한 백성의 요구를 반대한다(삼상 8:6). 하지만 이 요구는 하나님의 양보를 통해 허락되며 (8:7, 22a), 왕정 제도가 지닌 압제의 위험에 대한 사무엘의 엄중한 경고를 수반한다(8:9-18).

이스라엘의 초대 왕 사울이 다윗으로 교체된 후[18] 새 왕 다윗은 간음과 살인을 저지른 범죄자임이 밝혀지고(삼하 11-12장), 자기 가족도 잘 다스리지 못하는 그의 무능함은 (오빠에 의한 여동생의) 강간, (형제에 의한 형제의) 보복 살인, (아버지에 대한 아들의) 쿠데타 시도를 초래한다.[19] 하나님의 계획이 아니라 정치적 권모술수에 의해 왕위를 차지하는(왕상 1-2장) 다음 왕 솔로몬 시대에는 이스라엘에 부역(강제 노동) 제도(왕상 5:13-18)가 생겨나고,[20] 왕이 노골적인 우상숭배를 저지르며(11:3-8), 그 뒤를 이어 그의 아들 르호보암이 지나친 과세를 하여(12:1-20) 내전이 벌어지고 왕국이 남(유다)과 북(이스라엘/에브라임)으로 갈라지는 결과를 초래한다.[21]

---

18) 사울이 버림받는 결과를 가져온 요인들에 대한 분석으로는 J. Richard Middleton, "Samuel Agonistes: A Conflicted Prophet's Resistance to God and Contribution to the Failure of Israel's First King," in *Prophets, Prophecy, and Ancient Israelite Historiography*, ed. Mark J. Boda and Lissa M. Wray Beal (Winona Lake, IN: Eisenbrauns, 2013), 69-91을 보라.

19) 하나님이 다윗과 무조건적인 언약을 세우신다는 사실(삼하 7장)은 하나님이 꼭 다윗의 삶을 인정하신다는 뜻이 아니라, 이스라엘의 구원을 위해 다윗과 다윗의 자손을 통해 (그들의 결점에도 불구하고) 일하기로 작정하셨다는 뜻이다.

20) 솔로몬은 부역을 제정한 것이 아니라 단지 아버지 다윗이 시작한 일을 계속했을 뿐일 수도 있다(삼하 20:24; 왕상 5:14을 보라).

21) 솔로몬의 생애의 도덕적·종교적 모호성에 대한 매력적인 연구를 보려면 J. Daniel Hays,

남왕국의 추악한 역사가 보여주듯이, 다윗 왕조의 왕들은(몇 명만 제외하면) 시편 72편이 그리는 의로운 통치자의 이상과 어울리지 않고, 신명기 17:18-20에서 이스라엘 왕의 최우선적 책임이라고 말하는 토라를 연구하고 토라에 순종하는 일에 마음을 두지도 않는다. 말할 필요도 없이 다윗 왕조의 왕들은 이스라엘의 제사장적 소명을 회복하지 않는다. 왕들이 일련의 정치적 쿠데타로 연이어 암살당하면서 등장하는 북왕국의 여러 왕조에 대해서는 무슨 말을 더 하겠는가?[22]

일반적으로 권력을 남용하고 이스라엘이 세상에 복을 가져다줄 자신의 사명을 회복하도록 돕는 데 명백히 실패하여 대체로 기대에 부응하지 못한 왕들의 복잡한 이야기(삼상 9장-왕하 25:30) 가운데서, 하나님은 (모세가 바로에게 보내진 것처럼) 처음에는 왕들의 타락에 도전할 예언자를 보내기 시작하신다. 그리하여 이스라엘의 이야기 안에서 예언자 제도가 왕제도를 무색하게 만들기 시작했음을 알리며 열왕기상하의 문학적인 중심부로 유명한 엘리야와 엘리사 이야기(왕상 17:1-왕하 8:15)가 등장한다. 그러나 왕들은 예언자들을 무시하고, 예언자들은 회개를 촉구하는 메시지를 가지고 백성에게 더욱더 직접적으로 다가간다. 그럼에도 불구하고 이스라엘 백성도(소수를 제외하면) 야웨께로 돌아오라는 예언자의 메시지를 무시하여 기원전 8세기에는 앗수르에 의한 북왕국의 멸망을 초래하고, 그 후 6세기에는 바벨론의 유다 침공과 뒤이은 바벨론 유수를 초래한다. 이렇게 해서 이야기는 또 다시 막다른 골목에 몰린 것처럼 보인다. 바벨론 유수에서 돌아온 뒤에도 이스라엘은 여전히 도덕적 부패와 (마카

"Has the Narrator Come to Praise Solomon or to Bury Him? Narrative Subtlety in 1 Kings 1-11," *Journal for the Study of the Old Testament* 28 (2003): 149-74을 보라.

22) 북왕국에는 2백 년간 지속되는 아홉 왕조가 있는데, 그중 대부분이 왕 한 명이나 두 명이 죽으면 끝났다. 예외는 오므리 왕조(약 45년에 걸쳐 네 왕 즉위)와 예후 왕조(약 90년에 걸쳐 다섯 왕 즉위)다.

베오 봉기 이후에 잠시 벗어나기는 하지만) 계속되는 외국의 압제라는 수렁에 빠진다. 이런 내외의 문제들이 합쳐져 극복할 수 없을 듯한 걸림돌이 되어 언약 백성의 번영을 위한 하나님의 목적(줄거리 2단계)을 방해하고, 그 결과 인류와 창조질서를 위한 하나님의 목적(줄거리 1단계)에도 지장을 준다.

• 예수님

길고 복잡한 구속의 역사가 흐른 뒤 모든 것이 망가진 이 심각한 상황의 한가운데서 하나님의 구원 사역은 메시아/그리스도 예수의 등장으로 절정에 이른다. 예수님은 신약에서 하나님의 아들(마 16:15-16), 육신이 되신 말씀(요 1:14), "하나님 형상"의 본보기(고후 4:4-6; 골 1:15; 히 1:3)—이 땅에서 인간으로 살아간 삶의 전 범위를 통해 하나님의 성품과 임재를 완벽하게 나타내신 분(요 1:18; 14:9)—로 묘사된다. 둘째 아담이신 예수님은 (죽기까지[빌 2:6-8]) 순종하심으로 첫째 아담이 불순종으로 인해 위태롭게 만든 일을 성취하셨다(롬 5:12-19). 예수님의 삶, 가르침, 죽음, 부활을 통해 하나님은 인간과 세상을 속박해온 악과 죽음의 세력과 싸우시고 이를 정복하셔서 죄에 대한 속죄, 죄의 다양한 권능으로부터의 구원 및 우리와 하나님, 타인, 창조질서와의 관계회복을 가져오셨다. 예수님은 이처럼 최고의 돕는 분, 하나님이 인간과 창조세계 전체의 포괄적인 치유를 성취하시기 위해 보내신 분이다.

그러나 성경의 줄거리 구조의 측면에서 볼 때 중요한 것은, 예수님이 애초에 세상을 죄에서 구원하기 위해서가 아니라, 이스라엘에 의와 복을 회복시키시기 위해 오셨다는 점이다. 이는 단지 상관없는 역사의 사소한 내용이 아니다. 이는 성경의 큰 이야기의 전환점으로서 예수님의 역할을 이해하는 데 매우 중요하다. 성경이 이해하는 바대로 하나님은 이스라엘의 목적과 사명을 회복하고 이스라엘을 통해 궁극적으로 인류에게 영향을 끼칠 조력자 내지 대리자로 예수님을 보내셨다. 실제로 예수님은 복을 가져다주는 아브라함의 사명을—사도행전에 나오는 베드로의 초기 설교에서 명백히 밝히는 대로, 먼저는 자기 백성에게—성취하셨다.

> 너희는 예언자들의 자손이요 또 하나님이 너희 조상과 더불어 세우신 언약의 자손이라. 아브라함에게 이르시기를 땅 위의 모든 족속이 너의 씨로 말미암아 복을 받으리라 하셨으니, 하나님이 그 종을 세워 복 주시려고 너희에게 먼저 보내사 너희로 하여금 돌이켜 각각 그 악함을 버리게 하셨느니라(행 3:25-26).

그래서 예수님은 세상의 구주이시기 전에 이스라엘을 하나님의 택함 받은 백성으로서의 지위와 역할로 회복시키시는 이스라엘의 구주다.

이 점은 복음서에 나오는 예수님의 실제 사역과 메시지를 살펴봄으로써 확인할 수 있다. 십자가와 부활은 성경 이야기에서 핵심적인 전환점을 형성하지만, 예수님은 먼저 갈릴리와 유대에서 3년간 가르치시면서 신실한 자들의 공동체—처음에는 친 백성인 이스라엘 사람으로 이루어진 공동체—를 모으셨다. 이런 이유로 예수님은 한 가나안 여인에게 자기 사명이 "이스라엘 집의 잃어버린 양"을 향한 사명이라고 말씀하셨다(마 15:24). 그런데 예수님은 공적 사역을 시작하실 무렵 또 다른 중요한 대목에서 비슷한 말씀을 하신다(마 10:6). 예수님은 들판이 수확할 준비가 되었는데 일꾼이 부족한 것을 보신 뒤(마 9:37), (열두 지파 가운데 회복된 남은 자들의 핵심 집단을 상징하는) 열두 제자에게 이스라엘을 향한 자기 사명을 돕도록 권한을 주신다(마 10:1-16). 제자들을 처음으로 사도—즉 "보냄 받은 자"—라고 언급하는 이 대목에서 예수님은 그들에게 다음과 같이 명백하게 명하신다.

> 이방인의 길로도 가지 말고 사마리아인의 고을에도 들어가지 말고 오히려
> **이스라엘 집의 잃어버린 양**에게로 가라. 가면서 전파하여 말하되 천국이
> 가까이 왔다 하고 병든 자를 고치며 죽은 자를 살리며 나병환자를 깨끗하게
> 하며 귀신을 쫓아내되(마 10:5-8a).

제자들/사도들은 처음에는 언약 백성 가운데서, 이 열두 명이 예수님
을 따르는 훨씬 더 큰 제자들 집단으로 성장할 때까지, 하나님 나라를 선
포하고 회복의 사역을 통해 이 나라를 구현하는 예수님 자신의 사역을
계속하도록 부르심 받는다(마 9:35).

줄거리 2단계: 이방인 선교

마태복음 끝에 이르면 예수님이 죽으시고 부활하신 후, 충분히 많은 유대
인 제자 집단이 모였을 때 이른바 지상명령이 나온다. 그때 부활하신 예
수님은 남아 있는 (예수님을 따르는 이들의 더 큰 집단을 대표하는) 열한 명의
사도에게 복음의 메시지를 가지고 이방인에게 가라는 사명을 주신다.

> 하늘과 땅의 모든 권세를 내게 주셨으니 그러므로 너희는 가서 모든 민족을
> 제자로 삼아 아버지와 아들과 성령의 이름으로 세례를 베풀고 내가 너희에
> 게 분부한 모든 것을 가르쳐 지키게 하라. 볼지어다. 내가 세상 끝날까지 너
> 희와 항상 함께 있으리라(마 28:18-20).

전체적인 성경 이야기의 문맥에서 지상명령은 아브라함의 소명, 즉
세상 모든 민족에게 복을 전달해야 할 하나님 백성의 소명을 다시 표현

한다고 이해하는 것이 가장 낫다. 신약에서 이 소명은 복음선포를 포함하며, 하나님 나라의 본질에 대한 예수님의 가르침과, 특히 하나님이 메시아의 삶, 죽음, 부활 속에서 행하신 일을 알리는 것으로 이해된다. 이런 선포/가르침의 결과는 원래 유대인이었던 제자들의 무리가 이방인들이 그 수에 더해지면서 크게 확대된다.

그 후로 이방인 선교 이야기(이야기의 2단계)는 사도행전의 대부분을 차지하며, 소아시아 곳곳의 다양한 교회에게 기독교 제자도의 의미를 가르치는 바울서신과 공동서신의 배경이 된다.

줄거리 1단계: 인간의 소명이 회복됨

이방인 선교는 너무나 성공적이었다. 신약은 부활하신 예수님을 서로 및 하나님과 화해하고 하나님의 영이 내주하시는(엡 2:11-22) 유대인과 이방인의 다민족 공동체인 교회의 머리(골 1:18)로 묘사한다. 제자들은 회복된 이스라엘의 남은 자, 이방인 신자들이 접붙여진 "감람나무"(롬 11:17-24)로 이해할 수 있는 반면, 교회는 하나님의 형상으로 새로워지는 "새 인류"(엡 2:15[*kainon anthrōpon*에 대한 "새 사람"보다 훨씬 나은 번역])가 되었다(엡 4:22-24. 골 3:9-10; 고후 3:18도 보라).[23] 따라서 교회는 그리스도의 위상에 맞게 살아야 하며, 그리스도가 하나님 형상을 온전히 담아내는 것은 구속받은 자들의 삶의 본보기가 된다(빌 2:5-11; 엡 4:13).[24] 실제로 교회는 언젠가 그리스도를 온전히 닮게 될 것이며(요일 3:2), 여기에

---

23) 엡 2:15의 *kainon anthrōpon*은 보통 "새 인류"나 "새 사람" 또는 "새 백성"으로 번역되지만, 나중에 엡 4:24에서는 "새 자아"로 번역되는 경향이 있다는 점은 흥미롭다. 엡 4:22-24과 골 3:9-10은 모두 옛 인류(*palaion anthrōpon*[엡 4:22; 골 3:9])를 새 인류("새로운"에 해당하는 서로 다른 단어를 쓰기는 한다. 엡 4:24에서는 *kainon*, 골 3:10에서는 *neon*)와 대조한다.
24) 엡 4:7-16, 22-24; 5:1; 골 3:5-17도 함께 보라.

는 몸의 부활(고전 15:49)과 지상에서 그리스도와 함께 다스림(딤후 2:12; 계 22:5)—즉 완전한 인간성의 회복—이 포함될 것이다.

하나님의 백성을 부르는 장면을 묘사하는 신약의 두 본문을 비교함으로써 성경 줄거리에 대한 이 개요를 마무리하는 것이 유익할 것이다. 두 본문 모두 시내 산에서 이스라엘이 부르심을 받았을 때를 명확하게 서술한 부분(출 19:5-6)에 명백히 의존하며, 성경의 줄거리 구조가 어떻게 3단계에서 다시 2단계로, 그리고 다시 1단계로 되돌아가는지를 잘 보여준다.

예수님이 이루신 성공적인 줄거리상의 해결(3단계) 뒤에 나오는 첫 번째 신약본문은, 출애굽기 19장에서 하나님이 이스라엘을 택하신 일을 묘사할 때 나온 표현을 (이방인 선교의 계속적인 성공으로 인해) 이제 유대인과 이방인으로 구성된 교회의 사명을 표현하는 데 사용한다.

> 그러나 너희는 택하신 족속이요 왕 같은 제사장이요 거룩한 나라요 그의 소유가 된 백성이니 이는 너희를 어두운 데서 불러내어 그의 기이한 빛에 들어가게 하신 이의 아름다운 덕을 선포하게 하려 하심이라(벧전 2:9).

표현은 지상명령(마 28:18-20)에서 발견되는 것과 다르지만, 여기서의 사명은 기본적으로 똑같다. 하나님의 구속받은 백성의 제사장 소명은 하나님의 구속 사역의 이야기, 곧 그들 자신이 일부가 된 이야기를 선포함으로써 세상에 복을 전달하는 것이다. 이처럼 교회의 사명은 아브라함의 소명의 연장이다. 우리는 줄거리 구조에서 2단계로 되돌아와 있다.

그러나 요한계시록 5장에서는 출애굽기 19장의 표현을 매우 다르게 사용한 것을 볼 수 있다. 하나님의 하늘 보좌 주변에서 경배하는 자들에 대한 요한의 종말론적 환상에서, 죽임 당하셨으나 부활의 승리로 "서" 계신 어린양을 찬양하는 천상의 생물들 한 무리가 발견된다(계 5:6). 아브라함/이스라엘의 소명과 함께 시작된 이방인 선교는 여기서 완료된 것으로 묘사된다. 열방은 구원의 복을 받았다. 그러므로 경배하는 자들은 어린양에게 이렇게 노래한다.

> 두루마리를 가지시고 그 인봉을 떼기에 합당하시도다. 일찍이 죽임을 당하사 각 족속과 방언과 백성과 나라 가운데에서 사람들을 피로 사서 하나님께 드리시고 그들로 우리 하나님 앞에서 나라와 제사장들을 삼으셨으니 그들이 땅에서 왕노릇하리로다(계 5:9-10).

하나님의 왕 같은 제사장이 된다는 것이 의미하는 내용이 복음선포(2단계)에서 땅을 다스리는 것(1단계)으로 바뀌는 모습을 주목해보라.

핵심은 일단 이스라엘의 파송이라는 부차적 줄거리가 성공을 거두고 열방이 구원의 복을 받으면, 구속받은 인류는 다시 한 번 하나님께 받은 능력과 힘을 그분이 의도하신 대로 땅을 다스리는 데 활용하리라는 것이다. 이는 인간의 문화적 사명의 갱신이지만 이번에는 죄 없이 이루어지는 갱신이다. 성경 이야기의 처음 내러티브 순서는 마침내 성취될 것이다.[25] 이는 역사의 종말 내지 중단이기는커녕, 하나님이나 다른 인간들이나 땅 자체에 대한 인간의 범법이라는 제약이 없는 역사의 참된 시작이다. 많은 이들이 "영원한 상태"라고 부른 성경 이야기의 절정은 근본적으로 현세적이다. 하나님이 원래 목적을 실현하실 때, 우리는 창조세계로부터의 탈출이 아니라 새로운(또는 새로워진) 창조세계를 발

---

25) 빨간 망토 소녀와 소녀의 할머니는 마침내 소풍을 간다.

견한다.

　성경은 이처럼 이 땅에서의 삶의 번영을 위한 하나님의 목적과 관련된 하나의 포괄적이고 궁극적으로 일관된 이야기를 말해준다. 세상은 하나님의 목적이 결실을 맺는 것을 가로막는 끔찍한 악에 시달려왔지만, 하나님은─일련의 구속적 대리자들을 통해, 궁극적으로 예수님을 통해─자기 목적이 성취되는 것을 방해하는 모든 것을 극복하시려고 역사 내내 일해오셨다.

"이미"와 "아직"

처음의 내러티브 순서가 이야기의 마지막이 될 때까지 성취되지 않는 빨간 망토 소녀와 같은 독립된 이야기의 줄거리와 달리, 성경은 이야기 한가운데서 끝의 시작을 구상한다(이것을 신학자들은 "시작된 종말론"이라고 부른다). 우리는 처음의 (또는 궁극적인) 내러티브 순서를 살아내기 위해 마지막 대단원을 기다려야 할 필요가 없다. 이는 성경의 큰 이야기에서 2단계에서 복(구성상의 해결)을 가져오는 대리자(이스라엘/교회)가 1단계에서 땅 위에서 문화적 능력을 발휘하는 원래 대리자(인류)와 근본적으로 다르지 않기 때문이다. 동화에서 빨간 망토 소녀(원래 대리자)와는 다른 대리자인 나무꾼과 달리, 하나님의 구속받은 백성은 성경 이야기의 원래 대리자(인류) 가운데서 선택되었고(따라서 그 일원이다), 그들의 원래 문화적 사명은 구속이 완전히 성취될 때까지 보류되지 않는다. 달리 표현하면 하나님께 택함 받은 이들은 종말까지 인간적으로 살아가기를 미룰 수 없다. 하나님의 백성은 열방에 축복을 전달하는 잠정적인 사명 외에도 현재 역사의 핵심에서 회복된 인간의 모범적인 본보기가 되어야 한다.

성경 줄거리에서 하늘의 역할

유의할 점은 현재 속에서의 구속받은 삶과 하나님이 준비해놓으신 종말론적 미래 속에서의 구속받은 삶의 차이가 (통속적인 기독교 신앙에서 자주 묘사되는 것처럼) 땅 위에서의 삶을 하늘에서의 삶과 대비시키는 것과 아무 관련이 없다는 점이다. 성경 줄거리의 기본적인 요지와 흐름에 주목하면 종말론적 구속이 다름 아닌 땅 위에서의 인간의 문화적인 삶을 회복하는 데 있다는 사실이 충분히 분명해진다. 여기서 중요한 점은 의인의 영원한 소망으로서의 "하늘" 개념이 이 이야기에서 구조적으로 어떤 위치도 차지하지 않는다는 점이다. 이런 개념은 성경 줄거리와 전혀 무관하고 이질적이다. 하늘은 결코 이야기 첫머리에서 인간에 대한 하나님의 목적의 일부가 아니었고, 인간 구원의 최종적 운명으로서의 어떤 고유한 역할도 없다.

실제로 정경 전체(구약과 신약)에서 신자의 영원한 운명으로서의 하늘에 대한 언급은 한 번도 없다. 이 개념은 통속적인 기독교적 상상력(과 심지어 일부 신학) 안에서는 대단히 중요한 역할을 하지만, 성경 자체는 한 번도 실제로 의인이 하늘에서 영원히 살 것이라고 말하지 않는다.

여기서 내 요점은 하늘의 실재를 부정하는 것이 아니다. 성경적 세계관에서 하늘에는 실제로 중요한 역할이 있다. 성경에서 "하늘"(또는 "하늘들")이라는 말은 무엇보다도 창조된 우주의 일부를 나타낸다. "태초에 하나님이 천지를 창조하시니라"(창 1:1).[26] 이 문맥에서 "하늘"은 분명 보다

---

26) 히브리어에서 "하늘"이나 "공중"을 나타내는 단어(šāmayim)는 언제나 복수형(엄밀히 말하면 쌍수형)이며 따라서 "하늘들"이다. 신약에서는 단수형(ouranos)과 복수형(ouranoi)을 둘 다 사용하는데 복수형은 특히 마태복음에 등장한다. 마태복음에서 단수형과 복수형의 차이에 대한 논의를 보려면 Jonathan T. Pennington, *Heaven and Earth in the Gospel of Matthew* (Supplements to Novum Testamentum 126; Leiden: Brill, 2007;

초월적인 영역(인간이 일반적으로 다가갈 수 있는 곳을 넘어선 영역)으로 이해되는 창조세계의 측면을 가리킨다. 성경에서 하늘을 하나님의 보좌로 (땅을 하나님의 발등상으로[사 66:1-2]) 묘사하는 것도 이런 이유에서다. 이는 역설적으로 하나님의 초월성에 대한 이미지일 뿐만 아니라 그분의 내재성을 나타내는 이미지이기도 하다. 창조자가 창조질서 안에 거하기로 선택하셨기 때문이다.[27] 그러나 시편 115:16에서 다음과 같이 단언할 때처럼 여기서는 초월성도 분명히 암시되어 있다. "하늘은 여호와의 하늘이라도 / 땅은 사람에게 주셨도다."

이런 창조세계의 초월적인 부분은 하나님의 공식 알현실이 위치한 곳이자 그분의 우주 통치의 원천으로 묘사되므로, 하늘은 땅과 대조적으로 하나님의 뜻이 종말 이전에 완벽하게 성취되는 영역으로도 간주된다.[28] 이것이 예수님이 제자들에게 가르쳐주신 기도의 배후에 깔린 가정이다. "나라가 임하시오며 뜻이 하늘에서 이루어진 것같이 땅에서도 이루어지이다"(마 6:10). 언젠가 (하늘에서 준비되고 있는) 하나님의 구원이 땅 위에 완전히 나타나리라는 것이 성경의 종말론적 소망이다. 이런 이유로 온유한 자들은 "땅을 기업으로 받을" 것이다(마 5:5).

따라서 그리스도가 재림하실 때 땅이 하늘과 완전히 조화를 이루게

---

reprint, Grand Rapids: Baker Academic, 2009), 6장을 보라.

27) 테런스 프레타임은 성경적 세계관에서 하늘은 창조질서의 일부이므로 그분의 보좌가 하늘에 있는 것은 사실 창조세계 내의 하나님의 내재성에 대한 이미지라고 설득력 있게 주장했다(*The Suffering of God: An Old Testament Perspective* [Overtures to Biblical Theology 14; Philadelphia: Fortress, 1984], 37; *God and World in the Old Testament: A Relational Theology of Creation* [Nashville: Abingdon, 2005], 26).

28) 이런 묘사는 (6장과 9장에서 논의할 내용과 같이) 천상 세계에서 일어난 반역을 묘사하는 다른 성경본문으로 인해 복잡해진다는 점을 인정해야 한다. 성경에서 "하늘"의 모호성이라는 주제에 대해서는 Calvin R. Schoonhoven, *The Wrath of Heaven* (Grand Rapids: Eerdmans, 1966)을 보라.

되리라고 기대하는 것은 성경적이지만, "하늘"이라는 용어는 기독교의
종말론적 소망을 전혀 묘사하지 않는다. "하늘"은 성경에서 결코 구속받
은 이들의 영원한 운명을 뜻하는 데 사용되지 않는다. 그뿐 아니라 기독
교적 소망을 지칭하는 데 "하늘"이란 말을 계속 사용하면 이 땅에서의 우
리 삶을 하나님의 목적에 부합되게 하는 변화―그리스도 안에서 이미
시작되었고 교회가 현 세상에서 삶으로 실천하도록 요구받는 변화―를
위한 타당한 성경적 기대에서 우리의 관심이 멀어질 수도 있다.

By permission of John L. Hart FLP and Creators Syndicate, Inc.

2부

구약에서의
총체적 구원

4장
◆
구원의 패러다임으로서의 출애굽

10대 시절에 나는 현대 영어로 된 읽기 쉬운 신약성경(웨이머스 역)을 첫 장부터 끝 장까지 다 읽었고 이것을 여러 성경공부 모임에 가지고 다녔다.[1] 이 신약성경은 내게 예수님의 기본적인 가르침, 속죄의 본질, 기독교 제자도가 요구하는 개략적인 내용을 소개하는 데 매우 유용했다. 그 당시 나는 KJV의 케케묵은 표현에 흥미를 잃어 구약은 거의 읽지 않았다. 사실대로 말하자면 나는 신구약이 다 있는 성경이 한 권도 없었다.

그러다가 나는 학부 교육과정을 이수하기 시작했고 일곱 학기에 걸쳐 신구약 전체를 다루는 강좌를 수강했다.[2] 이 기간 동안 나는 구약의 확고한 기반 없이 신약을 진정으로 이해하는 것이 불가능하다는 사실을 깨닫게 되었다.

---

1) Richard Francis Weymouth, *The New Testament in Modern Speech*, rev. James Alexander Robertson (5th ed.; London: James Clarke, 1934). 웨이머스 번역본은 *The Resultant Greek Testament*로 알려진 웨이머스의 절충적인 그리스어 본문을 바탕으로 1903년에 처음 출간되었다. (로버트슨이 개정한) 제5판은 원래 1929년에 출간되었다.
2) 철저하고 깊이 있는 성경입문 강의를 해주신 자메이카 신학교 교수님들께 감사드린다.

그렇다고 구약 없이 신약을 읽는 사람은 가치 있는 어떤 것도 이해할 수 없다는 뜻은 아니다. 나는 교회에 출석하고 성경공부 모임에 규칙적으로 참여하는 동시에, 웨이머스 신약성경에서 기독교 신앙에 대한 기본적인 이해를 얻었다. 하지만 곧 내가 얼마나 많은 것을 놓치고 있었는지를 발견했다. 나는 예수님에 대한 잘 알려져 있지 않은 "메시아" 예언을 정확히 지적하거나, 모든 종류의 구약본문에서 모형론적으로 예수님을 읽어내는 것을 말하는 것이 아니다. 그런 종류의 인위적인 증거본문 찾기는 내게 결코 매력적이지 않았다.

오히려 내가 깨닫게 된 것은 우리가 구약의 세계관을 우리의 기초와 지침으로 삼지 않고 신약을 읽으면, 하나님의 구속의 놀라운 범위, 특히 구속의 풍부하고 현세적인 성격을 놓치기 쉽다는 점이다. 그리고 나는 (예수님과 초기 교회의 성경이었던) 구약을 더 많이 이해할수록 신약에서 더한 깊이와 복잡성을 발견하게 되고 신약이 더욱 의미 있게 된다는 사실을 발견했다.

내가 대학원에서 구약을 정식으로 공부하기로 결정한 것은 신약에서 내가 얼마나 많은 내용을 놓치고 있으며 심지어 잘못 읽고 있었는지를 깨달았기 때문이었고, 이 결정은 지혜로운 진로 선택임이 드러났다. 현재 구약성경은 나의 일차적인 연구분야이며 학문적인 상황에서나 교회에서나 내 신약성경 교육의 바탕이 되고 있다.

구약에 **나타난** 현세적 번영으로서의 구원

이 책의 2, 3장에는 적절한 분량의 구약성경이 담겨 있었다. 2장에서는 창조를 바탕으로 인간 번영을 위한 하나님의 의도와 그 의도가 어떻게 죄로 인해 좌절되었는지를 다루었다. 3장에서는 그 뒤를 이어 새로워진 땅에서 살아가는 구속받은 백성이라는 비전에서 절정에 이르는, 성경 전체의 구속 이야기에 담긴 줄거리 구조를 개관했다.

우리는 이제 구약이 어떻게 이 땅에서의 번영을 구원의 목적으로 묘사함으로써 이런 전반적인 성경적 비전을 긍정하는지를 더 면밀하게 살펴볼 시점에 와 있다. 이런 목적을 위해 4장에서는 출애굽 이야기, 특히 구약의 나머지 부분에서 (그리고 신약에서도) 구원의 모델 내지 패러다임 역할을 하는 출애굽에 초점을 맞춘다. 5장에서는 구약의 율법과 지혜문헌에서 드러나는 현세적 번영의 목표와, 예언서에서 보이는 현세적 회복에 대한 기대를 다룰 것이다.[3] 구약 자료의 한 표본(하나의 표본에 불과하다는 점을 강조하고 싶다)에 대한 이런 고찰은 사람들, 사회질서, 자연세계 자체에 영향을 끼치는 총체적 구원에 대한 전반적인 성경적 관점을 뒷받침해줄 것이다.

그런데 "구원"이란 말은 무슨 뜻인가? 여기서 뜻을 약간 명확히 해두는 것이 중요할 것이다.[4] 오늘날의 많은 그리스도인에게 "구원"은 죽어서 천국으로 가는 것(성경은 전혀 이렇게 말하지 않는다)을 가리키거나 죄 용서를 통해 하나님과 바른 관계가 되는, 신학적 전통에서 "칭의"라고 부르는 것과 동의어다. "구원"에 대한 이 후자의 용법이 잘못된 것은 아니지만, 여기에는 상당히 많은 내용이 생략되어 있다. 이 용법은 (우리가 최후의 심판에서 하나님 앞에 확신을 가지고 서게 될 것을 고대하는) 죄의 형벌로부터의 구원을 통한 하나님과의 바른 관계의 시작에 초점을 맞춘다. 이것은 분명 구원의 중요한 일부분이지만 개인적 초점과 건져냄이라는 개념

---

3) 4, 5장에서는 내가 다음 책에서 "구원"이라는 제목으로 마이클 J. 고먼과 함께 글을 쓰기 위해 연구한 내용을 활용했다. *New Interpreter's Dictionary of the Bible*, ed. Katharine Doob Sakenfeld (Nashville: Abingdon, 2009), 5:45-61.

4) 구원을 이해하는 방식들에 대한 유용한 연구를 보려면 Terence E. Fretheim, "Salvation in the Bible vs. Salvation in the Church," *Word and World* 13 (1993): 363-72을 보라.

에 대한 집착으로 인해 제약을 받는다. 구원은 그보다 훨씬 더 폭넓은 것이다. 구원은 죄 용서나 심판을 피하는 것에만 한정될 수 없다. 성경에서 구원은 미래와 현재 모두에 있어서 포괄적인 실재이며 실존의 모든 측면에 영향을 미친다.

성경에서 구원의 가장 근본적인 의미는 두 가지다. 구원은 하나님이 궁핍한 상황에 처한 이들을 그들의 행복을 방해하는 것에서 **구하**시고, 그 결과 그들이 **회복**되어 온전해지는 것이다. 온전함 또는 행복은 창조 세계에 대한 하나님의 원래 의도이며, 온전함을 방해하는 것—모든 형태의 죄와 악과 죽음—은 근본적으로 반(反)창조적이다. 궁핍한 자들의 구원과 그들의 (하나님과 타인과 세상과의 관계에서의) 행복으로의 완전한 회복은 모두 구원에 있어서 필수적이다. 구원이라는 용어는 그 둘 중 어느 쪽에 대해 또는 둘 다에 대해 사용될 수 있다.

출애굽 패턴

우리는 "구원"에 해당하는 다양한 히브리어 명사와 "구원하다"를 뜻하는 히브리어 동사를 구약에서 찾을 수 있지만, 이런 작업은 그다지 유익하지 않을 것이다. 구원의 의미는 결코 그런 제한된 어휘 용법에 다 담길 수 없다. 구약의 명백한 구원 언어 사용의 밑바탕에는 애굽의 속박에서 탈출한 일과 그 후에 약속의 땅에 들어간 일이 가장 중요한 패러다임 내지 모델을 형성하는 일관된 세계관으로 깔려 있다.

구약에서 출애굽은 하나님의 핵심적인 구원 행위이며 이 행위는 한 백성으로서의 이스라엘의 존재 자체를 만들어낸다. 이 구원 행위는 (애굽에 닥친 재앙들과 홍해를 건넌 일을 포함해서) 하나님이 이스라엘을 애굽의 속박에서 구해내신 일을 중심으로 하며, 그들이 약속의 땅에 안전하게 도착하는 데서 절정에 이른다. "구하다", "건져내다", "속량하다"에 해당되는 동사들은 실제로 이스라엘 백성을 속박에서 해방하는 하나님의 행동을 묘사하는 데 사용되며(출 3:8; 6:6; 14:30; 15:13), 그 결과 야웨는 이스라엘의 "구원"이 되시지만(출 15:2), 본보기 역할을 하는 것은 출애굽 이야기 전체다. 출애굽의 복잡한 사건들은 이스라엘의 경험과 기억에서 핵심적인 자리를 차지하기 때문에, 구약의 대부분을 형성하는 데 결정적 역할을 했고 구원을 이해하는 렌즈가 되었다.

우리가 출애굽에 대해 주목해야 할 첫 번째 사실은 출애굽이 실제적이고 구체적인 압제의 상황에서 한 역사적 공동체의 사회정치적 구원을 이룬다는 점이다. 따라서 출애굽은 구원에 대한 어떤 "영적인 해석"에도 반대하며, 구원을 이 세상의 삶에 굳건히 뿌리박게 한다. 그러나 그 구체적인 사회정치적 성격 외에도 구약 전체에 걸쳐 (그리고 신약에서도) 구원의 전범이 되는 출애굽 패턴의 특정한 요소들이 있다.

번영과 행복의 걸림돌

출애굽 패턴이 구원의 필요성에서 시작한다는 것은 충분히 논리적이다. 생명과 축복을 위한 하나님의 목적을 방해하는 한 가지 문제가 발생한다. 출애굽기 첫머리에서 우리는 이스라엘이 번성하고 땅을 가득 채우라는 창조 때의 첫 명령을 성취하는 모습을 발견한다(1:7; 참조. 창 1:28). 그러나 바로는 이스라엘을 노예로 삼고 압제함으로써 이스라엘의 번영을 위한 하나님의 목적을 집요하게 방해한다(출 1:10-11). 그럼에도 불구하고 이스라엘 백성이 계속 번성하자(1:12), 애굽인들은 압제를 강화하고 (1:13-14), 바로는 이스라엘의 남자 신생아들을 죽이려고 함으로써(1:16, 22) 이스라엘의 번영에 대한 하나님의 소망을 훼방했다(1:20).

그러나 출애굽 이전에 인간은 (심지어 땅도) 죄와 죄의 결과로 인해 부패했음이 명백해졌다. 죽음은 온갖 모습으로 삶을 침해하고 부패시켰다. 이는 창조세계의 번영을 위한 하나님의 목적에 엄청난 걸림돌이 되며, 삶의 충만함이 회복되려면 하나님의 개입이 필요하다. 어떤 경우에든 구원의 필요성은 축복과 행복을 위한 하나님의 목적을 가로막는 모종의 걸림돌에서 비롯된다.

어려움에 처한 이들의 구조요청

출애굽 패턴의 그 다음 요소는 어려움에 처한 이들의 구조요청이다. 예를 들면 이스라엘 백성은 속박 속에서 "신음"하며 하나님께 부르짖는다. 출애굽기는 이 구조요청을 두 번 진술하는데(2:23, 24), 하나님이 모세에게 이 일에 왜 개입하게 되었는지를 설명하시는 말씀에서 두 번 언급된다(3:7-10; 6:5-6). 월터 브루그만(Walter Brueggemann)이 출애굽을 "[구속] 역사의 시작을 가능케 하는 최초의 절규"라고 날카롭게 묘사하는 이유는 바로 이 부르짖음의 핵심적 역할 때문이다.[5]

우리는 출애굽 시대의 이스라엘의 고난 중 부르짖음을, 훗날 사사기 시대에 이 신생 국가가 여러 원수의 압제 안에서 반복하는 모습을 보게 된다. (출애굽의 부르짖음을 떠올리게 하는) 백성의 신음은 하나님의 개입의 동기가 된다고 명백히 언급된다(삿 2:18). 이 출애굽의 구조요청은 너무나 전형적이어서 이스라엘의 가장 전형적 기도 형태는 이 구조요청을 본

---

5) Walter Brueggemann, *The Prophetic Imagination* (2nd ed.; Minneapolis: Fortress, 2001), 11. 인용문에 "구속"이라는 말을 의도적으로 삽입했다. 성경 내러티브에서 역사의 시작을 실제로 가능케 하는 것은 창조이므로, 출애굽은 애굽의 속박이라는 걸림돌 이후에 구속 역사를 다시 시작한다고 말하는 것이 더 정확할 것이다. 성경에서 창조의 역할에 대한 나와 브루그만의 논쟁에 대해서는 "Is Creation Theology Inherently Conservative? A Dialogue with Walter Brueggemann," *Harvard Theological Review* 87 (1994): 257-77을 보라. 브루그만의 "Response to J. Richard Middleton," 279-89도 같은 주제를 다룬다.

보기로 삼는다. 구약에서 시편의 가장 흔한 장르는 탄식 또는 불평(기본적으로 간청이나 간구의 한 형태)이며, 그 속에서 시편 기자는 구체적인 문제를 항의하고 하나님께 도움을 요청한다(고전적 탄식 기도에는 시 22편; 39편; 88편이 포함된다).[6] 예수님은 친히 제자들에게 기도에 대해 가르치시기 위해 두 가지 비유를 말씀하시는데(눅 11:5-13의 한밤에 찾아오는 친구 비유, 눅 18:1-8의 끈질긴 과부 비유), 각 비유는 탄식 시편을 본뜬 것으로 보인다. 두 비유 모두 끈질기고 심지어 거슬릴 만큼 단호한 결심으로, 필요한 것을 직접 하나님께 아뢰는 어떤 사람을 부각한다. 그리고 바울은 출애굽 이야기에 깊이 호소하면서 창조질서 전체를 하나님의 최종 구속을 기다리며 허무한 것에 매여 신음하는 모습으로 묘사한다(롬 8:19-23).

하늘 보좌에서 구체적이고 역사적인 필요의 상황으로 내려오시는 야웨

출애굽 패턴에 따르면 하나님은 어려움에 처한 이들의 부르짖음에 응답하신다. 이스라엘의 부르짖음은 "하나님께 상달"되었다고 하며(출 2:23), 하나님은 모세에게 이렇게 말씀하신다. "내가 내려가서 그들을 애굽인의 손에서 건져내고"(3:8). 이 수직적인 표현("위"와 "아래")은 하늘에 있는 하나님의 보좌라는 (구약의 많은 본문에서 발견되는) 배경 그림을 반영한다(시 2:4; 11:4; 104:1-3; 사 40:22; 63:15; 66:1-2; 암 9:6을 보라). 하나님은 그곳에서부터 창조세계(하늘과 땅)를 다스리시고, 번영을 방해하는 모든 것을 제거하기 위해 인간의 역사적 경험 속으로 들어오신다.

이 배경 그림은 하나님의 초월성에 대한 중요한 신학적 주장을 제기한다. 야웨는 (애굽의 속박을 포함해서) 인간 악의 억압적인 체계 밖인 하

---

6) 시편에 나오는 탄식시의 전체 목록을 보려면 Bernhard W. *Anderson with Steven Bishop, Out of the Depths: The Psalms Speak for Us Today* (3rd ed.; Louisville: Westminster John Knox, 2000)의 부록 B를 보라.

늘에서 다스리시기 때문에, 인간은 불의의 상황에서 이 하나님께 호소할 수 있고 그분이 현실적으로 인간의 고통에 관심을 가지실 것이라고 기대할 수 있다(반면 억압적인 체제에 연루된 바로를 향한 호소는 헛되다[출 5:15-16]).[7] 나아가 하나님은 만물의 통치자이자 창조자로서 실제로 이 압제의 상황을 변화시킬 능력이 있으시다. 그러므로 성경에서 하나님의 초월성은, 우리의 신학체계 안에서 때때로 그런 것처럼, 하나님의 관여(또는 내재성)와 대조를 이루지 않는다. 오히려 하나님의 초월성이 바로 그분의 관여의 조건이다.[8]

하나님이 인간의 필요에 응답하여 행동하시는 이런 패턴은 사사기에 나타나는 압제와 구원의 순환주기 속에서 하나님이 이스라엘을 구할 일련의 구원자들을 보내실 때 발견된다. 신약에서 예수님의 많은 치유 및 축귀 사건은 누군가 자신의 필요를 명확히 표현할 때 직접적인 응답으로 이루어진다. 한 가지 고전적인 예는 예수님이 지나가신다는 소식을 듣고 도와달라고 부르짖기 시작하는 맹인의 이야기다. "다윗의 자손 예수여, 나를 불쌍히 여기소서!" 구경꾼들이 그에게 조용히 하라고 하자 그는 더 끈질기게 소리친다. 예수님이 맹인에게 무엇을 원하느냐고 물으시자 그는 고침 받기를 요청한다. 예수님은 즉시 응답하시면서 앞을 못 보는 장애를 제거하고 그의 시력을 회복시키신다(막 10:46-52; 눅 18:35-43).[9]

---

7) 브루그만(*Prophetic Imagination*, 23, 25, 29, 32)은 조지 멘덴홀(George Mendenhall)의 저작을 인용하며 이 점에 대해 특별히 통찰력 있는 관점을 보여준다.

8) 탄식의 힘과 초월적인 하나님께 호소할 수 있다는 사실의 중요성에 대한 심오한 분석을 보려면 Cynthia L. Rigby, "Someone to Blame, Someone to Trust: Divine Power and the Self-Recovery of the Oppressed," in *Power, Powerlessness, and the Divine: New Inquiries in Bible and Theology*, ed. Cynthia L. Rigby (Studies in Theological Education; Atlanta: Scholars Press, 1997), 79-102을 보라.

9) 이 맹인은 마가복음 기사에서는 맹인 거지 바디매오로 밝혀지지만, 누가복음에서는 단지 한 맹인으로 묘사된다.

여기서 통하는 기본 원리는 국가적인 환난의 시대를 다루고 있는 구약의 한 예언서 본문에 요약되어 있다. 요엘 2:32에 따르면 "누구든지 여호와의 이름을 부르는 자는 구원을" 얻는다. 이 예언적 확언은 이후에 베드로의 오순절 설교에서(행 2:21) 그리고 바울에 의해(롬 10:13) 예수님에게서 발견되는 구원에 적용된다. 이처럼 신구약 모두에서 하나님은 어려움에 처한 때에 도와달라고 부르짖는 이들에게 구원으로 응답하신다.

번영의 장애물을 제거하며 어려움에 처한 이들을 위해 싸우는 신적인 왕

"바다의 노래"는 야웨를 용사로 찬미하는 반면(출 15:3), 홍해를 건너는 이야기는 야웨를 자기 백성을 위해 싸우며(14:14) 악의 세력(이 경우에는 바로의 군대)을 전복시키는 분으로 묘사한다.[10] "바다의 노래"는 분노를 열로 표현하는 표준적인 히브리어의 비유를 이용하여, 대적들을 지푸라기같이 사르며(15:7) 콧김으로 바다 한가운데 길을 내는(15:8) 야웨의 진노를 묘사한다.[11] 바다를 건너는 일과 마찬가지로 (출 7-11장의) 재앙도 야웨의 능하신 일, 즉 야웨가 바로로 하여금 이스라엘 백성을 놓아 보내게 하려고 애굽에 내리신 표적과 기사로 묘사된다(6:1; 7:3-4; 8:19; 9:3).

야웨는 강력한 애굽에 맞서 환난의 때에 이스라엘을 구할 능력을 가

---

10) 출애굽은 사회정치적이거나 심지어 군사적인 구원이지만, 모세나 이스라엘이 어떤 경우에도 애굽과 직접 싸우지 않는다는 점은 의미심장하다. 그것은 오로지 하나님의 일이다. 이는 구원을 오직 하나님만이 성취하신다는 성경 전체에 걸쳐 발견되는 주제를 예고한다. 구원은 결코 인간의 "일"을 통해 성취되지 않는다.

11) 이 비유는 구약의 "노하기를 더디"한다는 표현의 바탕이 되며, 이 표현은 (출 34:6에서와 같이) 하나님의 인내를 묘사하는 데 사용된다. "노하기를 더디"한다는 말은 문자적으로 "코가 긴"이라는 뜻의 어구를 번역한 것이다. 이 비유의 개념은 하나님의 분노의 열기가 (출 15:8에서와 같이) 그분의 콧구멍에서 분노의 강한 바람으로 분출될 만큼 쌓이려면 오랜 시간이 걸린다는 것이다. 이에 상응하는(약간 다른 비유를 사용하는) 오늘날의 표현은 야웨는 신관(信管)이 짧지 않다(성마르지 않다)는 말일 것이다.

지고 개입하셨으므로, "바다의 노래"에서 신들 가운데 비길 데 없는 분으로 찬양받으신다. 야웨 같은 분은 없다(15:11). 그리고 이 노래는 (바로가 아닌) 야웨가 "영원무궁하도록" 다스리실 것이라는 단언과 함께 끝난다(15:18).[12]

악을 심판하시는 창조의 왕이신 야웨의 "오심"은 즉위 시편에서도 중요한 모티프이며, 열방과 인간 이외의 창조세계 가운데서의 찬양으로 귀결된다(시 96편; 98편을 보라). 재판관이자 구주이신 야웨의 오심은 구약의 예언 전승의 핵심 주제도 된다. 한 가지만 예를 들자면 미가 1:3-4은 야웨가 천상의 거처에서 심판하러 오시는 모습(신현)에 대한 생생한 환상이며, 야웨의 강림으로 인해 산들은 지진과 산사태로 붕괴된다.

신약에서 육신이 되신 말씀이신 예수님은 특히 십자가와 부활을 통해 악의 세력과 싸우시기 위해 역사 속으로 들어오셨다.[13] 따라서 바울은 그리스도가 하나님을 대적하는 모든 권세를 정복하며 얻으신 승리를 사망 그 자체의 패배에서 절정에 이르는 것으로 묘사한다(고전 15:24-28). 하나님의 백성에게 이 승리의 의미는 분명하다. "그가 우리를 흑암의 권세에서 건져내사 그의 사랑의 아들의 나라로 옮기셨으니"(골 1:13). 그러나 그보다도 그리스도의 승리의 결과로 "피조물도 썩어짐의 종노릇한 데서 해방되어 하나님의 자녀들의 영광의 자유에" 이를 것이다(롬 8:21).

구원의 성취를 도울 피조물 대리자를 종종 사용하시는 하나님

출애굽 기사의 역설 가운데 하나는 구원 성취에서 신적인 자유와 피조물

---

12) 구약에 나오는 야웨의 왕 되심에 대한 통찰력 있는 설명으로는 Tryggve N. D. Mettinger, *In Search of God: The Meaning and Message of the Everlasting Names*, trans. Frederick H. Cryer (Minneapolis: Fortress, 1988), 6장, "The Lord as 'King': The Battling Deity"를 보라.

13) 이는 때때로 "승리자 그리스도" 주제라고도 불린다.

적인 자유의 상호작용이다. 모세는 백성에게 가만히 서서 하나님이 바다에서 이루실 구원을 지켜보라고 말한다(출 14:13). 그러나 하나님은 모세에게 지팡이를 쥔 손을 펼쳐서 물을 가름으로써 그 구원에 적극적으로 참여하라고 말씀하신다(출 14:16). 이런 참여를 통해 모세는 창조의 둘째 날과 셋째 날에 물을 분리하신 하나님의 태초의 행동을 모방한다(창 1:6-10). 그보다 더 놀랍게도 우리는 야웨가 방금 전에 모세에게 자신(야웨)이 "그들을" 건져내겠다고 말씀하셨으면서도(출 3:8), 모세에게 "내 백성 이스라엘 자손을 애굽에서 인도"할 것을 요구하시는 모습을 보게 된다(출 3:10). 이런 인간의 행동과 하나님의 행동의 일치는 우리가 하나님의 형상으로 창조된 사실을 바탕으로 하며(창 1:26-28), 이로 인해 우리는 지상에서 하나님을 적절히 대표할 수 있다. 그러므로 하나님이 구원의 궁극적 행위자라는 점은 인간 행위자가 구원을 가져오는 과정에 종종 사용된다는 사실과 상충되지 않는다. 그런데 모세는 이스라엘 백성을 풀어달라는 요구로 바로와 직접적으로 맞서고 심지어 바다 위로 손을 펴기까지 하지만, 그도 이스라엘도 애굽인들과 싸우는 데 있어서 어떤 직접적인 역할도 하지 않는다는 점은 의미심장하다. 이것은 야웨의 승리다.[14]

---

14) 야웨만이 애굽과 맞서 싸우신다는 사실은 "바다의 노래"(출 15:1-18)가 일반적인 기대와 반대로 미리암이 아닌 모세의 노래로 간주되는 이유를 설명하는 데 도움이 될 것이다. 미리암과 이스라엘 여자들에게 이 노래의 처음 몇 구절(출 15:20-21)만 반복하는 일이 맡겨졌다는 사실은 종종 남성 편향의 증거로 받아들여졌다. 성경에서 (소고와 춤을 동반하며) 승리의 노래를 부르는 이들은 주로 여자이기 때문이다. 남자는 보통 돌아오는 용사이기 때문에 노래를 부르지 않는다(삿 11:34; 삼상 18:6-7을 보라). 그러나 빅터 P. 해밀턴(*Exodus: An Exegetical Commentary* [Grand Rapids: Baker Academic, 2011], 235-36)이 주장하는 대로, 이 경우에 모세가 이스라엘 남자들의 승리의 노래를 이끌고 있다는 것은 모세나 다른 이스라엘 남자나 이 전투에서 실제로 전투하지 않았기 때문이다. 바다에서의 승리는 야웨의 승리였다. 히브리어를 자세히 살펴보면 모세와 이스라엘이 이 노래를 부르는 이유가 미리암과 그녀의 자매들이 그들로 하여금 노래하도록 이끌고 있기 **때문**(*kî*)임을 알 수 있다는 J. 제럴드 젠슨의 주장도 고려해야 한다. 이 노래 뒤에 나오는

출애굽에서 모세의 제한된 역할 외에도 인간 이외의 창조세계의 다양한 힘들이 애굽에 닥친 재앙에 참여하며(출 7-11장), 이를 통해 바로는 이스라엘 백성을 놓아 보내지 않을 수 없게 된다. 아마도 가장 중요한 사실은 홍해의 물이 애굽 군대를 타도하는 하나님의 도구라는 점일 것이다. 흥미로운 비꼼을 통해 이 물은 (고대 근동의 몇몇 창조 이야기에서와 같이) 하나님의 원수가 아니라 야웨 자신의 능력의 연장으로 간주된다.[15] 따라서 애굽 군대를 수장시킨 물은 출애굽기 15:10에서 "위엄 있는"('*addîr*, 개역 개정에서는 "거센")이라는 형용사에 의해 묘사될 수 있다.[16] 이 단어의 동사 형태(*'ādar*의 분사)가 몇 구절 앞에서 하나님에 대해 사용되는데 거기서는 야웨(또는 야웨의 오른손)가 권능으로 "영광"을 나타내신다고 할 뿐만 아니라(15:6),[17] 바로 그 다음 구절에 나오는 야웨의 비교 불가능함에 대한 주장에서도 바로 이 분사가 사용된다. "여호와여 신 중에 주와 같은 자가 누구니이까? / 주와 같이 거룩함으로 영광스러우며…행

---

kî(15:1)는 앞에 나온 노래가 불린 이유를 설명하는 (회상의 역할을 하는) 접속사다. 모세가 (직역하면) "내가 여호와를 찬송하리니"(15:1)라고 말하고 있고 이는 "너희는 여호와를 찬송하라"(15:21)라는 미리암의 권면에 대한 응답일 수도 있다는 점에 주목하라. Janzen, "Song of Moses, Song of Miriam: Who Is Seconding Whom?" *Catholic Biblical Quarterly* 54 (1982): 211-20. Reprinted in Athalya Brenner, ed., *A Feminist Companion to Exodus to Deuteronomy* (The Feminist Companion to the Bible 6; Sheffield: Sheffield Academic Press, 1994), 187-99을 보라.

15) 성경의 창조 이야기에서 물의 역할에 대해서는 J. Richard Middleton, *The Liberating Image: The Imago Dei in Genesis 1* (Grand Rapids: Brazos, 2005), 6장 "Created in the Image of a Violent God?"을 보라.

16) 여러 역본에서는 출 15:10의 이 어구를 "강력한 물들"이라고 번역한 반면 유대인 출판협회의 타나크(유대교 성경)와 에버렛 폭스(Everett Fox, *The Five Books of Moses* [Schoken Bible; New York: Schoken Books, 1995], 337)는 둘 다 이 어구를 "위엄 있는 물들"이라고 정확히 번역했다.

17) 문제는 분사 "위엄 있는"이 야웨를 수식하는지, 아니면 야웨의 손을 수식하는지의 여부다 (문법적으로는 둘 다 주장할 수 있다). Hamilton, *Exodus*, 223-24의 논의를 보라.

하는 자가 누구니이까?"(15:11)[18] 이 노래가 제시하는 암묵적인 대답은 애굽의 신들은 야웨와 비교할 수 없지만 물들은 그분과 같다는 것이다. 따라서 어떤 의미에서는 (단지 인간만이 아니라) 물들이 하나님을 닮아 그분을 대신해서 적절하게 행동하고 있다.[19]

출애굽 이후 하나님은 택함 받은 백성을 구원하시기 위해 사사, 왕, 예언자 같은 일련의 인간 대리자를 사용하신다. 이스라엘을 바벨론 유수에서 다시 데려오시기 위해 하나님은 심지어 야웨의 "목자"와 "기름 부음 받은 자" 또는 "메시아"라고 불리는 페르시아 왕 고레스까지 사용하실 것이다(사 44:28; 45:1; 참조. 45:13). 이스라엘 구원의 목적은 정확히 그들이 하나님의 종인 백성으로서 세상 나라들에 구원을 가져다주는 것이다(42:1-7). 이 전통에서 우리는 자신의 굴욕(과 심지어 죽음)으로 다른 이들을 위한 구원을 성취할 고난 받는 종(52:13-53:12)이라는 신비로운 인물을 발견한다(특히 53:4-6, 10-12을 보라).[20] 하나님이 구원을 성취하시는 데 피조물 대리자를 사용하신다는 점은 제2성전기 유대교에서 메시아에 대한 소망이 발전하는 과정의 바탕이 되며, 그 소망은 결정적으로 나사렛

---

18) 출 15:10에 나오는 바로 그 형용사가 시 8편에서 온 땅에 "위엄 있는"(개역 개정에서는 "아름다운") 야웨의 이름(1, 9절)을 묘사하기 위해 등장한다.

19) 이와 비슷하게 창 1장의 창조 기사에서는 하나님이 땅과 바다를 살아 있는 생물로 가득 채우실 뿐만 아니라(20-21, 24-25절), 땅도 (하나님의 말씀에 반응하여) 가득 채우는 것과 비슷한 행동으로 초목을 낸다(11-12절). 하나님은 창조 첫째 날에 빛을 어둠에서 분리하시지만(4절), 넷째 날에 해와 달이 똑같은 일을 하도록 명하신다(18절). 창 1장에서 인간이 아닌 피조물들이 "하나님의 형상"을 (최소한 부분적으로라도) 공유하는 방식에 대한 분석을 보려면 Middleton, *Liberating Image*, 7장 "Imaging God's Primal Generosity"를 보라.

20) 고난 받는 종은 원래 이스라엘의 사명(또는 아마도 포로기 예언자의 사명)을 가리켰을 수도 있지만, 신약은 그 궁극적 성취를 예수님에게서 보게 되었다. 이 본문의 명백한 인용구를 보려면 마 8:17; 눅 22:37; 요 12:38; 행 8:32-34; 벧전 2:22-25을 보라. 이 이사야서 본문에 대한 암시는 신약성경 곳곳에 널려 있다.

예수의 등장에서 절정에 이른다. 하나님은 바로 그분을 통해 결정적으로 구원을 이루신다. 그리고 예수님 이후에 하나님은 바울이 표현한 대로, 자기 백성에게 "화목하게 하는 직분"을 주셨다(고후 5:18).

궁핍한 이들에게 좋은 땅을 회복시켜주시고 숨 쉴 공간을 주시는 하나님

번영을 가로막는 장애물을 제거한 결과 궁핍한 자들에게 충만한 삶이 회복되면서 그들이 처한 상황은 변화된다. 구원은 이처럼 단지 번영을 가로막는 것에서 해방되는 문제만이 아니다. 구원은 지향하는 목표이자 구원받은 이들이 안녕의 회복을 향해 나아가는 것이다. 출애굽 이야기에서 이런 안녕의 핵심은 이스라엘 백성이 안전하게 살 수 있는 좋은 땅에 대한 약속이다. 따라서 야웨는 모세에게 이렇게 설명하신다. "내가 내려가서 그들을 애굽인의 손에서 건져내고 그들을 그 땅에서 인도하여 아름답고 광대한 땅, 젖과 꿀이 흐르는 땅…에 데려가려 하노라"(출 3:8). 그러므로 출애굽은 속박에서의 자유로 축소될 수 없다. 이 구원의 목표는 이스라엘 백성이 그들 자신의 땅에서 번성하는 것이다. 이런 번영이 없다면 출애굽은 불완전해질 것이다.

이런 논리는 "바다의 노래"가 야웨가 애굽 군대를 이기시는 것으로 끝나지 않고, 계속해서 구속받은 백성을 안전하게 거할 수 있는 약속의 땅으로 인도하시는 하나님에 대해 말하는 이유를 설명해준다(출 15:13-17). 따라서 이 노래는 출애굽기에서 여호수아까지의 기승전결을 예고한다. 실제로 주요 이야기체 시편들(예. 시 78편; 105편; 106편; 135편)을 포함하여, 성경에서 이스라엘의 건국 이야기를 다시 언급할 때마다 언제나 등장하는 두 가지 핵심은 속박에서의 구원과 땅의 선물이다. 이야기를 진술하는 방식의 온갖 차이에도 불구하고, 기도에서든 기타 제의적이거나 예언적인 재확인에서든(신 6:20-25; 26:5-10; 수 24:1-14; 렘 2:6-7; 32:17-23; 느 9:6-

31), 출애굽 패턴의 이 두 가지 기둥은 언제나 존재한다.[21]

두 번째 기둥(땅의 회복)은 이 땅의 환경이라는 구체적인 상황 속에서 하나님이 인간을 창조하신 일에 그 뿌리를 두고 있다. 따라서 창세기 1장은 여섯째 날에 인간의 창조를 다른 육지 생물들과 더불어 열거한다(24-28절). 인간과 동물 모두 땅의 식물과 나무들에 의존하여 자양분을 얻는다(29-30절). 창세기 2장에서 인간과 땅의 관계는 영어에서 "human"(인간)과 "humus"(흙)의 관계와 대략 유사한, 히브리어의 인간을 뜻하는 단어(’ādām)와 땅을 뜻하는 단어(’ādāmâ)의 음의 유사성을 통해 강조된다. 그리고 두 경우 모두 인간의 목적은 땅을 지향한다. 즉 땅과 땅의 동물들을 다스리고(1:26-28), 동산을 경작하고 보호하는 것이다(2:15). 따라서 하나님이 자기 백성을 애굽의 속박이나 바벨론 유수에서 속량하실 때, 그들은 번성할 수 있는 안전하고 비옥한 땅으로 돌아와야 한다. 궁극적으로 이는 구속받은 자들의 영원한 집인 새 하늘과 새 땅에 대한 신약의 비전으로 이어진다(벧후 3:13; 계 21:1).

야웨께 순종하는 삶은 완전한 구원에 꼭 필요하다

출애굽 후 약속의 땅으로 가는 길에 이스라엘 백성은 시내 산에 이르러 토라―바른 삶을 위한 하나님의 계명과 규례―를 받는다. 출애굽기에 따르면 토라는 맨 처음 십계명(20:1-17)과 다른 율법들의 모음집(21:1-23:19), 곧 야웨가 이스라엘과 시내 산에서 맺으신 "언약서"(24:7)로 구성된다.

---

21) 구약에서 이스라엘의 건국 이야기가 진술되는 다양한 방식에 대한 더 깊은 고찰을 보려면 J. Richard Middleton and Brian J. Walsh, *Truth Is Stranger Than It Used to Be: Biblical Truth in a Postmodern Age* (Downers Grove, IL: IVP Academic, 1995), 5장 "The Biblical Metanarrative"를 보라.

중요한 점은 이 율법과 계명들이 난데없이 이스라엘에게 다가오는 것이 아니라는 점이다. 이 법들은 근본적으로 이스라엘이 속박으로부터 구원받은 것에 근거하고 있다. 신약뿐 아니라 구약에서도 은혜가 율법보다 먼저 온다. 구원의 선물이 순종의 의무 또는 책임에 선행한다. 사실 순종은 야웨가 자기 백성을 위해 이루신 은혜로운 구원에 대한 감사의 표현이다.

시내 산에 모인 백성을 향한 하나님의 첫 번째 말씀은 명백히 구원을 순종과 결부시킨다. "내가 애굽 사람에게 어떻게 행하였음과 내가 어떻게 독수리 날개로 너희를 업어 내게로 인도하였음을 너희가 보았느니라. 세계가 다 내게 속하였나니 너희가 내 말을 잘 듣고 내 언약을 지키면…"(출 19:4-5). 구원과 토라 순종과의 필수적인 관계는 십계명의 첫 부분에서도 나타난다. 십계명에서는 신적인 입법자를 출애굽의 하나님이라고 밝힌다. "나는 너를 애굽 땅, 종 되었던 집에서 인도하여 낸 네 하나님 여호와니라"(출 20:2). 따라서 출애굽은 야웨께 대한 이스라엘의 충성과 야웨의 토라를 통한 이런 충성 표현의 역사적 근거로 기능한다. 이스라엘의 윤리가 이처럼 출애굽에 기초하고 있다는 사실은 알리스더 매킨타이어(Alasdair MacIntyre)의 다음과 같은 유명한 주장의 실례를 잘 보여준다. "나는 '내 자신이 어떤 이야기 또는 이야기들의 일부인가'라는 선행하는 질문에 답할 수 있을 경우에만 '내가 무엇을 해야 하는가?'라는 질문에 답할 수 있다."[22] 성경적 윤리학은 내러티브적으로 형성된다.

그러나 토라에 대한 순종은 단순히 하나님의 선행하는 구원에 대한 적절한 반응만이 아니다. 근본적인 의미에서 순종은 출애굽에서 시작된 구원을 완성한다. 출애굽은 이스라엘의 구원 과정의 시작일 뿐이었다.

---

22) Alasdair MacIntyre, *After Virtue: A Study in Moral Theory* (2nd ed.; Notre Dame, IN: University of Notre Dame Press, 1984), 216.

속박으로부터의 구원은 창조자의 뜻에 대한 순종과 짝을 이루어야 하며, 이는 하나님의 백성이 살아가는 방식이 본질적으로 변화해야 함을 의미한다. 따라서 구원은 외적인 상황에서의 구원에만 국한될 수 없다. 구원은 우리가 "성화"라고 부를 만한 것을 포함해야 한다. 시내 산에서 주어진 토라는 거룩한 삶을 위한 하나님의 지침이 되는데, 구속받은 공동체가 번영을 회복하도록 그 공동체의 삶을 공의와 의를 향해 인도하려는 목적으로 주어졌다.

그러나 출애굽은 그보다 더 구체적으로 순종의 근거가 된다. 출애굽기, 레위기, 신명기의 많은 명령과 권면 중에서 어떤 것들은 특별히 궁핍하거나 소외된 이들에 대한 처우와 관련이 있다. 이런 법들은 이스라엘이 애굽에서 고난 받은 경험이나 압제받는 자들을 속박에서 해방하시려는 하나님의 긍휼과 명시적으로 연관된다. 토라에서는 이 두 가지 동기에 명백히 호소하며, 이스라엘 백성이 외국인, 과부 또는 고아를 부당하게 대하고 학대하거나(출 22:21-24; 23:9; 레 19:33-34; 신 24:17-18) 궁지에 처한 사람을 이용하는 행위를 금한다(출 22:25-27; 레 25:35-38, 39-43). 실제로 하나님의 백성은 희년에 모든 빚진 종들을 풀어주고(레 25:54-55), 심지어 "거류민을…자기같이 사랑하라"는 명령을 받는다(레 19:34; 참조. 신 10:17-19). 그리고 이 모든 것은 명백히 출애굽에 바탕을 두고 있다.

요는 이스라엘 백성이 자신의 속박을 기억하고 (그들이 곤경에 처했을 때 그들에게 주의를 기울이신) 거룩하고 은혜로운 구원자이신 하나님을 본받아 행동함으로써, 그들 가운데 있는 연약한 자들을 향해 의를 실천한다는 것이다. 따라서 출애굽은 언약 백성 가운데 궁핍하거나 소외된 자들을 향한 특별한 관심을 불러일으킴으로써, 망가진 세상 속 사회가 번영하는 데 필요한 조건을 이해하는 렌즈 역할을 한다. 출애굽의 경험은 가장 연약한 구성원들이 보호받고 부양받고 돌봄을 받지 않으면, 인간사회가 제대로 기능할 수 없다는 이스라엘의 통찰력의 바탕이 된다.

순종이 구원의 핵심 측면이라는 사실은 탁월한 은혜의 신학자인 바울이 신약시대 교회를 격려하는 말, 즉 "너희 구원을 이루라"(빌 2:12)라는 격려의 밑바탕에 깔려 있다. 마찬가지로 세리 삭개오가 다른 사람을 속여 취한 일에 대해 네 배로 보상하겠다고 맹세하고(눅 19:8) 이를 통해 토라의 요구조건(출 22:1)을 이행했을 때, 예수님은 "오늘 구원이 이 집에 이르렀으니"라고 선언하셨다(눅 19:9). 예수님의 이 말씀을, 눈에 보이는 삭개오의 행동이 내적인 "영적" 변화를 증언한다고 보는 불완전한 구원관의 관점에서 해석하는 것도 가능하다(그리고 이것이 전통적인 해석이다). 그러나 본문은 순종이 (특히 정의의 재확립과 관련이 있을 때) 그 자체로 공동체적 안녕의 회복이라는 의미에서, 구원을 이루는 핵심 요소라는 성경 관점을 반영한다.

하나님은 구체적인 역사 상황 속에서 구속받은 자들과 함께 거하시기 위해 오신다
구속받은 이들 가운데서의 하나님의 임재는 그들 번영의 모든 다른 요소와 서로 뒤얽혀 있다. 따라서 "바다의 노래"에서 이스라엘이 향해 가고 있는 땅은 하나님의 "거룩한 처소"로 묘사되며(출 15:13), 노래에 나오는 그분의 "성소"와 "주의 기업의 산"에 대한 언급(15:17)은 아마도 시온 산에 있는 예루살렘 성전을 암시할 것이다.[23] 비록 이스라엘 땅 전체를 하나님이 거하시는 곳으로 생각할 수도 있지만 말이다. 실제로 하나님이 이스라엘 백성과 함께 거하시리라는 점이 출애굽의 목적이라고 명시적

---

23) 그러나 캐롤 마이어스(Carol Meyers, *Exodus* [New Cambridge Bible Commentary; Cambridge: Cambridge University Press, 2005], 121)는 여기서 사용된 언어가 보통 성전, 시온 산 또는 이스라엘 땅에 적용되지 않고, 원래 야웨가 거하시던 곳인 시내 산에 대한 언급으로 이해할 수 있다고 주장한다.

으로 진술된다(29:45-46).

　구속받은 백성 가운데서의 하나님 임재에 대한 이런 강조는 성막을 묘사하는 출애굽기의 중요한 대목을 이해하게 해준다. 성막은 백성이 약속의 땅을 향해 여행할 때 하나님의 임재를 백성이 경험할 수 있게 하는 이동식 천막이었다. 따라서 출애굽기의 이 대목에 등장하는 황금 송아지 이야기(출 32-34장)는 하나님의 임재를 확보하려는 하나의 독단적 시도를 묘사하고 있다. 그러나 역설적인 것은 (하나님의 임재를 매개하는 형상을 만드는) 우상숭배가 바로 하나님의 임재를 위험에 빠트린다는 점이다. 모세가 하나님께 백성의 죄를 용서해주실 것을 성공적으로 설득한 뒤에 (32:11-14), 그분의 임재에 대한 약속을 어기지 말아달라고 간구하는 장면(33:14-16)이 나오는 것은 바로 이 때문이다.

　신구약에서 하나님이 자기 백성과 함께 거하신다는 성막/성전 모티프는 관계에 대한 다음과 같은 구체적인 약속과 관련된다. "나는 그들의 하나님이 되고 그들은 내 백성이 되리라"(레 26:11-12; 겔 34:30; 37:27; 고후 6:16). 이 약속은 예레미야서의 새 언약에 대한 유명한 신탁(렘 31:33)에서 발견되며, 히브리서 8:10은 이 신탁을 예수님 안에서 성취된 것으로 인용한다. 하나님이 자기 백성과 함께 거하심에 대한 성서시대 이후의 기독교적 해석은 대부분 (마치 동호회 식구들이 모닥불 주위에 둘러앉아 서로 손잡고 [흑인 노예의 슬픔을 노래한-역주] "쿰바야"를 부르는 것처럼) "관계"를 전후 맥락에서 분리시키는 경향이 있는 반면, 구약은 구속받은 자들과 함께하는 하나님의 임재가 바로 그들의 구체적인 현세적 삶의 맥락 가운데-처음에는 광야 여정 가운데서, 나중에는 약속의 땅에서-있음을 묘사한다.

　"나는 그들의 하나님이 되고 그들은 내 백성이 되리라"라는 약속이 하나님이 아브라함에게 하신 땅에 대한 약속(창 17:7-8)과 관련해서 처음 나타난다는 사실은 주목할 만하다. 야웨가 훗날 출애굽 시대에 바로 이 "관계"의 약속을 모세에게 다시 분명히 말씀하실 때(6:7), 그 약속은 속박으로부터의 구원(6:6)과 땅의 선물(6:8)에 대한 선언 사이에 끼여 있다. 따라서 이 오래된 약속에 대한 예언적 재천명이 포로 귀환 이후에 하나님이 안전하고 윤택한 땅에서 구속받은 백성과 함께 거하시는 것과 명백히 관련된다는 사실은 이치에 맞는다. 이것이 인간의 번영을 위해 요구되는 것이기 때문이다(렘 32:37-41; 겔 34:25-31; 37:24-28; 슥 8:7-8).

하나님이 자기 백성 가운데 거하시는 이런 궤적은 새 예루살렘이 하늘에서 땅으로 내려오고 그 중심에 하나님의 보좌가 있는, 구속된 창조 세계에 대한 신약의 환상에서 절정에 이른다(계 21:1-22:5). 그렇게 되면 오래된 약속이 마침내 성취될 것이다. "보라! 하나님의 장막이 사람들과 함께 있으매 하나님이 그들과 함께 계시리니 그들은 하나님의 백성이 되고 하나님은 친히 그들과 함께 계셔서"(계 21:3).

·◆·

추기: 시편 18편에서 한 개인의 구원

성경(심지어 구약성경)에 나오는 구원에 대한 모든 예에서 출애굽 패턴의 모든 구성요소가 발견되는 것은 아니지만, 그 패턴의 핵심 요소들이 어떻게 시편 18편에서 하나님이 한 개인을 구원하신 일에 대한 증언을 형성하는지를 고찰하는 것은 유익하다.[24] 이 시편은 다양한 문학 장르로 이루어진 길고 복잡한 텍스트이지만, 여기서는 보통 하나님의 구원 이야기를 진술하는 감사의 노래로 분류되는 시

---

24) 이 시편의 약간 다른 형태가 삼하 22장에 나타난다.

의 일부(1-19절[마소라 본문 2-20절])만을 특별히 살펴보고자 한다.

　이 이야기는 시편 기자의 번영을 가로막는 장애물을 묘사함으로 시작된다. 그 장애물은 죽음, 멸망, 스올—생명, 안녕과 정반대되는 것—로 묘사된다(4-5절). 이로 인해 시편 기자는 하나님께 환난 중에 부르짖게 된다. 그리고 "그가 그의 성전에서 내 소리를" 들으셨다(6절). 그 다음에 하나님의 개입에 대한 묘사가 그분의 생생한 나타나심의 형태로 등장하는데, 이 신현은 야웨가 시편 기자의 원수들을 향한 분노로 하늘 보좌에서 내려오시는 환상이다. 야웨는 시적 언어로 ("바람 날개"로 묘사되는) 그룹을 타고 다니시며 연기, 우박, 번개, 검은 구름 등과 같은 기상학적 현상을 동반하고 불화살을 쏘시는 모습으로 묘사된다(7-14절). 다음으로 시편 기자는 바다를 가른 하나님의 입김(출 15:8)과 명백히 유사한 방식으로, 그분의 콧김이 "물 밑"과 "세상의 터"를 드러낸다고 묘사한다(15절). 야웨가 내려오신 결과는 두 가지다. 첫 번째 결과는 "많은 물"(16-18절)로도 묘사되는 강력한 원수들로부터의 구원, 즉 시편 기자의 안녕을 방해하는 것의 제거다. 두 번째 결과는 시편 기자가 안전하고 번영하는 상황으로 되돌아가는 것이다. 실제로 야웨가 "나를 넓은 곳으로 인도"하셨다는 진술(19절)은 하나님이 모세에게 이스라엘을 애굽에서 "아름답고 광대한 땅"으로 인도해내겠다고 하신 약속(출 3:8)을 떠올리게 한다. 두 진술 모두에 나오는 "넓은/광대한"이란 말에는 같은 히브리어 어근이 밑바탕에 깔려 있을 뿐만 아니라, 두 경우 모두 구원의 목적은 안녕의 회복이다.

　시편 기자는 이 구원의 기초를 하나님과 이전에 가졌던 관계로 설명함으로써 그분의 구원 이야기를 끝맺는다. 야웨는 "나를 기뻐하시므로"(19절) 시편 기자를 구원하셨다. 이렇게 우선하는 하나님과의 관계는 출애굽 구원에서 최종적이고 전형적인 구성요소가 된다.

구원은 하나님과 어려움에 처한 이들 사이의 이전 관계를 바탕으로 한다

야웨는 모세에게 이스라엘 백성을 구원하겠다는 계획을 말씀하시기 이전부터, 그리고 그들의 부르짖음을 들었음을 언급하시기 이전부터, 자신을 "네 조상의 하나님", "아브라함의 하나님, 이삭의 하나님, 야곱의 하나님"이라고 밝히신다(출 3:6). 이런 하나님의 자기인식은 출애굽을 창세기의 이야기 맥락 안에 확고하게 위치시키며, 그 이전에 그분이 이스라엘의 조상들과 맺으신 언약을 상기시킨다. 다시 말해 하나님의 이스라엘 구원은 언약 백성과의 이전 관계에 바탕을 두고 있다. 그러나 출애굽 때의 이스라엘의 구원이 하나님과의 이전 관계에 뿌리를 두고 있을 뿐 아니라, 인간의 번영을 위한 그분의 모든 행동도 궁극적으로 인간과 그의 창조자의 관계에 뿌리를 두고 있다.

이스라엘의 구원이 지닌 전 세계적 맥락

하나님과 세상의 이전 관계, 죄의 장애물로 인해 파기되지 않는 이런 관계는 하나님이 이스라엘을 선택하시는 근거가 된다. 인간은 하나님께 반역하면서 타락했고 폭력으로 온 땅을 뒤덮었다. 3장에서 살펴본 것처럼, 그 후에 창조자는 아브라함의 소명에서 시작하여 궁극적으로 온 열방에 유익이 될 구원계획에 시동을 거쳤다.

이스라엘 구원의 보다 큰 맥락은 출애굽기에서 많은 재앙이 벌어지고 이스라엘 민족이 바다를 건너는 동안 여러 진술을 통해 암시된다. 이스라엘뿐만 아니라(6:7; 7:17; 10:2) 바로와 온 애굽도(7:5; 8:10, 22; 9:14, 29; 10:7; 14:4, 18) 이 초자연적 사건들을 통해 야웨가 어떤 분인지 알게 된다. 출애굽의 우주적 범위는 일곱 번째 재앙과 관련해서 명백히 진술되며, 그때 야웨는 자기 이름이 온 땅에 선포될 것이라고 단언하신다(9:14). 실제로 이 대목에 우주적 진술이 집중되어 있다. 바로는 온 땅에 야웨와 같은 분은 없으며(9:16) 땅은 야웨께 속해 있음을(9:29) 알게 될 것이다. 분명 출애굽은 단지 이스라엘만을 위한 사건이 아니다.

이스라엘의 소명에 대한 이런 전 세계적 관점은 출애굽기에서 새롭게 해방된 백성이 바다에서 구원받은 뒤 시내 산에 이르렀을 때도 명백하다. 야웨는 "세계가 다 내게" 속했지만(19:5), 이스라엘은 "제사장 나라가 되며 거룩한 백성이" 될 것이라고 말씀하신다(19:6). 이는 하나님께 속한 세상에 그분의 축복과 임재를 매개하는 소명을 의미한다.

이스라엘을 선택한 일이 지닌 이런 우주적 목적은 이스라엘이 더 이상 자기 땅을 가진 민족이 아니었을 때인 바벨론 유수 기간에 특히 명확해진다. 이렇게 소외된 상황 속에서 이사야서에 나오는 이른바 "종의 노래"가 발견되는데, 거기서 하나님의 종(이스라엘)은 세상 민족들을 향한 그분의 "언약" 또는 맹세로 묘사되며, 속박에서의 해방을 가능케 하는 (42:7) 열방의 빛이 되도록 부르심 받는다(42:6; 49:6).[25]

---

25) 성경적 언약에 대한 존 H. 스텍의 정의는 (처음에는 우리에게 이상해 보일 수도 있는) 이스라엘이 열방에 대한 하나님의 언약이라는 개념을 이해시켜준다. 스텍("Covenant Overload in Reformed Theology," *Calvin Theological Journal* 29 [1994]: 12-24)에 따르면 성경적 언약은 관계가 위협을 당한 뒤에도 그 관계에 충실하겠다는 구속력 있는 맹세 또는 서약이다. 따라서 노아 언약은 홍수 이후에도 하나님이 땅과 맺으신 관계를 지속하시겠다는 하나님의 서약이고, 아브라함 언약은 아브라함과 사라가 자식을 갖지 못한 뒤에도 아브라함에게 하신 약속을 이루시겠다는 하나님의 서약이며, 시내 산 언약은 이스라엘이 애굽에서 종살이한 뒤에 이스라엘의 하나님이 되시겠다는 그분의 서약이다. 따라서 이스라엘의 존재 자체를, 세상 열방을 구속하시겠다는 하나님의 "언약" 내지 서약으로 간주하는 것

이스라엘을 넘어선 하나님의 구원활동

실제로 하나님의 택함 받은 백성 이스라엘의 특징적인 역할에도 불구하고, 창조자는 언약 백성을 넘어서 역사하시며, 온 인류를 위해 축복을 베푸시고 현세적 번영을 증대시키신다. 따라서 하나님은 이스라엘 이외의 나라들을 속박에서 해방시키시는 일에도 관여하신다. 예언자 아모스는 블레셋과 아람 족속이 나름대로 해방을 얻었다고 선언한다(암 9:7). 비록 그로 인해 세상에 대한 특별한 소명을 지닌 하나님의 택함 받은 백성이 되지는 않았지만 말이다.

또한 현세적 삶에 대한 하나님의 섭리적인 돌보심은 이스라엘의 존재 이전, 심지어 아브라함 이전부터 있었음이 명백하다. 예를 들어 창세기의 원시 역사에서 최초의 인간 부부는 생육하고 번성하라는 하나님의 명령에 대한 반응으로 생명을 낳고(4:1-2a, 25), 그들의 자손도 자식을 낳는다(4:17-22, 26). 인간이 첫 범죄를 저질러 생명나무로 가는 길이 막혔음에도 불구하고 창세기의 족보(4:17-5:32; 10장; 11:10-32)는 인간 가족의 지속 아니 급증을 증언하며, 창세기 5장의 족보는 "하나님의 형상"의 전달이 세대에서 세대로 전해지는 축복의 일부임을 구체적으로 묘사한다. "하나님의 형상"은 홍수 이후에도 지속된다(9:6).

비록 동산 밖에 있지만 (여전히 하나님의 형상인) 가인과 아벨은 땅을 정복하고 동물들을 다스리라는 하나님의 명령을 수행함으로써 인간의 소명을 지속한다(창 4:2b; 참조. 1:28). 가인이 아벨을 살해한 뒤 하나님은 살인자에게 임하는 저주를 약화시키고 가인에게 보호의 표시를 주심으로써 긍휼을 베푸신다(4:15). 그리고 땅을 가득 채우기 시작하는 폭력의

은 탁월한 수사학적 움직임이다.

한가운데서 에녹(5:24)과 노아(6:9)는 하나님과 동행하며, 노아는 하나님의 명령에 따라 인간과 동물 모두를 위해 구원의 도구가 되는 의로운 사람으로 명백히 묘사된다(6:18-7:5).

창세기는 홍수 이후에 하나님이 계절의 지속을 약속하고(8:22), 노아와 그의 가족에게 풍요를 위한 태고의 축복을 다시 분명히 말씀하시며(9:1, 7), 살인을 제한하는 법의 시작을 알리시는(9:6) 모습을 기록한다. 하나님은 심지어 노아와 그의 가족, 살아 있는 모든 생물, 땅 자체와 언약을 맺으시고(9:9-17), 그들의 유익을 위해 창조질서를 유지하고 보호하겠다고 맹세하신다.

현세적 번영을 위한 이런 신적 헌신의 맥락에서 인류는 언어, 문화, 인종, 지리의 차원에서 번성하며 다양해진다. 사람들은 온 지면 위로 흩어지다가(창 10장) 바벨에서 퇴행적으로 행동하지만(창 11:1-9), 하나님은 인류의 유익을 위해 사람들을 다시 흩으시고 언어를 다양화하심으로 이에 대항하신다.

성경본문은 이 모든 다양한 방식으로 하나님이 창조세계와 맺으신 최초의 관계를 묘사할 뿐만 아니라, 현세적 삶의 번영을 위한 그분의 의도도 증언한다. 따라서 시편 기자의 "여호와여 주는 사람과 짐승을 구하여주시나이다"(시 36:6)라는 주장은 정당하다.[26]

---

26) NIV에서는 이 구절을 "여호와여 당신은 사람들과 짐승들을 보존하시나이다"라고 번역했다. 히브리어 동사 *yāša'* 는 이런 의미도 포함할 수 있으므로 이 번역이 틀린 것은 아니지만, (NRSV나 ESV처럼) "구원하다"라는 말을 사용하기를 꺼려서는 안 된다. 이 의미는 *yāša'* 동사의 일반적 의미일 뿐만 아니라, 구원이 현세적인 번영의 모든 측면을 포괄하므로 적절하다.

5장

◆

율법, 지혜문헌, 예언서에서의 현세적 번영

이스라엘 민족의 애굽 탈출은 구약에서 근본적인 구원사건이다. 이스라엘을 위한 야웨의 이런 전형적 사역은 현세적인 번영을 구원의 목표로 삼아 움직인다. 출애굽 패턴은 자기 백성의 안녕과 축복을 위한 하나님의 원래 의도가 방해받았을 때 시작되며, 그 패턴의 진원지는 어려움에 처한 이들을 구원하시고 그들의 구체적인 현세적 환경 속에서 평안의 삶을 회복시켜주시기 위한 하나님의 개입이다.

그러나 출애굽은 현세적 번영에 대한 구약의 관심들 중 하나의 가닥만을 상징할 뿐이다. 우리는 원리상 구약에 가득한 이 주제와 관련해서 구약 전체를 살펴볼 수도 있다. 그러나 이 책의 범위를 고려하면 그럴 수가 없다. 대신 출애굽에 대한 강조의 후속 조치이며 구원의 총체적 성격을 명확히 밝히는 구약의 두 가지 일차적 차원, 즉 율법과 예언서를 살펴보는 것이 가장 유익할 것이다. 그렇다 하더라도 우리는 선별적으로 살펴볼 필요가 있다.

첫째, 토라 즉 율법이 구약의 지혜 개념과 관련해서 어떻게 현세적 번영을 위한 창조자의 의도를 바라보는 시각에 기여하는지를 이해하는 것이 중요하다. 이런 번영관은 예언서 문헌에 팽배한 불의에 대한 비판을 뒷받침하기도 한다. 그러나 구약의 많은 예언 신탁에서 예언적 비판과 더불어 보게 되는 것은 회복에 대한 기대인데, 이는 바벨론 유수 이후에 이스라엘을 향한 소망을 약속한다. 율법/지혜와 예언은 종합적으로 도덕 질서와 우주 질서의 불가피한 관련성을 강조하며, 현세적 번영에 대한 심오하고 포괄적인 시각을 설파한다.

지혜와 토라 사이의 유사성?

우리는 애초에 (처음에는 출애굽기에서, 다음에는 레위기와 신명기에서 분명히 표현된) 구약의 토라, 즉 율법이 지혜문헌(특히 잠언, 또한 욥기와 전도서)과 근본적으로 다른 실재를 다루고 있다고 생각할지 모른다. 그러나 좀 더 자세히 살펴보면 몇 가지 주목할 만한 유사점들이 보인다. 성경연구자들은 토라가 이스라엘을 향한 하나님의 구체적 계시를 표현하는 반면, 구약의 지혜문헌은 (이집트와 메소포타미아에서 발견되는 전승을 반영하는)[1] 국제적인 영향을 보여준다고 생각하는 경향이 있다. 즉 지혜문헌은 야웨를 경외하는 사람이라면 누구나 지혜로운 삶이 무엇인지를 분별할 수 있다고 가르친다는 것이다.[2]

---

1) 대부분의 구약 지혜문헌 개론서들은 이집트와 메소포타미아의 영향을 포함하는 지혜의 국제적인 성격을 논한다. 아마도 학자들이 잠언과 고대 근동 지혜문헌 사이에서 파악한 가장 구체적인 관련성은 잠 22:17-24:22("지혜 있는 자의 말씀"[22:17]으로 간주되는 한 단락)과 기원전 11세기나 12세기의 저작인 듯한 이집트 문헌인 「아메네모페의 교훈」(*The Instructions of Amenemope*) 사이의 주목할 만한 유사성일 것이다. 이 두 문헌은 개념적으로나 언어적으로나 상당한 유사점이 있다.
2) 욥은 이스라엘 사람이 아니지만 하나님을 경외하고 악을 멀리하는 흠 없고 바른 사람으로 묘사되는데(욥 1:1, 8; 2:3), 이는 욥 28:28에 나오는 지혜에 대한 정의와 부합된다.

이런 인식은 잘못된 것이 아니다. 토라와 지혜는 구약성경에서 정확히 동일하지는 않다. 그러나 이 둘의 수렴 현상은 기묘하다. 토라와 지혜 모두 눈에 띄게 유사한 방식으로 생명과 축복을 위한 하나님의 기준(즉 구원이나 번영의 길)을 묘사하며, 둘 다 사망으로 인도하는 길과 대조된다.

삶의 방식으로서의 토라

이스라엘의 토라는 가장 전형적으로 삶과 죽음으로 묘사되는, 서로 반대되는 두 가지 길 내지 행로의 근본적 대조에 바탕을 두고 있다. 이 두 길은 하나님의 법, 계명, 규례, 법도, 율례(이 용어들 모두 인생을 향한 그분의 뜻을 가리킨다)에 대한 순종과 불순종 사이의 선택과 관련된다. 하나님의 백성이 이 법을 따르면 생명이 충만해지는 복을 얻게 될 것이다. 그러나 그들이 하나님의 교훈을 외면하면 언약의 저주를 경험하게 될 것이다.

레위기 26장과 신명기 28장은 둘 다 순종 및 불순종과 관련된 일련의 언약적 복과 저주를 열거한다. 이 본문에 따르면 하나님의 법에 대한 순종은 일상생활의 넓은 영역에 걸쳐 복을 가져온다(레 26:3-13; 신 28:1-14). 이 복에는 자녀의 출생, 곡식과 가축 떼의 풍성함과 땅을 비옥하게 하는 규칙적인 비, 야생동물이나 적의 공격에 대한 두려움이 없는 삶 등이 포함된다. 성읍에서, 들판에서, 집에서 복이 있을 것이고 심지어 "네 광주리와 떡 반죽 그릇"이 복을 받을 것이다(신 28:5). 실로 "네가 들어와도 복을 받고 나가도 복을 받을" 것이다(28:6).

반면 불순종은 똑같이 포괄적으로 저주를 받는 결과(생명과 번영의 정반대)를 초래하며, 그 저주 중에 일부는 앞에서 열거된 복과 정확히 정반대다(신 28:15-19). 레위기 26장과 신명기 28장은 둘 다 질병, 방향감각 상실, 사회 무질서, 강도, 폭력, 적의 공격에 초점을 맞추어 궁극적으로 국외 추방으로 귀결되는─약속의 땅에서 쫓겨나는─불순종의 결과를 가장 파괴적이고 생생한 표현으로 묘사하면서 끝난다(레 26:14-39; 신 28:20-68).

언약적 복과 저주의 목록은 도덕 질서와 우주 질서의 관계를 명확히 입증한다. 인간사회가 하나님의 계획과 조화를 이룰 때는 인간의 현세적 삶이 (인간 외의 세상을 포함해서) 번영하지만, 인간사회가 번영을 위한 하나님의 의도와 어긋날 때는, 땅이 그 주민을 토해낼 정도까지 이 불순종이 지상의 환경에도 영향을 끼친다(레 18:24-28; 20:22).[3] 바벨론 유수는 여호와께 대한 불성실함의 궁극적 결과다. 따라서 하나님의 토라에 대한 순종이 강력하게 권유되는 것은 당연하다("생명을 택하라"). 바로 이것이 그 땅에서의 평안과 번영을 가져오기 때문이다(신 30:15-20).

순종은 단순히 율법에 대한 외적 순응으로만 간주되지 않는다. 오히려 참된 순종은 하나님께 대한 진심 어린 충성 내지 헌신의 표현이다. 따라서 "셰마"("이스라엘아 들으라"[신 6:4])는 하나님의 백성에게 마음과 뜻과 힘을 다해 야웨를 사랑하라고 명령한다(6:5).[4] 마찬가지로 십계명도 이스라엘에게 참되신 한 하나님에 대한 배타적인 충성 내지 헌신을 권면함으로 시작하며("나는 너를 애굽 땅, 종 되었던 집에서 인도하여 낸 네 하나님 여호와니라. 너는 나 외에는 다른 신들을 네게 두지 말라"[출 20:2-3]), 우상 만드는 행위를 금지한다(20:4-6, 23). 우상숭배는 야웨를 외면하고 참된 생명의 원천을 거부함을 뜻하기 때문이다. 처음 두 계명에서 분명히 밝힌 출애굽의 구원하시는 하나님에 대한 이런 배타적인 충성은, 하나님의 백

---

3) 우주 질서와 도덕 질서의 관련성은 인간의 죄가 땅에 임하는 저주로 귀결되는 창 3장에 바탕을 두고 있다(17절). 마찬가지로 땅에서의 추방은 동산에서의 추방과 짝을 이룬다(23절).
4) 우리는 이를 순전히 하나님을 향한 정서적인 애착으로 축소해서는 안 된다. "사랑"은 고대 근동의 정치적 언약에서 반역과 정반대인 군주에 대한 충성을 뜻하는 데 사용된 단어이기 때문이다. William L. Moran, "The Ancient Near Eastern Background of the Love of God in Deuteronomy," *Catholic Biblical Quarterly* 25 (1963): 77-87을 보라.

성이 십계명(20:7-17)과 "언약의 책"(21:1-23:19)의 나머지 계명으로 인도를 받아 야웨의 성품과 목적에 부합되는 삶을 살고자 할 때, 그들 공동체의 삶의 바탕이 되어야 한다.

삶의 방식으로서의 지혜

토라에서 순종과 불순종 사이의 근본적인 선택과 상응하게, 구약의 지혜문헌은 지혜와 어리석음을 각 사람 앞에 놓인 두 길로 표현한다(예. 잠 2:20-22). 신명기가 독자들에게 "생명을" 택할 것을 권하듯이(30:19), 잠언도 지혜를 하나님의 의의 길로 강력하게 추천한다(잠 2:1-8). 지혜는 생명으로 이어지는 반면(3:13-18), 어리석음은 사망으로 이어진다.

잠언에는 레위기 26장이나 신명기 28장과 비교할 만한 복과 저주의 구체적 목록은 없지만, 지혜의 관심사는 폭이 매우 넓어서 언어, 성(性), 가족, 노동, 재물, 통치, 권력 사용 등의 문제를 다룬다.

그러나 지혜로운 삶은 결코 형식적인 상식의 문제만이 아니다. "야웨를 경외하는 것이 지식의 근본"이다(1:7). 따라서 지혜는 하나님께 대한 적절한 두려움 내지 경외심에서 나온다(욥 28:28; 시 111:10; 잠 9:10; 14:27; 16:6; 19:23). 지혜로운 삶의 바탕이 되는 야웨께 대한 경외는 기능적으로 토라에 나오는 야웨께 대한 사랑과 상응하며, 이는 순종의 바탕이 된다. 실제로 신명기 6장은 이 두 단어를 동의어처럼 사용한다(2절의 "경외", 5절의 "사랑").

특히 중요한 점은 토라와 지혜 둘 다 하나님이 피조물에게 원하시는 뜻의 표현이라는 것이다. 이것이 곧 하나님의 법에 따라 사는 일이 지혜와 같은 의미가 되는 근본적 이유다. 지혜는 하나님의 원래 목적과 조화를 이루는 삶을 의미한다. 그러므로 순종 또는 지혜로운 삶은 자연히 복, 번영, 안녕으로 이어진다. 대조적으로 하나님의 규례에 대한 불순종은 만물의 원래 의도된 존재 방식을 거스르는 것을 의미하므로 전적으로 어리석은 것이다. 따라서 본질적으로 따라오는 결과는 온갖 형태의 죽음—개인적 삶이든 사회적 삶이든 삶의 부패와 파멸 및 심지어 자연 환경에까지 미치는 결과—이다.[5] 따라서 지혜를 식별하는 것과 토라에 순종하는 것은 성경에서 번영을 위한 하나님의 창조의도에 대해 말하는 동의적인 두 가지 방식이다.[6]

지혜와 하나님의 창조의도

지혜가 창조에 바탕을 두고 있다는 점은 잠언 8장에서 "지혜"의 연설을 볼 때 명백하다. 잠언에서 (여인으로 의인화된) "지혜"와 "어리석음"은 둘 다 자기 말을 들으려 하는 모든 사람을 불러낸다(1:20-23; 8:1-36; 9:1-12의 "지혜"; 9:13-18의 "어리석음"; 7:1-27도 함께 보라). 둘은 각기 청중에게 자신이 그들의 삶의 질을 높일 자임을 납득시키려 애쓴다.

잠언 8:22-31에서 "지혜"는 독특한 주장을 펼치면서 왜 자신을 따르는 것이 자기와 같이 손짓하는 "어리석음"을 따르는 것보다 나은지 설명한다. "지혜"는 자신의 존재가 세상의 창조보다 앞섰다고 설명한다. 사실 "지혜"는 하나님이 하신 최초의 일로 잉태되거나 생겨났으며, 하나님이 우주를 만드시기 전에 그분께 세움을 받았다(22-26절). 여기에는 미묘한 의미가 더 많이 있을지 모르지만, 이는 최소한 창조 이전에 하나님이 우주에 대한 지혜로운 계획을 내놓으셨고, "지혜"가 바로 그 계획임을 암시한다. 그러나 "지혜"는 창조 과정 중에도 (그리고 그 이후에도) 존재했고 창

---

5) 대인 관계의 단절과 땅 자체에 임하는 "저주"를 포함하는, 창 3장에 나오는 인간의 불순종의 결과와 비교해보라.

6) 토라 및 지혜와 창조와의 관계에 대한 더 깊은 논의를 보려면 J. Richard Middleton, *The Liberating Image: The Imago Dei in Genesis 1* (Grand Rapids: Brazos, 2005), 65-88을 보라.

조자와 신실하게 동행하며(비록 번역상의 논란이 있기는 하지만, 심지어 창조자의 "숙련된 일꾼"이었을 것이다),[7] (인류를 포함해서) 만들어지고 있던 세상을 기뻐했다(27-31절). 따라서 그 의미는 "지혜"가 "어리석음"보다 우월하며, 사람들이 따라야 할 것은 바로 삶을 인도하는 "지혜"라는 것이다(잠 8:32-36을 보라).

잠언 8장의 "지혜"의 연설보다는 덜 극적이지만, 잠언 3:19-20에 나오는 짧은 시는 하나님이 지혜와 명철과 지식으로 우주를 만드셨다고 단언한다. 이는 하나님이 (우상들과 대조적으로) "그의 권능으로 땅을 지으셨고 / 그의 지혜로 세계를 세우셨고 / 그의 명철로 하늘을" 펴신 분이라는 예레미야의 진술(렘 10:12)과 비슷하다. 마찬가지로 욥기 28:25-27은 하나님이 세상을 창조하실 때 지혜를 평가하고 시험하셨다고 설명하며, 이는 하나님이 만물을 만드시는 과정에서 지혜를 활용하셨음을 암시한다. 이런 본문들은 지혜가 실재의 구조 안에 깊이 박혀 있음을 시사한다. 이런 주장의 논리는 지혜에 따라 사는 것이 우주의 순리에 따르는 것을 의미하는 반면, 이 순리에 역행하는 것은 극도로 어리석으며 생명을 파괴하고 번영을 가로막는다는 결론을 도출해낸다.

지혜에 따라 사는 데서 비롯되는 현세적 번영에 대한 기대는 욥기와 전도서를 낳았고, 이 두 책은 종종 "지혜에 이의를 제기하는" 책이라고

---

7) 잠 8:30에 나오는 히브리어 단어 'amôn은 흔치 않은 단어이며 전형적으로 다음 세 가지 중 하나로 번역된다. (1) 어떤 역본에서는 "숙련된 일꾼"(NRSV), "건축가"(NLT) 또는 "장인"(NIV 1984). (2) "자식"(NCV). (3) 어떤 역본에서는 "신실하게" 또는 "변함없이"(NIV 2011). 이 세 가지 번역은 각기 타당한 언어학적 이유가 있다. 비록 첫 번째 대안은 고대 역본들(그리스어 70인역, 라틴어 불가타 역, 시리아어 페시타 역)의 지지를 받고, 세 번째 대안은 그리스어 테오도티온 역과 심마쿠스 역에서 발견되지만 말이다. 최근의 어떤 번역본들은 한 가지 대안을 선택하되 나머지 둘은 각주에 표시한다(예. NIV 2011과 HCSB). 세 번째 대안을 지지하는 최근의 주장을 보려면 Stuart Weeks, "The Context and Meaning of Proverbs 8:30a," *Journal of Biblical Literature* 125 (2006): 433-42을 보라.

일컬어진다. 두 책 모두 행위와 결과 사이의 창조/언약적 관련성이 유지되지 않는 것처럼 보일 때 일어나는 일을 다룬다. 욥기의 경우에 욥의 엄청난 고난은 욥 자신의 의로운 행동과 어울리지 않는다. 전도서의 경우에는 아무도 자신의 행동의 성과 내지 결과를 통제할 수 없으므로 삶은 무익해 보인다. 욥기가 (그리고 탄식 시편이) 악과 고난의 문제를 다루는 예리하고 심오한 방식은 그 자체로 연구할 만한 주제이지만, 여기서는 이 문제가 제기되는 방식 자체가 하나님의 뜻이 현세적 삶의 총체적 번영을 위한 것임을 전제로 한다는 점만 말해두자.[8]

토라와 하나님의 창조의도

지혜와 마찬가지로 토라도 창조 때의 하나님의 의도와 관련되어 있다. 예를 들어 시편은 다양한 방식으로 하나님의 말씀에 의한 창조를 말하며, 창세기 1장에서 하나님이 창조를 명하신 명령("~이 있으라")을 반복(또는 기대)한다. 이 시편들은 말씀에 의한 창조가 하나님의 명령, 규례 또는 율례에 의한 창조임을 명시적으로 밝히며, 이런 단어들을 대략 동의어로 사용한다(시 33:6-9; 119:89-96; 148:5-6). 이는 이스라엘이 순종해야 하는 하나님이 계시하신 율법에 대해 사용된 단어들과 범위가 같다. 따라서 창조 때의 하나님의 말씀과 이스라엘을 위한 하나님의 토라 사이에는 근본적인 통일성이 있다.

그러므로 토라는 시내 산에서 계시된 율법에만 국한되지 않고 창조 질서 전체에 적용된다. 이런 통찰로 인해 시편 148:8은 바람도 창조자의

---

8) 악의 문제를 다루는 데 있어서 탄식 시편들과 욥기가 갖는 중요성에 대한 내 예비적 고찰로는 J. Richard Middleton, "Why the 'Greater Good' Isn't a Defense: Classical Theodicy in Light of the Biblical Genre of Lament," *Koinonia* 9, nos. 1-2 (1997): 81-113을 보라. 더 깊은 고찰은 현재 내가 쓰고 있는 아브라함과 욥에 관한 원고로 곧 출판될 것이다.

말씀에 순종한다고 묘사한 반면, 시편 119:91에서는 시편 기자가 야웨께 "만물이 주의 종"이라고 말한다. 율법이 창조세계에 내포되어 있고 피조물의 모든 올바른 기능의 바탕이 된다는 이런 의식은 예레미야가 새와 사람을 대조할 때의 근거가 되기도 하다. 새들은 이동할 때를 "지키거늘"(그로 인해 하나님의 뜻을 행하지만), 불손종하는 인간들은 "여호와의 규례를 알지" 못한다(렘 8:7).[9]

창조세계 전체에 대한 하나님의 규례와 자기 백성을 위한 하나님의 법도 사이의 긴밀한 관계는 시편 19편에 전제되어 있다. 이 시편은 우주 질서 안에 있는 하나님의 계시(1-6절)와 이스라엘의 토라에 계시된 하나님의 말씀(7-13절)을 유사한 방식으로 묘사한다. 시편 147편은 그 둘을 훨씬 더 명시적으로 관련짓는데, 먼저 창조세계에서의 하나님의 섭리(겨울이 오고 다시 봄이 오는 것)를 그분의 강력한 말씀을 통해 이루어진 것으로 묘사한 다음, 이 말씀이 토라 안에서 이스라엘에게 계시되었다고 설명한다(19-20절).

시편은 시내 산에서 율법이 계시되기 전에, 하나님이 이미 세상이 존재하는 규범적 방식을 정하셨다고 전제하는 것 같다. 토라는 이런 최초의 법도가 이스라엘에 대해 지닌 유의미한 측면들을, 이스라엘의 구체적인 역사적 상황 속에서 도덕적·사회적 회복에 대한 그들의 구체적인 필요와 더불어 명확히 밝히고 있다.[10]

---

9) 렘 8:7에서 "지키거늘"(NRSV)에 해당되는 동사는 이스라엘의 토라 "준수"에 대해 사용된 바로 그 동사(šāmar)다.

10) 이는 (성경의 다양한 법전들을 서로 비교했을 때 명백해지는) 기록된 토라에 수정 조항들이 존재하는 이유와, 사도행전에서 새롭게 형성된 교회가 기록된 토라의 어떤 측면이 여전히 적용 가능한지를 놓고 씨름해야 했던 이유(행 15장을 보라)를 설명하는 데 도움이 된다. 창조세계에 대한 하나님의 규범은 일정하지만, 이 규범의 표현은 그분의 백성이 속해 있는 실제 역사적 상황을 다루기 위해 바뀔 필요가 있을 것이다. 성경의 토라 내 변화에 대한 중요한 논의로는 Bernard M. Levinson, *Legal Revision and Religious Renewal in*

창조에 근거한 토라와 지혜의 수렴

창조와 관련하여 토라와 지혜의 명백한 유사점은 둘 다 우주 질서 자체에 근거한, 삶에 대한 규범적 접근방식을 기술한다는 분명한 결론을 낳는다. 이 점은 최소한 표면상으로는 수수께끼 같은 구약의 두 장면을 설명해준다.

출애굽기 18장에는 모세의 생애 가운데 언뜻 보면 말이 안 되는 일화가 하나 있다. 이것은 모세가 아침부터 저녁까지 백성 사이의 분쟁에 관해 판결을 내리는 이야기다. 이 일로 모세는 지치게 되고, 모세가 어려운 사건만 떠맡는 대신 작은 사건들을 관장할 여러 재판관을 임명하라는 모세의 장인 이드로의 조언이 이어진다(13-26절). 수수께끼 같은 부분은 이드로의 조언 바로 앞에 등장한다. 백성이 모세에게 소송 사건을 가져오면 모세는 양쪽의 시비를 가려 그들에게 "하나님의 율례와 법도"를 알게 했다고 한다(15-16절). 여기서 "법도"에 해당하는 단어는 "토라"의 복수형 (tôrôt)이며, 이 일화가 시내 산에서 율법이 수여되기 **전에** 나온다는 점을 주목해보라(이스라엘 백성은 출 19장까지는 시내 산에 도착하지도 않는다). 그런데 어떻게 토라가 주어지기도 전에 토라가 존재할 수 있는가? 이것은 과연 무엇을 의미하는가?

비슷한 맥락에서 이사야서는 하나님의 직접 계시와 경험적 배움으로 볼 수 있는 것을 혼동하는 것처럼 보인다. 지혜로운 농부는 이익을 극대화하기 위해 적절히 땅을 갈고 곡식을 타작하는 법을 안다고 이사야는 설명한다(28:24-25, 27-28). 우리는 보통 이런 기술을 시행착오를 통해서, 또는 경험 많은 다른 농부에게서 배워 알게 되었다고 말할 것이

Ancient Israel (Cambridge: Cambridge University Press, 2008)을 보라.

2부 | 구약에서의 총체적 구원

다. 그러나 예언자 이사야에 따르면, 농사짓는 지혜는 다름 아닌 만군의 야웨의 지혜 또는 가르침에서 나왔다(28:26, 29). 지혜와 토라가 창조에 바탕을 두고 있음을 이해하지 못한다면, 이 두 본문은 이해하기 어려울 것이다.

이것이 의미하는 바는 창조질서 속에 구조화된 하나님의 뜻을 지혜롭게 분별하는 일과 그분의 계시된 말씀에 순종하는 일 사이에는 원칙적으로 아무런 차이가 없다는 것이다. 가장 근본적으로 토라나 지혜는 번영을 위한 하나님의 창조의도를 드러내며, 그리하여 공동체가 그 의도를 지향하도록 한다. 그리고 이스라엘이 하나님의 지혜로운 가르침에 따라 살 때 그들의 번영은 다른 나라들의 이목을 집중시킬 것이다. 신명기의 표현과 같이 "너희는 [이 법들을] 지켜 행하라. 이것이 여러 민족 앞에서 너희의 지혜요 너희의 지식이라. 그들이 이 모든 규례를 듣고 이르기를 이 큰 나라 사람은 과연 지혜와 지식이 있는 백성이로다"라고 할 것이기 때문이다(4:6).

토라와 지혜가 다루는 관심사의 범위

구약의 율법과 지혜문헌이 다루는 폭넓은 일상적 관심사의 바탕이 되는 것은 하나님의 창조의도와의 관련성이다. 존 스텍(John H. Stek)의 표현대로 "이스라엘을 향한 야웨의 뜻은 개인생활, 가족생활, 국민생활 등 이스라엘 생활의 전 범위에 걸쳐 있었다. 사회, 정치, 경제, 교육, 제사 등 이스라엘의 삶 모든 측면이 하나님의 규례에 속했다. 어떤 삶의 구석도, 어떤 사적 영역도, 어떤 인간관계도 하나님의 왕으로서의 권위 영역 밖에 있지 않았다. 하나님의 통치는 절대적이었다. 매사에 이스라엘은 야웨를 섬기는 일에 완전히 바쳐진, '거룩한' 존재가 되어야 했다."[11]

이스라엘의 율법과 지혜문헌에서 다루어지는 관심사의 범위에는 가족, 정의, 노동, 채무, 의복, 주택, 음식, 질병, 성, 전쟁, 언어, 분노, 예배, 지도력 등의 문제가 포함되었다. 장애인, 가난한 자, 과부, 고아, 이방인의 보호를 위한 법도 있고, 심지어 가축과 야생동물, 새, 나무, 땅 등의 안녕을 다루는 법도 있다. 여기서는 신성한 것과 세속적인 것 사이의 구별을 찾아볼 수 없다. 성경의 하나님은 (일부 교회에서 상상하는 하나님과 달리) 현세적 생명의 전 범위에 관심이 있으시며, 인간과 인간 아닌 피조물 모두의 번영, 안녕, 평안—요컨대, 구원—을 원하신다. 토라에 대한 순종과 짝을 이루는 지혜의 길은 총체적인 현세 번영을 육성하여 생명 전체를 원래 의도된 바대로 회복시키기 위한 것이다.

구약시대 예언자들의 메시지는, 이스라엘이 야웨께 불성실한 것에 대한 비판에서나 심판 이후의 소망 제시에서나, 토라와 총체적 번영에 대한 비슷한 이해를 통해 뒷받침된다. 근본적인 의미에서 예언서는 토라에 바탕을 두고 있다.

예언서에 나타난 야웨께 대한 불성실로서의 불의

하나님의 백성에게 회개를 촉구하는 예언서 본문은 토라의 언약적 상벌 규정—복과 저주의 결과—을 (명시적으로나 암묵적으로) 이용한 "~한다면 ~할 것이다" 구조를 활용한다. 회개와 (특히 이웃에 대한 올바른 대접으로 묘사되는) 새로운 순종은 새로운 복과 평안을 가져올 것이다(사 1:19; 58:6-14; 렘 7:3, 5-7; 암 5:14-15). 반면 지속적인 불순종은 필연적으로 멸

---

11) John H. Stek, "Salvation, Justice and Liberation in the Old Testament," *Calvin Theological Journal* 13 (1978): 150.

망과 심지어 땅으로부터의 추방을 초래할 것이다(사 1:20; 렘 7:8-9, 14-15; 암 5:10-12, 16-17, 26-27).

그러나 행위-결과 도식의 활용 외에도 예언서 문헌은 훨씬 더 근본적인 방식으로 토라의 패턴을 따른다. 율법에서 가장 큰 계명과 관련된 질문에 대한 유명한 답변에서 예수님은 예언서를 토라와 관련지으신다. 예수님은 그 답변에서 (신 6:5의) 진심 어린 하나님 사랑을 (레 19:18을 인용하시면서) 이웃 사랑과 결부시키시며 "이 두 계명이 온 율법과 예언자의 강령이니라"(마 22:40)라고 예리하게 지적하신다.[12]

이 점에 있어서 예수님의 지적은 정확하다. 토라가 하나님 사랑이 순종의 삶으로 이어져야 한다고 단언하듯, 예언서는 출애굽의 하나님이신 야웨께 대한 이스라엘의 충성 내지 복종이 의와 공의를 구현하는 삶으로 나타나야 한다고 강조한다. 이런 덕목들은 하나님이 바라시는 사람 사이의 번영에서 핵심적이기 때문이다. 예언자적 관점에서 볼 때, 참되신 한 하나님에 대한 충성은 필연적으로 인간관계에서의 정의로 특징지어지는 순종의 삶으로 이어진다. 대조적으로 우상숭배 또는 거짓된 충성은 불의로 특징지어지는 불순종의 삶으로 이어진다. 이것은 가장 근본적으로 하나님의 형상을 닮는 문제다. 한 개인이나 공동체의 삶은 그들이 어떤 종류의 신에게 헌신하는지를 반영한다. 따라서 예언자적 비판의 두

---

12) 이 대화의 세 가지 형태가 복음서에 기록되어 있는데, 세 기록 모두에서 예수님은 신 6:5에는 언급되지 않은, 하나님을 온 마음을 다해 사랑하는 일을 포함시키신다(마 22:37에는 마음과 목숨과 뜻, 막 12:30에는 마음과 목숨과 뜻과 힘, 눅 10:27에는 마음과 목숨과 힘과 뜻). "뜻"이 더해진 것은 마음과 뜻을 구별했을지 모르는 그리스어 사용자를 위해서였을 것이다(고대 이스라엘인들은 그런 구별을 하지 않았다. "마음"에 해당하는 히브리어 단어는 생각과 의사 결정의 중심을 가리키며, "목숨"에 해당하는 히브리어 단어는 한 사람의 삶의 에너지와 욕구를 가리킨다. "힘"에 해당하는 히브리어 단어는 하나님이 자신이 만드신 만물을 보시고 그것이 "매우" 좋았다고 할 때와 같이[창 1:31] 보통 "매우"라고 번역되는 부사다).

가지 주된 표적은 우상숭배와 불의다. 거짓된 예배는 부패한 삶과 불가분의 관련이 있기 때문이다.

예언자들은 야웨를 섬긴다는 주장이 그 주장과 일치하는 삶과 결부되지 않으면, 그것이 속이 뻔히 보이는 모순에 불과함을 잘 알고 있다. 따라서 예언자적 비판의 한 가지 중요한 흐름에서는 올바른 "예배" 활동을 정의의 문제에 비해 비교적 하찮은 문제로 설정한다.[13] 이스라엘의 불의(다른 사람들에 대한 잘못된 대접)가 비판의 대상일 뿐만 아니라, 그들의 "예배" 내지 (제사, 성회, 안식일, 절기, 금식 같은) 제의적인 활동도 그런 "예배"가 타인에 대한 긍휼과 공의를 대체할 때는 야웨께 가증한 일이 된다 (사 1:10-20; 58:1-14; 렘 7:1-15; 암 5장[특히 4-7, 11-12, 14-15, 21-24절]; 미 6:1-8[특히 6-8절]). 예수님 자신도 (예언자적 전통에 따라) 전형적으로 헌신이나 예배를 표현하는 것으로 간주되는 (십일조 같은) 행동들이 하나님께 대한 충성과 동등하지 않고, 정의와 긍휼과 믿음의 삶보다 중요하지 않다고 단언하시며 그런 삶을 "율법의 더 중한 바"라고 부르신다(마 23:23).[14]

예언자적 비판의 논리는 "예배"가 야웨께 대한 충성의 명시적 요구지만, 이런 요구는 공의로 뒷받침되어야 하며, 공의는 이런 충성의 구체적 증거라는 것이다. 하나님이 진정으로 원하시는 것은 사회적 질서의 치유로 구현되는 인간의 번영이며, 하나님이 원하시는 것을 원하는 이들은

---

13) 내가 "예배"라는 말을 인용 부호 안에 집어넣은 까닭은 하나님께 대한 보다 제한된 이런 형태의 반응을, 하나님께 바쳐진 삶 전체와 관련된 보다 포괄적인 성경적 예배의 의미와 구별하기 위해서다. 이런 구별에 대한 논의로는 2장을 보라.

14) 신약시대의 교회 생활에서 우리가 "예배"라고 부르는 것의 부차적 중요성에 대해서는 I. Howard Marshall, "How Far Did the Early Christians Worship God?," Churchman 99 (1985): 216-29, http://www.churchsociety.org/churchman/documents/Cman_099_3_Marshall.pdf을 보라.

이 번영을 그들의 삶 속에서 드러낼 것이다. 실제로 야웨께 대한 충성과 이웃을 향한 공의의 실천 사이의 관계는 매우 강력하기에, 예레미야는 여호야김 왕에게 공의를 행하는 것(특별히 소외된 이들을 돌보는 일)이 하나님을 아는 것과 같다고 말한다(렘 22:15-16).

신약에서 하나님을 아는 것 또는 야웨께 대한 경외나 사랑과 같은 것이 믿음이다. 따라서 믿음을 구원의 핵심으로 찬미하는 에베소서 2장의 유명한 구절("너희는 그 은혜에 의하여 믿음으로 말미암아 구원을 받았으니…이는 누구든지 자랑하지 못하게 함이라"[8-9절])은 계속해서 믿음으로 구원받은 이들이 "그리스도 예수 안에서 선한 일을 위하여 지으심을 받은 자니, 이 일은 하나님이 전에 예비하사 우리로 그 가운데서 행하게 하려 하심"이라고 말한다(10절). 실제로 바울은 모든 사람이 그들의 행동에 따라 심판을 받게 될 것이라고 분명히 단언한다. "이는 우리가 다 반드시 그리스도의 심판대 앞에 나타나게 되어 각각 선악간에 그 몸으로 행한 것을 따라 받으려 함이라"(고후 5:10).

야고보서는 수사적인 면에서는 바울보다 더 급진적이겠지만, 그럼에도 행위 없는 믿음은 죽은 것이라고 선언할 때는(2:14-26) 바울과 같은 선상에 서 있다. 야고보가 다음과 같이 말하는 것도 바로 이런 이유에서다. "하나님 아버지 앞에서 정결하고 더러움이 없는 경건은 곧 고아와 과부를 그 환난 중에 돌보고 또 자기를 지켜 세속에 물들지 아니하는 그것이니라"(1:27).

이 점은 반석 위에 집을 지은 지혜로운 사람과 모래 위에 집을 지은 어리석은 사람에 대한 예수님의 대조에서 분명히 드러난다. 중요한 것은 말로 예수님을 "주"라고 인정하는 것이 아니라 그분의 가르침을 행동에 옮기는 것이다(마 7:21-29). 마찬가지로 양과 염소의 비유에서 예수님은 나라들이 궁핍한 자들에게 보인 긍휼어린 행동을 바탕으로 심판을 받는다고 설명하신다(마 25:31-46). 신구약 전체에서 하나님께 대한 충성은 삶의 패턴 속에서 나타나야 한다.

포로기 이후의 회복에 대한 예언적 비전

감사하게도 예언자들은 이스라엘을 심판 가운데 내버려두지 않는다. 포로기 이후에 회복에 대한 소망이 있다. 많은 예언서 본문은 백성이 땅에서 쫓겨난 이후에 백성과 땅의 회복을 약속한다. 이런 회복의 주된 요소들에 대한 개요는 구약의 총체적 구원관을 조명해준다. 구체적으로 말하면 예언서 본문에는 현세적 번영을 위한 하나님의 목적을 증언하는 일곱 가지의 약속된 회복 요소들이 있다.

　1. **약속의 땅으로의 귀환**. 첫째, 포로 귀환이 약속되어 있는데 이는 약속된 땅에서의 재정착을 포함한다(사 11:10-12, 16; 35:8-10; 55:12-13; 60:4; 렘 32:37; 겔 34:27; 36:8-11; 37:11-14; 암 9:15; 습 3:19-20; 슥 8:7-8). 이것은 회복을 약속하는 모든 예언의 필수 조건이다. 포로기의 심판은 근본적으로 땅의 상실과 소외로 특징지어졌으므로, 약속의 땅으로의 귀환은 이스라엘의 회복을 위한 열쇠다. 이런 귀환은 또한 창조 때 땅을 정복하라는 사명(창 1장), 즉 인간의 재료가 된 땅을 경작하라는 사명(창 2장)을 받은 인간에 대한 원래 목적을 성취한다. 구약에서는 현세적인 땅과 관련된 실존 없이는 완전한 구원이나 번영을 결코 상상할 수 없다.

　2. **하나님 백성의 사회적 회복과 치유**. 이 약속은 땅에서의 가장 기본적이거나 보잘것없는 실존을 위한 것이 아니다. 오히려 이스라엘은 한 백성으로서 회복과 치유를 약속받는데, 그들의 공동체적이고 심지어 도시적인 삶이 번영과 풍성함과 복을 되찾을 것이다(사 35:5-6, 10; 60:1-2, 18-22; 61:1-4, 7, 9; 62:4-7, 12; 65:18-24; 렘 31:4-6, 11-14; 겔 34:25-31;

36:33-36; 37:5-6, 12, 14; 암 9:14; 습 3:11-18; 슥 8:1-5, 11-15). 하나님은 타락한 성읍으로 인해 한탄하시고 시온에 심판을 내리시는 대신, 언젠가 "예루살렘을 즐거워하며" 그 백성을 "기뻐"하실 것이다(사 65:19). 이 약속은 이스라엘의 부패와 그들이 겪은 포로의 궁핍함과 수치를 반전시킨다.

3. **동물들 사이의 평화를 포함한 자연세계의 번영.** 회복에 대한 몇몇 예언적 비전은 이스라엘이 고향으로 돌아올 때, 즉 백성이 바벨론에서 돌아오는 길에서와 재정착할 때 이루어질 자연의 소생을 묘사한다(사 35:1-2, 6-7; 55:12-13; 겔 34:26-29; 36:8-11, 34-35; 47:1-12; 욜 2:23-24; 3:18; 암 9:13; 슥 8:12; 14:8). 어떤 본문들은 사람과 동물이 평화롭게 함께 살 정도까지 이루어질 동물계와의 새로운 조화를 묘사하며(사 11:6-9; 65:25; 겔 34:25, 28), 이사야 65:17은 새로운 우주("새 하늘과 새 땅")를 사회적 회복의 배경으로 상상하기까지 한다. 이처럼 인간의 구원은 인간 이외의 세상의 회복에 영향을 끼친다.

4. **시온을 중심으로 한 열방과의 새로운 관계.** 사람들과 자연질서 및 동물계와의 관계만 회복되는 것이 아니다. 이스라엘은 종종 다른 나라들의 압제를 받았으므로(그래서 바벨론 유수가 일어났으므로), 예언자들은 적의가 섬김으로 바뀌는 열방과의 새로운 관계를 약속한다. 어떤 본문들은 열방이 하나님과 그분의 길을 찾기 위해 시온으로 몰려올 때 하나님의 축복을 세상에 전달하는 이스라엘의 소명이 성취될 것을 꿈꾼다(사 2:2-4; 60:3; 61:5-6, 9, 11; 렘 3:17; 미 4:1-4; 슥 2:11; 8:20-23).[15] 이사야

---

15) 이스라엘과 열방의 미래 관계에 대한 일반적인 예언 두 가지가 있다. 첫 번째는 이스라엘의 "지속적 특권", 즉 때로는 열방이 이스라엘에 복종하고 이스라엘이 철장으로 열방을 다스리게 되는 국면의 역전 내지 전환을 상상한다. 두 번째 해석의 흐름은 보다 포용적인 이스라엘의 "열방을 향한 섬김", 즉 열방이 이스라엘과 동등한 지위로 회복되는 과정을 그린다. 이 차이에 대해서는 Christopher Zoccali, *Whom God Has Called: The Relationship of Church and Israel in Pauline Interpretation, 1920 to the Present* (Eugene,

60장은 심지어 열방 최고의 문화적 성과물들이 예루살렘으로 운반되어 이스라엘의 유익과 야웨의 영광을 위해 변형되고 쓰임 받을 것이라고 언급하며(5-16절; 참조. 계 21:26), 이사야 19장은 이스라엘과 애굽과 앗수르가 미래에 동등한 지위를 얻어 모두 야웨의 백성이 될 것이라고 예언한다(23-25절).

5. 하나님 백성에게 토라를 지킬 능력을 부여하는 죄 사함과 새로운 마음. 어떤 예언서 본문들은 백성의 내적 소생을 새 언약의 형태로 약속한다. 새 언약을 통해 하나님은 죄를 용서하시거나, 그의 영을 부어주시거나, 백성으로 하여금 하나님의 요구에 순종할 수 있게 할 새로운 마음을 허락하신다(사 30:20-21; 59:20-21; 렘 31:31-34; 32:40; 50:20; 겔 11:19; 36:26; 37:23; 욜 2:28-29). 이스라엘의 배교와 불순종의 역사를 고려하면, 백성이 의와 화평 가운데 살아갈 수 있도록 하기 위해서는 근본적으로 하나님의 새로운 은혜의 역사가 요구되는 것이 분명하다.

6. 이스라엘을 위한 의로운 지도력의 회복. 어떤 예언서 본문들은 이스라엘의 과거 부패한 지도층을 대체하는, 백성을 의로 이끌어갈 새롭고 신뢰할 만한 지도자들을 약속한다(사 11:1-5; 32:1; 렘 3:15; 23:5-6; 30:9; 겔 34:23-24; 37:22-25; 호 3:5; 암 9:11-12; 미 5:2-4; 슥 9:9-10). 이 약속들은 서로 꽤 이질적이지만 제2성전기에는 메시아적 소망, 즉 하나님의 뜻을 성취하는 가운데 진정으로 민족을 이끌고, 이를 통해 지상에 하나님 나라를 세울 사람을 그분이 (왕족 혈통이나 제사장 가문에서) 세우시리라는 기대의 기초가 된다. 하나님이 구원을 이루시는 과정에서 피조물 대리자(특히 "하나님의 형상"으로 창조된 인간)를 사용하신다는 사실에 바탕을 둔 이런 주제는 예수님을 그리스도, 즉 이스라엘을 회복시키고 세상을 회복

OR: Pickwick, 2010), 160-62을 보라.

2부 | 구약에서의 총체적 구원

시킬 하나님의 택함 받은 자로 보는 신약의 관점 속에서 실현된다.

7. 하나님이 회복된 땅에서 백성 가운데 계심. 번창하고 윤택한 땅을 배경으로 하나님이 구속받은 백성 가운데 항구적으로 임재하실 것이라는 약속은 앞의 주제들과 함께 연결된다(렘 32:37-41; 겔 34:25-31; 37:24-28; 슥 8:7-8). 이는 하나님과 인간의 관계를 배경으로 하나님이 구속받은 이들 가운데 거하셔서, 그분은 그들의 하나님이 되시고 그들은 그분의 백성이 되는 것이 하나님의 의도라는, 오래되고 되풀이되는 주장의 성취다(출 29:45-46; 레 26:11-12). 이런 의도는 궁극적으로 우주적 성전에서 공인된 하나님의 형상인 인간의 매개 역할을 통해 지상에 자신의 임재를 드러내시려는 하나님의 태초 목적에 뿌리를 두고 있다. 이스라엘은 열방에 (그들의 죄 때문에) 하나님 임재의 중재자 역할을 할 필요가 있었지만, 그분의 임재는 궁극적으로 이스라엘이나 성전이나 약속의 땅에만 제한될 수 없다. 따라서 스가랴서는 하나님이 이스라엘 가운데 거하시는 모습을 그분의 백성에 합류하게 될 "많은 나라"와 더불어 상상하며, 야웨가 온 땅을 다스리는 왕이 되실 날에 대해 말한다(14:9; 참조. 10:9). 확실히 예언자들은 "물이 바다를 덮음같이"(사 11:9; 합 2:14) 온 땅이 마침내 하나님 또는 하나님의 영광을 아는 지식으로 가득 차게 될 날을 예언한다. 결국 구약은 구원이 창조세계만큼 포괄적이 될 것이라고 예상한다.

6장

◆

심판과 구원을 위한 하나님의 오심

5장은 "새 하늘과 새 땅"(사 65:17)에 대한 약속을 포함하여 포로기 이후 하나님이 이루실 백성과 땅의 회복에 대한 예언적 비전으로 마무리되었다. 이 비전은 구속받은 이들이 땅 위에서 평화롭고 의롭게 살게 될 새로운 세계 질서를 기대하도록 우리를 고무시킨다.

동시에 구약은 종종 재앙적 묵시 언어로 세상의 멸망을 묘사한다. 많은 예언 신탁은 다가올 구원의 전주곡으로서 생생한 신현(하나님의 출현 또는 현현)을 떠올리게 하는데, 신적인 심판자가 다가올 때 우주가 흔들리거나 녹아내리는 현상을 동반한다. 이런 본문들은 "바다의 노래"(출 15:1-18)에서 야웨께서 구원하러 오시는 모습과, 특히 시내 산에 강림하시는 두려운 모습(19:16-20)의 시각적 측면을 이용한다. 이런 신현의 환상들은 마치 창조질서 자체가 근본적으로 해체되고 있는 것처럼 거대한 멸망을 묘사할 수도 있다.[1]

---

1) 구약의 신현에 대한 표현 중 일부는 신약의 종말론적 심판에 대한 묘사에서도 나타나는데, 현대의 많은 독자는 이를 ("천국으로 가기" 전) 우주의 소멸로 잘못 해석한다. 신약의 종말

그러나 거룩하신 이의 오심은 그와 같은 창조세계의 파괴가 아니라, 죄와 악의 파괴를 개시한다. 궁극적으로 하나님의 오심은 좋은 소식이다. 따라서 즉위 시편은 야웨가 악을 심판하고 정의를 회복하시기 위해 땅 위에 오시는 것을 기뻐하는 인간 이외의 창조세계를 묘사한다(시 96:10-13; 98:7-9).

그러나 구원 이전에 심판이 있다.

시내 산에서의 신현

우주적 멸망에 대한 구약의 이미지를 이해하기 위해서는 구약에 나오는 핵심적이고 본보기적인 신현, 즉 출애굽기 19장에서 야웨가 구름과 불과 천둥과 지진 가운데 시내 산에 강림하시는 모습을 살펴볼 필요가 있다. 시내 산 신현은 두려운 뇌우의 경험, 그리고 가나안 및 메소포타미아의 고대 근동 신들의 신현에서 발견되는 전형적인 폭풍 이미지를 활용한다. 우리 목적에 있어서 더 중요한 것은 시내 산 신현이 이스라엘의 하나님에 대한 많은 구약 표현의 모델이 되며, 하나님이 시적이고 예언적인 환상 속에서 묘사되는 경향이 있다는 점일 것이다.[2]

출애굽기는 시내 산 신현 이전에 야웨가 모세에게 "내가 **빽빽한 구름** 가운데서 네게" 임할 것이라고 말씀하신 사실을 기록한다(19:9). 하나님은 모세에게 백성(19:10)과 제사장들(19:22) 모두를 성별하라고(즉 "거룩하

론에 대한 이런 잘못된 해석은 9장 이하에서 다룰 것이고, 6장에서는 이를 위해 필수적인 기반을 다질 것이다.

2) 메소포타미아와 가나안 문헌에 나오는 비슷한 이미지를 포함해서, 구약 전체에 걸친 시내 산 신현과 이를 상기시키는 많은 묘사에 대해서는 Jeffrey J. Niehaus, *God at Sinai: Covenant and Theophany in the Bible and Ancient Near East* (Studies in Old Testament Biblical Theology; Grand Rapids: Zondervan, 1995)를 보라.

게 하라"고) 경고하시며, 사람이든 짐승이든 산에 닿으면 죽임을 당할 것이라고 말씀하신다(19:12-13). 실제로 산 주위에 경계를 세워 "산을 거룩하게" 해야 하며(19:23), 하나님을 보려고 이 경계를 "밀고" 들어오는 자들은 죽을 것이다(19:21). 야웨는 그들을 치실 것이다(19:24). 이 무서운 경고는 위험 또는 위협이라는 "거룩함"의 오래된 의미를 상기시키며, 죄에 물든 인간은 일반적으로 초월적인 창조자와 직접 접촉할 수 없다는 강력한 의식을 전달한다.

본격적인 시내 산 신현은 야웨가 두려움을 불러일으키는 폭풍 속에서 나타나시면서 시작된다. "우레와 번개와 빽빽한 구름이 산 위에" 있었고 "나팔 소리가 매우 크게 들리니 진중에 있는 모든 백성이 다" 떨었다(19:16). 하나님 임재의 두려운 거룩함이 뇌우의 이미지로 나타나는 것처럼, 백성의 떨림은 산 자체의 흔들림과 짝을 이룬다. "시내 산에 연기가 자욱하니 여호와께서 불 가운데서 거기 강림하심이라. 그 연기가 옹기가마 연기같이 떠오르고 온 산이 크게 진동하며"(19:18).

구약에서 하나님이 시내 산이나 다른 곳에 내려오시는 궁극적 목적은 하나님 백성의 구속 내지 변호지만, 이런 강림은 전형적으로 악에 대한 심판을 포함한다. 따라서 이스라엘의 거룩하신 이의 오심은 그의 임재에 노출된 이들에게는 본능적인 영향을 끼치고, 물리적 세계에는 구체적인 영향을 끼친다고 묘사된다. 인간과 우주 모두가 야웨 앞에서 떨거나 진동한다. 이는 예상할 만한 일이다. 성경적 전통에서는 사람을 몸을 가진 땅의 피조물로 일관되게 이해하기 때문이다. 야웨의 오심은 인격적 차원과 신체적 차원에서 인간에게 영향을 끼치며, 심지어 인간 삶과 불가분한 배경인 땅까지도 뒤흔든다.

야웨의 오심을 동반하는 폭풍과 지진

야웨의 오심을 묘사하기 위해 폭풍의 이미지가 사용된 많은 예를 제시할 수 있지만, 그중 가장 생생한 예는 시편 29편이다. 이 시편은 이스라엘의 땅 위로 다가오는 폭풍을 야웨의 권능의 표현으로 상상하기를 좋아한다(야웨는 "홍수 때에 좌정"해 계신다[10a절]). 이 시편에서는 심지어 우레가 하나님의 음성과 동일시된다.

> 여호와의 소리가 물 위에 있도다.
> 영광의 하나님이 우렛소리를 내시니,
> 여호와는 많은 물 위에 계시도다.
> 여호와의 소리가 힘 있음이여,
> 여호와의 소리가 위엄차도다(시 29:3-4).

우레에는 자연스럽게 번개가 동반된다. "여호와의 소리가 화염을 가르시도다"(7절). 시편 29편에서 명시적인 심판은 나타나지 않지만, 이 폭풍은 물리적 세계에 깊은 영향을 끼친다.

> 여호와의 소리가 백향목을 꺾으심이여
> 여호와께서 레바논 백향목을 꺾어 부수시도다.
> 그 나무를 송아지같이 뛰게 하심이여
> 레바논과 시룐으로 들송아지같이 뛰게 하시도다(시 29:5-6).

> 여호와의 소리가 광야를 진동하심이여
> 여호와께서 가데스 광야를 진동시키시도다.

여호와의 소리가 암사슴을 낙태하게 하시고

삼림을 말갛게 벗기시니

그의 성전에서 그의 모든 것들이 말하기를 영광이라 하도다(시 29:8-9).[3]

폭풍과 지진의 이미지는 구약 전체에 걸쳐 심판하고 구원하시러 오시는 하나님에 대한 묘사에 자주 나타난다는 점에서 시내 산 신현과 일치한다. 예를 들어 (성경에서 종종 가장 오래된 시적인 본문으로 여겨지는) 사사기 5장은 이렇게 선언한다.

여호와여, 주께서 세일에서부터 나오시고

에돔 들에서부터 진행하실 때에

땅이 진동하고

하늘이 물을 내리고

구름도 물을 내렸나이다.

산들이 여호와 앞에서 진동하니 저 시내 산도

이스라엘의 하나님 여호와 앞에서 진동하였도다(삿 5:4-5).

마찬가지로 심판을 위한 하나님의 오심은 이사야 29장에서 징벌로 묘사된다.

만군의 여호와께서

---

3) 시 29:9의 "성전"을 예루살렘 성소로 보고, 거기서 하나님의 백성이 (어느 정도 떨어진) 폭풍 속에서 나타나는 하나님의 권능으로 인해 그분을 찬양한다고 볼 수도 있다. 하지만 이 문맥에 대한 더 나은 이해는 광야와 숲(우주적 성전의 일부) 속의 피조물들이 그들 가운데 있는, 두려움을 불러일으키는 하나님의 임재에 반응한다는 것이다.

우레와 지진과 큰 소리와

회오리바람과 폭풍과

맹렬한 불꽃으로 그들을 징벌하실 것인즉(사 29:6).[4]

바로 그 다음 장에 나오는 앗수르에 임하는 하나님의 심판에서도 비슷한 이미지가 사용된다.

여호와께서 그의 장엄한 목소리를 듣게 하시며

혁혁한 진노로 그의 팔의 치심을 보이시되

맹렬한 화염과 폭풍과

폭우와 우박으로 하시리니(사 30:30).

마지막 본문은 구약에서 분노를 일종의 열이나 불로 보는 표준적인 비유를 반영한다(따라서 하나님의 진노는 "불탈" 수 있다). 이 히브리어 비유의 결과는 성경적 신현 속에 나오는 불이 다음과 같이 두 경우에 쓰인다는 것이다. 즉 불은 폭풍 속의 번개를 표현할 때와, 하나님 "영광"의 광채로 눈에 보이게 드러나는 악에 대한 그분의 진노를 표현할 때 쓰인다.

번개로서의 불은 성경의 신현에서 빛나는 하나님의 영광이 종종 구름의 어둠과 결합되는 이유를 설명해준다. 번개/불과 구름/어둠은 둘 다 뇌우와 관련된 현상이며, 이를 통해 하나님의 위험한 거룩하심이 눈에 보이고 유형적인 것으로 표현된다. 따라서 하나님의 임재는 낮에는 구름

---

4) 하나님 임재에 수반되는 이런 전형적 현상에 대한 기대 때문에 엘리야는 왕상 19:9-13에서 당혹스러워한다. 하나님은 그에게 야웨의 산 앞에 서 있으면 그분의 임재가 곁을 지나갈 것이라고 말씀하셨다. 먼저 산사태를 일으키는 강력한 폭풍이 다가왔고, 그 다음에는 지진, 그 다음에는 불이 났지만, 야웨는 그중 어느 곳에도 계시지 않았다. 마침내 "순전한 침묵의 소리"(전통적으로는 "세미한 소리"[KJV])가 다가왔다.

기둥으로, 밤에는 불기둥으로 광야를 여행하는 이스라엘과 동행한다(출 13:21-22).

(폭풍 구름 가운데 있는) 번개로서의 불과 심판의 수단으로서의 불의 결합은 시편 18편에서 야웨가 구원을 베푸시기 위해 하늘에서 내려오시는 모습을 생생하게 묘사한 대목에서 나타난다.

> 그가 흑암을 그의 숨는 곳으로 삼으사 장막같이 자기를 두르게 하심이여
> 곧 물의 흑암과 공중의 빽빽한 구름으로 그리하시도다.
> 그 앞에 광채로 말미암아
> 빽빽한 구름이 지나며
> 우박과 숯불이 내리도다.
> 여호와께서 하늘에서 우렛소리를 내시고
> 지존하신 이가 음성을 내시며 우박과 숯불을 내리시도다.
> 그의 화살을 날려 그들을 흩으심이여
> 많은 번개로 그들을 깨뜨리셨도다(시 18:11-14).

시편 97편도 마찬가지로 야웨를 불/번개로 원수들을 멸하며 신현적 폭풍 가운데서 다스리시는 분으로 묘사한다.

> 구름과 흑암이 그를 둘렀고
> 의와 공평이 그의 보좌의 기초로다.
> 불이 그의 앞에서 나와
> 사방의 대적들을 불사르시는도다.
> 그의 번개가 세계를 비추니
> 땅이 보고 떨었도다.

산들이 여호와의 앞,

곧 온 땅의 주 앞에서 밀랍같이 녹았도다(시 97:2-5).

이 특정한 시편은 산들이 야웨의 강림에 녹는다고 상상한다는 점에서 시내 산의 이미지를 능가한다. 아마도 이는 시내 산의 지진과 하나님의 거룩한 진노의 시뻘건 불에서 추론해낸 이미지일 것이다.[5]

거룩하신 이가 하늘에서 자기 백성을 심판하시기 위해 내려오실 때 산들이 녹는 현상은 미가 1장에서도 묘사된다.

여호와께서 그의 처소에서 나오시고

강림하사

땅의 높은 곳을 밟으실 것이라.

그 아래에서 산들이 녹고

골짜기들이 갈라지기를

불 앞의 밀초 같고

비탈로 쏟아지는 물 같을 것이니(미 1:3-4).[6]

---

5) 지진 이미지는 여기서 인용할 수 있는 본문보다 훨씬 더 많은 구약의 심판 본문에 등장한다. 감람산이 둘로 갈라지는 현상(슥 14:3-5)과 모든 물고기, 새, 짐승, 인간을 포함하여 이스라엘 땅이 진동하고, 그 결과 모든 산과 절벽과 성벽이 무너지는 현상(겔 38:19-20)은 그중 몇 가지 예다. 에스겔서 본문에서 지진은 하나님의 "맹렬한 노여움"때문이다(19a절). 지진의 이미지는 시 18:7; 나 1:5-6에서도 하나님의 분노와 결부된다.

6) 산들이나 땅이 녹는 것을 묘사하는 다른 구약본문들도 인용할 수 있다. 예를 들어 시 46:6에 따르면 "뭇 나라가 떠들며 / 왕국이 흔들렸더니 / 그가 소리를 내시매 / 땅이" 녹았다. 마찬가지로 암 9:5은 야웨에 대해 이렇게 말한다. "주 만군의 여호와는 / 땅을 만져 녹게 하사 / 거기 거주하는 자가 애통하게 하시며 / 그 온 땅이 강의 넘침같이 솟아오르며 / 애굽 강같이 낮아지게 하시는 이요." 시 104:33은 야웨를 찬양하는 과정에서 그분이 땅을 쳐다보기만 하시면 땅이 진동하며, 그가 산을 만지시면 산에서 연기가 난다고 말한다(이는 35절과 같이 악인들에 대한 심판을 예고하는 표현일 것이다).

이런 생생한 표현은 하나님이 앗수르의 손을 빌어 이스라엘에게 땅이 흔들리는 심판을 내리시는 모습을 시적으로 묘사한다.

마찬가지로 하박국 3장에서 하나님이 이스라엘을 바벨론 사람들에게서 구하러 오실 때 땅의 진동은 세상 여러 민족의 전율과 상응한다.

> 그가 서신즉 땅이 진동하며,
>
> 그가 보신즉 여러 나라가 전율하며,
>
> 영원한 산이 무너지며,
>
> 무궁한 작은 산이 엎드러지나니
>
> 그의 행하심이 예로부터 그러하시도다(합 3:6).

시내 산에서의 폭풍 신현의 효과는 이스라엘과 산 자체에 엄격하게 제한되었지만(둘 다 흔들렸다), 인용된 마지막 세 본문(시 97:2-5; 미 1:3-4; 합 3:6)에서는 하나님의 오심으로 인한 훨씬 더 폭넓은 우주적 효과가 발견된다. 이 세 본문에서 하나님의 오심은 땅을 흔들고 산들을 녹이며, 나라들을 속속들이 뒤흔든다.

야웨의 오심에 영향 받는 하늘

그러나 이것이 하나님의 신현적 심판이 지닌 우주적 효과의 끝은 아니다. 하나님이 이스라엘과 시내 산에서부터 열방과 산들(복수형) 그리고 심지어 땅 그 자체로 오시는 것의 영향이 확대되는 것을 넘어서, 다른 본문에서 우리는 하나님의 오심이 천상의 현상에도 영향을 끼치는 것을 발견한다. 예를 들면 야웨는 다가오는 심판에 대해 이렇게 말씀하신다. "[내가] 하늘을 진동시키며 땅을 흔들어 그 자리에서 떠나게 하리니"(사

13:13). 이런 맥락에서 예언자 예레미야는 우주(하늘과 땅)가 창세기 1:2에서 묘사된 창조 이전 상태(하나님이 "빛이 있으라"[창 1:3]라고 선포하시기 전에 땅이 "혼돈하고 공허"할 때)로 되돌아갈 때까지 뒤흔들리는 하나님의 심판에 대한 환상을 본다.

> 보라 내가 땅을 본즉 혼돈하고 공허하며
> 하늘에는 빛이 없으며
> 내가 산들을 본즉 다 진동하며
> 작은 산들도 요동하며(렘 4:23-24).

몇 절 뒤에 예레미야는 계속해서 하늘에 빛이 없는 현상이 창조세계가 하나님의 심판을 슬퍼함으로 인해 초래됨을 암시한다. "이로 말미암아 땅이 슬퍼할 것이며 / 위의 하늘이 어두울 것이라"(4:28).

요엘 3장에서 창조세계의 흔들림의 일부로 하늘이 빛을 내지 않는다는 모티프는 구체적으로 천체들―해, 달, 별들―에 적용된다. 이 본문은 하나님이 자기 백성으로 포로생활에서 돌아오게 하신 후 열방에 임할 심판을 다음과 같이 시적으로 묘사한다.

> 해와 달이 캄캄하며
> 별들이 그 빛을 거두도다.
> 여호와께서 시온에서 부르짖고
> 예루살렘에서 목소리를 내시리니
> 하늘과 땅이 진동하리로다(욜 3:15-16).[7]

---

7) 마소라 본문 욜 4:15-16.

다시 말해서, 포로 귀환은 땅을 산산조각 내는(그리고 하늘도 산산조각 내는) 사건이다. 또한 이 문맥에서는 천체들도 어두워진다.

이런 어두워짐은 이사야 13장에 나오는 바벨론에 대한 심판 신탁에서도 묘사된다.

> 보라 여호와의 날,
>
> 곧 잔혹히 분냄과 맹렬히 노하는 날이 이르러
>
> 땅을 황폐하게 하며
>
> 그중에서 죄인들을 멸하리니
>
> 하늘의 별들과 별 무리가
>
> 그 빛을 내지 아니하며
>
> 해가 돋아도 어두우며
>
> 달이 그 빛을 비추지 아니할 것이로다(사 13:9-10).

그런데 해와 달은 왜 어두워지는가? 어떤 본문들은 요엘 2장처럼 이런 하늘과 천체들의 어두워짐을 멸망당하는 땅에서 올라오는 연기와 관련짓는다.

> 내가 이적을 하늘과 땅에 베풀리니
>
> 곧 피와 불과 연기 기둥이라.
>
> 여호와의 크고 두려운 날이 이르기 전에
>
> 해가 어두워지고
>
> 달이 핏빛같이 변하려니와(욜 2:30-31).[8]

---

8) 마소라 본문 욜 3:3-4. 이것은 행 2:16-21에서 사도 베드로가 인용한 보다 긴 본문(욜 2:28-32[마소라 본문 3:1-5])의 일부인데 베드로는 이것이 오순절에 성취되었다고 주장한다. 교회

반면에 애굽의 바로에게 선포하는 말씀인 에스겔 32장은 하나님이
땅을 구름으로 뒤덮으셔서 천체들의 빛을 어둡게 하실 것임을 암시하는
데, 이는 하나님이 출애굽 당시 애굽 땅에 어둠이 임하게 하셨을 때의 장
면을 상기시키는 듯하다.

> 내가 너를 불 끄듯 할 때에 하늘을 가리어
> 별을 어둡게 하며
> 해를 구름으로 가리며
> 달이 빛을 내지 못하게 할 것임이여
> 하늘의 모든 밝은 빛을 내가 네 위에서 어둡게 하여
> 어둠을 네 땅에 베풀리로다. 주 여호와의 말씀이니라(겔 32:7-8).

그러나 야웨가 이스라엘을 그 원수들에게서 구원하시기 위해 오시는
하박국의 환상에서 하나님이 우주에 끼치시는 영향은 천체들에 대한 의
인화를 통해 묘사된다. 천체들은 하나님의 행동에, 아마도 하나님의 심
판에 동반되는 눈에 보이는 영광이나 광채로 인해 놀라거나 얼어붙은 것
처럼 보인다.

> 날아가는 주의 화살의 빛과
> 번쩍이는 주의 창의 광채로 말미암아
> 해와 달이 그 처소에 멈추었나이다(합 3:11).

이사야 24장은 천체들이 어두워지는 것을 하나님의 영광스런 임재

의 탄생을 가져온 성령의 오심은 땅과 하늘을 뒤흔드는 사건이다.

속에서 천체들이 부끄러워한다고 묘사함으로써 이런 의인화를 더욱 심화시킨다.[9]

> 그때에 달이 수치를 당하고
> 해가 부끄러워하리니
> 이는 만군의 여호와께서 시온 산과 예루살렘에서 왕이 되시고
> 그 장로들 앞에서 영광을 나타내실 것임이라(사 24:23).

해와 달이 왜 하나님의 임재에 부끄러워하는가? 아마도 (사 24:19-20에 언급된) 땅의 부패함 때문일 것이다. 하늘과 땅은 구약에서 불가분적으로 관련되어 있기 때문이다. 그러나 천체들은 부패한 천상의 권세들(거짓 신이나 천사적인 존재들)과 하늘을 공유하기 때문에 부끄러워할지도 모른다. 이 본문은 바로 두 절 앞에서 이렇게 선언했다. "그날에 여호와께서 높은 데에서 높은 군대를 벌하시며 땅에서 땅의 왕들을 벌하시리니"(사 24:21). 이런 형벌은 "높은 군대"가 단순한 별 이상의 존재를 가리키며, 해와 달은 그 군대와 관련됨으로 인해 부끄러워함을 암시한다(어쨌든 둘 다 같은 영역에 존재하기 때문이다).

구약의 다른 곳에서 (일반적으로 고대 근동에서와 같이) 천체들이 선하거나 악한 천사적 존재 내지 신적인 존재를 상징할 수 있다는 점은 꽤 분명하다. 어떤 본문에서는 다음 본문과 같이 천체들이 야웨의 종들이다. "그때에 새벽 별들이 기뻐 노래하며 / 하나님의 아들들[즉 모든 천체들]이 다 기뻐 소리를 질렀느니라"(욥 38:7). 아마도 사사기 5장의 별들은 하

---

9) 천체들이 어두워지는 현상은 겔 32:7이나 암 8:9과 같은 다른 구약본문에서도 보인다. 암 5:20과 습 1:15은 둘 다 구체적으로 천체들을 언급하지는 않지만, 야웨의 날을 보편적인 어둠의 때로 묘사한다.

나님의 백성을 도우러 오는 천상의 군대를 상징할 것이다. "별들이 하늘에서부터 싸우되 / 그들이 다니는 길에서 시스라와 싸웠도다"(삿 5:20). 이는 이사야 24:21에 나오는 (땅의 왕들과 대구를 이루는) "높은 군대"에 대한 하나님의 형벌이 거짓 신들에게 임하는 심판에 대한 언급이라는 생각을 뒷받침해준다.

하늘에서의 심판과 함께 시작되는 이사야 34장의 상황도 똑같은 것으로 보인다.

하늘의 만상이 사라지고
하늘들이 두루마리같이 말리되,
그 만상의 쇠잔함이 포도나무 잎이 마름 같고
무화과나무 잎이 마름 같으리라(사 34:4).[10]

그런 다음 본문은 열방 중 한 나라에 초점을 맞추어 땅에 임할 심판으로 화제를 전환한다.

여호와의 칼이 하늘에서 족하게 마셨은즉
보라 이것이 에돔 위에 내리며
진멸하시기로 한 백성 위에 내려 그를 심판할 것이라(사 34:5).[11]

이사야 34:4은 하늘들/하늘이 두루마리처럼 말려 올라가는 이미지를

---

10) 4절의 "하늘"과 "하늘들"(NRSV)은 둘 다 같은 히브리어 단어(*šāmayim*)를 번역한 말이라는 점에 유의하라.
11) 하나님이 여기서 에돔을 지목하시는 이유는 불분명하다. 이 신탁이 "열방"에 임할 심판을 선포하기 때문이다(사 34:2).

사용하는 반면, 하늘들이 (땅과 더불어) 사라진다는 표현은 이사야 51장에 나오는 이스라엘에 대한 구원과 열방에 대한 심판의 신탁에서 등장한다. 거기서 야웨는 자기 백성에게 이렇게 권면하신다.

> 너희는 하늘로 눈을 들며
> 그 아래의 땅을 살피라
> 하늘이 연기같이 사라지고
> 땅이 옷같이 해어지며
> 거기에 사는 자들이 하루살이같이 죽으려니와
> 나의 구원은 영원히 있고
> 나의 공의는 폐하여지지 아니하리라(사 51:6).

NRSV는 이사야 34:4에서 *šāmayim*을 어떻게 번역해야 할지 결정하지 못하고, 이 단어를 한 시행에서는 (아마도 "높은 군대"를 거짓 신이나 귀신의 세력으로 생각하고) "하늘"로 번역하고, 그 다음 시행에서는 (단어를 보다 문자적으로 이해하여) "하늘들"로 번역하지만, 여기서의 긴장관계는 문자적인 하늘이라는 의미와 타락한 천사의 세력으로서의 하늘이라는 의미 사이에 있지 않다. 대신 여기에는 하늘과 땅(그리고 땅의 모든 주민들)의 멸망처럼 보이는 것이 등장하고, 그 뒤에 하나님의 구원이 이어진다. 그러나 하늘과 땅이 더 이상 존재하지 않는다면, 여기서는 어떤 종류의 구원/구출이 기대되는가? 분명히 구약에는 현세적이지 않은 구원은 존재하지 않는다. 이 본문이 암시하는 것처럼 하늘이 연기처럼 사라진다면 참으로 우리가 갈 "하늘"조차도 존재하지 않을 것이다. 그리고 땅 위의 모든 사람이 멸망한다면 누가 구원받는가?

문맥상 이사야 51장에서 의도된 구원은 하나님의 백성이 원수들에게 압제를 당한 뒤 그분이 자기 백성을 변호하시는 것이다. 이것은 이스라엘 백성이 바벨론 유수 이후에 옛 땅으로 돌아옴으로써 최고도로 실현된다. 여기서 구원이 핵심이라는 점은 앞 구절("내 공의가 가깝고 / 내 구원이 나갔은즉 내 팔이 만민을 심판하리니"[5절])과 6절 끝("나의 구원은 영원히 있고 / 나의 공의는 폐하여지지 아니하리라")을 볼 때 명백하다. 그러나 이 본문은 구원에 앞서는 심판을 가리키기 위해 매우 극단적인 언어를 사용할 수도 있다.

우리는 시편 102편에서 비슷한 동력이 작용하는 모습을 발견한다. 시편 기자는 하나님께 이렇게 아뢴다.

> 주께서 옛적에 땅의 기초를 놓으셨사오며
> 하늘도 주의 손으로 지으신 바니이다.
> 천지는 없어지려니와 주는 영존하시겠고
> 그것들은 다 옷같이 낡으리니
> 의복같이 바꾸시면 바뀌려니와
> 주는 한결같으시고 주의 연대는 무궁하리이다(시 102:25-27).

지금까지 살펴본 다른 구약본문과 달리 이 본문은 심판 신탁이 아니다. 이 본문은 간구하는 자가 하나님의 도움을 절실히 원하는 탄식 시편이다. (창조질서의 덧없음을 하나님의 영속성과 대조하는) 위의 구절들은 탄식시의 전형인 "신뢰의 고백", 즉 하나님이 도움을 청하는 기도에 응답하실 것이라고 기대하는 시편 기자에게 그 근거를 제공하는 고백이다. 이 경우에 하나님은 영원한 창조자이시므로 구원하실 수 있다. 하나님은 단순한 피조물에 의한 어떤 도움보다도 더 오래 도움을 주실 수 있는 분이시며 더 의지할 만한 분이다.

이 점은 시편 102편에서 이 본문의 바로 앞 구절과 바로 뒤 구절을 통해 분명해진다. 앞 구절에서 시편 기자는 간구의 근거를 하나님이 영원하시다는 사실에 둔다. "나의 말이 나의 하나님이여, 나의 중년에 나를 데려가지 마옵소서. 주의 연대는 대대에 무궁하니이다"(24절). 다음으로 하나님의 영원하심에 대해 부연 설명하는 25-27절 뒤에 시편 기자는 그분께 이렇게 확언한다. "주의 종들의 자손은 항상 안전히 거주하고 그의 후손은 주 앞에 굳게 서리이다"(28절).

하나님과 우주 사이의 대조는 이처럼 자기 기도가 응답될 것이라는 시편 기자의 확신에 기초가 된다. 하나님은 영원히 신실하시므로 (그리고 심지어 우주보다 더 오래 계시므로) 구원은 확실하다. 시편 102편은 세상의 결말을 예언하지 않는다. 오히려 이 시편은 세상이 끝난다 **하더라도** 하나님이 여전히 신실하시리라고 확언하는 것으로 해석하는 편이 더 낫다. 실제로 NRSV에서 (대부분의 영역본과 더불어) 미래 시제로 번역된 26절의 히브리어 동사는 다음과 같이 가능성의 (양태적) 진술로 해석할 수도 있다. "천지는 없어질 수도 있으려니와 / 주는 영존하시겠고 / 그것들은 다 옷같이 낡을 수 있으리니 / 의복같이 바꾸시면 바뀔 수도 있으려니와."[12]

우주적 파멸에 대한 비슷한 가설적인 진술은 시편 46:2-3과 이사야 54:10에서도 발견된다.

　그러므로 땅이 변하든지
　산이 흔들려 바다 가운데에 빠지든지

---

12) 이 번역은 John Goldingay, *Psalms* (Baker Commentary on the Old Testament Wisdom and Psalms; Grand Rapids: Baker Academic, 2008), 3:148에 의존한다. 우주가 끝이 날 것이라는 개념에 대해 골딩게이는 "구약 다른 곳에서는 그렇게 진술하지 않는다"(같은 책, 3:160)라고 논평한다.

바닷물이 솟아나고 뛰놀든지
그것이 넘침으로 산이 흔들릴지라도
우리는 두려워하지 아니하리로다(시 46:2-3).

산들이 떠나며 언덕들은 옮겨질지라도
나의 자비는 네게서 떠나지 아니하며
나의 화평의 언약은 흔들리지 아니하리라.
너를 긍휼히 여기시는 여호와께서 말씀하셨느니라(사 54:10).

시편 102:25-27에서 하나님과 우주 사이의 대조는 절대적으로 보인다는 사실에도 불구하고, (특히 하늘과 땅 둘 다 낡아 없어진다고 말하고 있기 때문에) 28절의 구원이 "하늘"에서 구상되고 있다고 생각하는 구약학자는 거의 없다.[13] 앞서 4, 5장에서 살펴본 것처럼 구약은 일관되게 현세적 구원을 기대한다.

이 점에 비추어 우리는 우주적 파멸에 대한 구약의 이미지를 미리 생각해둔 (문자적인) 틀 속에 억지로 끼워 맞추지 않도록 주의해야 한다. 대신 우리는 이 이미지를 문맥에 충실하게 해석함으로써 이미지를 뒷받침하는 신학적 주장을 인식할 필요가 있다.

---

13) 우주를 하나님이 갈아입으실 옷에 비유하는 것에 대해 가능한 다른 해석은 세상의 무상함보다 세상의 변화에 초점을 맞춘다. 하지만 이런 해석은 신약 때까지는 등장하지 않는다. 9장에 가면, 구속적 변화의 순서의 일부로서 "사라지는" 우주의 역할뿐만 아니라, 신약에 나오는 시 102편에 대한 암시를 다룰 것이다.

성경의 이미지가 지닌 유연한 성격

이 이미지가 주로 시적 본문에 나타나기 때문에 그것의 다면적인 성격에 주목할 필요가 있다. 천상의 현상이 때때로 거짓 신들(또는 나중에 타락한 천사들)을 상징할 수 있다는 사실은 천상적 파멸에 대한 구약의 모든 본문의 정확한 의미를 알아내는 것을 매우 어렵게 만든다. 이 이미지는 위에 있는 물리적인 하늘을 가리키는가? 아니면 하늘에 거하는 것으로 이해되는 악한 세력에 대한 하나님의 심판을 가리키는가? 아니면 둘 다를 가리킨다고 이해해야 하는가?

이런 모호성은 빛과 불이 심판의 신현에서 가질 수 있는 의미의 다양한 층을 상기시킨다. 폭풍 이미지는 야웨의 화살로 묘사되는 번갯불을 암시하지만, 어떤 본문들은 분노를 열이나 불타는 것으로 표현하는 은유를 사용하는 반면, 또 다른 본문들은 시각적으로 드러난 하나님의 "영광"이나 광채를 연상시킨다.

마찬가지로 해와 달이 어두워지는 것도 다면적인 의미가 있다. 이런 어두워짐은 연기 기둥이 땅에서 솟아날 때나(욜 2장), 하나님이 하늘을 구름으로 덮으실 때 생긴다(겔 32장). 그것은 창조 이전 상태("빛이 있으라" 이전)를 연상시키거나, 인간의 죄로 인한 피조물의 슬픔 내지 비탄을 가리킬 수도 있다(렘 4장). 천체가 어두워지는 현상은 심지어 그 천체의 부끄러움에서 비롯될 수도 있는데, 이런 부끄러움은 천상의 존재들에 대한 하나님의 심판과 관련되거나, 그분의 탁월한 영광과 대조될 때 생길 수도 있다(사 24장). 아마도 우리는 이런 성경본문들의 이미지에 어느 정도의 시적인 융통성을 허용할 필요가 있을 것이다. 이런 본문들은 일상적 산문으로는 충분히 담아낼 수 없는 중대한 사건과 실재를 묘사하고 있다.[14] 구약의 신현에서 (이스라엘이 열방의 압제에서 해방되는 것과 같은) 일반 역사적 사건을 기술하기 위해 우주적 파멸이라는 과장법적 언어를 사용하는 핵심 의도는 하나님이 이런 사건들 배후의 행위자이며, 동시에 구원을 성취하려면 근본적인 심판이 필요하다는 점을 강력하고 생생하게 전달하려는 것이다. 실제로 이런 심판은 현재의 질서를 불안정하게 만들 만큼 근본적이다. 그러나 분명한 점은, 각각의 경우에 단순히 심판만이 아니라 구원이 의도된 결과라는 것이다.

하나님의 심판은 궁극적으로 구속적이다

이사야 51장과 시편 102편의 경우에는 구원이 결과라는 사실을 살펴보았지만, 아마도 몇 가지 예를 더 드는 것이 적절할 것이다. 예를 들어 땅의(인간과 환경 모두의[1-13, 17-20절]) 격렬한 진동과 하늘 군대에 대한 형벌, 이와 더불어 해와 달의 수치(21-23a절)에 대해 말하는 이사야 24장의 환상을 생각해보자. 이 멸망의 환상은 땅끝에서 들리는 구속받은 자들의 찬양(14-16a절)이 중간에 삽입되고, 시온 산에서 다스리시는 야웨의 영

---

14) 시인은 세상을 뒤흔드는 사건의 의미를 전달하기 위해 종종 생생한 이미지를 사용한다. 예를 들면 윌리엄 버틀러 예이츠(William Butler Yeats)는 20세기 초 유럽사회의 쇠퇴와 타락을 (1920년 11월에 「다이얼」[*The Dial*]에 처음 발표한) 자신의 시 "재림"에서 이렇게 묘사한다. "모든 것이 무너지고 중심을 잡지 못하네 / 무질서가 세상을 뒤덮고 / 피로 더럽혀진 조수가 범람한다." 예이츠는 이 위기의 긍정적인 해결에 대해 확신하지 못했기에 이런 질문으로 모호하게 끝낸다. "그리고 어느 난폭한 야수가, 마침내 그의 때가 이르러 / 태어나기 위해 베들레헴을 향해 고개를 수그리고 있는가?" 캐럴 킹(Carole King)은 보다 긍정적인(그리고 개인적인) 맥락에서 구약의 신현을 상기시키는 이미지를 사용하여 자신이 어떤 특별한 사람 곁에 있음을 노래한다. "땅이 내 발 아래서 움직이는 것이 느껴지네 / 하늘이 무너지는 것이 느껴지네 / 내 심장이 전율하기 시작하는 것이 느껴지네 / 당신이 가까이 있을 때마다"(Carol King, 1971년도 앨범 "태피스트리"[*Tapestry*] 중에서 "I Feel the Earth Move").

광으로 끝난다(23b절).

마찬가지로 땅을 떨게 하고 산들을 녹게 하는 하나님의 불타는 진노(2-5절)를 묘사하는 시편 97편은 즐거워하라는 땅을 향한 명령(1절)과 모든 민족이 하나님의 영광을 본다는 진술(6절)로 둘러싸여 있다. 실제로 이 시편의 나머지 부분은 시온의 기쁨과 하나님께 구원받은 의인들(8-12절)에 대해 말한다. 이 마지막 두 가지 예는 우리가 이미 살펴본 많은 본문 가운데서 나온 것이다.

우리가 아직 살펴보지 않은 한 가지 본문은 학개 2장이다. 포로기 이후 성전 재건의 상황에서 야웨는 이렇게 약속하신다. "조금 있으면 내가 하늘과 땅과 바다와 육지를 진동시킬 것이요 또한 모든 나라를 진동시킬 것이며"(6-7절). 이 약속은 몇 구절 뒤에서 반복되는데, 거기서는 이 우주적 대변혁이 열방의 억압적인 군사력에 대한 하나님의 심판을 묘사하고 있다는 사실이 분명해진다. "내가 하늘과 땅을 진동시킬 것이요 여러 왕국들의 보좌를 엎을 것이요 여러 나라의 세력을 멸할 것이요 그 병거들과 그 탄 자를 엎드러뜨리리니 말과 그 탄 자가 각각 그의 동료의 칼에 엎드러지리라"(21-22절). 그러나 이 우주적 진동은 궁극적으로 멸망과 관련된 것이 아니다. 오히려 이 진동은 성전에 유익을 가져다주기 위한 것이며 그 결과는 다음과 같다. "모든 나라의 보배가 이르리니 내가 이 성전에 영광이 충만하게 하리라 만군의 여호와의 말이니라"(7절).

또 다른 예도 들 수 있지만 그렇게 하면 글의 흐름에서 너무 많이 벗어나게 될 것이다. 구약에 나오는 신현적 심판의 모든 경우를 다 조사해 보면, 극단적인 멸망의 언어가 전형적으로 어떤 역사 내 사건을 묘사할 뿐만 아니라, 언제나 구원이 궁극적 목적임을 발견하게 된다는 점을 언급하는 것만으로 족하다.

불로 연단하는 과정으로서의 심판

이와 관련된 요점은 일부 예언서 본문에서 발견되는 제련과 정련의 이미지를 통해 잘 표현된다. 예를 들어 스가랴 13장은 하나님의 불이 단순히 파괴적인 것만은 아님을 명백히 밝혀준다. 더 정확히 말하자면 그 불은 창조세계가 아닌 죄를 멸한다고 할 수 있다. 이 신탁은 하나님이 자기 백성을 죄와 더러움에서 씻으실 "샘"에 대한 언급과 더불어 시작된다 (1절). 그러나 비유는 곧 불로 바뀌며, 이 불을 통해 하나님은 "[심판에서 살아남은 자들을] 은같이 연단하며 / 금같이 시험"하실 것이다(9a절). 그 결과 그들은 다시 한 번 야웨의 이름을 부를 것이고, 야웨는 그들을 자기 백성으로 인정하며, 그들은 야웨를 자신의 하나님으로 인정할 것이다(9b절). 하나님의 불 심판은 이처럼 궁극적으로 구원을 위한 것이다.

불을 연단으로 보는 비유는 이사야 1장에서 훨씬 더 두드러진다. 이 본문은 예루살렘의 불의를 은의 변색으로 묘사하면서("네 은은 찌꺼기가 되었고"[22절]), 뉘우치는 시온이 심판을 통해 회복되는 과정을 계속해서 묘사한다.

> 네 찌꺼기를 잿물로 씻듯이 녹여
> 청결하게 하며 네 혼잡물을 다 제하여 버리고
> 내가 네 재판관들을 처음과 같이
> 네 모사들을 본래와 같이 회복할 것이라.
> 그리한 후에야 네가 의의 성읍이라,
> 신실한 고을이라 불리리라 하셨나니,
> 시온은 정의로 구속함을 받고
> 그 돌아온 자들은 공의로 구속함을 받으리라(사 1:25-27).

흥미롭게도 불의 비유는 이사야 1장에서 계속되지만, 이번에는 회개하지 않고 악을 행하는 자들과 그들의 행동에 대한 절멸을 묘사한다.

강한 자는 삼오라기 같고
그의 행위는 불티 같아서
함께 탈 것이나
끌 사람이 없으리라(사 1:31).

연단하는 불의 이미지는 말라기서에서 가장 두드러진 것 같다. 말라기 3장은 언약의 사자를 소개하면서 시작되는데, 야웨는 특별히 레위 지파의 제사장들을 정결케 하기 위해 그 사자를 이스라엘로 보내신다.[15]

그가 임하시는 날을 누가 능히 당하며
그가 나타나는 때에 누가 능히 서리요.
그는 금을 연단하는 자의 불과 표백하는 자의 잿물과 같을 것이라.
그가 은을 연단하여 깨끗하게 하는 자같이 앉아서
레위 자손을 깨끗하게 하되,
금, 은같이 그들을 연단하리니,
그들이 공의로운 제물을 나 여호와께 바칠 것이라(말 3:2-3).

그러나 이 불은 깨끗하게만 하는 것이 아니다. 이사야 1장에서와 같이 말라기 4장에서도, 계속해서 악을 지속적으로 행하는 자들이 당할 불의 멸망을 묘사한다.

---

15) 말 3:1에서 야웨는 이 인물을 "내 사자"(*mal'ākî*)라고 부르시는데, 이 예언서의 제목이 여기서 유래했다.

만군의 여호와가 이르노라.

보라 용광로 불 같은 날이 이르리니

교만한 자와 악을 행하는 자는 다 지푸라기 같을 것이라.

그 이르는 날에 그들을 살라

그 뿌리와 가지를 남기지 아니할 것이로되(말 4:1[마소라 본문 3:19]).

그러나 야웨를 경외하는 자들에게는 "공의로운 해가 떠올라서 치료하는 광선을" 비출 것이다(말 4:2[마소라 본문 3:20]).

다시스의 배들은 여기서 무엇을 하고 있는가?

심판받는 대상을 완전히 멸하지 않고 근본적으로 변화시키는 심판의 이해를 돕는 한 가지 예는 이사야 60장의 환상에서 발견되는데, 이사야 60장은―특히 이 환상을 이사야 2장의 심판 신탁과 대조해볼 때―바벨론유수 이후의 정결해진 예루살렘을 묘사한다.[16] 이사야 60장에 따르면 이전에 이스라엘을 압제한 나라들이 이제는 시온의 영광에 기여하게 된다. 구체적으로 말하면, 성전이 레바논의 나무에서 나온 목재로 재건될 것이고(13절), 다시스의 배들이 포로들을 고향으로 데려올 것이라고 한다(9절).

그러나 여기서 우리가 주목해야 할 것은 이사야 2장의 예언적 신탁이 레바논의 나무와 다시스의 배에 대해 근본적으로 비판의 목소리를 내고 있다는 점이다.

---

16) 사 60장에 대한 탁월한 분석으로는 Richard J. Mouw, *When the Kings Come Marching In: Isaiah and the New Jerusalem* (Grand Rapids: Eerdmans, 1983), 특히 "What Are the Ships of Tarshish Doing Here?"라는 장을 보라.

대저 만군의 여호와의 날이 모든 교만한 자와 거만한 자와

자고한 자에게 임하리니 그들이 낮아지리라.

또 레바논의 높고 높은 모든 백향목과

바산의 모든 상수리나무와

모든 높은 산과

모든 솟아 오른 작은 언덕과

모든 높은 망대와

모든 견고한 성벽과

다시스의 모든 배와

모든 아름다운 조각물에 임하리니(사 2:12-16).

요점은 하나님이 높은 나무, 높은 산, 또는 아름다운 배를 반대하신다는 것이 아니다(사실 시 104:16은 레바논의 백향목을 야웨가 심으신 "여호와의 나무"로 묘사한다). 오히려 이사야 2장의 내용은 인간의 교만의 상징이 되어버린, 하나님을 대적하는 데 사용된 모든 것에 대한 비판이다. 하나님을 대적하여 높아진 모든 것과 대조적으로, 이사야 2장은 시온에 있는 하나님의 성전이 미래에 모든 산들보다 높은 곳으로 우뚝 솟고 열방이 그분의 도를 배우기 위해 그곳으로 오는 환상과 함께 시작된다(1-4절). 이 환상은 이사야 60장에서 확대된다. 요점은 하나님께 심판받은 바로 그것(레바논의 높은 백향목과 다시스의 강한 배들)이 정결케 된 하나님의 도성에서 (적절하게 변화된) 자리를 차지하게 되리라는 것이다.

또한 이사야 2장은 이스라엘이 부정하게 얻은 부("그 땅에는 은금이 가득하고 보화가 무한하며"[7절])를 정죄하며, 이 부가 우상숭배를 목적으로 사용되었다고 지적한다. 그래서 "은 우상과 금 우상"에 대한 언급이 나온다(20절). 그러나 이사야 60장은 새로워진 예루살렘을 상상하는데 거기

서는 열방의 부가 예루살렘 성으로 운반되고(5, 11절), 은과 금이 구체적으로 언급된다(6, 9, 17절). 이사야 2장에서 하나님의 심판의 대상이 된 바로 그 물건들이 어떻게 거룩한 성에 다시 나타날 수 있는가? 여기서 작용하는 원리는 심판이 궁극적으로 멸망을 위한 것이 아니라 변화를 위한 것이라는 원리다. 결국 이사야 2장은 "무리가 그들의 칼을 쳐서 보습을 만들고 그들의 창을 쳐서 낫을 만들 것이며"(4절)라는 유명한 진술의 기원이다.[17]

세상 치유를 위한 심판

구속을 위한 심판은 성경의 일관된 패턴이다. 따라서 바벨의 흩어짐과 언어의 혼잡은 제국의 압제 없이 인류에게 새로운 시작을 허용했다. 홍수 때에 세상의 폭력은 근본적으로 정화되어 노아와 그의 가족은 처음부터 다시 시작할 수 있었다. 마찬가지로 바벨론 유수도 하나님의 백성이 다른 기반 위에서 새롭게 다시 시작할 수 있도록 이스라엘의 우상숭배와 불의를 해체시키는 역할을 했다. 성경의 패턴은 하나님이 치시고, 고치시는 것이다.

이는 구약에서 묵시적인 파괴의 언어가 우주의 소멸을 뜻하는 것이 아니라, 악이 청소된 새로운 세상을 뜻하는 것임을 암시한다. 죄는 심각한 문제이기 때문에 심판은 실제적이다. 또한 여기서는 극단적인 표현이 구원을 위해 필요한 정화의 근본적인 성격을 강조하기 위해 종종 사용된다. 심판은 하나님의 뜻을 거스르는 이들에게는 피할 수 없는 실재지만, 하나님의 궁극적 목적은 인류(이스라엘과 열방)와 인류 이외의 세상의 변

---

17) 사 2:1-4의 신탁은 미 4:1-3에서 반복된다.

영을 위한 그분의 원래 의도를 성취하는 것이다.

심판의 실재는 심지어 시편 104편, 조화롭고 제 역할을 잘 하는 창조 세계에 대한 환상이 곳곳에 스며 있는 아름다운 창조 시편 속에도 들어있다.[18] 이 시편의 마지막 연은 "여호와의 영광이 영원히 계속할지며 여호와는 자신께서 행하시는 일들로 말미암아 즐거워 하시리로다"(31절)라는 기도로 시작되지만, 시편 기자는 야웨께서 자신이 만드신 세상(그가 하신 일)을 기뻐하시려면 악이 해결되어야 할 것임을 인식한다. 그래서 이 시편은 몇 절 뒤에 "죄인들"이 "땅에서 소멸"되고 "악인들"이 "다시 있지 못하게" 되었으면 좋겠다는 소망과 함께 끝난다(35절). 시편 기자는 이런 종결부의 소망을 염두에 두며 심판 신현에서 나온 표현을 활용한다. 야웨가 "땅을 보신즉 땅이 진동하며 산들을 만지신즉 연기가" 난다(32절).

그러나 시편 104편은 악에 대한 하나님의 심판이 (일시적으로) 우주를 불안정하게 만들지만, 이는 하나님이 사랑하시는 세상과의 규범적인 관계가 아니라는 점을 분명히 밝힌다. 이 시편의 앞부분에서는 하나님이 "산에 물을 부어주시니 주께서 하시는 일의 결실이 땅을 만족시켜"준다고 말한다(13절). 실제로 창조 때에 야웨는 "땅에 기초를 놓으사 / 영원히 흔들리지 아니하게" 하셨다(5절). 처음에는 확고부동했지만 이제는 악으로 인해 뒤틀린 하나님의 세상이, 악이 제거되면 실제로 흔들릴 것이라는 점은 역설적이지만, 이것은 바로 창조세계가 다시 한 번 안전히 설 수 있게 하기 위해서다.

이런 우주적 진동이 현세적 번영을 위한 것이라는 점은 시편 96편에 훨씬 더 분명하게 나타난다. 이 시편은 시편 104편과 같이 하나님이 만

---

18) 시 104편에서의 악에 대한 이해를 분석한 글로는 J. Richard Middleton, "The Role of Human Beings in the Cosmic Temple: The Intersection of Worldviews in Psalms 8 and 104," *Canadian Theological Review* 2 (2013): 44-58을 보라.

드신 우주의 확고부동한 성격을 확증한다. 시편 96편은 열방에 "여호와
께서 다스리시니 / 세계가 굳게 서고 / 흔들리지 않으리라"라고 선포한
뒤, "그가 만민을 공평하게 심판하시리라"라고 덧붙인다(10절). 이것이
하나님이 우주적 질서를 유지 또는 회복하시는 방식이기 때문이다. 시편
96편은 전형적 신현에서와 같이 하나님이 심판하러 오실 때 창조질서가
움직이거나 흔들린다고 묘사한다. 그러나 시편 96편에서 창조세계의 "움
직임"은 우주의 불안정화보다는 우주적인 춤—야웨의 오심에 대한 흥분
된 축하—과 더 비슷하다.

> 하늘은 기뻐하고
> 땅은 즐거워하며
> 바다와 거기에 충만한 것이 외치고
> 밭과 그 가운데에 있는 모든 것은 즐거워할지로다.
> 그때 숲의 모든 나무들이 여호와 앞에서 즐거이 노래하리니,
> 그가 임하시되 땅을 심판하러 임하실 것임이라.
> 그가 의로 세계를 심판하시며
> 그의 진실하심으로 백성을 심판하시리로다(시 96:11-13).[19]

이런 표현은 시편 29편에 나오는 환상의 여러 측면을 상기시키는데,
여기에 대해서는 6장 첫 부분에서 이미 살펴보았다. 시편 29편은 우주적
신현의 전형적 이미지를 사용하지만, 심판에 대한 구체적인 언급은 없
다. 대신 "레바논과 시룐으로 들송아지같이 뛰게" 하며(6절) "삼림을 말갛
게" 벗기는, 폭풍우 가운데서의 하나님의 두려운 임재에 대한 실제적인

---

19) 시 98편은 거의 동일한 표현을 사용하면서 하나님이 오실 때 자연질서가 기뻐하는 장면이
있는 비슷한 환상을 제시한다.

2부 | 구약에서의 총체적 구원

묘사가 있다.[20]

C. S. 루이스는 소설 『캐스피언 왕자』(*Prince Caspian*, 시공주니어 역간)에서 인간 이외의 세계가 축제를 벌이는 비슷한 이미지들을 연상시키는데, 여기서 나니아(Narnia)의 합법적 주인인 아슬란(Aslan)이 도착할 때 나무들이 춤추는 모습이 묘사된다.[21] 아슬란이 도착하기 전에, 소설의 한 등장인물인 트러플헌터(Trufflehunter)는 나니아의 숲과 강이 인간의 악으로부터 부정적인 영향을 받았음을 알아챈다. 또 다른 등장인물인 루시(Lucy)는 나무들이 깨어 있었던 옛날을 동경한다.[22] 그때 아슬란이 악을 종식시키려 나니아에서 돌아오자 숲의 나무들이 깨어나 세상을 구속하러 온 그들의 주인을 빙 둘러 즐겁게 춤추기 시작한다.[23]

『캐스피언 왕자』와 같이 시편 96편의 보다 적극적인 강조는, (우리가 살펴본 많은 신현에서와 같이) 악을 제거하는 데 필요한 심판의 무시무시함

---

20) 흥미롭게도 프랭크 무어 크로스(Frank Moore Cross)는 성경의 신현에서도 되풀이되는 고대 가나안 시의 신화적 패턴 두 가지를 발견했다. 한편으로 신적인 전사가 혼돈의 세력에 맞서 싸우기 위해 나아갈 때 "그 전사가 진노를 표출하는 순간 자연은 경련을 일으키고 (온 몸을 비틀고) 쇠약해진다." 그러나 신적인 전사가 왕권을 차지하러 와서 보좌에 앉을 때 "자연은 다시 반응한다. 하늘들은 땅을 비옥하게 하고, 짐승들은 몸부림치며 출산하고, 사람들과 산들은 기쁨에 겨워 춤을 추며 빙글빙글 돈다"(*Canaanite Myth and Hebrew Epic: Essays in the History of the Religion of Israel* [Cambridge, MA: Harvard University Press, 1973], 162-63).

21) C. S. Lewis, *Prince Caspian: The Return to Narnia* (New York: Macmillan, 1951).

22) 같은 책, (트러플헌터에 대해서는) 76, (루시에 대해서는) 112. "오, 나무들아, 나무들아, 나무들아"라는 루시의 구슬픈 부르짖음은 "땅이여, 땅이여, 땅이여"(렘 22:29)라는 예레미야의 부르짖음을 상기시킨다.

23) 같은 책, 132-35. (과학과 성경에서) 하나님께 반응하는 나무에 대한 매력적인 분석으로는 Brian J. Walsh, Marianne B. Karsh, and Nik Ansell, "Trees, Forestry, and the Responsiveness of Creation," *Cross Currents* 44 (1994): 149-62, http://www.crosscurrents.org/trees.htm을 보라. 성경에서 에덴동산에서 새 예루살렘까지 나무의 역할에 대한 극적인 설명으로는 Sylvia C. Keesmaat, "The Beautiful Creatures: Trees in the Biblical Story," http://theotherjournal.com/2009/07/16/the-beautiful-creatures-trees-in-the-biblical-story/을 보라.

이 초점이 아니라는 사실에서 기인한다. 더 정확히 말하면 시편 96편은 『캐스피언 왕자』와 같이 창조세계가 하나님의 심판의 결과, 즉 인간 이외의 세상이 인간 악의 짐에서 해방되는 것에 기뻐하는 모습을 묘사한다.

결국 구약은 야웨가 악을 심판하고 지상에 정의를 회복하러 오실 때 거대한 축하가 있을 것임을 예고한다. 그때 구속받은 모든 이들은 (인간과 인간 외의 피조물이 똑같이) 하나님이 의도하신 번영과 축복을 누릴 것이다. 그때 하나님의 구원은 실제로 창조세계 자체만큼 폭이 넓어질 것이다.

3부

우주적 회복에 대한
신약의 비전

7장
•
부활과 통치의 회복

앞의 4, 5, 6장에서 우리는 현세적 번영에 대한 구약의 대표적 측면들을 살펴보았다. 이제 (구약도 필요한 대로 부분적으로 계속 살펴보면서) 신약을 살펴볼 차례다. 7장은 부활과 부활이 인간의 지상 통치의 회복과 맺고 있는 관련성에 대한 성경적 소망에 초점을 맞춘다. 8장에서는 새 하늘과 새 땅에 대한 이상을 포함하여 만물의 구속에 대한 신약의 일관된 기대를 살펴볼 것이다.

부활에서부터 출발해보자. 기독교 신앙의 특징적 교리 가운데 하나는 몸의 부활—예수님이 십자가에 못 박힌 지 사흘 뒤에 부활하신 일과 말세에 기대되는 신자들의 부활—이다. 사실 부활은 초기 교회의 처음 몇 세기 동안 정통 기독교신앙을 영지주의 해석과 구별해주는 데 있어 핵심 역할을 했다. "영지주의"라고 일컬어진 고대의 다양한 전통들이 물질성에 의혹을 품은 반면(따라서 성육신과 부활의 중요성뿐만 아니라 하나님의 직접적인 우주 창조를 부정함), 정통 신앙에서는 하나님이 자신이 만드신 세상을 사랑하시고, 인간 예수로 육화하셨고, 창조질서를 구속하는 데 전념하시며, 부활은 이런 구속의 핵심이라고 전심으로 단언한다.

예수님의 부활은 사복음서(마 28장; 막 16장; 눅 24장; 요 20-21장)의 절정으로 자세히 진술되며, 교회의 기원을 누가복음에서 진술된 이야기와 연결시키는 사도행전의 출발점이 된다(행 1:1-9). 이런 내러티브 기사 외에도 신약의 다른 많은 부분들, 특히 고린도전서 15장은 부활의 중요성을 뒷받침한다. 고린도전서 15장의 처음 열한 구절은 (초기 교회에서의 오해에 대한 응답으로) 부활의 본질에 대한 긴 설명을 담고 있다.[1] 그러나 대부분의 경우에 예수님의 부활에 대한 언급은 신약성경 전체에 걸쳐 다양한 신학적 진술과 윤리적 명령 속에 뒤섞인 하위 주제가 되는 경향이 있다. 신약에서 부활은 복음의 타협할 수 없는 핵심으로 다루어지며, 종종 예수님을 따르는 이들의 예고된 부활과 연관된다.

앞에서 언급한 본문들 외에도 복음서와 사도행전(마 12:40; 16:21; 17:9, 22-23; 20:19; 막 8:31; 9:9, 31; 10:34; 12:24-27; 눅 9:22; 14:14; 18:33; 요 2:19-22; 10:17-18; 행 1:3, 22; 2:24, 32; 3:15; 10:39-41), 서신서와 요한계시록(롬 1:2-4; 4:23-25; 6:4-5; 7:4; 8:11, 34; 10:9; 고전 6:14; 15:1-58; 고후 1:9; 4:14; 5:15; 갈 1:1; 엡 1:20; 빌 3:10-11, 21; 살전 1:10; 4:14, 16; 딤후 2:8, 11, 18; 히 6:2; 11:35; 13:20; 벧전 1:3, 21; 계 5:6; 20:5-6)에도 부활을 명시적으로 언급한 많은 구절이 있다. 앞의 목록에서는 부활을 암묵적으로 언급한 수많은 구절이 아직 언급되지 않았고, 그중 일부는 앞으로의 논의에서 다룰 것이다. 신약은 그리스도가 죽음에서 육체적으로 부활하셨을 뿐만 아니라, (회개와 믿음을 통해) 그리스도의 죽음에 참여하는 모든 이들도 그리스도의 부활과 새 생명에 참여할 것이라고 분명히 가르친다.[2]

---

1) 바울이 다루고 있던 질문에 대해서는 고전 15:12, 35을 보라. 고전 15장의 실제적 결론은 15:58에 요약되어 있다.
2) (구약, 제2성전기, 이교적 배경에 대한 분석과 더불어) 신약에서의 부활에 대한 심도 있

신약에서 (예수님과 신자들의) 부활의 핵심적 위치는 실질적으로 논란의 여지가 없으므로, 7장에서는 그 사실을 입증하려 애쓰지 않을 것이다. 대신 이 장의 목표는 부활의 내적 논리를 밝히는 것이다. 부활은 왜 성서신학과 관련해서 중요한가? 부활은 어떻게 성경의 전반적이고 총체적인 비전과 잘 들어맞는가?

구약에서 현세적 삶의 끝인 스올

구약과 신약의 극명한 차이 가운데 하나는 내세에 대한 이해다. 신약(과 제2성전기 유대교 후기)에서의 부활의 핵심적 위치와는 대조적으로, 구약에서는 보통 죽음 이후의 삶에 어떤 유의미한 소망도 두지 않는다.[3] 구약에서 내세의 개념에 가장 가까운 것은 죽은 자들의 장소인 스올에 대한 언급이다. 시편 89:48의 표현처럼 "누가 살아서 죽음을 보지 아니하고 / 자기의 영혼을 스올의 권세에서" 건지겠는가? 스올, 무덤, 구덩이에 대한 구약의 수많은 언급은 (그리스의 하데스 개념과 비슷한) 지하 세계에서의 유령 같거나 약화된 존재에 대한 다소 불완전한 그림을 제시하지만, 한 가지는 분명하다. 죽은 뒤에 하나님께 나아갈 길은 없다는 것이다.[4]

는 연구를 보려면 N. T. Wright, *The Resurrection of the Son of God* (Christian Origins and the Question of God 3; Minneapolis: Fortress, 2003)을 보라. 라이트의 저작은 부활의 중요성에 대한 생각을 가다듬는 데 매우 유용했다. 라이트의 책(5-10장)은 어떻게 부활이 신약에서 종종 암묵적인 하위 주제의 역할을 하면서, 명시적으로 거론되지 않을 때조차도 논의를 구체화하는지를 보여준다는 면에서 특히 통찰력 있다.

3) 기독교와 유대교에서의 부활에 대해서는 Kevin J. Madigan and Jon D. Levenson, *Resurrection: The Power of God for Christians and Jews* (New Haven: Yale University Press, 2008)를 보라.

4) 표면적으로 이 점을 반박하는 것처럼 보이는 한 가지 본문이 있다. 시 139편에서 시편 기자

스올에 있는 죽은 자들은 하나님에 대한 기억도 없고 그분의 신실하심과 구원에 대해 알지 못할 뿐만 아니라 하나님을 찬양할 수도 없다(시 6:5; 88:4-5, 10-12; 115:17). 이 마지막 정서를 히스기야 왕은 자신의 죽음을 응시하면서 반영한다(사 38:18). 이와 같이 우리는 시편 기자가 하나님께 구해달라거나 치유해달라고 필사적으로 간구하는 모습을 발견한다. "내가 무덤에 내려갈 때에 / 나의 피가 무슨 유익이 있으리요 / 진토가 어떻게 주를 찬송하며 / 주의 진리를 선포하리이까?"(시 30:9). 요는 하나님이 시편 기자의 찬양을 원하신다면 시편 기자가 죽는 것을 막으셔야 한다는 것이다.

이사야 14장은 죽은 자들의 영혼이 바벨론 왕을 지하 세계로 영접하며 바벨론 왕이 구더기와 벌레에게로 내려간다고 조롱하는 모습을 생생하게 묘사한다. 그럼에도 불구하고 스올에 대한 일반적인 묘사는 보다 수동적이다. 죽은 자들은 아무 일도 하지 않는다(따라서 "잠들어" 있다고 말할 수 있다).[5] 욥이 무덤을 동경하는 이유도 바로 여기에 있다. 거기서 욥은 참을 수 없는 고통에서 벗어나 마침내 안식할 것이기 때문이다(욥 3:13-15, 17-19). 그러나 욥기 3장에서 욥의 감정 분출은 죽음을 갈망한다는 점에서 보기 드물다. 전도서의 저자마저도 살아 있는 개가 죽은 사자보다 낫다고 생각한다. 죽은 자는 아무것도 알지 못하고 더 이상 생명에

는 "내가 주의 영을 떠나 어디로 가며 / 주의 앞에서 어디로 피하리이까?"라고 묻고, "내가 하늘에 올라갈지라도 거기 계시며 / 스올에 내 자리를 펼지라도 거기 계시니이다"라고 답한다(7-8절). 그러나 이는 공식적인 신학적 진술이 아니다. 이는 하나님의 섭리적인 돌보심에 대한 시편 기자의 신뢰를 (과장된 언어로) 확언하는 기도다.

5) "잠"(koimaō)의 비유는 신약에서 죽음을 표현하는 한 가지 방식으로 흔히 등장한다(마 27:52; 요 11:11; 행 7:60; 고전 7:39; 11:30; 15:6, 18, 20, 51; 살전 4:13-15; 벧후 3:4). 이 비유는 조상들과 함께 "누워 있는"(šākab) 사람에 대한 구약의 언급(창 47:30; 신 31:16; 삼하 7:12; 왕상 2:10; 대하 14:1)에서 유래된 것 같다. 신약본문에서 발견되는 "잠"을 뜻하는 같은 그리스어 동사(koimaō)로 죽음을 지칭하는 「마카베오2서」 12:45도 함께 보라.

3부 | 우주적 회복에 대한 신약의 비전

분깃이 없기 때문이다(9:4-6). 진실로 "스올에는 일도 없고 계획도 없고 지식도 없고 지혜도" 없다(9:10).[6]

내세에 대한 부정적 묘사는 죽음에 침입당한 삶, 하나님이 의도하시는 번영과 평강을 나타내지 못하는 삶을 묘사하는 스올과 관련된 언어 사용을 통해 확인된다.[7] 예를 들어 많은 시편이 고난 또는 박해를 구덩이, 무덤, 죽음과 동일시한다(예. 시 18:3-6; 69:14-15; 116:3, 8; 143:7). 또 야곱은 요셉이 죽었다고 생각하고 그를 위하여 울 때 "위로를 받지 아니하여 이르되 내가 슬퍼하며 스올로 내려가 아들에게로 가리라"라고 했다고 한다(창 37:35). 야곱은 자살을 계획한 것이 아니었다. 그보다는 그의 삶의 질이 손상되었던 것이다. 야곱에게 삶은 죽음같이 되어버렸다.

마찬가지로 아직 죽지 않은 것이 분명한 시편 88편의 저자는 자기 고난을 스올에 있는 것에 비유한다.

무릇 나의 영혼에는 재난이 가득하며
나의 생명은 스올에 가까웠사오니
나는 무덤에 내려가는 자같이 인정되고
힘없는 용사와 같으며

---

6) 이는 스올이 단지 죽어 있는 상태에 대한 비유임을 뜻하는가? 무덤이나 구덩이는 단지 땅 속에 묻히는 것을 지칭하는 말인가? 아니면 그 이상의 어떤 의미가 있는가? 글자 그대로 무덤 속에 묻히는 것과 스올로 내려가는 것 사이에는 명백한 관련성이 있지만, 이 둘이 동일한 것처럼 보이지는 않는다. 예를 들면 "다윗이 그의 조상들과 함께 누워 다윗 성에 장사되니"(왕상 2:10)라는 진술이 있다. 다윗의 조상들 중에 아무도 실제로 예루살렘에 묻히지는 않았으므로(다윗은 베들레헴 출신이었고 예루살렘은 다윗이 점령하기 이전에는 이스라엘의 성읍이 아니었다) "조상들과 함께 누웠다"는 말은 단순히 가족 매장지에 묻혔다는 사실 그 이상의 어떤 것을 가리키는 것이 분명하다. 이 점에 대해서는 Wright, *Resurrection*, 90을 보라.

7) Jon D. Levenson, *Resurrection and the Restoration of Israel: The Ultimate Victory of the God of Life* (New Haven: Yale University Press, 2006), 37-46에는 이 점에 대한 특별한 통찰력이 담겨 있다.

죽은 자 중에 던져진 바 되었으며

죽임을 당하여 무덤에 누운 자 같으니이다.

주께서 그들을 다시 기억하지 아니하시니

그들은 주의 손에서 끊어진 자니이다.

주께서 나를 깊은 웅덩이와

어둡고 음침한 곳에 두셨사오며(시 88:3-6).

요는 삶이 죽음과 같아졌다는 것이다. 하나님의 임재와 축복을 경험하지 못하고 있다는 것이다. 확실히 하나님의 임재는 일반적으로 삶과 관련되고, 하나님의 부재는 죽음과 관련된다. 예를 들어 시편 104편은 이렇게 말한다. "주께서 낯을 숨기신즉 그들이 떨고 / 주께서 그들의 호흡을 거두신즉 그들은 죽어 먼지로 돌아가나이다"(29절).[8] 그래서 또 다른 시편 기자가 하나님께 "주의 얼굴을 가리시매 내가 근심하였나이다"(시 30:7b)라고 말할 때, 이는 곧 자신에게 있어서 사는 것이 죽는 것과 같아져버렸다는 말이다. 육체적 존재가 중단되기 전에도 인간은 하나님이 의도하시고 신실한 이들에게 약속하신 삶의 평강이나 충만함과 정반대되는 것을 경험할 수 있다.[9]

---

8) 구약에서는 "낯"이라는 단어(*pānîm*, 엄밀히 말하면 복수형)를 누군가의 존재를 가리키는 데 사용한다. 따라서 "하나님의 얼굴"은 일반적으로 하나님의 임재를 가리킨다.

9) 스올에 대한 언급이 시편, 또는 고난당하고 있거나 고난에서 방금 구원받은 사람들이 1인칭으로 서술한 기록에서 쉽게 발견된다는 사실 때문에, 존 레빈슨은 구약에는 스올에 대한 보편적인 기대가 없다고 주장한다. 대신 그는 이런 기대가 고난당하는 사람의 부정적인 경험으로 채색되어 있다고 주장한다. 그들은 현재의 부정적 측면을 사후의 미래 속에 투영한다는 것이다. 구약의 다른 곳에서는 의인의 죽음에 대한 보다 긍정적인 언급(예. 나이 많아 늙음, 조상들에게로 돌아감)이 발견된다고 그는 지적한다. Levenson, *Resurrection*과 그중에서도 특히 4장을 보라. 여기서는 논란이 되는 이 주제에 대한 충분한 논의를 전개할 수 없다. 레빈슨이 구약에서 좋은 죽음과 나쁜 죽음을 구별했는가(그리고 후자만이 스올과 관련되어 있는가) 하는 문제를 처음 제기했다는 점만 언급해두는 것으로 족하다. 이 문제가 어떻게 해

내세에 대한 이런 부정적 관점은 역설적으로 구약에서 긍정적인 기능을 한다. 이런 관점은 현세의 삶이 진정으로 중요하다는 점을 강조한다. 우리가 하나님을 섬기고 하나님이 우리를 위해 마련하신 축복을 경험하는 곳은 바로 현재의 역사와 우리의 구체적인 현세 상황 속이다. 내세적 미래에 대한 흥미의 결여는 곧바로 이 세상에 주의를 집중하는 것으로 연결된다.

구약에서의 죽음 이후 내다보기

스올은 현세적 번영에 대한 구약의 관점에서 중요한 문제를 제기한다. 모든 사람이 자기에게 합당한 삶의 충만함을 경험하게 되는 것은 아님이 분명하기 때문이다(욥이 대표적인 예다). 실제로 의인들은 종종 고난을 당하는 반면, (불순종으로 인해 언약의 저주를 경험해야 할) 악인들은 번성한다. 세상에 대한 우리의 실제 경험은 두 가지 길에 대한 토라 및 지혜의 가르침과 자주 모순된다(5장을 보라).

시편 73편의 저자의 경우에 믿음의 위기를 초래하는 것은 바로 이런 상황이다. 그는 악인들이 하나님과 이웃에 대해 오만함에도 불구하고 형통하며 이 세상에서 성공을 거두는 것을 보자 실족할 뻔했다(1-14절). 처음에 시편 기자는 실망하고 이런 불의를 전혀 이해하지 못하지만(16, 21-22절), 악인들이 궁극적으로 받아 마땅한 것을 받게 될 것임을 이해하게 된다(17-20, 27절). 더 긍정적으로 말해서, 그는 자신이 이 세상에서 알고 있는 하나님이 "후에는" 자신을 "영접"하실 것이라고 확언한다(23-24절). 실제로 시편 기자는 이렇게 결론짓는다. "내 육체와 마음은 쇠

결되든, 구약에서는 보통 (비유적으로 후손을 통한 경우를 제외하면) 의인에 대한 복된 사후의 존재를 기대하지 않는다는 점은 분명하다.

약하나 / 하나님은 내 마음의 반석이시요 영원한 분깃이시라"(26절). 여기에는 그가 어떤 종류의 미래를 기대하는지에 대한 분명한 그림은 없으며, 지금 겪는 것이 다일 수는 없다는 의식만 있다. 시편 기자가 아는 삶은 마땅히 그래야 하는 삶의 모습과 일치하지 않기 때문이다.[10]

시편 73편의 한 가지 매력적인 면은 24절에서 (대부분의 역본이 "영접하다"라고 번역한) "데려가다"(*lāqaḥ*)라는 동사를 사용한다는 점이다. 하나님이 시편 기자를 데려가실 것이라는 점은 "에녹이 하나님과 동행하더니 하나님이 그를 데려가시므로 세상에 있지 아니하였더라"라고 진술한 창세기 5:24의 메아리처럼 보인다. 바로 이 동사가 시편 73편과 같이 죽음이 의인의 마지막이 아니라는 점을 암시하는 시편 49편에서도 사용된다. 이 지혜 시편의 지배적인 어조는 아무도 (지혜로운 자도, 어리석은 자도) 죽음을 피할 수 없다는 것이다. 부유한 자도 스올을 피하기 위해 하나님께 속전을 바칠 수 없다(7-10절). 악인들은 스올이 그들의 영구적인 집이 되리라고 예상해야겠지만(11-14절), 시편 기자는 하나님이 자기 생명을 스올에서 속량하실 것이라고 확언한다. "하나님은 나를 영접"하실 것이기 때문이다(15절).

구약에서의 엄밀한 의미의 부활

구약에서는 소수의 사람들이 예언자 엘리야나 엘리사와 관련된 기적적인 행적을 통해 소생하며(왕상 17:7-24; 왕하 4:32-37; 13:21), 시편 49편이나 73편 같은 몇몇 본문은 (창 5:24과 더불어) 죽음 이후에 긍정적인 것이

---

10) 시 73편에 대한 심오한 연구로는 Martin Buber, "The Heart Determines: Psalm 73," in *Theodicy in the Old Testament*, ed. James L. Crenshaw (Issues in Religion and Theology 4; Philadelphia: Fortress, 1983), 109-18을 보라.

있다는 비교적 막연한 인식에 대해 증언한다. 하지만 부활에 대한 보다 일반적인 기대는 미래에 대한 최초의 종말론적 묘사에 이르러서야 비로소 발견된다. 이런 기대는 이사야서에서 "이사야의 작은 묵시록"이라고 일컬어지며 포로기 이후에 지어졌다고 여겨지는 이사야 24-27장의 두 대목에서 발견된다.

이사야 25장은 만군의 야웨께서 이스라엘을 변호하시고 그 결과가 온 세상에 미칠 어떤 때를 선포한다. 이 본문은 하나님이 "만민을 위하여" 시온 산에서 준비하실 최상의 고기와 가장 오래된 포도주가 있는 잔치를 묘사한다(6절). 특히 중요한 것은 이 호화로운 잔치(현세적 축복의 상징)에 야웨가 죽음과 애통을 종식시키시는 일이 수반된다는 것이다.

> 또 이 산에서
>
> 모든 민족의 얼굴을 가린 가리개와
>
> 열방 위에 덮인 덮개를 제하시며
>
> 사망을 영원히 멸하실 것이라
>
> 주 여호와께서 모든 얼굴에서 눈물을 씻기시며
>
> 자기 백성의 수치를 온 천하에서 제하시리라(사 25:7-8).

야웨는 땅의 모든 민족을 덮고 있는 수의를 제거하시는 것은 물론이고 사망을 이기실 것이다. 사망이 그 넓은 입 속으로 사람들을 삼키는 것이 아니라(이는 가나안 신화에서 잘 알려진 이미지다) 도리어 사망이 삼켜질 것이다.[11]

---

11) 이 이미지는 구약의 다른 곳에서도 알려져 있다. "스올이 욕심을 크게 내어 / 한량없이 그 입을 벌린즉"(사 5:14). 잠언도 "스올같이 그들을 산 채로 삼키며 / 무덤에 내려가는 자들 같이 통으로 삼키자"라고 말하는 악인들을 묘사한다(잠 1:12). 지하 세계의 신인 모트(우

사망의 영구적 철폐는 부활을 의미하며, 실제로 바울은 고린도전서 15장에서 이사야 25:8을 인용하면서 죽은 자들이 부활할 때 "사망을 삼키고 이기리라고 기록된 말씀이" 이루어질 것이라고 말한다(고전 15:54b).[12] 사망이 멸망하는 이런 그림을 떠올리게 하는 장면은 요한계시록 20장에서도 발견되는데, 여기서는 "사망과 음부"가 그 안에 있는 죽은 자들을 내준 뒤 불못에 던져지는 모습이 묘사된다(13-14절).[13] 그리고 요한계시록 21장에서는 새 예루살렘에서 하나님이 "모든 눈물을 그 눈에서 닦아"주실 것이고 "다시는 사망이" 없을 것이라고 말하면서(4절) 이사야 25장을 계속해서 암시적으로 언급한다.

이사야 25장에서 언급되는 사망의 철폐는 이사야 26장에서 하나님 백성의 탄식에 대한 응답으로 다시 등장한다(13-18절). 이 탄식은 절망과 항의를 (성경의 탄식에서 전형적인) 야웨께 대한 신뢰의 확인과 결합시킨다. 그 항의는 다음과 같다.

> 그들은 죽었은즉 다시 살지 못하겠고
> 사망하였은즉 일어나지 못할 것이니

가리트어로 "죽음")의 넓고 만족할 줄 모르는 입에 대한 언급은 우가리트 문헌인 "바알 신화집"(Baal Cycle)에 나온다(1.4 VIII 17-12; 1.5 I 6-8, 14-16; 1.5 II 2-6, 21-24; 1.6 II 15-23). 이해하기 쉬운 영역본으로는 Michael David Coogan and Mark S. Smith, eds., *Stories from Ancient Canaan* (2nd ed.; Louisville: Westminster John Knox, 2012), 96-153을 보라.

12) 히브리어 단어 nēṣaḥ는 일반적으로 "지속적인" 또는 "영원히"라는 뜻이지만, 바울은 이 단어를 그리스어 nikos("승리")로 번역한다. 이는 고대의 두 번역본(아킬라 역과 테오도티온 역, 그러나 70인역은 아니다)과 일치하며, 아람어 nēṣaḥ("능가하다, 극복하다, 이기다")의 의미를 반영할지도 모른다. NRSV는 잠 21:28에서 nēṣaḥ를 (다른 많은 영역본은 "영원히"로 번역하지만) "성공적으로"라고 번역하는 반면, 대상 29:11에서 nēṣaḥ에 대한 대부분의 영역은 "victory"(승리)이며 70인역은 이를 nikē로 번역한다.

13) 사망의 정복은 예수님이 "내가 전에 죽었었노라. 볼지어다. 이제 세세토록 살아 있어 사망과 음부의 열쇠를 가졌노니"(계 1:18)라고 말씀하시는 요한계시록 첫 장에서부터 암시된다.

3부 | 우주적 회복에 대한 신약의 비전

이는 주께서 벌하여 그들을 멸하사

그들의 모든 기억을 없이하셨음이니이다(사 26:14).

여호와여 잉태한 여인이

산기가 임박하여

산고를 겪으며 부르짖음같이

우리가 주 앞에서 그와 같으니이다.

우리가 잉태하고 산고를 당하였을지라도

바람을 낳은 것 같아서

땅에 구원을 베풀지 못하였고

세계의 거민을 출산하지 못하였나이다(사 26:17-18).

그 다음 구절에서는 이런 절망의 탄식에 대한 하나님의 놀라운 응답이 나타난다. 이스라엘에게 사망의 허무함은 피할 수 없어 보이지만, 야웨는 한 가지 새로운 일을 공표하신다.

주의 죽은 자들은 살아나고

그들의 시체들은 일어나리이다.

티끌에 누운 자들아 너희는 깨어 노래하라.

주의 이슬은 빛난 이슬이니

땅이 죽은 자들을 내놓으리로다(사 26:19).

물론 이 본문은 사망을 바벨론 유수와 동일시하며 새 생명은 약속의 땅으로 귀환하는 것을 뜻한다고 주장할 수도 있다. 에스겔 37장에서 명백히 드러나듯이, 이런 해석에도 부활이 포로 귀환을 상징한다고 주장할 수 있는 여지는 상당하다. 이스라엘의 소생, 이스라엘이 한 백성으로 다시 세워지고 옛 땅으로 되돌아가는 것에 대한 그 유명한 예언은 이 중대한 사건을 죽은 자들로부터 되돌아오는 것과 같다고 묘사한다. 후대 유대교는 에스겔 37장을 문자적인 부활로 해석하게 되었지만, 원래 문맥에서 이 본문은 부활을 바벨론 유수라는 사망 이후에 이스라엘이 재탄생하는 것(사회적인 몸, 이스라엘의 "폴리스"[polis]의 부활)에 대한 비유로 사용한다. 존 레빈슨(Jon Levenson)이 훌륭하게 설명한 대로, 히브리 성경에서 죽은 자들의 부활은 다양한 방식으로 자녀의 탄생과 연관되며, 부활은 한 공동체인 이스라엘의 미래에 대한 소망의 결과물이다.[14] 그래서 어쩌면 문자적인 부활과 백성의 소생이라는 두 실재를 너무 예리하게 구분해서는 안 될 것이다. 어쨌든 바울조차 (아마 겔 37장을 이용하여) 이스라엘의 미래의 구원을 "죽은 자 가운데서 살아나는 것"과 비교한다(롬 11:15). 그럼에도 이사야 26장은 시체들이 일어나고 티끌에 누운 자들이 깨어난다고 말하면서, 비유를 넘어 문자적인 부활의 방향으로 나아가는 것처럼 보인다(19절).

구약에서 부활에 대한 가장 명시적인 언급은 히브리 정경에서 유일하게 묵시록다운 묵시록인 다니엘서에 등장한다. 다니엘 12장에 따르면 미래의 환난 내지 고난의 때가 오고 있다. 그러나 그 고난 이후에는 이스라엘에 구원이 있을 것이다(1절). 그런 다음 이 구원은 명시적으로 부활의 언어로 묘사된다. "땅의 티끌 가운데에서 자는 자 중에서 많은 사람이 깨어나 영생을 받는 자도 있겠고, 수치를 당하여서 영원히 부끄러움을 당할 자도 있을 것이며, 지혜 있는 자는 궁창의 빛과 같이 빛날 것이요, 많은 사람을 옳은 데로 돌아오게 한 자는 별과 같이 영원토록 빛나리

---

14) Levenson, *Resurrection*, 7장을 보라. Madigan and Levenson, *Resurrection*, 6-8장도 보라.

3부 | 우주적 회복에 대한 신약의 비전

라"(2-3절).

　이 본문이 티끌 가운데서 깨어난다는 이사야 26장의 언어를 반영할 뿐 아니라, 두 본문 모두 사망을 우리가 지어진 재료인 흙으로 되돌아가는 것으로 묘사하는 창세기 3:19을 암시한다(시 104:29도 마찬가지다). 이처럼 깨어나 영생을 얻거나 영원한 수치를 당하는 죽음의 역전은 아직 우주적 부활에 대한 소망이 아니다. 그것은 단지 "어떤 이들이" 깨어날 것이라고 말할 뿐이다. 문맥은 이 "어떤 이들"이 세상사람 가운데 양 극단의 사람들을 가리킨다고 암시한다. 즉 (여기서 많은 이들을 의로 인도한 지혜로운 자들로 묘사되는) 신실한 순교자와 그들을 억압하고 죽인 자들이 바로 그들이다.[15]

부활과 지상 통치와의 관계

다니엘 12장의 두 집단에 상응하는 것이 다니엘 7장에서 발견되는 네 짐승과 한 인간 사이의 대조인데, 다니엘은 이것을 환상 속에서 보았다 (2-27절). 다니엘의 환상은 두 종류의 사람들, 즉 거친 짐승으로 묘사된 열방의 왕들(2-8, 17, 19-21, 23-26절)과 "인자 같은 이"(13절)―즉 짐승처럼 행동하지 않고 인간적으로 행동하는 사람―의 대조로 설명된다. 이 인간 같은 이는 하늘에서 하나님의 보좌로 다가가서 영원한 통치권과 왕

---

15) 여기에 하나님의 심판대 앞에 서서 "생명의 부활"과 "심판의 부활"이라는 두 가지 결과를 가져오는 의인과 악인의 일반적 부활이라는 개념의 기원이 있다(요 5:28-29. 행 24:15; 계 20:5-6, 11-15도 보라). 이 대목에서 용어가 약간 혼란스러울 수 있다. 심판대 앞에 서는 의인과 악인의 첫 부활은 (신구약에서 사람들을 일으키는 모든 기적과 마찬가지로) "소생"이라고 부르는 것이 더 나은 반면, 엄밀한 의미의 부활은 (심판 이후의) 의인의 최종 상태다 (바울이 고전 15장에서 예수님의 부활과 신자들에게 적용할 수 있었던 부활). 악인의 최종 상태는 유비에 의해서만 "부활"이라고 부를 수 있지만 실제로는 영생과 정반대다.

국을 받는 반면(13-14절), 짐승 같은 통치자들은 통치권을 빼앗긴다(11-12, 26절). 짐승과 인간의 구별은 그보다 앞서 대조된 영원히 멸시받기로 예정된 자들과 부활하여 영원한 영광을 얻을 자들에 상응한다.

다니엘 7장의 "인자" 같은 인물은 후대 유대교에서 메시아적 의미를 지니게 되었지만(그래서 예수님이 "인자"라는 단어를 사용하신 것은 이 의미를 암시할 수 있다),[16] 원래 문맥은 그 인간 같은 분이 통치권과 영원한 왕국을 받는다고 묘사되는 "지극히 높으신 이의 성도들"(22절) 또는 "지극히 높으신 이의 거룩한 백성"(27절)과 같은 의미임을 암시한다.[17] 요는 현재에는 세상의 억압적인 통치자들이 의인들을 박해하지만, 미래에는 거대한 반전이 있으리라는 것이다. 즉 압제자들은 심판을 받을 것이고, 의인들은 마땅히 그들의 소유인 왕국을 받게 될 것이다. 하나님의 백성과 관련된 이런 통치권의 역전은 다니엘 12장에서 부활하여 영생을 얻는 것에서 드러난다. 다니엘 7장과 다니엘 12장의 관계에서 우리는 부활과 통치의 회복 사이에 있는 확실한 관련성을 발견한다.

거대한 역전이 다가오고 있다는 점은 하나님의 공의에 대해 성경이 기본적으로 묘사하는 내용이다. 마리아가 "마리아 찬가"로 알려진 노래에서 노래하듯, 하나님은 "권세 있는 자를 그 위에서 내리치셨으며 / 비

---

16) 예수님은 심지어 단 7:13을 인용하신다(막 13:26; 14:62). 예수님이 사용하신 "인자"의 의미에 대한 최근 논의로는 "*Who Is This Son of Man?": The Latest Scholarship on a Puzzling Expression of the Historical Jesus*, ed. Larry W. Hurtado and Paul L. Owen (Library of New Testament Studies 390; London: T&T Clark, 2011)를 보라.

17) 어떤 해석자들은 "지극히 높으신 이의 성도들"을 「에녹1서」에서처럼 천사들을 가리킨다고 해석하는데 「에녹1서」에서 이들은 "지켜보는 자들"로도 알려져 있다(이 견해에 대해서는 John J. Collins, "Apocalyptic Eschatology as the Transcendence of Death," *Catholic Biblical Quarterly* 36 [1974]: 21-43)을 보라. 만일 그렇더라도 "지극히 높으신 이의 거룩한 백성"이라는 어구는 명백히 이스라엘을 가리킨다. 그리고 인간 같은 이, 거룩한 자들, 거룩한 자들의 백성을 하나로 통합하는 것은 그들 모두가 하나님께 영원한 통치권을 받는다는 점이다.

천한 자를" 높이셨다(눅 1:52). 그러나 "마리아 찬가" 이전에 사무엘상 2장에는 앞의 노래의 모델이 된 한나의 승리의 노래가 있었다.

> 여호와는 가난하게도 하시고 부하게도 하시며
> 낮추기도 하시고 높이기도 하시는도다.
> 가난한 자를 진토에서 일으키시며
> 빈궁한 자를 거름더미에서 올리사
> 귀족들과 함께 앉게 하시며
> 영광의 자리를 차지하게 하시는도다.
> 땅의 기둥들은 여호와의 것이라
> 여호와께서 세계를 그것들 위에 세우셨도다.
> 그가 그의 거룩한 자들의 발을 지키실 것이요
> 악인들을 흑암 중에서 잠잠하게 하시리니,
> 힘으로는 이길 사람이 없음이로다(삼상 2:7-9).

진토에서 높여져 (귀족들과 함께 앉아) 합법적으로 통치하는 이런 모습은 부활의 신학적 근거를 제공한다.[18] 이런 높아짐은 다름 아닌 창조의 하나님, 세상을 그 기초 위에 굳게 세우시고(삼상 2:8) 겸손하고 낮은 자에게 주목하시는 분(사 57:15; 66:1-2)을 통해 성취된다. 실로 창조자는 그들에게 마땅한 지위를 회복시켜주신다. 인간은 원래 지상에서 하나님의 대리 통치자가 되도록(창 1:26-28) 왕 같은 존귀로 관 씌워졌기 때문이다(시 8:4-8).

---

18) 예수님이 설명하시듯이 "무릇 자기를 높이는 자는 낮아지고 자기를 낮추는 자는" 높아질 것이다(눅 14:11). 그리고 예수님은 "이는 의인들의 부활시에 네가 갚음을 받겠음이라"(14:14)라고 덧붙이신다.

겸손한 자들을 일으키는 것은 다니엘 12장에 나오는 별과 같이 빛나는 의인들에 대한 언급과 상응한다. 이 언급이 높아짐 및 영광과 관련된 이미지라는 점은 민수기 24:17에서 알 수 있는데, 이 구절은 미래의 이스라엘의 통치자를 떠오르는 별에 비유한다. 그리고 예수님은 제자들에게 최후 심판 뒤에 "의인들이 자기 아버지 나라에서 해와 같이" 빛날 것이라고 말씀하신다(마 13:43). 빌립보서 2장에서 바울은 그리스도인의 삶에 대해 심지어 별의 이미지를 사용하는데, 이 말을 하기 전 독자들에게 자발적인 섬김과 고난을 받아들임으로써(6-8절) 그리스도께서 품으셨던 것과 같은 마음을 품으라고 권면한다. 이런 마음을 품는 것은 높아짐과 우주적 통치로 이어진다(9-11절). ("하나님의 형상"의 회복인) "그리스도 본받기"(imitatio Christi)는 그리스도인이 "어그러지고 거스르는 세대 가운데서 하나님의 흠 없는 자녀로 세상에서 그들 가운데" 별처럼 빛나게 되는 결과를 가져온다(15절).[19]

여기서 분명히 해둘 지점은 다니엘 12장에서 부활과 관련된 높아짐이 천국에 가는 것이나 문자적으로 천상적인 존재가 되는 것과는 무관하다는 점이다. 분명히 이는 영혼의 불멸성을 묘사하지 않는다.[20] 오히려 이 본문은 악인의 손에 수치스러운 죽음을 당한 신실한 이들에게 존귀가 회복되는 것을 비유하고 있다. 이는 그들이 죽음에서 일어나 다시 한 번 견고한 땅 위에 서는 것을 가리킨다. 인간은 땅 위에서 존귀하게 살도

---

19) 잠 4:18의 이미지도 주목해보라. "의인의 길은 돋는 햇살 같아서 / 크게 빛나 한낮의 광명에 이르거니와."

20) (지상에서의) 몸의 부활이라는 성경적 개념과 (하늘에서의) 영혼의 불멸성이라는 비성경적 개념 사이의 분명한 차이는 오스카 쿨만의 대표적인 연구서인 Immortality of the Soul or Resurrection of the Dead? The Witness of the New Testament (London: Epworth, 1958)에서도 발견된다. 쿨만의 주장 가운데 일부 내용은 논란의 여지가 있을 수 있지만, 이 책은 여전히 신약이 이 주제에 대해 무엇을 가르치는지에 관해 혼란을 느끼는 사람에게는 매우 유익한 기념비적인 저작이다.

3부 | 우주적 회복에 대한 신약의 비전

록 창조되었기 때문이다. 따라서 "일어남"과 "섬"(히브리어 *qûm*; 그리스어 *anastasis*)은 성경에서 부활과 동의어가 된다(예수님이 "소녀야, 일어나라"라는 뜻의 아람어 *Talitha cumi*으로 야이로의 딸을 일으키셨다는 점[막 5:41]을 주목해보라). 또한 다니엘 12장은 이사야 26장의 티끌에서 깨어나는 이미지를 이용하고 있으므로, 우리는 이사야 26장, 그중에서도 특히 다음과 같은 마지막 탄식의 말(부활은 탄식에 대한 하나님의 응답이다)에 담긴 현세에 대한 언급에 주목하는 것이 온당하다. "땅에 구원을 베풀지 못하였고 세계의 거민을 출산하지 못하였나이다"(사 26:18b).[21]

제2성전기 유대교의 많은 외경문헌과 더불어, 성경은 하나님이 의인들을 죽은 자들에게서 왕과 같은 영예를 누리는 자리로 일으키심으로써 이 상황을 결정적으로 바로잡으실 것을 기대한다. 이 사실은 (70인역의 일부로 유대교 외경 속에 있는)「마카베오2서」가 순교와 부활에 관해 강력하게 서술한 장에서 선명하게 예시된다. 거기에는 일곱 명의 유대인 형제와 그들의 어머니가 안티오코스 4세(Antiochus IV Epiphanes. 논란의 여지는 있지만, 단 7장의 네 번째 짐승의 뿔)에게 고문당하고 죽임 당하는 이야기가 나온다. 그들이 토라에 불순종하기를 거부하여 순교하는 장면을 생생하게 기록한「마카베오2서」7장은 신실한 자들을 향한 하나님의 긍휼에 근거한 부활의 소망에 대해 많이 언급한다(6, 9, 11, 14, 20, 23, 29, 36절). 둘째 아들에 따르면 "이 우주의 왕께서는 당신의 율법을 위해 죽은 우리를 다시 살리셔서 영원한 생명을 누리게 할 것이다"(9절). 또는 어머니가 막내아들에게 말한 것처럼 "사람이 출생할 때에 그 모양을 만들어주시고

---

21) 다른 가능한 번역은 "우리가 땅에 구원을 베풀지 못하였고 / 세상에 생명을 가져오지도 못하였나이다"(NLT)와 "우리가 땅에서 아무런 구원도 성취하지 못하였고 / 세상의 거민들이 쓰러지지 않았나이다"(ESV)이다. 이 구절이 땅에 다가오는(직역하면 "떨어지는") 새로운 생명을 가리키든, 아니면 지상에서의 악인들의 몰락을 가리키든(둘 다 가능한 의미다), 이 구절이 가리키는 것은 분명 현세적인 것이다.

만물을 형성하신 창조주께서 자비로운 마음으로 너희에게 목숨과 생명을 다시 주실 것이다"(23절). 어머니는 이렇게 아들을 격려한다. "죽음을 달게 받아라. 그러면 하느님의 자비로 내가 너를 너의 형들과 함께 다시 맞이하게 될 것이다"(29절). 신실한 이들에게 찾아올 새 생명과 정반대되는 것은 폭군 안티오코스에 대해 명백히 선언된, 압제자들에게 임할 하나님의 심판이다(17, 19, 31, 34-35절).

신실한 이들에게 해당되는 이런 미래의 소망이 지닌 현세적인 내용은 주로 고대 에티오피아 사본을 통해 알려진 유대교 외경문헌인 「에녹1서」에서 볼 수 있다(「에녹1서」 1:19은 유 14-15절에 인용되었다).[22] "관찰자들의 책"이라고 불리는 「에녹1서」의 첫 번째 부분(1-36장)은, 택함 받은 이들(의인들)이 하나님께 용서와 지혜를 허락받은 뒤 "땅을 상속"받고 "기쁨과 영원한 평강"을 누리는 죄 없는 상태에서 충만한 삶을 살게 될 것이라고 말한다(5:7-9).[23] "관찰자들의 책" 후반부는 낙원(에덴)에 있는 하나님의 보좌가 높은 산 위에 있고 그 한가운데 생명나무가 있으며, 택함 받은 자들이 그 열매를 먹을 수 있어 더 이상 슬픔이나 재앙 없이 "땅 위에서 장수"를 누린다고 묘사한다(25:1-6). 하나님이 "의로운 사람들을 위해 그런 것들을 준비"하셨기 때문이다(25:7).

그 뒤에 「에녹1서」의 "비유의 책"(37-41장)에는 "택함 받으신 이"가 하나님의 보좌에 앉는 메시아 시대에 대한 묘사가 나온다. 그 시대에 스올은 자기에게 맡겨진 것(즉 죽은 자들)을 되돌려줄 것이고, 산과 언덕은 양처럼 팔짝팔짝 뛸 것이며 "땅은 기뻐하고 / 의인들은 땅 위에 거할" 것이

---

22) 「에녹1서」는 아마도 가장 중요한 성경 외의 유대 묵시록일 것이다. 「에녹1서」는 전통적으로 위경이라고 불려왔던 내용의 일부다.

23) 「에녹1서」의 인용구는 George W. E. Nickelsburg and James C. VanderKam, *1 Enoch: A New Translation* (Minneapolis: Fortress, 2004)에서 인용했다.

다(51:1-5). 이 모습은 (단 7장에서 "인자"로 밝혀진) "택함 받으신 이"가 보좌에 앉아 땅의 통치자들은 심판에 넘기지만, 무덤에서 일어나 영원한 영광을 입은 의인들과 함께 잔치에 참여하는 모습을 묘사하는 다소 긴 장에서 부연 설명된다(62:1-16).

부활과 통치의 관련성은 「메시아묵시록」이라고 알려진 사해 사본에서 나온 단편적인 본문(4Q521)에서도 발견되는데, 이 본문은 기원전 1세기의 것으로 추정된다. 거기서는 메시아가 오실 때 하나님이 상처 입은 자를 치유하고 죽은 자를 살리는 일을 포함해서 "지금껏 존재한 적이 없었던 놀라운 일들을 행하실" 뿐만 아니라 "경건한 자들을 영원한 왕국의 보좌 위로 높이실 것"이라고 말한다.[24] 하나님이 자기 백성을 회복시키실 때 부활과 통치는 상호 동반된다.[25]

「솔로몬의 지혜서」(또 다른 유대교 외경)는 현세적 소망에 대한 유대인의 기대를 확인시켜주는데, 부활을 지상에서 다스리며 심판을 집행하는 일과 명백히 관련시킨다. 「솔로몬의 지혜서」 3장 첫 부분은 죽음과 부활 사이의 중간상태를 가정하며, 그 기간 동안 의인들이 하나님과 함께 있다고 말한다(3:1). 어리석은 자들은 의인의 죽음을 부정적으로 보고 의인들이 벌을 받고 있다고 생각할지 모르지만, 본문에서는 의인들이 실제로 평안히 있다고 확언한다(3:2-3). 그러나 이런 상태는 단지 일시적일 뿐이

---

24) 각각 *Messianic Apocalypse*(4Q521)의 단편 2, 2열 11-12행과 7행. 여기서는 Florentino García Martínez and Eibert J. C. Tigchelaar, *The Dead Sea Scrolls Study Edition* (Leiden: Brill; Grand Rapids: Eerdmans, 1999), 2:1045의 번역을 따랐다.
25) 현세적인 종말론적 기대라는 주제에 대해서는 사해 사본에서 더 많은 예를 들 수 있다. 「메시아묵시록」을 인용하는 목적은 속속들이 규명하는 것이 아니라 예를 들고자 함이다. 사해 사본에 담긴 현세적인 소망에 대해 더 알고 싶으면 Albert L. A. Hogeterp, *Expectations of the End: A Comparative Traditio-Historical Study of Eschatological, Apocalyptic and Messianic Ideas in the Dead Sea Scrolls and the New Testament* (Studies on Texts of the Desert of Judah 83; Leiden: Brill, 2009)를 보라.

다. "그들은 불멸의 희망으로 가득 차" 있기 때문이다(3:4). 이는 불경건한 자들과 극명한 대조를 이루는데, 불경건한 자들의 "소망은" 금방 흩어지는 덧없는 서리나 연기처럼(5:14) "헛되다"(3:4).

"불멸"은 마치 몸에서 분리된 천상의 존재를 인정하는 것처럼 들릴 수도 있지만, 「솔로몬의 지혜서」 3:4의 불멸은 일종의 소망이지 현재의 소유물이 아니다. "그들은 엄청나게 좋은 것을 받을" 것이기 때문이다 (3:5). 이는 앞으로 다가올 것에 대한 언급이다. 다음으로 이 미래의 불멸은 (부활을 묘사하는) 다니엘 12장에 나오는 표현으로 설명되고, 뒤이어 통치와 심판의 이미지가 나온다.

> 하느님께서 그들을 찾아오실 때 그들은 빛을 내고
> 짚단이 탈 때 튀기는 불꽃처럼 퍼질 것이다.
> 그들은 민족들을 다스리고 백성을 통치할 것이며
> 주님이 무궁토록 그들의 왕으로 군림하실 것이다(「솔로몬의 지혜서」 3:7-8).

의인들은 빛나는 것 뿐만이 아니다(단 12장에 대한 암시). 이 비유는 의인이 악의 그루터기를 태워 없앨 때 나는 빛과 열을 모두 포함하도록 의도되었다. (이제 불멸하는) 의로운 사람들은 심판을 집행하는 것은 물론 열방에 통치권을 행사할 것이다. 바로 이것이 다니엘 7장과 다른 제2성전기 문헌이 상상한 반전이다.

두 장 뒤에서 하나님이 택하신 이들의 부활은 그들의 왕과 같은 지위와 훨씬 더 명백하게 관련지어진다.

> 그러나 의인들은 영원히 산다.
> 주님이 친히 그들에게 보상을 주시며

지극히 높으신 분이 그들을 돌봐주신다.

그러므로 그들은 찬란한 왕관을 받고

주님께서 친히 내리신 아름다운 머리띠를 띨 것이다.

주님은 당신의 오른손으로 그들을 덮어주시고

당신의 팔로 감싸주실 것이다(「솔로몬의 지혜서」 5:15-16).

여기에 등장하는 것은 (영광과 존귀로 관을 쓴) 시편 8편을 상기시키는 표현과 더불어 신실한 자들이 그들의 정당한 인간적 지위를 회복하는 모습이다. 종말에는 창조 때의 하나님의 원래 의도가 결실을 맺을 것이다. 이런 해석은 창조의 선함에 대한 「솔로몬의 지혜서」의 강조와 조화를 이룬다.

하느님은 죽음을 만들지 않으셨고

산 자들의 멸망을 기뻐하시지 않는다.

하느님은 모든 것을 살라고 만드셨으며

세상의 모든 피조물은 원래가 살게 마련이다.

그래서 피조물 속에는 멸망의 독소가 없고

지옥은 지상에서 아무런 힘도 쓰지 못한다.

덕스러운 자들은 지옥을 모르며

의인은 죽지 않는다(「솔로몬의 지혜서」 1:13-15).

따라서 「솔로몬의 지혜서」 3:4의 "불멸"(*athanasia*)은 고린도전서 15장과 같이 이 세상의 실재인 죽은 자들 가운데서의 부활을 가리킨다는 사실이 분명해진다. 고린도전서 15장에서 바울도 몸으로 구체화된 불멸

을 제시하기 위해 똑같은 단어를 사용하고 있기 때문이다.[26]

> 나팔 소리가 나매 죽은 자들이 썩지 아니할 것으로 다시 살아나고 우리도
> 변화되리라. 이 썩을 것이 반드시 썩지 아니할 것을 입겠고 이 죽을 것이 죽
> 지 아니함(*athanasia*)을 입으리로다. 이 썩을 것이 썩지 아니함을 입고 이
> 죽을 것이 죽지 아니함(*athanasia*)을 입을 때에는 사망을 삼키고 이기리라
> 고 기록된 말씀이 이루어지리라(고전 15:52-54).[27]

마침내 우리는 신약에 도달했다! 그러나 신구약 전체에서 현세적 소
망의 근본적인 연속성을 보여주기 위해서는 신약의 근거를 구약에서 찾
을 필요가 있었다.

신약에 나타나는 그리스도와 함께 다스림

신약에 부활에 대한 언급이 많은 것을 고려할 때(7장 첫머리에 있는 목록을
보라), 부활의 핵심 위치를 확증할 필요는 없다. 대신 하나님의 백성과 관
련된 종말론적 통치의 모티프―흔히 부활과 관련되어 그것이 초기 기독

---

26) 앞에서 제시한 예들은 제2성전기의 모든 유대인 저자들이 부활의 현세적 상황을 상상하고
   있다고 주장하기 위함이 아니다. 어떤 이들은 (플라톤주의의 영향을 받아) 실제로 하늘로
   올라가는 것을 긍정한다. 그러나 이런 기대는 구약의 기본적인 방향은 물론 부활의 내적
   논리, 즉 인간을 창조한 하나님의 의도의 회복과도 단절되어 있다.
27) 바울이 고전 15:54에서 "승리"(*nikos*)라는 말을 사용하는 것은 부활의 현세적인 성격을
   암시한다. 매튜 포레스트 로우(Matthew Forest Lowe, "Death Dismantled: Reading
   Christological and Soteriological Language in 1 Corinthians 15 in Light of Roman
   Imperial Ideology" [McMaster Divinity College 박사 논문, 2011])가 설명하듯이,
   *nikos/nikē*는 로마제국 이데올로기 어휘의 일부였고, 바울은 그리스도의 부활을 로마의
   지배권을 포함한 모든 형태의 죽음을 이기는 것으로 이해하고 있으므로, 부활에는 현세적
   이고 사회정치적인 의미가 있다.

교 소망의 분명한 요소인 것처럼 많은 신약본문과 뒤얽혀 있는 모티프—에 초점을 맞추는 것이 더 유익할 것이다.

예를 들어 바울이 고린도전서 6:1-6에서 그리스도인들이 서로를 법정에 끌고 가지 말고 대신 교회 안에서 불화를 해결해야 한다고 말하는 이유를 살펴보자. 바울은 이렇게 묻는다. "성도가 세상을 판단할 것을 너희가 알지 못하느냐? 세상도 너희에게 판단을 받겠거든 지극히 작은 일 판단하기를 감당하지 못하겠느냐? 우리가 천사를 판단할 것을 너희가 알지 못하느냐? 그러하거든 하물며 세상일이랴?"(2-3절) 바울이 오늘날 대부분의 그리스도인들에게 이런 질문을 던진다면, 사람들은 이해하지 못하겠다는 시선으로 바울을 쳐다볼 것이다. 성도가 세상을 판단하겠는가? 성도가 천사를 판단하겠는가?

그러나 바울은 제2성전기 유대인들이 기대한 대반전과 그에 수반되는 택함 받은 자들의 통치의 회복에 의존하고 있을 뿐이다. 그리고 (지혜로운 결정을 내리는 일과 심지어 악을 바로잡을 필요가 있을 때 형을 선고하는 일을 포함해서) 심판은 통치권 행사의 한 핵심적 측면이다. 사실 신약에서 성도가 다스리거나 통치하거나 심판하거나 그 밖에 보좌나 면류관에 대한 언급을 포함해서 권한을 행사한다는 표현이 나오는 곳마다, 우리는 종말론적인 하나님 나라, 곧 하나님의 백성에게 약속된 기업이라는 개념적 장(場) 안에서 움직이고 있다.

제자들을 대신해서, 모든 것을 버리고 예수님을 따른 데 대한 보상이 무엇이냐라고 질문한 베드로에게 대답하시면서 예수님은 말세에 있을 거대한 반전에 호소하신다(마 19:27). 예수님은 제자들이 잃어버린 것의 백배를 받고 "영생을 상속"하리라고 설명하신다. "먼저 된 자로서 나중 되고 나중 된 자로서 먼저 될 자가" 많기 때문이다(마 19:29-30). 또한 예수님은 이런 반전을 보좌와 심판과도 관련지으신다. "내가 진실로 너희에게 이르노니 세상이 새롭게 되어 인자가 자기 영광의 보좌에 앉을 때에 나를 따르는 너희도 열두 보좌에 앉아 이스라엘 열두 지파를 심판하리라"(마 19:28).

예수님은 자신들 중 누가 가장 큰 자인가에 관해 논쟁하는 제자들에 대한 반응으로 제자들의 미래에 관해 비슷한 말씀을 하신다(눅 22:24). 거기서 예수님은 제자들에게 (권력을 남용하는) 이방인의 왕들이 아니라, 그분 자신의 섬김의 삶을 권위의 본보기로 삼을 것을 촉구하신다(눅 22:25-27). 예수님은 이런 말씀으로 끝맺으신다. "너희는 나의 모든 시험 중에 항상 나와 함께한 자들인즉, 내 아버지께서 나라를 내게 맡기신 것같이 나도 너희에게 맡겨, 너희로 내 나라에 있어 내 상에서 먹고 마시며 또는 보좌에 앉아 이스라엘 열두 지파를 다스리게 하려 하노라"(눅 22:28-30).

분명히 예수님은 성도의 종말론적 통치에 대한 제2성전기의 기대에 깊이 젖어 계셨을 뿐 아니라, 이 통치의 근거를 자기 삶의 방식에도 두고 계신다. 제자들이 예수님의 고난에 동참한다면, 그들은 예수님의 나라에 동참하게 될 것이다(눅 22:28-29). 이처럼 그리스도의 삶에 동참 내지 참여하는 것은 성경에서 기독교의 소망을 이해하는 방식에 있어서 핵심적이다. 그래서 바울은 신자들이 "하나님의 상속자요 그리스도와 함께한 상속자니 우리가 그와 함께 영광을 받기 위하여 고난도 함께 받아야 할 것"(롬 8:17)이라고 말할 수 있다.

다른 곳에서 바울은 자신도 죽은 자들 가운데서 부활에 이르려면 그리스도의 고난에 동참해야 한다고 주장하며(빌 3:10-11), 예수님이 죽기까지 자신을 비우시고 그 후에 우주의 주로 높아지신 순서를 교회를 위한 모범으로 이용한다(빌 2:5-11).

바울의 초점은 예수님이 그의 희생적인 죽으심으로 죄에 물든 인간을 섬기신 것처럼, 겸손하게 서로를 섬기기 위해 능력을 사용하는 데 있다(빌 2:5-8). 타락한 세상에서 섬김은 흔히 고난으로 귀결된다. 이는 분명 하나님 나라나 통치의 회복에 대한 모든 피상적이고 승리주의적인 이해, 특히 기독교 신앙을 위해 "문화 전쟁"에 참여하는 것(현대 기독교의 몇몇 교단에게는 강력한 유혹이다)에 의문을 제기한다. 우리는 예수님(성육신하신 말씀)의 낮아지심과 복종이 하나님의 통치 방식의 핵심이 된다는 톰 라이트의 도움이 되는 강조점에 주의를 기울여야 한다. 그래서 복음서에 대한 라이트의 심오한 연구서의 제목이 『하나님은 어떻게 왕이 되셨나』(How God Became King, 에클레시아북스 역간)가 되었다.[28] 마찬가지로 마이클 고먼(Michael Gorman)은 그리스도인의 삶에 대한 바울의 이해를 그리스도 희생의 패턴과 일치하는 "십자가 형상"으로 통찰력 있게 묘사했다.[29]

그러나 예수님은 죽음에서 위풍당당하게 부활하셨다. 빌립보서 2장에 나오는 그리스도 찬가의 절정에서는 높아짐의 종점을 이렇게 진술한다. "하늘에 있는 자들과 땅에 있는 자들과 땅 아래에 있는 자들로 모든 무릎을 예수의 이름에 꿇게 하시고 모든 입으로 예수 그리스도를 주라 시인하여 하나님 아버지께 영광을 돌리게 하셨느니라"(빌 2:10-11).[30]

---

28) N. T. Wright, *How God Became King: The Forgotten Story of the Gospels* (New York: HarperOne, 2012). 영국에서는 SPCK에서 다른 부제로 출판되었다.

29) Michael J. Gorman, *Cruciformity: Paul's Narrative Spirituality of the Cross* (Grand Rapids: Eerdmans, 2001); 『삶으로 담아내는 십자가』(새물결플러스 역간). 같은 저자, *Inhabiting the Cruciform God: Kenosis, Justification, and Theosis in Paul's Narrative Soteriology* (Grand Rapids: Eerdmans, 2009).

30) 하나님의 종의 낮아짐과 높아짐 사이의 핵심적인 관련성은 사 52:13-53:12의 유명한 "고난 받는 종"의 시에서 발견된다. 52:13과 53:10-11에서 종의 높아짐은 제2성전기 유대교에서 명백히 부활로 해석되었다. 그리고 예수님이 요한복음에서 "높이 들림"(3:14; 8:28; 12:32-34)에 대해 말씀하신 것은 예수님의 십자가에 죽으심과 영화(부활과 승천) 둘 다를 가리킨다. 사실 "높이 들림"에 해당하는 동사는 *hypsoō*인데, 이 말은 사 52:13의 70인역에서 종의 높아짐에 대해 사용된 말이다. Raymond E. Brown, *The Gospel according to John: Introduction, Translation, and Notes* (Anchor Bible 29-29A; Garden City, NY: Doubleday, 1966-70), 1:146, 475-78을 보라.

하나님의 메시아, 고난 받는 종의 이런 우주적이고 종말론적인 통치는 그리스도인이 동참할 패턴에서 핵심적이다. 여기서 요점은 우리가 사는 세상을 특징짓는 권력남용이 우리가 종말론적 통치에 대한 성경의 분명한 가르침을 회피해야 함을 의미하지는 않는다는 것이다. 권력이 문제가 아니라 권력남용이 문제다. 인간은 창조 때 자비로운 하나님의 형상으로 땅을 다스리라는 사명을 받았고, 예수님은 성육신하신 말씀으로서 자신의 삶과 죽음으로 이런 다스림을 구체화하셨다(요 1:14-18).[31] 다가올 반전의 핵심은 지배권이 권력을 남용하는 이들에게서 박탈되어 제자도와 섬김의 길을 따라 메시아를 좇기 위해 자신을 낮추는 이들에게 주어진다는 것이다.[32]

이스라엘과 인류의 대표자이신 그리스도

예수님의 죽음/치욕과 부활/통치의 전형적인 성격은 (인류의 대표자이기도 한) 이스라엘의 대표자가 백성 전체를 의롭게 할 것이라는 제2성전기의 점증하는 기대에 근거하고 있다. "인자"라는 말은 다니엘 7장에 나오는 "인자"의 이런 대표적 의미에서 (원래 문맥에서) 백성과 (정당하게) 장차올 메시아적 인물을 동시에 뜻할 수 있다.

이런 대표적 개념은 사도행전 17장에 기록된 아덴의 아레오바고에서 바울이 행한 설교의 논리를 이해하는 데 도움이 된다. 바울은 청중에게 하나님의 우주 창조와 "하나님의 형상"으로서의 그들의 지위에 대해 알

---

31) 하나님 형상의 윤리학에 대한 더 자세한 내용으로는 J. Richard Middleton, "Image of God," in *Dictionary of Scripture and Ethics*, ed. Joel B. Green et al. (Grand Rapids: Baker Academic, 2011), 394-97을 보라.
32) 마 25:23에서 주인이 신실한 종에게 하는 말과 같이 "네가 적은 일에 충성하였으매 내가 많은 것을 네게" 맡길 것이다(눅 16:10도 함께 보라).

려준 뒤(24-29절), 그들에게 회개를 촉구한다(30절). 하나님은 "정하신 사람으로 하여금 천하를 공의로 심판할 날을 작정하시고 이에 그를 죽은 자 가운데서 다시 살리신 것으로 모든 사람에게 믿을 만한 증거를" 주셨기 때문이다(31절). 심판을 행하시는 부활하신 이는 의로운 인류의 대표자이시므로 (예수님은 "하나님의 형상"을 완벽하게 나타내신다) 그분의 부활과 통치는 예수님이 대표하시는 이들에게 본보기가 된다.[33]

히브리서 2장은 하나님의 백성이 그리스도의 높아지심과 통치에 참여하는 것이 어떻게 창조와 원래 인간의 소명에 근거하는지를 밝히는 데 극히 유용하다. 히브리서 저자는 그리스도가 하나님의 완벽한 계시로서 천사보다 우월하심을 묘사한 뒤에(1:1-2:4) 이렇게 분명히 말한다. "하나님이 우리가 말하는 바 장차 올 세상을 천사들에게 복종하게 하심이 아니니라"(2:5). 이 구절은 히브리서 1장에 바로 잇따라 나오기 때문에 그리스도의 종말론적 통치에 대한 언급으로 쉽게 오해받을 수 있다. 그러나 제2성전기의 기대감에 젖어 있는 사람이면 누구나 하나님이 미래의 세상을 인간(구체적으로 의로운 인간)에게 맡기셨다고 이해할 것이다. 또한 인간의 통치에 대한 언급은 계속해서 2:6-8에서 시편 8:4-6의 70인역을 인용하면서 강화된다. 구약에서 시편 8편은 명백히 하나님(ʾĕlōhîm)보다 조금 못하게 창조되었고, 영광과 존귀의 관이 씌워졌으며, 하나님이 만드신 만물에 대한 통치를 허락받은 원래 인간의 지위와 역할을 언급한다.

때때로 히브리서 2장은 시편 8편에 대한 단순한 메시아적 해석을 제시한다고 잘못 해석되기 때문에, 우리는 저자가 개진하는 실제 주장을

---

33) 요 5:27에 따르면 하나님은 예수님께 "인자됨으로 말미암아 심판하는 권한"을 주셨다. 이 표현은 "인자의" 두 가지 의미—(원래 통치권이 주어진) 인류의 대표자로서의 예수님과 택함 받은 메시아로서의 예수님—모두를 훌륭하게 활용하고 있다.

주의 깊게 이해해야 한다.[34] 히브리서 기자는 이 시편 본문을 마치 이것이 직접적으로 메시아를 가리키는 것처럼 예수님에게 무비판적으로 단순하게 적용하지 않는다. 오히려 히브리서 기자는 죄 때문에 손상된 원래 인간의 소명에서 시작한다. 히브리서 2:5-9은 전체를 인용할 만한 가치가 있다.

> 하나님이 우리가 말하는 바 장차 올 세상을 천사들에게 복종하게 하심이 아니니라. 그러나 누구인가가 어디에서 증언하여 이르되
>
> 사람이 무엇이기에 주께서 그를 생각하시며
> 인자가 무엇이기에 주께서 그를 돌보시나이까.
> 그를 잠시 동안 천사보다 못하게 하시며
> 영광과 존귀로 관을 씌우시며
> 만물을 그 발아래에 복종하게 하셨느니라.
>
> 하였으니 만물로 그에게 복종하게 하셨은즉 복종하지 않은 것이 하나도 없어야 하겠으나, 지금 우리가 만물이 아직 그에게 복종하고 있는 것을 보지 못하고 오직 우리가 천사들보다 잠시 동안 못하게 하심을 입은 자, 곧 죽음의 고난 받으심으로 말미암아 영광과 존귀로 관을 쓰신 예수를 보니, 이를 행하심은 하나님의 은혜로 말미암아 모든 사람을 위하여 죽음을 맛보려 하심이라.[35]

---

34) 시 8편이 메시아와 직접적인 관련성이 있다는 가정은 Wilber B. Wallis, "The Use of Psalms 8 and 110 in 1 Corinthians 15:25-27 and in Hebrews 1 and 2," *Journal of the Evangelical Theological Society* 15 (1972): 25-29의 해석의 밑바탕에 깔려 있다.

히브리서에 인용된 70인역은 히브리 원어에서 나온 두 가지 이문(異文)이 있다. 첫 번째 이문은 'ĕlōhîm의 의미를 "천사들"로 한정하는데, 이는 아마도 이 단어가 가진 의미의 일부였을 것이다('ĕlōhîm은 하나님, 신적인 존재들, 천사들을 가리킬 수 있다).[36] 그러나 두 번째 이문은 히브리어 원문을 보다 모호하게 만든다. 히브리서 2:7에서 동사 elattoō("~보다 못하게 만들다")와 관련해서 그리스어 어구 brachy ti par'는 (히브리어 원문과 일치하는) "~보다 약간 못하게" 되다(KJV와 NIV가 이런 해석을 따른다) 또는 "잠시 동안 ~보다 못한"(NRSV와 ESV)이라는 뜻을 가질 수 있다. 저자가 이 구절 해석과 관련해서 염두에 둔 것은 바로 이 후자의 시간적 의미다.[37]

인간은 (창조와 종말의 때에) 세상을 다스리도록 창조되었지만, 현재 우리에게는 이런 모습이 보이지 않는다. 대신 죽음이 세상을 다스리고 있고, 인류는 "죽기를 무서워하므로 한평생 매여 종노릇"한다(히 2:15). 그러나 우리에게는 일시적으로 천사들에게 종속되시고 (그분의 형제/자매이자 하나님의 자녀로 묘사된[2:11-14, 17]) 인간 가족과 연대하셔서 "혈과 육"이 되신 예수님이 있다. 예수님은 ("범사에 형제들과 같이") 죽기까지 완전히 인간이 되셨으므로 마귀를 정복하실 수 있었고, 그 결과 인류를 위해 속죄하시고 그들을 사망의 권세에서 해방하셨다(2:14-17). 이제 부활과 승

---

35) 히 2장과 시 8편이 (히브리어와 그리스어 모두) 다스리는 자를 지칭하는 데 단수형 대명사("그는"과 "그를")를 사용한다는 점에 주목하라. 이로 인해 시 8편의 인용구는 인간도 가리킬 수 있고 예수님도 가리킬 수 있다. 그러나 이 사실은 일부 해석자들에게 혼란을 가중시켜, 그들로 하여금 이 인용구가 예수님을 지칭한다는 결론에 이르려고 서두르다가 인간과의 관련성을 너무 빨리 간과하게 했을지도 모른다. NRSV는 이 대명사들이 인간을 가리킬 경우에는 복수형으로 표현되지만 예수님을 가리킬 경우에는 단수형을 유지함으로써 히 2장의 실제 논증을 명확하게 하는 데 도움을 준다.

36) 이 점에 대한 더 깊은 논의로는 J. Richard Middleton, *The Liberating Image: The Imago Dei in Genesis 1* (Grand Rapids: Brazos, 2005), 55-60을 보라.

37) *Brachy*는 신약의 다른 곳에서 적은 양(요 6:7), 짧은 거리(행 27:58), 짧은 시간(눅 22:58; 행 5:34)을 가리키는 데 사용된다.

천으로 높아지신 예수님은 시편 8편의 왕과 같은 비전을 성취하신다("영광과 존귀로 관을 쓰신"[히 2:9]).

이 부활하신 예수님은 바울의 표현을 사용하자면 "많은 형제 중에서 맏아들"이시다(롬 8:29). 요한복음은 유일하신 하나님의 아들(1:14, 18)이 자신의 왕 같은 지위의 특권을 홀로 지니고 계시지 않는다고 설명한다. 그와 달리 예수님은 자신을 믿는 모든 사람에게 "하나님의 자녀가 되는 권세"를 주신다(1:12). 이는 근본적으로 히브리서 2장과 일치하는데, 히브리서 2장은 예수님의 성육신과 죽으심을 통해 하나님이 "많은 아들들을 이끌어 영광에 들어가게"(10절) 하신다고 확언한다. 예수님이 (사망의 수치를 포함하여) 인간의 상황에 동참하신 것처럼, 예수님을 따르는 모든 이들도 그분의 높아지심과 통치에 동참함으로써 인간을 향한 하나님의 목적을 성취할 것이다. 더 분명히 말하자면, 히브리서 기자는 예수님이 "천사들을 붙들어주려 하심이 아니요 아브라함의 자손을 붙들어주려" 하셨다고 진술한다(2:16).

바울은 히브리서 2장과 일치하게 아브라함의 자손이 실제로 "세상의 상속자"가 되리라는 약속을 받았다고 단언한다(롬 4:13). 바울은 아담의 죄와 그리스도의 순종의 결과를 대조하면서, 아담의 범죄로 말미암아 "사망"이 "왕노릇"한 반면, 하나님의 은혜와 의의 수혜자인 이들은 "한 분 예수 그리스도를 통하여 생명 안에서 왕노릇"할 것이라고 설명한다(롬 5:17). 따라서 바울은 예수님의 부활을 다가올 부활이라는 수확의 "첫 열매"라고 부를 수 있다(고전 15:20-23). 또는 디모데후서 2장의 표현과 같이 "미쁘다 이 말이여 우리가 주와 함께 죽었으면 또한 함께 살 것이요 참으면 또한 함께 왕노릇할 것"이다(11-12a절). 그리스도 안에 있는 새 생명은 분명히 종말론적 통치와 관련되어 있다.[38]

"영적인" 통치?

그러나 이것이 반드시 땅 위에서의 통치인가? 성도의 왕노릇에 대한 신약의 언급은 흔히 하늘에서의 "영적인" 왕노릇을 가리키는 것으로 해석되어왔다. 이런 해석에도 일말의 진리는 있다. 보통 목적어를 필요로 하는 동사인 "다스리다"(rule)와 달리 "왕노릇하다"(reign)는 (영어에서나 그리스어 *basileuō*와 그 파생어들에서나) 목적어를 필요로 하지 않는다. 성경 해석자들은 흔히 이런 전후 맥락이 제거된 왕노릇하기가 문법적으로 가능하다는 근거를 에베소서의 "하늘"(직역하면 "천상의 장소들", *epouraniois*)에 앉아 있음에 관한 모티프에서 찾는다.[39] 이것이 왕과 관련된 이미지라는 점은 하늘 보좌에 앉아 계신 하나님에 대한 구약의 묘사와, 성부의 우편에 앉게 되는 결과를 가져오는 신약에서의 그리스도의 승천을 보면 명백하다. 이런 성구들의 왕과 관련된 특성은 에베소서 문맥에 의해 더욱 입증되지만, 이것이 지상의 통치를 가리키는 것 같지는 않다.

에베소서에서 가장 중요한 관련 성구는 가장 화려한 표현으로 묘사되며 우주적 통치를 초래하는 그리스도의 부활과 승천에 초점을 맞추고 있다. "그[하나님]의 능력이…[그리스도를] 죽은 자들 가운데서 다시 살리시고, 하늘에서 자기의 오른편에 앉히사 모든 통치와 권세와 능력과 주권과 이 세상뿐 아니라, 오는 세상에 일컫는 모든 이름 위에 뛰어나게

---

38) 새 생명이 부활이라는 점은 신약신학의 전반적인 패턴뿐만이 아니라 디모데후서의 문맥을 볼 때도 분명하다. 바로 세 구절 앞에 이 진술이 등장하는데, 이 진술은 그리스도의 생명과 통치에 동참하는 것에 관한 말씀을 소개한다. "내가 전한 복음대로 다윗의 씨로 죽은 자 가운데서 다시 살아나신 예수 그리스도를 기억하라"(딤후 2:8).

39) 이 모티프에 대한 면밀한 연구로는 M. Jeff Brannon, *The Heavenlies in Ephesians: A Lexical, Exegetical, and Conceptual Analysis* (Library of New Testament Studies 447; London: T&T Clark, 2011)를 보라.

하시고, 또 만물을 그의 발아래에 복종하게 하시고, 그를 만물 위에 교회의 머리로 삼으셨느니라"(1:20-22).

에베소서의 또 다른 관련 성구는 교회를 그리스도의 부활 생명과 그의 통치에 참여하는 것으로 묘사한다. "긍휼이 풍성하신 하나님이…우리를 그리스도와 함께 살리셨고…또 함께 일으키사 그리스도 예수 안에서 함께 하늘에 앉히시니"(2:4-6). 신자들이 그리스도의 부활과 승천에 참여하는 일은 현재에서 시작하며 하늘에서 발생하는 일로 여겨지므로, 이는 거대한 반전에서 상상하는 지상 통치와 잘 어울리지 않는다. 이는 분명 교회의 부활과 통치가 여기서 영적으로 해석된 것처럼(또는 최소한 지상에서의 일은 아닌 것처럼) 들린다. 그리고 이런 해석은 신자들이 "그리스도 안에서 하늘에 속한 모든 신령한 복을" 받았다는 에베소서의 앞선 진술에 의해서도 뒷받침된다(1:3).

에베소서에서 하늘을 언급한 마지막 두 구절은 하늘에서 벌어지는 하나님과 어둠의 세력의 우주적 충돌에 대해 말하는데, 교회는 여기서 중요한 역할을 맡는다. 에베소서 3장에는 자신의 목적 가운데 이방인들을 공동 상속자로 포함시키려는 하나님의 계획, 즉 이전 시대에는 숨겨졌지만 교회 안에서 드러난 계획의 "비밀"(5-9절)이 나온다. 이 계획의 목표는 "이제 교회로 말미암아 하늘에 있는 통치자들과 권세들에게 하나님의 각종 지혜를 알게" 하려는 것이다(10절). 놀랍게도 새로운 인류로서의 유대인과 이방인의 화해는 마귀적인 천상의 세력에 대한 하나님 승리의 선포다. 그러나 전투는 아직 끝나지 않았다. 에베소서 6:10-18은 기도로 마귀와 모든 악의 세력에 맞서 굳게 서기 위해 하나님의 전신 갑주를 입는 일에 대해 말한다. "우리의 씨름은 혈과 육을 상대하는 것이 아니요 통치자들과 권세들과 이 어둠의 세상 주관자들과 하늘에 있는 악의 영들을 상대함이라"(12절).

성도의 다스림을 영적으로 보려는 해석에서 부분적으로 옳은 점은 우리가 거대한 반전을 단순히 기다리기만 하는 것이 아니라는 점이다. 에베소서가 보여주듯이 이런 회복은 그리스도 안에서 이미 시작되었다. 우리는 악과 계속해서 싸우고 제자도에 흔히 수반되는 고난을 당하는 가운데서도 현재 그리스도의 새로운 생명과 승리에 참여할 수 있다.[40] 그러나 요는 현재는 (하늘에) 감추어져 있는 것이 마지막 날에 땅 위에 드러나리라는 점이다. 이것이 (10장 이하에서 더 분명히 보게 되겠지만) 신약의 묵시록적 패턴이다. 이 패턴은 언뜻 보면 현세에서 내세로 탈출하라고 충고하는 것처럼 보일 수도 있는 골로새서의 한 본문을 통해 분명히 밝혀진다.

> 그러므로 너희가 그리스도와 함께 다시 살리심을 받았으면 위의 것을 찾으라. 거기는 그리스도께서 하나님 우편에 앉아 계시느니라. 위의 것을 생각하고 땅의 것을 생각하지 말라. 이는 너희가 죽었고 너희 생명이 그리스도와 함께 하나님 안에 감추어졌음이라. 우리 생명이신 그리스도께서 나타나실 그때에 너희도 그와 함께 영광 중에 나타나리라(골 3:1-4).

이것은 탈출에 관한 조언이기는커녕 현재 이 땅에서의 삶이 악으로 인해 손상되었다는 솔직한 인정이며, 그래서 우리의 행동이 하늘의 모델 (실제적으로 그리스도 자신)을 본받아야 한다는 말이다. 그러나 "감추어진" 것(우리의 부활 생명)은 마지막 날에―영광 중에 계신 그리스도와 더불

---

40) 하늘에서 다스리는 일이 땅이 배제되는 것을 뜻하지는 않는다. 카이사르조차 하늘에서 로마 제국을 결속시키는 방식으로 신적 통치를 베푼다고 여겨졌기 때문이다. J. R. Harrison, "Paul and the Imperial Gospel at Thessaloniki," *Journal for the Study of the New Testament* 25 (2002): 71-96을 보라.

어-나타날 것이다.

최종 상태로서의 지상 통치

현재 감추어진 것의 종말론적 공개를 좀 더 분명하게 이해하려면, 당연히 신약의 유일한 묵시록인 요한계시록을 살펴봐야 한다. 이 책의 이름과 장르는 둘 다 드러냄에 대해 말하고 있다(영어 단어 "apocalypse"[묵시록]과 "apocalyptic"[계시적인]은 "드러내다"라는 뜻의 그리스어 단어에서 유래했다). 요한계시록에서 우리는 구약과 신약 양쪽에서 찾아낸 지상 통치의 그림에 대한 분명한 확증을 발견한다.

우선 일곱 교회에 보내는 편지(계 2-3장)는 면류관, 보좌, 열방에 대한 통치를 이김-즉 박해 아래서의 신실한 인내-에 대한 상급으로 언급하면서 신실한 자들을 격려한다(2:10, 26-28; 3:11, 21; 21:7).[41]

열방에 대한 통치는 분명 현세적 배경을 암시하며, 이는 요한계시록 5장에서 하나님과 어린양의 보좌를 둘러싼 천상의 예배자들에 대한 환상을 통해 확증된다. 거기서 네 생물과 이십사 장로는 십자가에 못 박혀 희생하신 분을 찬양한다. 그분은 이 희생을 통해 "각 족속과 방언과 백성과 나라 가운데에서" 사람들을 구속하셨다(9절). 어린양은 그의 희생을 통해 구속받은 자들을 "우리 하나님 앞에서 나라와 제사장들"로 삼으셨기에 "그들이 땅에서 왕노릇"할 것이다(10절). 이 땅에서 하나님의 백성이 경험할 최종 상태에 대해 이보다 더 분명한 진술은 찾기 어렵다.

이런 지상 통치는 요한계시록 20장에서 부활과 명백히 관련된다. 거기에는 천년왕국에 대한 환상이 등장하며, 천년왕국에서 신실한 순교자

---

41) 이 본문에 나오는 "이기는 자"(ho nikōn)와 고전 15:54의 "사망을 삼키고 이기리라 [nikos]"와의 언어적 유사성에 주목하라.

들("예수를 증언함과 하나님의 말씀 때문에 목 베임을 당한 자들")은 "살아서 그리스도와 더불어 천 년 동안 왕노릇"한다(4절). 이는 2단계로 된 미래 중에서 첫 번째 단계로 보인다. 따라서 이것은 "첫째 부활"이라고 일컬어진다(5절).[42] 다음으로 요한계시록 5장을 상기시키는 표현으로 이 부활한 사람들이 "하나님과 그리스도의 제사장이 되어 천 년 동안 그리스도와 더불어 왕노릇하리라"라고 한다(20:6). 비록 일시적인 것이기는 하지만 전후 문맥은 지상 통치를 암시한다.

요한계시록 22장의 환상에서는 순교자들을 위한 일시적인 천년왕국이 아닌 모든 의인의 최종 상태를 묘사하는 거의 동일한 표현이 발견된다. 천년왕국과 최종 상태 사이에 마지막 심판을 맞이할 모든 사람의 보편적 부활이 있고, 그때에 사망 그 자체가 불못에 던져진다(20:13-14). 그 다음에 요한은 새 하늘과 새 땅을 보는데, 새 예루살렘이 하늘에서 땅으로 내려오며(21:1-2), 이 환상은 하나님의 거처, 얼굴, 보좌, 빛을 포함해서 그분이 자기 백성에게 자신의 임재를 완전히 드러내시는 모습을 묘사하는 다양한 이미지들을 수반한다(21:3; 22:1-5). (이제 새로운 생명으로 부활한) 하나님의 백성은 하나님을 예배하고 그분과 교제할 뿐만 아니라 (22:3-4), 구약과 제2성전기의 기대를 따라 "세세토록 왕노릇"할 것이다 (22:5). 따라서 의인의 최종 상태는 확실히 부활과 지상 통치의 측면에서 묘사된다.

---

42) (암묵적인) 두 번째 부활은 하나님의 심판대 앞에 서기 위한(계 20:11-13) 의인과 악인의 보편적인 부활(소생)이거나 모든 의인의 최종 상태다. 후자가 둘째 부활로 (이런 용어는 사용되지 않지만) 여겨질 수도 있다는 점은 악인의 결말을 묘사하는 "둘째 사망"이라는 용어를 통해 암시된다(계 20:6, 14-15). 그러나 이 문제는 결코 쉽게 해결되지 않는다.

부활과 통치의 논리

신약의 부활 주제에 대한 이런 전반적 개관이 결말에 이름에 따라, 부활은 불의를 전복하는 것에 바탕을 두고 있다는 점이 분명해진다. 이것은 사망이 현세의 축복과 평강을 위한 하나님의 목적을 방해해온 상황을 바로잡기 위해서다. 특히 하나님의 언약에 신실한 이들이 박해를 받는 억압적인 상황에서는 사망이 최종 결정권을 가진 것처럼 보일 수도 있다. 그러나 성경 전통은 (아가서의 표현을 빌자면) 하나님의 "사랑이 죽음같이" 강하다는 심오한 통찰에 이르렀다(8:6). 진실로 사랑은 죽음보다 강하다. 자기 백성을 향한 야웨의 사랑과 자신의 약속에 대한 신실하심은 (앞서 5장에서 살펴본 것처럼) 포로들이 되돌아오고 남은 자들이 열방 가운데서 모일 것이라는 기대로 이어졌다. 또한 이것은 사망 자체가 결국 하나님의 목적을 좌절시킬 수 없다는 열정적인 소망으로도 이어졌다.

이처럼 부활의 교리는 하나님의 회복하시는 정의에 대한 이상에 바탕을 두고 있다. 이로 인해 톰 라이트는 "부활이 처음부터 혁명적인 교리였다"라고 주장한다.[43] 부활은 순교자들로 하여금 죽음 이후의 미래에 대한 소망을 품고 폭정에 저항하도록 그들을 고무했다. 아마도 이것이 유대교의 통치 계급에 속하여 현상 유지에 이해관계가 있었던 사두개인들이 부활에 반대한 이유일 것이다(마 22:23-33; 막 12:18-27; 행 23:6-10을 보라). 사두개인들은 현재의 세계 질서 속에 둘러싸여 있었다. 그러나 부활은 현재의 질서가 영원히 지속되지는 않을 것임을 뜻한다. 부활은 세상을 완전히 뒤집어놓는다.

부활에 대한 소망은 이처럼 현재 우리가 어떤 고난을 경험하더라도

---

43) Wright, *Resurrection*, 138.

신자들로 하여금 인간의 삶에 대한 하나님의 원래 목적이 궁극적으로 성취되리라고 기대하도록 고무할 수 있다. 빌립보서 1:6에서의 바울의 확언은 적절하다. "너희 안에서 착한 일을 시작하신 이가 그리스도 예수의 날까지 이루실 줄을 우리는 확신하노라." 부활은 하나님의 목적이 궁극적으로 완성되는 것이다.

부활과 통치의 회복 사이의 끊을 수 없는 관계는 바로 창조 때부터 하나님이 목적하신 바다. 태초부터 인간 삶에 대해 하나님이 의도하신 바의 핵심은, 인간이 왕과 같은 지위를 가지고 인간에게 맡겨진 땅을 인자하고 지혜롭게 관리하는 가운데 창조주를 닮아가는 사명이었다(창 1:26-28; 2:15; 시 8:4-8). 이것이 (앞서 2장에서 살펴본 것처럼) 문화 명령, 즉 하나님을 영화롭게 하고 평화로운 세상을 위한 그분의 의도를 반영하는 방식으로 이 땅에서의 삶을 전개해야 하는 우리의 신성한 소명이다. 하나님의 의도는 몸을 입은 사람들의 현세적·문화적 존재 전체가 총체적으로 형통하는 것이다. 부활은 하나님이 인간의 삶을 원래 의도된 바대로 회복시키시는 것이므로, 자연히 죄로 인해 손상된 인간의 존귀함과 지위의 성취를 필요로 한다. 그러므로 부활은 성경적으로 이해하면 문화 명령의 성취와 분리될 수 없다.

사실 부활의 소망은 현재 교회가 일상생활 속에서 하나님 나라를 드러내려 애쓸 때 행동을 촉진하는 중요한 자극제가 될 수 있다. 따라서 바울은 고린도전서 15장에서 부활에 대한 긴 강론을 다음과 같은 격려의 말로 마무리한다. "그러므로 내 사랑하는 형제들아, 견실하며 흔들리지 말고 항상 주의 일에 더욱 힘쓰는 자들이 되라. 이는 너희 수고가 주 안에서 헛되지 않은 줄 앎이라"(58절). 우리가 약속과 성취 사이의 시대를 살아갈 때 우리 주님께 신실하게 살아간다면, 그것이 곧 현재 이 땅에서의 삶을 통해 다가올 하나님의 새로운 세상을 고대하고 구체화하는 것이다.

8장
◆
만물의 구속

7장에서 살펴본 것처럼 부활은 구속받은 이들에게 지상 통치가 회복되는 것과 긴밀히 관련되어 있으며, 이 통치는 원래 인간이 지녔던 "하나님의 형상"의 존귀함이 성취되는 것으로 이해하는 것이 가장 좋다. 땅은 명백히 "하나님의 형상"의 실현을 위한 원래의 배경 또는 환경이며, 부활에 수반되는 종말론적 통치의 암묵적 배경이기도 하다. 그러나 성경은 실제로 우리가 땅 그 자체가 구속될 것이라고 생각하길 바라는가?

우리는 이제 이 책의 출발점이 된 명시적 주제, 즉 지상의 창조세계 대(對) 의인의 영원한 거처로서의 비물질적 하늘이라는 주제에 직면했다. 이것은 현대 종말론에서 뜨거운 화제가 되고 있지만 그렇다고 새로운 화제는 아니다. 오스카 쿨만(Oscar Cullmann)은 이미 1958년에 발표된 부활 신학에 대한 획기적인 저작에서, 그리스도인들이 "우리의 부활을 우주적 구속과 우주의 새로운 창조라는 틀 속에 배치"할 필요가 있다고 단언했다.[1]

---

1) Oscar Cullmann, *Immortality of the Soul or Resurrection of the Dead? The Witness of the New Testament* (London: Epworth, 1958), 9.

그는 몸의 부활이 "완전히 새로운 창조의 일부일 뿐"[2]이라고 말했고, 영혼 불멸에 대한 믿음을 "모든 것, 하나님이 창조하신 세상의 모든 부분을 포함할 새 창조의 신적인 기적"에 대한 믿음과 대조했다.[3]

이 책의 앞장들을 다 읽어본 독자에게는 쿨만의 관점이 분명해 보일 것이다. 성경의 전체 이야기—성경에 나오는 구원의 논리 자체—는 우리로 하여금 구속된 인간의 삶을 위한 환경으로서 (땅을 포함한) 창조질서의 구속을 기대하게 한다.

그러나 성경이 명시적으로 가르치는 내용을 언급함으로써 이 점을 해명할 수 있는가? 8장에서 내 전략은 신약에 나오는 우주적 구속에 대한 가장 분명한 증거를 제시하는 것이다. 8장에서는 가능한 한 가장 포괄적인 표현으로 구속의 궁극적 목적을 언급한 몇 개의 핵심 본문부터 다룬 다음, 요한계시록 21-22장에서 묘사된 바와 같이 창조질서에 대한 하나님이 의도하신 비전의 클라이맥스를 개관할 것이다.[4]

그러나 여기서 제안하는 구속의 총체적 모델에 대한 반증으로 인용되는 전형적인 성경본문이 여럿 있다. 이런 본문들은 땅이 파괴될 것임을 암시하거나, 구속받은 이들의 미래가 세상을 벗어나 하늘에 거하는 것임을 암시하는 것처럼 보이기 때문이다. 나는 이런 본문들을 진지하게 다룰 생각이다. 이를 위해 다음 9, 10장에서는 창조세계의 구속과 상충되는 것처럼 보이는 본문들을 명확하게 다루되, 먼저 우주의 멸망을 예상하는 것처럼 보이는 본문을 다루고, 그 다음에는 천상적 운명을 단언

---

2) 같은 책, 37(쿨만 강조).
3) 같은 책, 59. 쿨만은 책 서문에서 자신이 신자의 최종 운명으로서 몸과 분리된 하늘에서의 불멸 대신 부활과 새 창조를 주장했다는 이유로 받은 항의 편지를 소개하고 있다.
4) 나는 천년왕국, 적그리스도, 환난과 같은 현대 종말론적 관심사의 모든 측면을 다루지는 않으려 한다. 이런 것들은 나의 목적에서 핵심이 아니기 때문이다. 대신 성경이 창조세계의 구속을 가르치고 있는가라는 하나의 핵심적 질문에 확고하게 초점을 맞출 것이다.

하는 것처럼 보이는 본문을 다룰 것이다.

하지만 8장의 목표는 우선 신약이 선하지만 타락한 하나님의 창조세계의 미래를 어떻게 이해하는지를 명확히 밝히는 것이다.

신약에서 포괄적 구원의 범위

가장 좋은 출발점은 구원의 최종적·종말론적 완성—하나님의 구속 목적이 실현될 때 일어날 것으로 기대되는 일—을 묘사하는 신약의 다양한 본문에 나오는 구체적인 진술들이다. 나는 비교적 분명한 다섯 가지 본문을 살펴볼 것이다. 각 본문에서는 다음과 같은 상호 관련된 두 가지 질문에 관심을 두고 진행할 것이다. 첫째, 구원 또는 하나님의 구원하시는 활동이 어떻게 묘사되는가? 둘째, 하나님의 구원활동의 대상 내지 수혜자는 누구 또는 무엇인가? 즉 누구 또는 무엇이 구원받는가? 각 본문에 대해 이런 두 가지 질문을 던질 때, 한 가지 분명한 패턴이 나오는 것을 보게 될 것이다(이 패턴은 표 8.1.에 나타나 있다).

사도행전 3:19-21

다섯 개의 본문 중 겉으로 보기에 가장 수수께끼 같지만 가장 단순한 본문이 사도행전 3장에 있다. 여기서 베드로는 예루살렘 성전 뜰 입구에서 복음을 전파하고 있다. 베드로는 다음과 같이 촉구한다.

그러므로 너희가 회개하고 돌이켜 너희 죄 없이 함을 받으라. 이같이 하면 새롭게 되는 날이 주 앞으로부터 이를 것이요 또 주께서 너희를 위하여 예정하신 그리스도 곧 예수를 보내시리니, 하나님이 영원 전부터 거룩한 예언자들의 입을 통하여 말씀하신 바 **만물을 회복**하실 때까지는 하늘이 마땅히 그를 받아두리라(행 3:19-21).

하나님의 종말론적 구원활동이 어떻게 이해되며 누구 또는 무엇이 구원받는가에 관한 우리의 두 가지 질문을 사도행전 3:21에 적용하면, 비록 구체적인 내용을 많이 제시할 수는 없지만 답은 분명하다.

첫째, 그리스도가 재림하실 때 성취될 하나님의 종말론적 구원활동은 "회복"(*apokatastasis*)으로 묘사된다. 둘째, 이 구원은 가능한 한 광범위하게 적용된다. NRSV의 "우주적인"이라는 단어나 NIV의 "모든 것"(*panta*)에 주목해보라. 베드로에 따르면 구원은 본질적으로 회복시키는 것이며(구원은 죄가 망쳐놓은 것을 고친다), 창조된 실재 전체에 영향을 끼친다는 점에서 총체적이다.[5] 베드로는 명백히 종말에 있을 매우 근본적이고 포괄적인 어떤 것을 기대하며, 이는 구약의 예언과 일치한다고 주장한다. 이 점에서 베드로의 주장은 다가올 하나님 나라에 대한 제2성전기 유대인의 기대와 별로 다르지 않다.

사도행전 3:21의 다소 짧은 우주적 회복에 대한 진술은 신약의 다양한 서신 속에 있는 다른 진술들과 비교해보면 명료해진다.

에베소서 1:9-10

에베소서 1장에는 하나님의 구원계획을 묘사하는 바울의 긴 문장이 나온다. 우리의 목적과 관련해서 가장 중요한 부분은 9-10절인데, 여기서는 하나님이 하시는 일을 다음과 같이 진술한다.

---

5) 교부 오리게네스가 *apokatastasis*를 해석한 방식과 달리 행 3:21에서 이 단어는 모든 사람의 궁극적 구원을 가리키지 않는다(교부 시대에는 오리게네스의 입장이 정확히 무엇이었는지에 관한 논쟁이 있었는데 이는 오늘날에도 계속되는 논쟁이다). 요는 본격적인 보편주의 구원론을 (이런 의미에서) 우주적 구원과 명백히 구별할 필요가 있다는 것이다.

그 뜻의 비밀을 우리에게 알리신 것이요 그의 기뻐하심을 따라 그리스도 안에서 때가 찬 경륜을 위하여 예정하신 것이니, **하늘에 있는 것이나 땅에 있는 것이 다 그리스도 안에서 통일되게(gather up) 하려 하심이라**(엡 1:9-10).

NRSV에서 "모두 모으다"(gather up)라고 번역된 동사(*anakephal-aiōsasthai*)는 "통일하다"(ESV), "요약하다"(NASB), "합치다"(NLT), 심지어 "하나의 머리 아래 합치다"(NIV)라고도 번역되었는데, 이 마지막 번역은 동사의 일부인 *kephalē*("머리")의 존재에 약간의 중요성을 부여하고 있다.[6] 여기서 구원(충만한 때를 위한 하나님의 계획)은 죄로 인해 파편화된 (또는 아마도 소외된) 것을 그리스도 안에서 모두 모으거나 통합하는 것으로 이해된다. 그리고 하나로 만드는 이런 행동은 하늘과 땅에 있는 "모든 것"에 포괄적으로 적용된다(10절). "하늘과 땅"은 창세기 첫 구절이 하나님이 태초에 창조하신 우주를 묘사하는 방식이므로, 에베소서 1장은 사실상 종말론적 구원이 창조세계만큼이나 폭넓을 것이라고 선포한다.

골로새서 1:19-20

세 번째 본문은 골로새서 1장의 본문으로 그리스도의 역할을 창조와 구속의 대리자로 묘사하는 고상한 신학적 진술(아마도 찬가나 시의 일부)의 결론 부분에 나온다(15-20절). 19-20절은 이 진술의 절정을 이루며 성육신에서 하나님의 궁극적인 목적을 표현한다.

---

6) 에베소서 전체에 걸친 이 "장엄한 동사"와 *kephalē*와의 상호작용(그리고 본문에서 들릴 수도 있는 다니엘서의 메아리)에 대한 논의로는 J. Gerald Janzen, *When Prayer Takes Place: Forays into a Biblical World*, ed. Brent A. Strawn and Patrick D. Miller (Eugene, OR: Cascade, 2012), 368-69을 보라.

아버지께서는 모든 충만으로 예수 안에 거하게 하시고 그의 십자가의 피로 화평을 이루사 만물 곧 **땅에 있는 것들이나 하늘에 있는 것들이** 그로 말미암아 자기와 화목하게 되기를 기뻐하심이라(골 1:19-20).

구원은 여기서 반목의 원천, 즉 죄를 제거함으로써 화목 내지 화해가 이루어지는 것으로 이해된다. 실제로 20절은 그리스도의 피를 통한 속죄의 개념을 담고 있다. 이것이 화해가 이루어지는 방식이다. 그러나 그리스도의 피가 "나"를 위해 흘려졌다는 점을 강조하는(그래서 거기에 우리의 이름을 넣으라고 한다) 대부분의 기독교 설교와 대조적으로, 골로새서 1장은 그리스도의 속죄의 효력을 개인이나 심지어 인류에게로 근시안적으로 제한하지 않는다. 이 본문은 속죄가 각 사람에게 충분하다는 점을 부정하지 않으면서도 그리스도가 흘리신 피로 이루어진 화해를 가능한 한 포괄적으로 "만물 곧 땅에 있는 것들이나 하늘에 있는 것들"에 적용한다.

이런 표현은 우리를 다시 (바로 네 구절 앞의) 16절로 인도하는데, 이 구절에서는 그리스도 안에서 "하늘과 땅"의 "만물"이 "창조"되었다고 단언한다. 계속해서 17절에서 "만물이 그 안에서 함께 섰느니라"라고 말할 때, 우리는 20절에서 말하는 화해가 죄로 인해 중단된 그리스도의 창조주로서의 통일하는 사역을 이어가고 완성시킨다고 생각해도 무방하다. 요는 구속이 창조세계만큼이나 폭넓다는 것이다. 이것은 범위 면에서 말 그대로 우주적이다.

로마서 8:19-23

네 번째 본문은 로마서 8:19-23이다. 여기서 바울은 창조세계가 고통으로 신음하고 있다고 말한다. 어떤 번역본들은 바울이 산고를 암시하고 있다고 해석한다(가능한 해석이다). 하지만 여기서 바울이 더 명시적으로

3부 | 우주적 회복에 대한 신약의 비전

사용하는 언어는 이스라엘 족속을 바로에게 속박되어 신음하는 모습으로(이는 다른 종류의 진통이다) 묘사하는 출애굽기 2:23-24의 언어다.[7] 로마서 8장에서 바울은 이 이미지를 죄 아래 있는 인간의 조건과 창조질서 전체에 적용한다.

> 피조물이 고대하는 바는 하나님의 아들들이 나타나는 것이니 피조물이 허무한 데 굴복하는 것은 자기 뜻이 아니요 오직 굴복하게 하시는 이로 말미암음이라. 그 바라는 것은 **피조물도 썩어짐의 종노릇한 데서 해방되어 하나님의 자녀들의 영광의 자유에 이르는 것이니라.** 피조물이 다 이제까지 함께 탄식하며 함께 고통을 겪고 있는 것을 우리가 아느니라. 그뿐 아니라 또한 우리 곧 성령의 처음 익은 열매를 받은 우리까지도 속으로 탄식하여 양자 될 것 곧 우리 몸의 속량을 기다리느니라(롬 8:19-23).

그러면 이 본문은 구원의 본질과, 누가 또는 무엇이 구원받는가에 관한 우리의 두 가지 질문에 어떻게 대답하는가? 우리는 바울의 구원/출산에 대한 비유를 (창조를 다시 태어나는 것으로 그리는 암묵적 묘사와 더불어) 효과적으로 살펴볼 수 있지만, 그의 강조점은 다른 이미지에 있다. 바울은 애굽의 속박으로부터의 구원이라는 출애굽 모형을 활용하여 21절의 구원을 해방 내지 종살이에서 풀려나는 것으로, 이 구원의 수혜자를 "피조물"(21절)과 "하나님의 자녀"(23절)라고 묘사한다.[8]

이 본문의 총체적 논지는 두 가지 면에서 명백하다. 첫째, 인간의 해

---

7) (롬 8장에 대한 논의를 포함하여) 바울이 출애굽 전승을 사용하는 것에 대해서는 Sylvia C. Keesmaat, *Paul and His Story: (Re)Interpreting the Exodus Tradition* (Journal for the Study of the New Testament: Supplement Series 181; Sheffield: Sheffield Academic, 1999)을 보라.

8) 구원의 본보기로서의 출애굽에 대해서는 앞서 4장에서 논의했다.

방은 바울이 이해하는 바대로 ("영혼"에만 영향을 끼치는) 속사람에만 한정될 수 없다. 대신 "구속"(출애굽과 관련되어 특징적으로 사용되는 단어[출 6:6; 15:13])은 23절에서 우리의 몸 자체에 적용된다. 이는 죽은 자들 가운데서의 부활에 대한 (전적으로 적절하지만) 보기 드문 언급이다.

그러나 이 본문은 "피조물"(ktisis) 자체가 하나님의 구원에 참여할 것임을 강조한다는 면에서 또한 총체적이다.[9] 실제로 모든 "피조물"(22절)과 "우리까지도"(23절) 구속—범위 면에서 우주적인 구속—을 갈망한다.

여기서 중요한 점은 바울이 인간 이외의 피조물을 하나님의 구원계획에 포함시키는 논리를 이해하는 것이다. 바울의 그림 속에서 인류는 암묵적으로 바로의 자리를 차지한다. 우리는 마치 애굽 왕이 이스라엘 민족을 압제한 것처럼 피조물을 허무함 내지 좌절에 굴복시켰다. 창세기의 처음 몇 장에 따르면 인간은 이 땅의 환경에 대한 청지기 직분을 허락받았다. 그러나 그때 타락이 찾아왔고, 타락은 우리의 청지기 직분을 왜곡시켰지만 폐하지는 않았다. 학대하는 부모가 가족을 파괴하거나 독재자가 나라를 황폐하게 만들 수 있는 것처럼, 인간의 타락은 우리 보호에 맡겨진 것에 영향을 끼쳤고, 그 결과 인간 이외의 영역은 이제 "허무한 데 굴복"했다.[10] 여기에는 물론 창세기 3:17에 나오는 인간의 불순종에서 비롯된 땅에 대한 저주와 홍수 때에 만연한 인간의 폭력이 땅을 부패하게 하거나

---

9) 여기서 나는 ktisis("피조물")가 무엇을 가리키는지에 관한 논쟁에 참여하고 싶지 않다. 이 단어는 다른 문맥에서 다른 방식으로 사용될 수 있기 때문에, 어떤 이들은 롬 8장에 사용된 이 단어가 이방인이나 불신자 또는 인간의 몸을 가리킨다고 해석한다. 그러나 이 단어를 인간 이외의 피조물로 이해하는 것이 롬 8장의 문맥(특별히 21절의 "피조물"과 22절의 "피조물이 다"라는 표현)에 가장 잘 어울린다.

10) 역사적으로 주석가들은 피조물을 허무한 데 굴복시킨 이의 정체에 관해 의견이 분분했고, 하나님, 마귀(다수 의견), 또는 인간(아담) 등으로 다양하게 가정했다. 인간은 분명 가장 가능성 높은 후보다(설령 하나님이더라도 이는 인간의 죄에 대한 우주적 결과를 초래하는 신적 반응이다).

엉망으로 만든 결과(창 6:11)를 상기시키는 부분이 있다.

그러므로 구속의 과정에서 첫 단계는 압제자들(인류)이 그들 자신의 죄에서 해방되는 것이다. 그 다음에야 인간 이외의 세상의 구속이 시작될 수 있고, 그때 세상은 죄에 물든 인간의 통치에서 비롯된 속박에서 해방될 것이다. 그러나 이 구속은 단순히 속박에서 해방되는 문제만이 아니다. 거기에는 암묵적인 적극적 목표 내지 목적, 즉 미래의 땅에 대한 구속받은 인간의 통치권 행사가 있고, 이는 (7장에서 살펴본 대로) 부활에 대한 성경적 소망을 동반한다. 따라서 로마서 8장은 창조세계의 구속을 가르칠 뿐만 아니라, 새로워진 이 땅에서의 문화 활동을 그리스도 안에서 주어지는 구속의 종말론적 목적으로 이해하는 성경의 배경 틀에 잘 들어맞는다.

베드로후서 3:10-13

다섯 번째 본문은 베드로후서 3:10-13이다. 이 본문은 이 세상 미래에 대한 전적으로 부정적인 진술로 흔히 오해되었다. 불의 심판과 멸망의 언어가 이 구절들을 지배하고 있기 때문이다. 그러나 본문에는 구속에 대한 두 가지 긍정적 진술이 담겨 있다(10, 13절).

> 그러나 주의 날이 도둑같이 오리니 그날에는 하늘이 큰 소리로 떠나가고 물질이 뜨거운 불에 풀어지고 **땅과 그중에 있는 모든 일이 드러나리로다.** 이 모든 것이 이렇게 풀어지리니 너희가 어떠한 사람이 되어야 마땅하냐. 거룩한 행실과 경건함으로 하나님의 날이 임하기를 바라보고 간절히 사모하라. 그날에 하늘이 불에 타서 풀어지고 물질이 뜨거운 불에 녹아지려니와 우리는 그의 약속대로 **의가 있는 곳인 새 하늘과 새 땅**을 바라보도다(벧후 3:10-13).

하나님의 구원활동에 대한 첫 번째 긍정적 진술은 10절에 있는데, 거기서 동사는 "드러나리로다"이며 "땅"(과 그중에 있는 모든 일)은 이 활동의 대상으로 명시된다. 그 다음으로 13절 끝 부분은 하나님의 구원활동을 "새"라는 단어가 두 번 사용됨으로써 암시되는 갱신으로 묘사하며, 이는 의로 특징지어질 창조된 우주 전체("새 하늘과 새 땅")에 적용된다. 이미 살펴본 다른 네 본문과 마찬가지로 여기서도 구원은 하늘과 땅의 창조질서 전체에 변화와 새로움을 가져다주는 포괄적이고 총체적인 것으로 이해된다.

의심할 여지없이 10절에서 동사 "드러나리로다"의 존재는 다소 놀랍게 다가올 수도 있다. 멸망의 이미지가 두드러진 점을 고려하면 독자가 처음에는 "망하리로다", "도말되리로다" 또는 "전멸되리로다"와 같은 동사가 더 잘 어울릴 것이라고 생각하더라도 무리는 아니다. 본문은 (땅을 포함한) 창조질서의 완전한 소멸을 묘사하고 있는 것으로 보이기 때문이다. 이런 맥락을 따라 KJV에서는 땅이 "전소"될 것이라고 말하는데, 이는 분명 본문에 나타나는 지배적인 멸망의 이미지와 잘 어울린다.

"불에 타서"(*katakaēsetai*)는 에라스무스(Erasmus)가 비잔틴 사본 전승에 바탕을 두고 편집한 그리스어 신약성경(1516)으로 거슬러 올라가는 공인 본문("받아들여진 본문")의 독법이다.[11] "불에 타서"는 1973년 이전 KJV 외의 다른 영역본에서도 사용되었다(예컨대 RV, ASV, RSV, 두에-랭스 역, 웨이머스 신약성경, 영의 직역 성경). 그러나 NIV 신약성경이 1973년에 발간되었을 때 영어 번역자들은 처음에 베드로후서 3:10의 동사를 "발가벗겨진"으로 번역함으로써 대세를 거슬렀다. NET 성경("발가벗겨진"), NRSV, HCSB,

---

11) 다양한 소수 본문 전승에는 "사라지다" 또는 "녹다"로 되어 있다. (TEV라고도 알려진) GNT는 "사라질 것이다"라는 번역으로 보아 이런 소수 본문 전승 가운데 하나를 따르는 것으로 보인다.

렉섬(Lexham) 영어 성경("드러난"), ESV, NCV, CEB("폭로된"), NAB("발견된"), CEV("있는 그대로 보인") 등이 이런 번역상의 경향을 따랐다.

신약학자들에게 잘 알려진 바대로 이는 번역상의 결정이 아니라 본문비평의 문제다. NIV 번역자들은 의도적으로 공인 본문에 나온 동사 *katakaēsetai*를 번역하지 않고 문자적으로 "발견될 것이다"라는 뜻을 지닌 동사 *heurethēsetai*(*heuriskō*의 미래 수동태)를 번역했다.[12] 이 동사는 고대 그리스어 사본 중 가장 오래되고 믿을 만한 두 사본인 바티칸 사본과 시내 산 사본(둘 다 기원후 4세기 중반으로 추정됨)에 나타난다.

에라스무스는 비잔틴 사본 전승을 활용했을 때 이미 바티칸 도서관에 바티칸 사본이 존재했음을 알고 있었다. 그러나 19세기에 이르러서야 학자들은 신약본문을 확정하는 데 있어서 바티칸 사본의 가치를 인식하게 되었다. 시내 산 사본은 1859년에 이르러서야 본문비평가 콘스탄틴 폰 티셴도르프(Constantin von Tischendorf)에 의해 시내 산에 있는 동방 정교 수도원에서 발견되었다. 폰 티셴도르프가 1872년에 그리스어 신약본문 교정판을 발간했을 때, 그의 베드로후서 3:10 본문에는 1881년에 발간된 웨스트코트(Westcott)와 호트(Hort)의 유명한 본문 교정판과 마찬가지로 *heurethēsetai*로 표기되어 있었다. 19세기 이래로 성경학자들은 베드로후서 3:10의 더 신뢰할 만한 신약 사본에는 *heurethēsetai*로 표기되어 있음을 알게 되었다.

이런 사실에도 불구하고 후대의 많은 영어 번역자들은 계속 열등한 독법을 활용했다(가장 최근의 NASB 개정판조차 열등한 독법에 바탕을 두고

---

12) 이것은 아르키메데스가 (목욕을 하다가) 고체가 물을 대체하는 원리를 발견한 유명한 이야기에서 사용한 바로 그 동사다. 아르키메데스는 너무 흥분해서 알몸으로 길거리를 질주하며 "유레카!"(*heurēka*, "발견했다")라고 외쳤다고 전해진다. 이 동사는 "heuristic"(발견을 돕는)이라는 단어의 어원이 된다(어떤 개념이 또 다른 발견을 초래하면 그 개념은 "heuristic"한 것이다).

있다). 앨 월터스(Al Wolters)가 주장하듯이 이것은 본문을 넘어서 세계관의 문제다.[13] 이 땅에서의 삶을 평가절하고 구속받은 이들에게 세상을 초월한 운명이 있음을 가정한 이원론적 세계관의 영향을 받은 번역자들은 베드로후서 3장에 나오는 심판의 대의로 하여금 본문을 압도하고 (보다 어려운 독법이 아마도 더 나은 독법이라는 격언을 거슬러) 그들의 본문비평적 선택을 결정하도록 한 것 같다. 본문은 틀림없이 (우주적 대화재의 이미지를 사용하여) 심판과 파괴에 대해 말하고 있지만, 창조세계의 파괴가 아닌 죄의 파괴, 즉 창조세계를 깨끗하게 하거나 정화하는 것을 묘사한다. 우리는 9장에서 이 결정적인 요점으로 되돌아올 것이다.

이 다섯 개의 본문을 종합해보면, 한 가지 분명한 패턴이 나타난다(표 8.1.을 보라). 첫째, 구원은 하나님이 완전히 새로운 어떤 일을 하시는 것이 아니라 다시 하시는 것, 잘못된 것을 고치거나 수리하시는 것으로 이해된다. 이런 점은 이 본문들에서 발견되는 회복, 화해, 갱신, 구속의 언어로 표현된다. 둘째, 이 회복의 사역은 가능한 한 총체적이고 포괄적으로 하늘과 땅에 있는 모든 것에 적용되며, 여기서 "하늘과 땅"이라는 어구는 성경에서 창조질서 전체를 지칭하는 전형적인 방식이다(땅은 특징적으로 인간의 영역으로 이해된다[시 115:16]). 요는 이 다섯 본문에서 상상되는 구원의 최종 상태가 구속받은 자들의 궁극적 거처로서의 비물질적이고 세상을 초월한 "하늘"에 대한 이해와 명백히 모순된다는 것이다.

---

13) Al Wolters, "Worldview and Textual Criticism in 2 Peter 3:10," *Westminster Theological Journal* 49 (1987): 405-13. 이 주제와 그 밖에 성서 세계관과 관련된 주제에 대한 월터스 교수의 예리한 분석에 감사한다. 나는 1970년대 말 토론토의 기독교 학문연구소에서 이런 분석을 배웠다.

성경	하나님의 구원"활동"	하나님의 구원활동의 "대상"
행 3:17-21 (특히 21절)	회복	모든 것
엡 1:7-10 (특히 10절)	모음, 합침, 통일함	하늘과 땅의 모든 것
골 1:16-20 (특히 20절)	(십자가의 피로 말미암아 반목의 원천을 제거함을 통한) 화해	땅에 있거나 하늘에 있는 모든 것
롬 8:19-23 (특히 21, 23절)	해방, 속박에서 벗어남, 구속	피조물 자체, 우리의 몸
벧후 3:10-13 (특히 10, 13절)	발견함, 드러냄, 벌거벗김 (정결케 함), 갱신, 새롭게 함, 재창조	땅과 그 속에서 일어나는 모든 일, 하늘과 땅
구원의 기본적 특징	"회복적임"—구원은 하나님이 (우리를 세상에서 "하늘"로 데려가시는 것이 아니라) 창조세계의 잘못된 것을 고치시는 일이다.	"포괄적이고 총체적임"— 하나님은 우리의 몸을 포함해서 하늘과 땅에 있는 "모든 것"을 속량 내지 회복하려 하신다 (구원은 인간의 "영혼" 에만 적용되는 것이 아니다).

표 8.1. 구원의 포괄적인 범위

우주적 성전에 대한 하나님의 의도

지금까지 탐구한 다섯 개의 핵심 본문과 더불어, 베드로후서 3:13을 상기시키는 어구인 "새 하늘과 새 땅"(계 21:1)을 배경으로 한 새 예루살렘에 대한 요한의 환상도 있다.[14] 요한계시록 21-22장을 포괄하는, 창조세계의 최종적 운명에 대한 요한의 광범위한 환상은 방금 살펴본 다섯 개의 본문에 묘사된 구원에 대한 총체적·포괄적 이해를 뒷받침하기 때문만이 아니라, 우리가 이 책에서 여러 번 다룬 성경 전체에 걸쳐 발견되는 궤적의 정점을 묘사하기 때문에도 찬찬히 살펴볼 만한 가치가 있다. 그 궤적의 정점은 하늘과 땅이 도달하게 될 운명, 즉 하나님의 신성한 거처인 우주적 성전이 되는 것이다.

앞서 2장에서는 우주를 향한 성경적 비전이 하나님의 성전임을 개략적으로 설명했다. 하늘은 하나님의 보좌가 있는 지성소로서 (하늘은 우리가 직접 다가갈 수 없으므로) 초월성의 이미지인 동시에, (하나님은 자신이 창조하신 우주 안에 거하시기로 선택하셨으므로) 내재성의 이미지다.[15] 인간은 우주적 성전에 있는 하나님의 살아 있는 형상으로서 땅을 다스리거나(창 1:26-28) 동산을 경작하고 지킬 때(창 2:15), 자신의 문화적 노력 속에서 창조자를 신실하게 대변하여 온 세상에 하나님의 임재를 중계 내지 전달해야 한다.

창세기의 에덴동산에 대한 최근의 많은 연구는 이 동산이 땅의 나머

---

14) 유일한 차이점은 계 21:1에서는 단수형인 "하늘"을 사용하는 반면, 벧후 3:13에서는 복수형인 "하늘들"을 사용한다는 점이다.

15) 테런스 프레타임은 성경적 세계관에서 "하늘"은 창조질서의 일부이므로, 하나님의 보좌가 "하늘"에 위치해 있는 것은 사실 창조세계 안에서의 그분의 내재성에 관한 이미지라는 중요한 주장을 펼친다(*The Suffering of God: An Old Testament Perspective* [Overtures to Biblical Theology 14; Philadelphia: Fortress, 1984], 37).

지 부분과의 관계 속에서 성막이나 예루살렘 성전에 있는 지성소와 유사한 역할을 한다는 점을 시사한다. 에덴동산은 지상에 하나님이 임재하신 최초의 핵심 장소다. 이곳은 인간에게 명령을 내리심에 있어서나(2:15-17) 심판을 선언하심에 있어서나(3:8-19), 하나님의 임재가 최초로 나타난 곳이다.[16] 이 동산은 적어도 인간 역사의 서두에서만큼은 땅과 하늘 사이의 연결고리다. 여기에는 인류가 신실하게 동산을 돌보거나 땅을 경작한 만큼, 지상의 영역 전체가 인간에게 알맞은 거처로 변화될 때까지 동산이 확대된다는 의미가 함축되어 있다. 동시에 그로 인해 땅은 하나님께도 알맞은 거처가 될 것이다.[17]

---

16) 전통적 해석은 (하나님의 심판을 언급하는) 창 3:8을, 최초의 인간들이 야웨 하나님께서 "그날 바람이 불 때"(문자적으로는 yôm의 ruaḥ 속에서) 동산을 거니시는 소리를 들었다는 의미로 이해한다. ruaḥ는 "바람"을 의미할 수 있고 바람은 온도를 낮춰 주는 반면, yôm은 보통 "날"을 의미하므로 이는 어느 정도 의미가 통한다. 이런 해석은 70인역으로 거슬러 올라가는데 70인역에서는 이 어구를 "저녁에"(to deilinon)로 번역했다. 그러나 몇몇 사전에서 제시된 (아카드어 단어에서 유래된) "폭풍"이라는 yôm의 부차적인 (덜 흔한) 의미가 있다(따라서 이 표현은 "폭풍의 바람"을 의미할지도 모른다). 따라서 최초의 인간들이 들었던 "소리"는 하나님을 동산에서 한가로이 저녁 산책을 하시는 모습으로 묘사하는 것이 아니라, 나무들이 폭풍 속에서 마구 나부끼는 소리일 수도 있으며, 이는 하나님이 심판하러 오실 때의 물리적 효과다. 이것이 흔히 큰 굉음과 함께 폭풍을 동반하는 구약의 신현 패턴과 더 잘 어울린다(나무들이 쪼개지고 쓰러지는 숲 속에서의 고전적인 폭풍 신현을 보려면 시 29편을 보라). 창 3:8에 대한 이런 해석에 대해서는 Jeffrey J. Niehaus, *God at Sinai: Covenant and Theophany in the Bible and Ancient Near East* (Studies in Old Testament Biblical Theology; Grand Rapids: Zondervan, 1995), 155-57을 보라.

17) 다음 자료들을 보라. Gordon J. Wenham, "Sanctuary Symbolism in the Garden of Eden Story," in *I Studied Inscriptions from Before the Flood: Ancient Near Eastern Library and Linguistic Approaches to Genesis*, ed. Richard S. Hess and David Toshio Tsumura (Sources for Biblical and Theological Study: Old Testament Series; Winona Lake, IN: Eisenbrauns, 1994), 399-404; Gregory K. Beale, *The Temple and the Church's Mission: A Biblical Theology of the Dwelling Place of God* (New Studies in Biblical Theology 17; Downers Grove, IL: IVP Academic, 2004) 『성전신학』(새물결플러스 역간); T. Desmond Alexander, *From Eden to the New Jerusalem: An Introduction to Biblical Theology* (Grand Rapids: Kregel, 2009); T. Desmond

인류가 땅을 다스리도록 "땅에 충만"하라는 사명을 받았을 때(창 1:28), 이 생물학적 명령은 단순한 생식 그 이상을 의미했다. 물론 땅을 다스리기 위해 인간은 늘어나야 했다. 그러나 이방 신전에 있는 형상이나 제의용 신상과의 유비에 따라, 하나님의 우주적 성전 안에서 "그분의 형상"이 되라는 인간의 소명은 땅을 신적인 임재로 채우는 일도 포함했다. 인류가 계속해서 번성하고 늘어나면서 인간의 목적은 땅에서의 신실한 문화 계발을 통해 하나님의 거룩한 임재를 하늘에서 땅으로 매개하는 것이었다.

그러나 죄가 그 신성한 부르심을 방해했다. 창세기가 말해주듯이, 인간은 하나님의 목적에서 벗어남으로써 땅을 자손으로만이 아니라 폭력으로도 가득 채웠고, 그렇게 땅을 더럽혔다(창 6:11). 그래서 세상을 하나님이 거하시기에 알맞은 곳으로 변화시키는 발전적·역사적 과정은 결코 완료되지 못했다.

그러나 좋은 소식은 하나님이 창조세계를 포기하지 않으셨다는 것이다. 창조자는 인간과 우주를 원래의 의도대로 회복시키시고자 구속의 과정을 시작하셨다. 그래서 우리에게는 하나님이 준비하신 미래를 예기하는 성경 이야기, 집요하게 종말론적이고 진취적인 성경 이야기의 긴박성이 있다(3장에 나오는 성경 줄거리에 대한 논의를 보라).

이스라엘을 통해 재개된 하나님의 의도

폭력이 땅 위에서 하나님의 형상이 되어야 하는 인간의 소명을 방해하고 왜곡시켰으므로, 하나님은 이런 상황을 바로잡으시기 위해 역사 속에

Alexander and Simon J. Gathercole, eds., *Heaven on Earth: The Temple in Biblical Theology* (Carlisle: Paternoster, 2004).

3부 | 우주적 회복에 대한 신약의 비전

개입하셨다. 성경이 말해주듯, 창조자는 아브라함과 그의 자손들이 모든 족속과 민족에게 복을 전달하도록(창 12:3; 18:18; 22:18; 26:4; 28:14) 그들을 "왕 같은 제사장"(출 19:6)으로 택하심으로써 구속 사역에서 새로운 주도적 역할을 시작하셨다. 그러므로 열방에 대한 이스라엘의 소명은 "하나님의 형상"으로서의 인간이 땅에 대해 가지는 소명과 유사하며, 이는 아브라함에게 자신을 드러내신 창조자 하나님과의 구속적 관계 속으로 다른 사람들을 인도하는 소명을 의미한다. 따라서 이스라엘의 구속은 그 형상을 하나님이 새롭게 하시는 일의 시작이 되며, 이는 한 가족으로 시작되었지만 인류 전체로 확산되도록 의도된 과정이다.

이와 비슷하게 성막(출 25-40장)은 구속되고 있는 한 백성과 함께 땅 위에 거하시기 위한, 타락 이후의 하나님의 첫 조치다. 건물이 완성되었을 때 구름이 회막 위로 내려왔고, 성막은 야웨의 임재의 영광으로 가득 찼다(출 40:34-35).[18] 그 후 구름이 성막에서 떠올라 출발할 때마다 이스라엘 백성이 그 뒤를 따랐다. 이처럼 하나님의 임재는 광야 여행 중에 낮에는 구름으로 밤에는 불로 백성 가운데 있었다(출 40:36-38).

이스라엘 역사에서 중요한 시점에(백성이 원주민들이 두려워서 약속의 땅에 들어가기를 거부했을 때) 모세는 이스라엘과 대면하시는 하나님의 독특한 임재를 민수기 14:14에서 강조하며, 그분의 임재에 필수적인 것으로 출애굽기 40:38의 구름과 불을 구체적으로 언급한다. 모세는 금송아지 사건 때도 그랬듯이(출 32-24장), 백성을 위해 하나님께 탄원한 뒤 하나님으로 하여금 그들의 죄를 다시 한 번 용서하는 데 동의하시게 한다(민 14:20). 그러나 하나님은 그 세대 중에는 아무도 약속의 땅에 들어갈 수 없을 것이라고 맹세하신다(14:22-23). 사실 하나님은 광야 세

---

18) 왕상 8:10-11과 대하 7:1-3에 따르면 하나님의 영광은 예루살렘 성전이 지어졌을 때도 거기에 가득 찼다.

대에 대한 이 심판의 맹세의 근거를 보다 큰 목적에 두신다. "그러나 진실로 내가 살아 있는 것과 여호와의 영광이 온 세계에 충만할 것을 두고…"(14:21). 여기서 야웨의 분노가 이스라엘에 대해 불붙는 이유는 그들이 우주적 성전을 하나님의 임재로 충만하게 할 방편이 되어야 했기 때문이다. 하나님의 맹세는 현 세대의 고집에도 불구하고 그분을 이 목적에 헌신하게 한다.[19]

예수님과 교회 안에서의 형상과 임재

구속의 길고 복잡한 역사 이후에 하나님의 구원 행동은 예수님의 오심에서 절정에 이르며, 예수님은 "하나님의 형상"의 전형이자(고후 4:4-6; 골 1:15; 히 1:3), 첫 번째 아담이 불순종으로 인해 위태롭게 한 것을 (죽기까지) 순종하심으로 성취하신 둘째 아담이다(롬 5:12-19). 하나님의 형상으로서의 인간에 대한 구약의 배경을 감안하면, 인류가 실패한 곳에서 예수님이 땅 위에 하나님의 임재를 드러내는 데 성공하셨음을 의미한다. 그리고 바로 이것이 신약성경이 주장하는 바다. 마태복음은 예수님이 태어나실 때 이사야 7:14의 'immānû'ēl'("하나님이 우리와 함께 계심") 예언을 성취하셨다고 선언하며(마 1:22-23), 골로새서 1:19은 "아버지께서는 모든 충만으로 예수 안에 거하게" 하셨다고 설명한다. 확실히 예수님은 이 땅에서의 생애 전 범위에 걸쳐 하나님의 성품과 임재를 너무나 잘 드러내셔서 제자들에게 "나를 본 자는 아버지를 보았거늘"이라고 말씀하실 수 있었다(요 14:9).

---

19) 일부 역본들은 민 14:21의 미완료 동사를 현재 시제("충만한")로 번역하지만, 이 동사를 미래("충만할")로 번역한 NRSV의 번역이 미완료의 전형적인 의미이며 문맥의 의미를 훨씬 더 잘 살려준다. 보다 오래된 히브리어 문법에서는 "미완료"를 흔히 "미래"라고 지칭했다.

여기서 특히 중요한 것은 성육신이 성막과 신적 임재를 암시하는 언어로 묘사된다는 점이다. "말씀이 육신이 되어 우리 가운데 거하시매 우리가 그의 영광을 보니 아버지의 독생자의 영광이요 은혜와 진리가 충만하더라"(요 1:14). "영광"은 이스라엘과 성막 가운데서의 야웨의 임재에 대해 사용되는 단어일 뿐만 아니라, 그리스어 동사 *skēnoō*를 번역한 "거하시매"는 70인역에서 흔히 히브리어 *šākan*("거하다")을 번역한 말이다. 또한 *šākan*에서 명사 *miškan*("성막")과 *Shekinah*, 즉 세상 속에서의 하나님의 영광스런 임재라는 후대 랍비 문헌의 개념이 나왔다.[20]

예수님의 다음과 같은 유명한 말씀도 있다. "두세 사람이 내 이름으로 모인 곳에는 나도 그들 중에 있느니라"(마 18:20). 이 말씀은 "두 사람이 함께 앉아 있고 율법의 말씀이 그들 사이에 [선포]되면, 하나님의 임재[*Shekinah*]가 그들 사이에 있다"라는 랍비들의 말과 비교해볼 때 그 깊이가 더해진다.[21] 톰 라이트의 말을 빌면 예수님은 "마치 자신이 곧 자기 백성과 함께 장막을 치신 야웨의 임재인 *Shekinah*인 것처럼" 말씀하

---

20) 요한복음 머리말(요 1:1-18)의 "말씀"에 대한 유대 배경의 일부는 성막에 거하기 위해 하늘에서 내려오는 하나님의 지혜에 대한 집회서 24:1-12의 묘사다. 이 그리스어 문헌에서는 하나님이 "지혜"에게 이스라엘 가운데 "네 거처를 만들라"라고 말씀하실 때 복합 동사 *kataskēnoō*를 사용하며, 거룩한 "장막" 즉 성막과 관련된 명사인 *skēnē*를 사용한다(24:8, 10). 요한복음 머리말의 유대적 배경에 대한 간략하고 명쾌한 서론으로는 Daniel Boyarin, "Logos, A Jewish Word: John's Prologue as Midrash," in *The Jewish Annotated New Testament*, ed. Amy-Jill Levine and Marc Zvi Brettler (Oxford: Oxford University Press, 2011), 546-49을 보라. 보다 광범위한 연구로는 Daniel Boyarin, "The Gospel of the Memra: Jewish Binitarianism and the Prologue to John," *Harvard Theological Review* 94 (2001): 243-84을 보라.

21) 미쉬나 「아보트」 3:2에 인용된 랍비 하나냐 벤 테라디온의 말. 번역은 Benedict Thomas Viviano, *Study as Worship: Aboth and the New Testament* (Studies in Judaism in Late Antiquity 26; Leiden: Brill, 1978), 67을 따랐다. 처음에 사용된 괄호는 비바아노가, 두 번째 괄호는 내가 삽입한 것이다.

고 행동하셨다.[22] 그리고 많은 신약학자들은 복음서들이 어떻게 예수님을 대체 성전, 즉 자신이 신적 임재의 최종적인 처소이자 예루살렘 성전이 성취했어야 할, 하나님과의 연락 수단이라고 주장하신 분으로 묘사하는지를 탐구해왔다.[23]

예수님은 부활과 승천을 통해 이제 신약에서 "그리스도의 몸"(고전 12:12-27), 그리고 하나님의 형상으로 새로워진 "새 인류"(엡 4:24; 골 3:9-10; 참조. 고후 3:18)로 묘사된, 서로 및 하나님과 화해한 유대인과 이방인의 국제적 공동체인 교회의 머리가 되셨다.[24] 그러나 교회는 약속된 미래의 맛보기(고전 3:16-17; 6:19; 고후 6:16)이신 성령(신적인 *Shekinah*)이 내주하시는 하나님의 성전이기도 하다. 실제로 에베소서 2장은 먼저 교회를 유대인과 이방인의 "한 새 사람"으로 묘사한 다음(15절) 계속해서 이 새 인류를 "주 안에" 있는 "성전"으로 묘사하는데(21절), 이 성전은 "하나님이 거하실 처소"로 지어져가고 있다(22절). 이 세 가지 이미지―그리스도의 몸, 새 인류, 하나님의 성전―는 필수불가결하게 관련되어 있다. 이 이미지들이 하나님의 구원의 임재를 이 땅에서의 삶에 충만히 가져다주기 위한 그리스도의 사명을 이어가는 교회의 실재와 소명을 가리키기 때문이다. 이 소명은 결과적으로 치유를 가능케 할 것이다.

---

22) N. T. Wright, *The Challenge of Jesus: Recovering Who Jesus Was and Is* (Downers Grove, IL: InterVarsity, 1999), 114.

23) 이것은 복음서의 상당한 분량을 열어젖히는 놀랍도록 풍성한 주제다. 이 주제에 대한 많은 저작 중에서 특히 Brant Pitre, "Jesus, the New Temple, and the New Priesthood," *Letter and Spirit* 4 (2008): 48-83; Nicholas Perrin, *Jesus the Temple* (Grand Rapids: Baker Academic, 2010)을 보라.

24) 엡 4:24의 *kainon anthrōpon*(KJV에서는 "새 사람")이라는 표현은 현대의 많은 역본(예 NIV)에서 흔히 "새 자아"로 번역된다. 하지만 타락이 가로막은 인간의 원래 목적에 이르도록 의도된, 하나님의 형상으로 새로워진 인류라는 공동체적 의미를 더 잘 표현한다는 점에서 "새 인류"라는 번역이 더 적절하다.

하나님의 의도는 그분의 임재가 땅과 하늘이 하나 되도록 하늘에서 땅으로 확대되는 것이다. 이것이 예수님께서 우리에게 "나라가 임하시오며 뜻이 하늘에서 이루어진 것같이 땅에서도 이루어지이다"(마 6:10)라고 기도하라고 가르치신 이유다. 땅을 하늘과 일치하게 하는 것이 하나님의 뜻이다. 그래서 예언자들은 "물이 바다를 덮음같이 여호와를 아는 지식이 세상에 충만할" 날을 마음속에 그린다(사 11:9; 합 2:14).

비슷한 맥락에서 에베소서 4장은 우리에게 그리스도가 땅에서 승천하신 것이 일시적인 일일 뿐이었다고 말한다. 그 궁극적 목적은 그리스도가 "만물을 충만하게" 하는 것이다(10절). 또는 바울이 고린도전서 15장에서 표현한 대로 그리스도가 마지막 날에 사망을 정복하시고(26절) 나라를 아버지께 바치신 뒤에, 하나님이 "만유 안에" 계실 것이다(28절). 나는 그리스도가 만물을 충만하게 한다거나, 하나님이 만유 안에 계신다는 표현이 마치 범신론적인 말처럼 들려서 불편하게 여겨졌다. 그런데 이것이 우주적 성소에 퍼져 있는 하나님의 영광스런 임재를 묘사하는 성전 이미지라는 것을 이해하게 되었을 때 나의 두려움은 가라앉았다.

우주적 성전의 운명

요한계시록 21-22장에 나오는 새 예루살렘에 대한 요한의 환상에서 우리는 하나님의 창조목적이 마침내 성취되었을 때 그것이 어떤 모습일지에 대한 묘사를 발견한다. 이 장들은 신약성경의 유일하고 본격적인 묵시록에 속하며 이상한 상징 표현으로 가득하므로, 지나치게 문자적 해석을 하지 않도록 주의할 필요가 있다.[25] 그렇지만 상징조차 진실을 전달하

---

25) G. C. 베르카우어는 종말론적 이미지, 특히 묵시론적 이미지에서는 표현 방식과 이미지의 의도를 구별해야 한다고 강력히 충고한다. 전자는 문자적으로 해석하면 혼란스러울 수

려는 의도를 지니고 있다.

예를 들어 요한계시록 21:1에서 바다가 사라지는 것("바다도 다시 있지 않더라")은 새로운 창조세계에서는 아무도 수영하러 가지 않는다는 점을 강조하는 것이 아니다. 더 정확히 말하면, 바다는 고대 근동에서 혼돈과 악의 세력에 대한 전통적 상징이다(따라서 계 13:1에서 짐승 중에 하나가 바다에서 나온다).[26] 요는 악과 혼돈의 세력이 근절되리라는 것이다. 이 이미지의 전통적 배경 외에도 요한계시록에서는 앞에서 로마 제국의 해상무역 착취를 언급했는데, 이 해상무역은 (상징적으로 "바벨론"이라고 불리는) 큰 성 로마가 무너질 때 끝날 것이다(18:11-18). 이 성이 사라지는 것을 애통해하는 이들 가운데 "모든 선장과 각처를 다니는 선객들과 선원들과 바다에서 일하는 자들"이 포함된 것은 바로 그 때문이다(18:17-18). 그러므로 종말에 (로마 제국의 경제적 팽창을 용이하게 한) 바다가 더 이상 존재하지 않으리라는 것은 좋은 소식이다.[27]

새 예루살렘에서 가장 중요한 점은 하나님의 임재가 하늘에서 내려옴으로써, 하늘에서 땅으로 결정적으로 옮겨진다는 점일 것이다. 여기에는 두 가지 측면이 있는데, 하나는 예상되는 것이고, 다른 하나는 보다

도 있지만, 여전히 본문이 전달하려고 하는 바를 이해할 수 있다(*The Return of Christ*, trans. James Van Oosterom, ed. Marlin J. Van Elderen [Studies in Dogmatics; Grand Rapids: Eerdmans, 1972], 216-17).

26) 이 상징적 표현에 대한 논의로는 J. Richard Middleton, "Created in the Image of a Violent God? The Ethical Problem of the Conquest of Chaos in Biblical Creation Texts," *Interpretation* 58 (2004): 341-55을 보라.

27) 요한계시록의 바다에 대한 논의로는 David J. Hawkin, "The Critique of Ideology in the Book of Revelation and Its Implications for Ecology," *Ecotheology* 8 (2003): 161-72을 보라. 계 21:1에서 바다가 사라지는 것은 J. 밀리 웹(Mealy Webb)이 "하늘과 땅 사이의 아주 오래된 장벽"으로 묘사하는 "유리 바다"(4:6; 15:2)가 없어지는 것을 가리킬 수도 있다(*After the Thousand Years: Resurrection and Judgment in Revelation* 20 [JSOTSup 70; Sheffield: JSOT Press, 1992], 242).

놀라운 것이다.

성경의 궤적을 고려하면 하나님의 보좌에서 나는 음성이 "보라! 하나
님의 장막이 사람들과 함께 있으매 하나님이 그들과 함께 계시리니, 그
들은 하나님의 백성이 되고 하나님은 친히 그들과 함께 계셔서"(계 21:3)
라고 선언하는 것은 예상할 수 있는 일이다. 이것은 분명 야웨께서 자기
백성인 이스라엘 가운데 거하시거나[šākan](출 29:45-46), 그들 가운데
자신의 "거처"[miškan]를 정하시겠다는(레 26:11-12) 모세 오경에서 명백
히 표현된 옛 약속의 성취다. 실제로 요한계시록 21:3에서 "계시리니"에
해당되는 그리스어 단어는 skēnoō(이 단어는 šākan의 전형적인 번역어다)
로, 요한복음 1:14에서 말씀의 성육신에 대해 사용된 바로 그 동사다. 이
와 유사하게 요한계시록 21:3의 "장막"은 관련 명사 skēnē를 번역한 것
으로, 70인역에서는 이 명사를 성막에 대해 사용한다(히브리어 miškan).
여기까지는 아무런 문제가 없다.[28]

그러나 구약에서는 하나님의 임재에 대해 사용되는 두 가지 특징적
인 동사가 있다. 동사 šākan은 특히 성전에서 하나님이 이스라엘과 함
께 거하시는 것에 대해 흔히 사용되며, 에스겔 43:7에서는 하나님이 종
말론적 성전에 항구적으로, 또는 영원히 거할 것(여기서도 šākan을 사용)
임을 약속한다. 그런데 동사 yāšab는 하나님이 하늘에서 (보좌 위에) "앉

---

28) 때때로 그리스어 skēnoō의 바탕에 깔려 있는 히브리어 동사 šākan은 일시적이거나 비영
구적인 현존만을 가리킨다고 여겨진다(결국 성막은 비영구적 구조였다). 이런 해석은 그
기원이 프랭크 무어 크로스의 초기 논문("The Tabernacle: A Study from an Archeolog-
ical and Historical Approach," *Biblical Archeologist* 10 [1947]: 45-68)까지 거슬러
올라가며, 이 주제에 대한 상당히 대중적인 사고로 발전했다. 그러나 šākan은 히브리어
성경에서 항구성을 뜻하는 단어들과 함께 등장할 뿐만 아니라, 겔 43:7에서도 야웨가 종
말론적 성전에서 하나님의 백성과 함께 "영원히 거하실[šākan]" 것이라고 직접적으로
주장한다.

아 계심"(따라서 "다스리심")을 표현하기 위해 따로 남겨둔 단어다.[29] 어떤 이스라엘 사람들은 야웨가 예루살렘 성전에 정주했다고 생각했겠지만, 이사야는 "주께서 높이 들린 보좌에 앉으셨는데[*yāšab*], 그의 옷자락 [만이] 성전에 가득"한 환상을 보았다(사 6:1). 이 환상의 규모는 엄청나다. 야웨는 (솔로몬이 왕상 8:27에서 인정하듯이) 예루살렘 성전이 그 안에 도저히 다 품을 수 없다. 따라서 이사야의 환상은 지성소에 있는 언약궤가 (통속적으로 그렇게 생각되듯이) 하나님의 보좌가 아니라 그분의 발판에 불과함을 암시한다. 실제로 야웨께서 나중에 이사야서에서 선포하시듯, "하늘은 나의 보좌요 땅은 나의 발판"이다(사 66:1).

구약에서 하나님은 하늘 보좌에서 땅을 다스리시지만(시 11:4; 14:2), 요한계시록 22:3에 이르면 상황이 결정적으로 바뀌어 있다. 신약본문은 우리에게 거룩한 성에는 더 이상 어떤 저주(또는 저주받은 어떤 것)도 없다고 말한다(창 3:17의 땅에 임한 저주가 실질적으로 뒤바뀐 것이다). 이는 근본적으로 새로운 한 가지 일을 가능케 한다. 즉 하나님의 보좌가 이제 더 이상 하늘에 있지 않고 성 한가운데 있다(계 22:3; 계 21:3, 5과 22:2도 함께 보라). 하나님의 우주 통치의 중심은 이제부터 영구히 새로워진 땅에 세워질 것이다. 우주적 성전의 운명은 이렇게 완성된다. 최종적 하나님의 임재는 이제 지상의 피조세계 속에서 나타난다.

새 예루살렘에서의 하나님의 임재를 고려하면 이 성이 정육면체로 묘사되는 것은 의미심장하다. "길이와 너비와 높이가 같더라"(계 21:16).

---

29) 에릭 베이커(Eric Baker)는 2009년 3월 26, 27일에 오하이오 주 케임브리지에서 열린 이스턴 그레이트 레이크스 성경학회 연례회에 제출한 "The Enthronement of God in Heaven, the Dwelling of God on Earth: A New Look at the Hebrew Scriptures"라는 논문에서 이런 구별을 설득력 있게 옹호한다. 이것은 "제2성전기 유대교에서의 예루살렘 성전의 종말론적 역할"(The Eschatological Role of the Jerusalem Temple in Second Temple Judaism)에 관한 베이커의 박사 학위 논문의 일부다.

　　　　　　　　　　　　　　　　　　　　3부 | 우주적 회복에 대한 신약의 비전

이것은 요한이 (겔 40-44장의 비슷한 모티프에서 가져온) 측량하는 자를 가진 천사에게서 알게 된 사실이다. 이 성은 크기가(이것이 정육면체의 각 면의 길이인지 아니면 모든 면을 합친 길이인지는 불분명하지만) 2,400킬로미터보다 약간 작은 1,200스타디온이나 되는 어마어마한 성으로 밝혀진다. 로버트 하인라인(Robert Heinlein)은 자신의 소설 『욥: 정의의 희극』(*Job: A Comedy of Justice*)에서 폭과 높이가 같은 이 성을 우스꽝스러울 만큼 자세하게 묘사했는데, 이는 우리가 이 상징들을 문자적으로 해석해서는 안 되는 이유를 뒷받침해줄 뿐이다.[30] 이 성이 엄청나게 큰 것은 거기에 많은 사람이 거할 공간이 있기 위해서다("하나님의 자비에는 넉넉함이 있다"; 파버[Faber]). 반면에 성이 정육면체인 이유는 이것이 예루살렘 성전에 있는 지성소의 비율이기 때문이라는 것이다(왕상 6:20; 참조. 겔 41:4). 새 창조의 배경에서 새 예루살렘은 성막이나 성전 안에 있는 지성소의 대형화된 유사물이다. 이는 원래 창조에서의 에덴동산과도 직접적으로 상응한다.

지상에 있는 하나님 임재의 집중적인 중심으로서의 새 예루살렘과 에덴동산 사이의 상응성은 창세기 2장에 나오는 동산의 다양한 요소들이 요한계시록 21-22장의 성 속에 통합된 채로 발견되는 이유를 설명해준다. 동산이 강을 통해 물 공급을 받고 강은 세상 속으로 흘러나갔듯이(창 2:10), 하나님의 보좌에서 성의 대로를 따라 흘러가는 ("생명수의 강"으로 묘사되는) 강이 있고(계 22:1; 21:6), 이 생명의 물은 목마른 사람 누구에게나 값없이 제공된다(22:17). 목마른 사람 누구에게나 이처럼 값없이 주어진다는 것은 이사야 55:1에 나오는 은혜에 대한 표현을 사용한 것인 반면, 하나님의 보좌에서 나오는 강은 그분의 지상 임재의 핵심 장소인

---

30) Robert A. Heinlein, *Job: A Comedy of Justice* (New York: Ballantine, 1984).

성전 문지방에서 흘러나오는 강에 대한 에스겔서의 환상을 상기시킨다 (47:1-12).

동산에 생명나무가 있었던 것처럼(창 2:9), 새 예루살렘에도 생명나무가 있다(계 22:2). 그러나 창세기 3:23-24에서는 인간이 동산에서 쫓겨나고 이 나무에 이르는 길을 그룹과 화염검이 지키는 반면, 요한계시록 22:14에서는 죄에서 깨끗케 된 이들에게 "생명나무에 나아가며 [언제나 열려 있는] 문들을 통해 성에 들어갈 권세"가 있다(21:25).[31]

생명나무로 가는 길이 막힌 창세기 3장의 결말은 창세기 2-3장의 70인역에서 일관되게 "낙원"(그리스어로 *paradeisos*)이라고 번역되는 "동산"(히브리어로 *gan*)의 운명에 대한 다양한 유대 전승을 낳았다.[32] 이 낙원/동산은 때때로 하나님이 구속받은 자들에게 한 번 더 생명나무로 접근하는 것을 허락하실 마지막 날까지 인간이 닿을 수 없도록 하늘로 올라갔거나, 땅끝에 있는 높은 산의 꼭대기로 옮겨졌다고 여겨졌다. 동산과 산의 조합은 에스겔 28:1-19의 두로 왕에 대한 심판의 신탁에 등장하며, 두로 왕은 "하나님의 동산 에덴에" 있었다고 묘사되고(13절), 그 동산은 다시 "하나님의 성산"으로 밝혀진다(14절).

새롭게 된 인간이 높은 산에 있는 낙원으로 가고 그것이 (하나님이 의인들을 위해 "준비"하신) 현세적 회복과 번영으로 귀결되는 광경은 「에녹1서」(7장에서 다룬 유대 묵시 저작) 25:1-7에 나타난다. 따라서 요한이 "크고 높은 산"으로 올라가 거룩한 성이 하나님께로부터 하늘에서 내려오는 모습을 보는 것은 쉽게 이해된다(계 21:10).

그렇다고 신약의 "낙원"을 "하늘"과 동일시해야 한다는 뜻은 아니다

---

31) 그럼에도 의인들만이 성에 들어갈 수 있다(계 21:27; 22:14). 불의한 자들은 둘째 사망인 불못에 그들의 "자리"가 있다(계 21:8).
32) 창 2:8, 9, 10, 15, 16; 3:1, 2, 3, 8, 10, 23, 24.

(이 점에 대해서는 10장에서 다시 다룰 것이다). 오히려 "낙원"은 더 정확히는 인간의 현세적 번영(창 2장의 동산)을 위한 하나님의 원래 의도를 가리키며, 그 의도는 이제 새 하늘과 새 땅에서 하나님 임재의 집중적인 중심으로서 새로워진 (훨씬 더 웅장한) 시온 산 위 전원도시에서 성취된다.

생명의 물이 에스겔서의 환상을 상기시키듯이, 요한은 생명나무(단수형)가 강 양편에 있다고 말한다. 이는 에스겔 47:7을 상기시키는데, 이 구절은 강 양편에 있는 여러 나무들을 언급한다.[33] 또한 요한은 그 나무가 달마다 열매를 맺고 "그 나무 잎사귀들은 만국을 치료하기 위하여 있더라"라고 말하는데(계 22:2), 이는 분명 에스겔 47:12을 떠오르게 하는 표현이다. "그 열매는 먹을 만하고 그 잎사귀는 약 재료가 되리라."

그러나 요한계시록에 나오는 요한의 환상에는 에스겔서의 환상과 한가지 중요한 차이점이 있다. 요한은 (아마도 당황스러워하며) "성 안에서 내가 성전을 보지 못하였으니"라고 진술한다(21:22). 요한은 에스겔서의 환상에 심취한 사람으로서, 성전이 있으리라고 기대한 것으로 보인다. 그러나 새 예루살렘의 경우에는 "주 하나님 곧 전능하신 이와 및 어린양이 그 성전"이다(21:22). 성 자체가 지상에 있는 하나님의 임재의 핵심 장소이며, 요한이 성을 "하나님의 영광"이 있는 곳으로 묘사할 수 있는 것은 바로 이 때문이다(21:11; 참조. 21:23).

구속받은 인류의 운명―문화 명령의 회복

역설적으로 요한계시록에서 거룩한 성은 어린양의 신부로도 묘사된다 (21:2). 따라서 새 예루살렘은 하나님의 백성과 동등하다. 이 복합적인

---

33) 나무 한 그루가 강 양편에 있다는 것은 역설적이지만, 우리는 이 말을 문자적으로 이해하기보다 상징의 핵심을 찾을 필요가 있다.

이미지는 사회문화적이고 심지어 도시적인 특성을 지닌 인간의 구속을 암시한다. 하나님은 추상적 개념의 인간이 아니라, 불가분하게 공동체적이고 문화적인 실체를 지닌 사람들을 구속하신다.[34] 그리고 창조가 시작될 때의 인간의 목적을 감안하면, 동산에서 성으로의 변화는 예상할 수 있다. 인간들이 역사 전체에 걸쳐 원시적인 동산에서 성실하게 일했다면 어떤 일이 일어나겠는가? 자연스런 결과로 복잡한 도시가 탄생할 것이다. 그러나 이 도시는 우리가 알고 있는 모든 도시와 달리 죄가 없을 것이다.

다시 창세기 2장으로 돌아가보면 에덴동산은 금과 준보석이 풍부한 곳으로 묘사되었다(11-12절). 자세한 내용은 제시되지 않지만 그것들은 아마도 자연 상태로 존재했을 것이다. 대조적으로 새 예루살렘에는 성 자체의 건설에 금과 보석 및 준보석이 사용되었다(계 21:18-21). 실제로 성과 성의 대로는 "맑은 유리 같은 정금"으로 만들어져 있다(21:18, 21). 앤디 크라우치(Andy Crouch)는 순수한 광물로 작업하는 "니홍가"라고 알려진 고대 일본의 예술적인 전통이 있다는 흥미로운 언급을 한다. 뉴욕의 예술가 마코토 후지우라의 작업과 같이, 이는 때때로 금박이 반투명한 상태가 될 정도로 얇아져서 구경꾼이 그 뒤에 있는 물체를 금빛 광택에 잠겨 있는 모습으로 볼 수 있게 될 때까지 금박을 두들겨 펴는 일을 수반한다. 크라우치는 새 예루살렘의 금이 "예술 대가"의 솜씨로 자연

---

34) 요한계시록의 이런 장들의 상징적 표현을 해석하는 데 있어서 어려움은, 비록 새 땅에서도 사람들을 찾을 수 있다는 점을 부정하는 것은 아니지만, 성이 하나님의 백성에 대한 상징이지 어떤 장소(새 땅의 중심)로 이해해서는 결코 안 된다는 로버트 H. 건드리(Robert H. Gundry)의 한결같은 주장이 잘 보여준다(확실히 그의 본문 해석은 꽤 유익하다)("The New Jerusalem: People as Place, Not Place for People," *Novum Testamentum* 29 [1987]: 254-64). 나는 왜 성의 지시대상으로 사람들과 장소 중에 하나를 선택해야 하는지, 특히 왜 장소에 대한 강조를 배제해야 하는지 이해할 수 없다. 예루살렘 성은 분명 에덴동산의 성취로 의도되었기 때문이다.

상태에서 변형된 금일 수도 있지 않을까라는 질문을 던진다.[35] 다시 말해 처음에 하나님은 에덴에 한 동산을 조성하신 것처럼(창 2:8), 요한계시록 21-22장에서 종말론적인 도시를 세우신다.

그러나 새 예루살렘 안에 있는 모든 문화 산물이 다 하나님의 직접적인 작품은 아니다. 신적 예술가는 분명 거룩한 성이 하늘에서 땅으로 내려오도록 성을 "준비"하고 "단장"하신 분이지만(계 21:2), 그럼에도 불구하고 왕들과 나라들이 그들의 "영광"과 "존귀"를 가지고 성으로 들어올 것이다(21:24, 26). 이는 역사 전체에 걸쳐 발전해온 인간의 최고 솜씨에 대한 언급이다.[36] 이는 포로기 이후의 새로워진 예루살렘에 대한 이사야 60장의 환상을 상기시키는데, 거기서는 (양 떼와 소 떼, 목재, 배, 금, 은, 철을 포함한) 다른 나라에서 나온 인간 문화의 다양한 요소들이 성 안으로 들어가 이스라엘의 하나님을 영화롭게 하는 수단으로 변형된다. "네 성문이 항상 열려 주야로 닫히지 아니하리니 이는 사람들이 네게로 이방 나라들의 재물을 가져오며 그들의 왕들을 포로로 이끌어 옴이라"(60:11).[37] 새 예루살렘에 대한 인간의 기여를 경시해서는 안 된다.

새 창조에서 왕들과 나라들에 대한 언급은 문화적이고 심지어 민족적인 다양성이 구속에 의해 폐기되는 것은 아니라는 설득력 있는 징표

---

35) Andy Crouch, *Culture Making: Recovering Our Creative Calling* (Downers Grove, IL: IVP Academic, 2008), 248-49.

36) 실제로 새 예루살렘에서 하나님과 인간의 행동의 동반 상승효과는 계 19장에서 무리가 "어린양의 혼인 기약이 이르렀고 그의 아내가 자신을 준비하였으므로 그에게 빛나고 깨끗한 세마포 옷을 입도록 허락하셨으니, 이 세마포 옷은 성도들의 옳은 행실이로다"라고 외칠 때 명백히 나타난다(7-8절). 계 21:2의 "준비한"과 19:7의 "준비하였으므로"는 둘 다 같은 그리스어 동사(*hetoimazō*)를 나타낸다. 역설적인 것은 하나님이 분명히 종말론적 구원을 준비하시지만, 인간의 기여가 정당하게 언급된다는 점이다.

37) 사 60장에 대한 탁월한 연구로는 Richard J. Mouw, *When the Kings Come Marching In: Isaiah and the New Jerusalem* (Grand Rapids: Eerdmans, 1983)을 보라.

다. 구원은 문화 차이를 지워버리지 않는다. 더 정확히 말하면, 여전히 민족성으로 구별되는 인류는 이제 거룩한 성의 영광 또는 빛을 따라 걷는데, 거룩한 성 자체가 어린양에 의해 조명된다(계 21:24).[38] 종말에 있을 하나님 백성의 국제적 특성은 그분의 태초부터의 목적을 성취하는데, 거기서 하나님은 모든 사람의 창조자이시고 이스라엘을 선택하신 것은 열방을 위해서였다. 이처럼 우리는 지상에서 하나님을 섬기도록 그분을 위해 구속된(계 5:9-10) "각 나라와 족속과 백성과 방언에서 아무도 능히 셀 수 없는 큰 무리"(계 7:9)에 대한 요한의 환상을 발견한다. 하나님 백성의 국제적 특성에 대한 이런 이해를 통해 교회는 세상의 복잡한 문화에서 모든 선한 것을 구체화하기 위해 적극적으로 노력해야 한다. 새 창조에서 자민족 중심주의는 선택 가능한 대안이 아니다.

종말의 국제적 초점은 요한계시록 21:3에서 일부 번역본들이 이해하기 어렵게 만든 인상적인 내용을 설명하는 데 도움이 된다. 곧 하나님은 "그들의 하나님으로서 그들[인류]과 함께 계시리니, 그들은 하나님의 백성이" 되리라는 것이다. 단수형인 "백성"—야웨가 이스라엘의 하나님이 되시고 그들이 야웨의 백성이 될 것이라는 구약 약속의 특징(창 17:7-8; 출 6:7)—에서 복수형인 "백성"으로의 변화는 분명 성경 이야기의 일반적인 요지를 나타내며, 그 이야기는 언약 백성의 경계를 모든 인류를 포함하도록 확대시킨다. 또한 복수형은 이사야 25장도 떠오르게 한다. 거기서 하나님은 "만민을 위하여"(6절) 시온 산에서 종말론적인 잔치를 준비하시겠다고 약속하셨고, 그때에 사망은 패배하고(7절) 모든 눈물은 씻길

---

38) 종말에 이스라엘이 감당할 역할이 있다는 세대주의 관점에 동의할 수 있는 기반이 여기에 있다. 다만 캐나다, 자메이카, 가나, 한국 등 다른 나라에게도 역할이 있다는 것을 확언한다면 말이다. 이 통찰은 "진보적 세대주의자"인 스티븐 제임스(Stephen James)에게서 가져왔다(진보적 세대주의에 대해서는 이 책의 부록을 보라).

　　　　　　　　　　　　　　　　3부 | 우주적 회복에 대한 신약의 비전

것이다(8절). 실제로, 거기에 수반되는 이 두 약속은 요한의 환상 바로 다음 구절에서 성취되는 것으로 언급된다(계 21:4).

그러나 새 창조에서 구속받은 사람들은 무엇을 해야 하는가? 우리는 "하늘로 가는" 것을 우리의 최종 운명으로 보는 비성경적 개념을 없애야 하는 것처럼, 종말에 끊임없이 계속 예배하는 것을 우리의 궁극적 목적으로 보는 종교적 개념도 버릴 필요가 있다.[39]

창세기 1장에서 하나님은 인간을 자기 형상으로 만들어 땅을 개발함으로 자신의 통치를 나타내게 하신 반면, 창세기 2장에서 인간의 목적은 동산을 경작하고 이를 통해 이 세상 곳곳에 하나님의 임재를 확대하는 것이었다. 따라서 요한계시록 21-22장이 하나님의 세상 안에서 인간의 근본적 목적이 회복되는 것을 묘사하는 것은 당연하다.

새 예루살렘이 새 창조 전체를 포괄하는 것이 아니라 대신 하나님 임재의 핵심적인 장소를 나타낸다는 사실은 이 땅의 문화 개발이 인간의 지속적 사명인지를 생각하게 한다. 이와 같은 개발은 구속받은 이들이 하나님의 치유하시는 임재로 땅을 가득 채우는 데 있어서 자신의 역할을 다하고, 이를 통해 성의 한계를 확대하고 세상의 종말론적 운명에 참여할 때 이루어질 수 있다.

이런 직관에 대한 확증은 요한계시록 22:5에서 발견되는데, 이 구절은 새롭게 구속받은 하나님의 백성이 이 땅에서 그분을 섬기며 "세세토록 왕노릇"할 것이라고 선언한다. 처음에 이것은 역설적으로 보인다. 요한계시록 11:15에서는 "세상 나라"가 "우리 주와 그의 그리스도의 나라"가 되면 "그가 세세토록 왕노릇"하실 것이라고 선포했기 때문이다(이것은 헨델의 "메시아"에 나오는 유명한 "할렐루야 합창"의 본문이다). 그러나 성경

---

39) 구속받은 자들이 구름 위에 앉아 수금을 연주하는 우스꽝스러운 광경은 더 말할 것도 없다.

의 세계관 속에서는 하나님의 주권적 통치(하나님의 "보좌"는 계 21-22장 곳곳에서 언급된다)와 인간의 통치 사이에 아무런 긴장이 없다. 결국 우리는 하나님의 형상으로 창조되었다. 따라서 요한계시록 5:10은 모든 족속과 나라 가운데 그리스도께서 값 주고 사신 이들이 하나님의 제사장으로 섬기고 "땅에서 왕노릇"할 것이라고 진술한다. 그리고 요한계시록 22:5에서 하나님께 대한 그들의 섬김이 영원한 통치—"세세토록"—를 수반한다는 것을 볼 때, 우리는 본문이 어떤 일시적 천년왕국과 그 뒤를 잇는 비현세적인 영원한 상태를 가리킨다는 생각을 바로잡아야 한다. 반대로 새 하늘과 새 땅의 상황에서 새 예루살렘의 비유는 다름 아닌 구속된 창조세계의 상황 속에서 인간의 문화적 삶의—이번에는 죄가 없는—모든 완전한 회복을 나타낸다. 바로 이것이 하나님의 우주적 성전의 운명이다.

현재 교회는 이 두 시대 사이에서 살아가고 있으므로, "하나님의 형상"으로 새롭게 되어가는 사람들은 세상을 지배하는 폭력적이고 치명적인 구조와 관행을 대체하는 구체화된 문화나 사회적 실재를 실제적 예로 나타내도록 요구받는다. 이런 그리스도—전형적인 하나님의 형상—께 대한 순종을 통해 교회는 하나님의 통치를 나타내고, 하나님의 임재로 세상을 가득 채우는 그분의 사명에 동참한다. 그리스도의 몸으로서의 교회는 그 구체적인 공동체의 삶 속에서 의가 거하는 새 하늘과 새 땅의 약속된 미래를 증언하도록 부르심 받는다(벧후 3:13).

4부

총체적 종말론과 관련된
문제 본문들

9장

◆

그리스도가 재림하실 때 우주는 멸망하는가?

신약성경에서는 이 세상의 구속을 분명히 가르친다. 8장에서 우리는 하늘과 땅에 있는 "만물"을 자신과 화목하게 하심으로써, 현 창조세계를 신적 임재로 가득한 우주적 성전이라는 의도된 운명으로 인도하려는 하나님의 계획을 강조한 핵심 본문들을 살펴보았다. 이 계획이 성취되면 하나님의 선한 세상을 부패시키고 변형시킨 모든 것이 치유될 것이고 (인간과 인간 이외의) 창조질서는 하나님이 원래 의도하신 바대로 변화될 것이다.

그러나 표면적으로 이런 총체적 구속 모델과 어울리지 않는 다양한 신약본문이 있고, 이런 본문은 구속된 자들에 대한 내세적인 운명을 암시하는 것처럼 보이기 때문에 전형적인 반증으로 제시된다. 오랜 세월 성경을 가르치면서 나는 일부 학생이나 교인이 제기하는 모든 가능한 반증에 대해 살펴보았다. 몇몇 관련 본문은 그리스도가 재림하실 때의 세상의 멸망 내지 소멸을 묘사하는 것처럼 보이는 반면, 다른 본문들은 하늘이 하나님 백성의 궁극적 운명임을 암시하는 것 같다.

중요한 것은 이런 본문들을 감추지 않고 정면으로 마주 대하는 것이다. 9장에서는 첫 번째 부류의 "문제" 본문, 즉 그리스도가 재림하실 때 세상의 멸망을 묘사하는 것처럼 보이는 본문들을 살펴볼 것이다. 내 목적은 이런 본문들이 정말로 무엇을 말하고 있으며, 이 본문들이 우주적 구속에 대한 성경의 비전에 어떻게 들어맞는지를 이해해보는 것이다. 10장에서는 천상의 운명을 약속하는 것처럼 보이는 본문들을 살펴볼 것이다("휴거"에 관한 본문들은 여기에 잘 들어맞는다. 이 사건은 보통 "하늘로 가는 것"과 동등한 것으로 이해되기 때문이다). 거기서 내가 목적하는 바는 이런 본문들이 성경적 종말론에서 "하늘"의 역할에 대해 무엇을 가르쳐주는지를 분명히 밝히는 것이다. 이런 제안된 반증들이 정말로 뜻하는 내용을 충분히 살펴보면, 이 반증들이 실제로는 구속에 대한 총체적 관점을 추가로 뒷받침해준다는 사실을 발견하게 될 것이다.

신약에서 우주는 멸망하는가?

세상의 소멸 혹은 멸망을 예상하는 것처럼 보이는 신약본문에서부터 시작해보자. 한 가지 중요한 본문이 공관복음에 나오는 예수님의 감람산 강화에서 발견된다(평행본문은 마 24장; 막 13장; 눅 21장).[1] 여기서 예수님은 해와 달이 어두워지고 별들이 하늘에서 떨어지며, 하늘의 권세들이 흔들릴 것이라고 말씀하신다(마 24:29; 막 13:24-25; 눅 21:25-26). 그러나 이런 성구들은 그 뒤의 말씀에 비하면 아무것도 아니다. "천지는 없어질 지언정 내 말은 없어지지 아니하리라"(마 24:35; 막 13:31; 눅 21:33). 예수님

---

1) 이 강화는 감람산에서 있었기 때문에 감람산 강화라고 불린다(마 24:3; 막 13:3). 그 위치는 하나님이 심판하러 오실 때 종말론적 신현의 일부로 감람산이 갈라질 것을 언급하는 슥 14:4에 비추어볼 때 의미심장할 수 있다.

은 우주의 소멸을 말하고 계신 것인가?

감람산 강화 외에 다른 신약본문도 종말론적인 세상의 멸망에 대해 말하는 것처럼 보인다. 히브리서 12:26-28에서 저자는 하나님이 약속하신 하늘과 땅의 진동이 창조된 것들이 없어지는 것인데, 이는 창조되지 않은 것―하나님 나라―을 남게 하기 위함이라고 밝힌다. 이 말은 분명 비우주적이고 내세적인 미래의 광경을 (이것이 땅과 관계없는 미래라면 하늘과도 관계없는 미래겠지만) 암시한다.

마찬가지로 베드로후서 3장은 하늘이 풀어지고 물질이 열에 녹게 될 우주적 대화재처럼 보이는 일을 묘사하지만(10, 12절), 8장에서 살펴본 대로 (가장 좋은 그리스어 사본에 따르면) 본문에는 땅의 멸망에 관한 명시적인 내용은 없다. 그럼에도 불구하고 이는 분명 다룰 필요가 있는 무시무시한 묘사다.

요한계시록의 몇몇 본문도 이런 쟁점과 관련된다. 요한계시록 6:12-14은 여섯 번째 인으로 시작된 우주적 사건을 묘사한다. 이 사건들은 별들이 하늘에서 떨어지고, 하늘이 지진과 더불어 말린 두루마리처럼 사라지며, 산과 섬들이 그 자리에서 옮겨지는 일을 포함한다. 이와 관련된 본문이 요한계시록 20:11인데, 여기서는 심판의 보좌 위에 계신 하나님의 두려운 임재로 인해 땅과 하늘(즉 온 우주)이 피하여 간 데가 없어진다고 말한다.

마지막으로 우리는 요한계시록 21:1에서 새 하늘과 새 땅의 전주곡으로서 "처음 하늘과 처음 땅이" 없어졌음을 발견할 수 있다. 요한계시록 6장과 20장은 내세적인 최종 상태를 소개하기 위해 우주의 멸망을 가리키는 것으로 이해할 수 있지만, 요한계시록 21장은 현재의 우주를 새로운 우주로 대체하기 위해 현재의 우주를 없애는 것을 암시하는 것 같다 (이는 극단적이지는 않지만, 여전히 현재 세상을 평가절하하는 것처럼 보인다).

여기서 명백한 문제는 이 본문들이 하나님이 창조세계를 사랑하며 구속하기를 원하신다는 성경의 요지와 상당한 긴장관계에 있는 것처럼 보인다는 점이다. 이런 성경의 핵심을 고려한다면, 이 문제 본문들이 성경이 다른 곳에서 말하는 내용과 단순히 모순된다고 접근할 수는 없다. 진지하게 봤을 때 성경이 이 주제에 대해 혼란에 빠졌다고 생각하지 않는다면 말이다. 표면적으로 이 본문들은 모순되게 보일 수도 있다. 이럴 경우 각 경우에 모순되는 점은 분명히 다루어야 한다. 그러나 우리는 이런 본문들을 단지 총체적 종말론에 대한 하나의 대안으로 보기보다는, 이런 본문들이 (서로 다른 강조점과 더불어) 이 세상을 향한 하나님의 목적에 관한 전반적인 성경적 관점과 어떻게 어울리는지 질문해볼 필요가 있다.

심판 신현의 구약적 배경

우리는 우주적 멸망에 대한 신약본문들이 하나님이 심판자로 오심에 대한 구약의 많은 이미지에 의존하고 있다는 점을 우선 언급하지 않을 수 없다. 이런 구약본문들(그중 여러 본문을 6장에서 살펴보았다)에서 우리는 나라들, 산들, 땅, 심지어 하늘들이 하나님의 임재 앞에 흔들린다는 언급을 발견한다. 이런 개념은 분명 히브리서 12장의 바탕이 된다. 히브리서 12장은 하늘과 땅의 종말론적인 진동에 관해 학개 2:6을 인용한다. 이런 우주적 진동과 관련해서 많은 구약본문이 해와 달의 어두워짐을 묘사하는데, 이는 (비록 별들이 하늘에서 떨어지는 것에 대한 선례는 약간 더 복잡하지만) 요한계시록 6장과 하늘 징조에 대한 감람산 강화에 나오는 예수님의 예언에 용이한 배경을 제공한다.

몇몇 예언 본문도 하나님의 심판에서 하늘이 사라지는 것을 언급한다. 시편 102:25-26은 특별히 예언 본문은 아니지만, 아마도 하늘과 땅이 사라지는 것에 대한 예수님의 진술의 배경이다(계 21:1에서도 처음의 하늘과 땅이 사라지는 사건의 배경일 수 있다).

신약 저자들이 다가오는 야웨의 날을 묘사하기 위해 사용할 수 있는 우주적 멸망에 대한 중요한 이미지들의 목록을 고려하면, 우주적 멸망에 대한 신약의 이미지를 구약적 배경에 비추어 읽을 필요가 있다. 또한 그렇게 읽을 때는 구약과 신약 사이에 발생할 수도 있는 이미지의 변형을 충분히 감안해야 한다. 이는 우리 시대의 편견과 인식을 가지고 단순히 성경을 해석하는 것에 대한 중요한 대안이다. 몇 가지 똑같은 이미지와 주제가 서로 다른 신약본문에서 반복되므로, 9장에서는 주제나 이미지들을 구분하고 관련된 본문들을 함께 다룰 것이다.

감람산 강화와 요한계시록 6장에서 하늘(과 땅)의 붕괴

감람산 강화에 나오는 해와 달이 어두워지는 이미지부터 다루어보자(마 24:29; 막 13:24; 눅 21:25). 이 모티프는 예수님이 제자들의 질문에 대답하시면서 하신 일련의 무서운 예언에서 나타난다. 먼저 예수님은 제자들에게 다가올 예루살렘 성전의 파괴에 대해 말씀하시는데, 제자들은 이 일이 언제 있을 것이며, 그 일이 성취되는 징표는 무엇인지를 예수님께 여쭙는다(마 24:1-3; 막 13:1-4; 눅 21:5-7).[2] 이에 대한 대답으로 예수님은 제자들에게 곧 일어날 듯한 지진과 기근에 대해 경고하시지만, 이것이 끝이 아니므로 미혹되어서는 안 된다고 말씀하신다(마 24:4-8; 막 13:5-8; 눅

---

2) 마태복음은 제자들의 질문을 확대하여 그것을 예수님의 오심과 세상 끝에 대한 질문과 동일한 것으로 이해하는데(24:3), 이는 분명 감람산 강화의 나머지 내용과 어울린다.

21:8-11).[3] 그런 다음 예수님은 제자들이 사람들에게 넘겨져 재판과 박해를 당하겠지만 끝까지 견디면 구원을 받을 것이라고 설명하신다(마 24:9-14; 막 13:9-13; 눅 21:12-19). 이 대목에서 예수님은 과거와 미래의 모든 고난을 능가할 "큰 고난"(전통적으로 "대환란"[마 24:21])의 때를 언급하신다(마 24:15-26; 막 13:14-23; 눅 21:20-24).

그런 다음 우주적 멸망(또는 적어도 하늘의 동요)과 그 뒤를 이은 인자의 오심(마 24:29-30; 막 13:24-26; 눅 21:25-27)을 언급하는 것처럼 보이는 말씀이 나온다. 다음은 마가복음의 묘사다.

> 그때에 그 환난 후
> 해가 어두워지며
> 달이 빛을 내지 아니하며
> 별들이 하늘에서 떨어지며
> 하늘에 있는 권능들이 흔들리리라.
> 그때에 인자가 구름을 타고 큰 권능과 영광으로 오는 것을 사람들이 보리라
> (막 13:24-26).[4]

나는 감람산 강화에 담긴 이 징조들의 목록이 기원후 70년까지 이어지는 사건들을 가리키는지, 아니면 그리스도가 다시 오셔서 마지막 심판을 하실 종말론적 미래의 사건을 가리키는지(둘 다 어떤 의미에서 그리스도

---

3) 누가복음은 지진과 기근에 전염병을 덧붙이며, 하늘로부터 오는 전조와 징후를 언급한다 (21:11).
4) 세 복음서 모두 같은 천상의 사건을 언급하지만, 누가복음은 (하늘의 권세들이 흔들리기 바로 직전에) 땅 위의 민족들 가운데 있을 곤고에 대한 언급을 삽입한다. 민족들은 "바다와 파도와 성난 소리로 인하여 혼란"하며 세상에서 일어나는 일에 대한 두려움으로 인해 기절한다(21:25-26).

4부 | 총체적 종말론과 관련된 문제 본문들

의 "오심"이라고 부를 수 있다)에 대한 논쟁에 끼어들 생각은 없다. 많은 성경 주석가들은 본문의 어떤 지점까지는 예수님이 역사의 지평 위에 떠오른 사건을 언급하시고(이는 제자들의 첫 질문에 비추어보면 분명 이치에 맞아 보인다), 그 지점(그 부분이 정확히 어디인지는 논란거리다) 이후에는 자신이 오셔서 마지막 심판을 하실 것을 언급한다고 본다.[5]

나는 그중 어느 것도 부정하지 않으면서, 천상의 표적들과 (외관상의) 우주적 멸망에 대한 표현이 이중적 지시대상을 가지며, 두 일련의 사건들을 동시에 가리킬 수도 있다는 점을 지적하고 싶다. 마치 구약의 몇몇 예언이 명백히 예언자 자신의 시대에 있었던 사건들을 가리키면서도 이후 신약시대에 더 극적으로 성취되는 것처럼 말이다(예컨대 아하스의 궁정에서의 왕자의 출생이나, 아마도 예언자 자신의 아들에 대한 사 7:14의 예언은 훗날 마 1:23에서 예수님의 탄생에 적용되었다). 실제로 6장에서 살펴본 것처럼, 구약에서는 일반적으로 우주적 멸망에 대한 표현을, 구원에 앞선 심판을 가리키는 다면적 의미를 지닌 복잡한 방식으로 사용한다. 그러므로 천체가 불안정해질 것이라는 예수님의 말씀이 역사적 지평에서 벌어지는 사건들과, 우주적 심판 및 구원을 위한 예수님의 최종적인 오심 둘 다를 가리킬 수 있다고 생각하는 데에는 아무런 문제가 없다.

감람산 강화에 담긴 예수님의 예언과 비슷한 표현이 요한계시록 6장에 나타나지만 요한계시록 6장에는 땅이 흔들리고 하늘이 말려 올라가는 현상에 대한 언급도 포함되어 있다.

---

5) 감람산 강화의 모든 표적이 기원후 70년에 성취되었다고 주장할 수는 있다(이른바 과거주의적 해석). 하지만 그리스도의 재림에 대한 모든 성경의 예언이 이미 성취되었으며, 우리는 이제 새 하늘과 새 땅에서 살고 있다는 일관되거나 완전한 과거주의적 관점은 설득력이 부족하다.

내가 보니 [천사가] 여섯째 인을 떼실 때에 큰 지진이 나며 해가 검은 털로 짠 상복같이 검어지고 달은 온통 피같이 되며 하늘의 별들이 무화과나무가 대풍에 흔들려 설익은 열매가 떨어지는 것같이 땅에 떨어지며 하늘은 두루마리가 말리는 것같이 떠나가고 각 산과 섬이 제자리에서 옮겨지매(계 6:12-14).

나중에 우리는 하늘이 사라진다는 개념을 다시 다룰 것이다. 이 개념은 다른 본문에서도 나타나는 것으로 보이기 때문이다. 하지만 심판 신현의 구약적 배경을 고려할 때, 요한계시록 6장의 지진 이미지나, 요한계시록 6장 또는 감람산 강화에 나오는 천체가 불안정해지리라는 표현을 실제 우주의 멸망을 가리키는 것으로 이해할 이유는 없다.

땅이 흔들리고 해와 달이 어두워지는 현상에 대한 많은 구약의 선례 중에 어느 것도 우주의 소멸을 의미하지는 않는다. 오히려 이런 천상의 징조들은 그것들이 예고하는 사건의 중대한 성격을 암시한다. 이는 감람산 강화와 요한계시록 6장에서도 사실이다. 실제로 요한계시록 6장에서 해가 상복처럼 변하는 것은 (아마도 사 50:3에 나오는, 하늘에 굵은 베옷을 입히시는 하나님을 암시하는 듯한) 우주적 애통을 암시하는 반면, 달이 핏빛으로 변하는 것은 달의 색깔이 지상에서 벌어지는 유혈적인 파괴를 반영하는 요엘 2:31을 구체적으로 인용한 것으로 보인다.[6] 따라서 신약이 종말론적 구원에 선행하며 세상을 뒤흔드는 심판의 중대성을 표현하는 데 이런 천상의 이미지를 사용한 것은 충분히 이해된다.

---

6) 사도 베드로도 요엘서 본문을 오순절에 적용했다는 사실(행 2장)은 행 2:17에 언급된 "말세"가 오순절부터 그리스도가 만물을 새롭게 만드시기 위해 다시 오시는 완성까지의 기간을 의미한다는 점을 암시한다.

감람산 강화와 요한계시록 6장에 나오는 하늘에서 떨어지는 별들

해와 달이 어두워지는 현상 외에도, 감람산 강화와 요한계시록 6장에서는 별들이 하늘에서 떨어지는 현상을 언급하는데, 이는 구약의 신현에 대한 히브리어 본문에 분명한 선례가 없다. 그러나 이사야 34:4의 70인역에는 흥미로운 현상이 나타난다. 70인역에서는 "하늘의 만상이 사라지고"라는 뜻의 히브리어를 "모든 별들이 떨어질 것이다"라는 뜻의 그리스어로 번역했다. 이사야 34장의 70인역이 요한계시록 6장의 배경을 이루고 있다는 점은 떨어지는 별들에 대한 언급뿐만 아니라, 두 본문 모두에 나타나는 무화과나무의 비유(사 34:4에서는 떨어지는 나뭇잎, 계 6:13에서는 떨어지는 열매)와, 요한계시록 6:15과 이사야 34:12에 나오는 심판받는 왕들(basileis)과 큰 자들(megistanes)에 대한 언급에서도 명백해 보인다(각 경우에 계 6장은 구체적으로 히브리어 원문보다 사 34장의 70인역과 잘 어울린다).

구약에서는 별들을 "천군"이라고 지칭하는 것이 전형적이지만, 이사야 34장의 70인역에서 떨어지는 별들에 대한 개념은 약간의 설명이 필요하다. 이 개념은 별들을 하나님이 오실 때 심판을 받는 타락한 천상의 존재로 묘사하는 본문에서 발전되어 나온 것 같다(사 24:21은 야웨가 "높은 데에서 높은 군대를 벌"하실 것이라고 말한다).[7]

구약에서 "별"의 이미지가 위의 하늘과 땅 위에서의 사악한 자기예찬 둘 다를 가리키는 한 가지 중요한 본문은 이사야 14:2-21에 나오는 바벨론 왕에 대한 예언 신탁이다. 4-11절에서 몰락한 이 왕은 스올까지 끌어 내려 졌다는 이유로 조롱을 당한다. 그 다음에 이런 말씀이 나온다.

---

7) 6장에서 우리는 선하든 악하든 천상의 세력으로서의 별들이라는 주제를 탐구했다.

너 아침의 아들 계명성이여,

어찌 그리 하늘에서 떨어졌으며

너 열국을 엎은 자여,

어찌 그리 땅에 찍혔는고.

네가 네 마음에 이르기를

내가 하늘에 올라

하나님의 뭇 별 위에

내 자리를 높이리라.

내가 북극 집회의 산 위에 앉으리라.

가장 높은 구름에 올라가

지극히 높은 이와 같아지리라 하는도다(사 14:12-14).

여기서 문자적인 "높은" 곳과 비유적인 "높은" 곳과의 상호작용은 명백하다. 바로 이런 이유로 "하늘"은 성경에서 하나님의 초월성을 뜻하는 상징이 될 수 있다. 이사야 14장에서 이것은 바벨론 왕의 기고만장함과 교만을 상징한다. 고대 근동의 왕들은 실제로 자신이 신적이거나 신에 준하는 특성을 지니고 있다고 생각했고, 이것이 그들의 지상에서의 지배권을 정당화했다.

이사야 14장은 후대의 해석자들이 사탄의 몰락에 대해 말하는 데 사용한 유명한 본문이기도 하다. 이 본문에 대한 불가타 역은 "루시퍼"("빛을 지니고 있는"이라는 뜻의 라틴어)라는 이름의 기원이 되었는데, 이는 구약에서 오직 여기서만 등장하는 단어인 *bêlēl*을 번역하려는 시도였다(NRSV: "샛별"). "루시퍼"가 훗날 기독교적 상상 속에서 마귀를 뜻하는 이름이 되었다는 사실은 마귀가 먼 과거에 하늘에서 떨어졌다는 개념과 관련된다. 성경 어느 곳에서도 명시적으로 가르치지 않지만, 이는 교부 신학과 특히 (천사론과 귀신론의 복잡한 체계를 발전시킨) 중세 신학에서 대중화된 개념이다.

이사야 14장이 타락한 천사를 가리키는 데 처음 사용된 예는, 자신을 하나님과 동등하게 높이려고 했다가 창조의 둘째 날에 천사들과 함께 하늘에서 내던져진 천사장 중 하나에 대해 말하는 유대문헌인 「에녹2서」 29장일 것이다.[8] 이사야 14장과 에녹서에 나오는 타락한 천사들에 대한 추론의 관련성은 아마도 이사야 34장의 70인역과 신약에 나오는 하늘에서 떨어지는 별들의 개념적 기원일 것이다. 비록 이것이 시간이 시작되는 시점이 아닌 종말론적 미래 속에서 상상되는 것이기는 하지만 말이다.

이런 개념적 배경을 고려하면, 70명의 제자들이 귀신들이 예수님의 이름으로 자신들에게 굴복했다고 보고할 때(눅 10:17), 예수님이 "사탄이 하늘로부터 번개같이 떨어지는 것을 내가 보았노라"(눅 10:18)라고 대답하시는 것이 이해된다. 거기서 바로 한 장 뒤에 친히 귀신을 쫓아내신 사건에서(눅 11:14) 예수님은 이렇게 설명하신다. "내가 만일 하나님의 손을 힘입어 귀신을 쫓아낸다면 하나님의 나라가 이미 너희에게 임하였느니라"(눅 11:20). 이 말씀 뒤에 "강한 자"를 결박 내지 제압하는 비유가 나온다(눅 11:21-22). (눅 11장에서 사탄이 제압당하는 것과 동일하게) 누가복음 10장에서 사탄이 "떨어지는" 것은 예수님의 일생 중에 하나님 나라가 전진하는 것과 관련이 있는 반면, 요한계시록은 마귀와 그의 천사들이 하나

---

8) 현존하는 「에녹2서」의 슬라브어 역본은 그리스어로 된 기원전 1세기 유대문헌에 바탕을 두었을 가능성이 높지만, 소수의 학자들은 이를 기원후 1세기에 기원을 둔 기독교 문헌으로 간주한다. 이에 대한 논의로는 Harry Alan Hahne, *The Corruption and Redemption of Creation: Nature in Romans 8:19-22 and Jewish Apocalyptic Literature* (Library of Biblical Studies; London: Continuum, 2006), 83-86을 보라. 그러나 「에녹2서」의 타락한 천사들에 대한 개념은 「에녹1서」에 의존하는 것으로 보이는데, 「에녹1서」는 분명 기독교 이전의 유대문헌이다. 「에녹1서」 6-9장에서 이 천사들은 "순찰자"라고 불리는데, 이 말은 단 4:13에서 취해졌으며 창 6:1-4의 "하나님의 아들들"과 동일시된다.

님 나라가 완성을 향해 나아가는 미래에 하늘에서 떨어질 것을 말한다.

별들이 천사들을 상징할 수 있다는 점은 요한계시록 9:1을 볼 때 명백하다. 이 구절은 하나의 별이 하늘에서 땅으로 떨어지는 것을 언급한다. 그 후에 이 별에게는 무저갱의 열쇠가 주어진다(이 별은 계 20:1에 나오는 천사로 밝혀진다). 마찬가지로 요한계시록 12:4은 "큰 붉은 용"의 꼬리가 별 삼분의 일을 하늘에서 땅으로 끌어내렸다고 진술한다(여기서의 별들도 천사들을 상징할 것이다).

이보다 분명한 것은 하늘에서 벌어지는 전쟁일 것이다. 이 전쟁은 (옛 뱀, 마귀, 사탄으로도 묘사되는) 용과 용의 천사들(계 12:7-8)의 패배로 귀결되며, 그들은 땅으로 내던져진다(12:9-10). 이처럼 마귀가 하늘에서 내던져지는 것이 태곳적 사탄의 "추락"과 아무 관련이 없다는 점은 "**이제** 우리 하나님의 구원과 능력과 나라와 또 그의 그리스도의 권세가 나타났으니, 우리 형제들을 참소하던 자 곧 우리 하나님 앞에서 밤낮 참소하던 자가 쫓겨났고"(12:10)라는 선포에서 명백히 드러난다.[9] 훗날 (또 다시 마귀와 동일시되는) 이 용은 무저갱 속으로 던져지며(20:1-3), 자유롭게 천 년을 보낸 뒤 마침내 불과 유황이 타는 못에 던져진다(20:10).[10]

---

9) 요한계시록의 이미지는 해석하기가 특히 어렵지만, 이처럼 마귀/용/뱀이 땅으로 내던져지는 것은 예수님의 탄생 이후 시기와 상호 관련된 것처럼 보인다. 아마도 이는 로마-유대 전쟁과 그 이후의 환란을 가리킬 것이다. 마귀는 땅으로 내던져질 때 "자기의 때가 얼마 남지 않은 줄을 알므로"(계 12:12) 분노하며 "남자를 낳은 여자"(12:13)를 박해하는데, 여기서 여자는 메시아를 낳은 이스라엘로 보인다. 그 뒤에는 마귀가 "여자의 남은 자손 곧 하나님의 계명을 지키며 예수의 증거를 가진 자들"(12:17)과 전쟁을 벌이는 모습이 이어지는데, 이는 교회에 대한 박해를 가리킨다.

10) 사 14장을 사탄의 추락에 적용하고 싶다면, 이것이 태곳적의 사탄의 추락을 가리킨다고 생각하기보다는, 스올로 끌어내려지는 바벨론 왕과 불못에 던져지는 마귀 사이에서 유비 관계를 발견하는 것이 더 타당하다. 성경에서는 사탄의 추락을 결코 가르치지 않기 때문이다. 성경 계시에서 마귀의 위치는 많은 논란이 있는 주제인데, 그 이유는 특별히 마귀가 구약에서 (본격적인 인물로) 등장하지 않기 때문이다. 구약에는 "참소하는 자" 또는 "대

따라서 신약에서 하늘로부터 떨어지는 별들의 이미지는 아마도 우주 일부의 문자적인 소멸보다는 하나님 나라의 도래와 관련된, 타락한 천상의 세력에 대한 종말론적 심판을 가리키는 것 같다. 이는 이사야 34:4에 대한 70인역뿐만이 아니라 감람산 강화와 요한계시록 6장에 있는 신약의 관련 성구에 대해서도 사실이다.

비슷한 해석이 감람산 강화에 나오는 "하늘의 권능들이 흔들리리라"(마 24:29; 막 13:24; 눅 21:25)라는 예수님의 예언에도 적용될 수 있을 것이다. 이 예언은 하늘의 흔들림을 심판의 한 요소로 묘사하는 많은 구약본문의 이미지와 들어맞는다. 그뿐 아니라, 하늘에 있는 "권능들"은 타락한 천사적인 존재들에 대한 암시로 보는 것이 가장 뜻이 잘 통한다. 감람산 강화에서 하늘의 권능들에 대한 언급은 별들이 떨어지는 현상 바로 뒤에 나오지만, 이사야 34:4의 70인역에서는 그 순서가 바뀌어 있다. 70인역에서는 "하늘의 만상이 사라지고"라는 뜻의 히브리어를 "하늘 권능들이 녹고"라는 뜻의 그리스어로 번역했다.[11] 이런 단어들의 수렴은 감람산 강화가 요한계시록 6장처럼 이사야 34장의 70인역을 배경으로 하고 있음을 암시하며, 이는 하늘 권능들의 흔들림을 타락한 천사들에 대한

적"(śāṭān)에 대한 언급이 세 번밖에 없는데, 거기서 이 단어는 일반적인 인간에 대해 사용되지 않는다(대상 21:1; 욥 1-2장; 슥 3:1-2). 세 곳 모두에서 śāṭān이라는 용어는 묘사하는 말이지 이름이 아니다(스가랴서와 욥기에서는 "그" 참소하는 자/대적; 역대기상에서는 "한" 참소하는 자/대적). 그뿐 아니라 마귀에 대한 본격적인 교리는 신약이 나오기 직전 몇 세기 동안 성서시대 이후의 유대교가 등장할 때까지 발달하지 않았다. 마귀와 마귀적인 것의 현 실재의 역사적 기원과 발전을 어떻게 이해할 것인지에 대한 흥미로운 제안으로는 Nicholas Ansell, "The Call of Wisdom/The Voice of the Serpent: A Canonical Approach to the Tree of Knowledge," *Christian Scholar's Review* 31 (2001): 31-57을 보라. 안셀의 주장이 모든 점에서 지지받을 수 있든 없든 간에, 오래된 문제를 새로운 각도에서 다루는 그의 능력은 이 제안을 충분히 숙고할 만한 가치가 있게 만든다.

11) 이 시행은 바티칸 사본과 이른바 70인역 루키아노스(Lucian) 교정판에서 발견되며 다른 70인역 사본에는 완전히 빠져 있다.

심판으로 이해하는 것을 뒷받침한다.

요한계시록 6장에 나오는 하늘의 소멸

요한계시록 6:12-13에서 우리는 해와 달이 어두워지고 별들이 떨어지는 모습 외에도 이런 진술을 발견한다. "하늘은 두루마리가 말리는 것같이 떠나가고 각 산과 섬이 제자리에서 옮겨지매"(6:14). 땅의 지형이 옮겨지는 것은 땅을 뒤흔드시는 하나님에 대한 구약의 일반적 묘사와 일치하지만(그리고 사 54:10["산들이 떠나며 언덕들은 옮겨질지라도"]을 암시할 수도 있지만), 요한계시록 6:14에 나오는 하늘에 대한 흔치 않은 이미지는 이사야 34:4을 상기시킨다("하늘들이 두루마리같이 말리되").[12]

여기서 주목할 점은 요한계시록 6:14의 *apochōrizo*에 대한 NRSV의 "사라졌다"라는 번역(ESV도 동일)이 "분리되었다"라는 기본적인 의미에 못 미치는 번역이라는 점이다(NASB와 NET는 "쪼개졌다"라고 더 낫게 번역한 반면 NIV는 "물러갔다"라고 번역했다).[13] 핵심은 우주 일부의 문자적 소멸이 아니라, 하나님이 (두루마리를 말아 올리는 것과 비슷하게) 하늘을 벗겨내셔서 타락한 하늘 권세들이 심판받은 뒤에, 심판을 위해 땅이 드러나는 모습에 대한 매우 생생한 묘사다. 이 점은 이사야 34장의 배경 본문을 볼 때 특히 명백한데, 거기서 순서는 먼저 하늘에서 심판이 있고(4절), 다음에 땅에서 심판이 있다(5절).[14]

하늘이 두루마리처럼 말리는 모습은 이사야 64장에서 가정한 그림과

---

12) 계 6:14도 렘 4:24을 암시할지 모른다. 렘 4:24에서는 산들과 언덕들이 앞뒤로 움직인다.

13) 이것은 예수님이 "그러므로 하나님이 짝지어 주신 것을 사람이 나누지[*chōrizō*] 못할지니라"(막 10:9; 마 19:6)라는 말씀에서 사용하신 동사의 이형(異形)이다.

14) 앞의 6장의 분석을 보라.

비슷하다. 거기서 우리는 예언자가 야웨께 간구하는 모습을 발견한다.

> 원하건대 주는 하늘을 가르고 강림하시고
>
> 주 앞에서 산들이 진동하기를
>
> 불이 섶을 사르며
>
> 불이 물을 끓임 같게 하사
>
> 주의 원수들이 주의 이름을 알게 하시며
>
> 이방 나라들로 주 앞에서 떨게 하옵소서.
>
> 주께서 강림하사 우리가 생각하지 못한 두려운 일을 행하시던 그때에
>
> 산들이 주 앞에서 진동하였사오니(사 64:1-3).[15]

이 본문은 야웨가 오래전과 같이 심판을 위해 강림하시도록 하늘이 열리는 것에 대해 말하고 있을 뿐만 아니라, 1절과 3절은 산들이 진동하는 것을 표현하는 데 보기 드문 동사(*zālal*)를 사용한다. 이는 대부분의 학자들이 똑같은 동사라고 보는 단어로 산들의 진동을 표현하는 사사기 5:5의 심판 신현을 암시한다.[16]

이 생생한 그림과 유사한 흥미로운 예는 예수님의 세례에 대한 기록에서 발견된다. 그때 하늘이 열려 성령이 강림하셨지만, 이 하늘로부터의 강림은 심판을 위한 것이 아니라 하나님의 택하신 자를 적극적으로

---

15) 영역본에서 사 64:1은 마소라 본문의 63:19b이므로, NRSV에서 2절은 마소라 본문으로는 3절이 되며, 이후 구절도 이런 순서를 따른다.

16) 마소라 본문 삿 5:5의 히브리어 발음 표기는 이 동사가 *nāzal*("흐르다", 또는 "뚝뚝 떨어지다"[KJV가 이를 따름])임을 암시하지만, 이는 문맥과 의미가 통하지 않는다. 고대 역본들(70인역, 페쉬타 역, 타르굼 역)은 이 동사를 *zālal*로 이해하고 그에 맞게 번역한다. 삿 5:5에 대해 현대의 번역본들은 이 번역을 따라 "전율하다"(quake; NRSV, ESV, NASB), "떨다"(tremble; NIV, NET), 또는 "흔들다"(shake; NKJV)라고 번역한다.

인정하기 위한 것이었다. 마태복음 3:16과 누가복음 3:21에서는 하늘이 "열린다"(anoigō, 사 64:1[70인역 63:19b]에서 사용된 것과 같은 동사)라고 표현하지만, 마가복음 1:10에서는 하늘이 "갈라진다" 또는 "나뉜다"(schizō)라고 말한다. 후자는 예수님이 죽으실 때 성전 휘장이 찢어진 현상에 대해 사용된 바로 그 동사다(마 27:51; 막 15:38; 눅 23:45).

성전 휘장이 찢어진 사건은 (두 휘장 중 어느 휘장을 언급하는지를 포함해서) 가능한 의미가 많아 논란이 큰 주제지만, 최소한 하늘과 땅 사이의 장벽이 해체되어 하나님의 임재가 이제 가까워지게 된 것을 상징한다.[17] 우리 마음을 사로잡는 점은 성전 휘장에 대한 마태복음의 기록이 신현의 특징인 우주적 효과를 더해준다는 점이다. "이에 성소 휘장이 위로부터 아래까지 찢어져 둘이 되고 땅이 진동하며 바위가 터지고"(마 27:51). 따라서 요한계시록 6:14과 마가복음 1:10에서 하늘이 갈라지는 것을 하늘의 소멸에 대한 예언이라기보다는, 하나님이 심판과 구원을 위해 오시는 것을 예고하는 상징으로 이해하는 것이 타당하다.

베드로후서 3장에서의 하늘과 물질의 파괴

땅이 심판을 받도록 하늘이 열리거나 갈라지는 모습은, 언뜻 보기에는 명백해 보이지 않을지도 모르지만, 베드로후서 3장의 지배적 이미지다. 이 본문은 신약의 종말론에서 매우 핵심적이므로(그리고 논란이 되므로),

---

17) Andy Johnson, "The 'New Creation,' the Crucified and Risen Christ, and the Temple: A Pauline Audience for Mark," *Journal of Theological Interpretation* 1 (2007): 171-91의 논의를 보라. 이 글은 학문적 논의를 참조한 내용을 포함하고 있다. 존슨은 막 1:10에서 (분사를 사용하여) 하늘이 열리기 시작하고 15:38에서 (부정 과거를 사용하여) 그 과정이 완성됨을 뜻하는 수미상관 구조(inclusio)로서의 schizō의 이중적 용법을 언급한다.

이미 살펴본 몇몇 본문보다 탐구하는 데 시간을 더 할애해야 한다. 베드로는 그리스도의 재림에 대해 말하는 문맥에서 파괴적인 우주적 사건을 예언한다.[18]

> 그러나 주의 날이 도둑같이 오리니 그날에는 **하늘이 큰 소리로 떠나가고 물질이 뜨거운 불에 풀어지고** 땅과 그중에 있는 모든 일이 드러나리로다. 이 모든 것이 이렇게 풀어지리니 너희가 어떠한 사람이 되어야 마땅하냐. 거룩한 행실과 경건함으로 하나님의 날이 임하기를 바라보고 간절히 사모하라. 그날에 **하늘이 불에 타서 풀어지고 물질이 뜨거운 불에 녹아지려니와**(벧후 3:10-12).

10절에 따르면 "주의 날"은 두 가지 파괴적인 사건, 즉 하늘이 떠나가고 물질이 풀어지는 사건을 수반할 것이다. 12절은 "하나님의 날"에 벌어질 이 두 가지 파괴적인 사건을 약간 다른 표현—하늘이 풀어지고 물질이 녹음—으로 다시 진술한다. 10절과 12절을 결합하면 이런 복합적인 그림을 얻게 된다. 즉 하늘은 떠나가고(10절) (또는) 풀어질 것이고(12절), 물질은 풀어지고(10절) (또는) 녹을 것이다(12절).

역사를 통틀어 많은 그리스도인이 베드로후서 3장을 마치 우주 전체의 소멸을 묘사하는 것처럼 읽었지만, 이런 해석은 10절에서 땅이 파괴되지 않는다는 사실을 설명하지 못한다. 8장에서 살펴보았듯이 땅은 (NIV 이전의 영역본들이 번역했듯이) "불타 없어지지" 않는다. 더 정확히 말해서 "땅과 그중에 있는 모든 일이" 드러나거나(NRSV), 더 문자적으로

---

18) 여기서 나는 베드로후서의 저자가 베드로전서의 저자와 같은 인물인지에 대해 판단을 내리는 것이 아니다. 나는 둘 다 "베드로"라고 부르는 데 만족하며, 저자의 문제는 독자에게 맡겨둔다.

번역하자면 "땅과 그중에 있는 일들이 발견될 것이다." 우리는 이 흥미로운 구절의 의미를 나중에 다시 살펴볼 것이다. 현재로서는 일단 "물질"(stoicheia)이 무엇을 의미하든 거기에 땅은 포함되지 않는 것 같다는 점을 인식해야 한다. 물질은 녹고 풀어지지만, 땅은 "발견될" 것이기 때문이다.

똑같은 동사(lyō의 수동태, 따라서 "풀어진, 끌어진, 녹은")가 하늘과 물질에 함께 적용된다는 사실은 의미심장하다. 이는 분명 하늘과 물질을 연결시키며, 하늘과 물질에 어떤 일이 일어나든 그 일은 일종의 대화재를 통해 발생한다. 연소는 두 구절 모두에서 지배적 이미지다. 이는 11절에서 "이 모든 것이 이렇게 풀어지리니"라고 말할 때 "이 모든 것"이 문맥에 비추어 해석하자면, 구체적으로 앞의 하늘/물질을 가리키지, 땅을 가리키지 않음을 뜻한다.

베드로후서 3장에서의 "물질"의 의미

"물질"(stoicheia, 단수형 stoicheion)이라는 단어는 성경 외 문헌에서 광범위한 의미를 지니며, 흔히 원리나 (때로는 일련의) 구성요소와 관계가 있지만, 베드로후서 3장에 관해서는 전형적으로 세 가지 의미가 제안된다.[19] 첫 번째 가능성은 이 단어가 물리적 우주의 구성요소를 가리킨다는 것이다. 이런 사고방식을 따르는 현대 독자들은 주기율/원소표를 언급함으로써 "물질"(element)을 해석할지 모르지만, 이는 명백히 시대착오적이다. 대신 stoicheia는 고대 세계에서 (특히 플라톤주의와 스토아주

---

19) 가능한 의미들에 대한 분석으로는 Gerhard Delling, "στοιχέω, συστοιχέω, στοιχεῖον," *Theological Dictionary of the New Testament*, ed. Gerhard Kittel and Gerhard Friedrich, trans. Geoffrey W. Bromiley (Grand Rapids: Eerdmans, 1971), 7:666-87을 보라.

의 사상에서) 흙, 공기, 불, 물의 4대 구성원소에 대해 사용되었다는 증거가 있다. 에드워드 애덤스(Edward Adams)는 이 단어를 그런 식으로 이해한다.[20] 애덤스는 베드로가 우주가 새롭게 재구성되어 재에서 솟아오르는 불사조처럼 재탄생되도록(애덤스는 베드로가 이를 스토아 철학에서와 같이 끝없는 순환이 아닌 단 한 번의 극적 사건으로 본다는 점을 애써 지적한다) 우주를 다시 (거의) 아무것도 없는 상태로 분해시키는 우주적 대화재인 *expyrōsis*라는 스토아 철학의 개념을 사용하고 있다고 주장한다.

우주가 녹아내려 다시 탄생하는 이미지는 실제로 6장에서 살펴본 구약의 예언 전통(사 1장; 슥 3장; 말 3장)에 나오는 용해나 제련의 이미지를 상기시키며, 베드로후서 3장의 가능한 배경이 된다. 그러나 *stoicheia*를 고대 우주론의 4대 원소로 해석하는 것은 땅이 붕괴 대상에 포함된다는 것을 의미한다. 땅은 우주의 일부이기 때문이다. 반면 베드로후서 3장은 땅이 파괴된다고 말하지 않는다. 원소들의 용해나 제련의 이미지를 심판의 불을 통한 우주의 청소 내지 정화를 가리킨다고 이해한다면, *stoicheia*는 여전히 고대 우주론의 4대 원소로 이해될 수 있다. 그러나 베드로가 왜 수사적으로 땅을 이 용해에서 제외시키는가(왜 "발견"되는 것은 오직 땅뿐인가)라는 질문에 답할 필요가 있다. 나는 "물질"의 다른 가능한 의미들을 살펴본 뒤에, 우주 용해에 대한 애덤스의 개념을 다시 다룰 것이다.

다음 두 가지 해석은 명백히 "물질"이라는 단어(*stoicheia*)를 하늘과 관련짓는다(그 결과 4대 원소의 개념보다 문맥에 더 잘 어울리게 한다). 한 가지 가능성은 *stoicheia*를 천체들([ESV나 NET에서와 같이] 해, 달, 별들)에

---

20) Edward Adams, *The Stars Will Fall from Heaven: "Cosmic Catastrophe" in the New Testament and Its World* (Library of New Testament Studies 347; Edinburgh: T&T Clark, 2007), chap. 6, "The Elements Will Melt with Fire': 2 Peter 3:5-13."

대한 언급으로 이해하는 것이다.[21] 다른 하나는 이 단어를 하늘에 있는 천사적 권세에 대한 언급으로 해석하는 것이다. 심판 신현의 구약 배경에서 살펴보았듯이, 이 둘은 흔히 서로 관련되어 있다.[22]

베드로후서 3장의 배경으로서의 소돔과 고모라

최근의 한 연구에서 라이언 주자(Ryan Juza)는 제2성전기 유대문헌에서 심판을 상징하며 표준적인 이미지가 된, 하늘에서 내려온 불을 통한 소돔과 고모라의 심판(창 19장) 모티프를 베드로후서 3장이 이용하고 있다고 설득력 있게 주장했다.[23] 실제로 이 모티프는 6장에서 살펴본 구약의 심판 신현 일부에서 이미 나타난다. 따라서 해, 달, 별이 어두워지고(10절) 하늘과 땅이 흔들리는 현상(13절)을 동반하며 메대의 손을 빌어(17절) 바벨론을 심판하는 하나님의 날(6절)을 묘사하는 이사야 13:1-22의 신탁은 이 심판의 결과가 다음과 같으리라고 말한다. "열국의 영광이요 / 갈대아 사람의 자랑하는 노리개가 된 바벨론이 / 하나님께 멸망당한 소돔과 고모라같이 되리니"(19절).

　마찬가지로 이사야 34:1-17의 신탁은 "하늘의 만상"에 대한 심판과

---

21) 대부분의 현대 주석가들은 벧후 3장의 *stoicheia*를 천체로 이해하지만, 이런 해석에 관한 최초의 증거는 기원후 2세기, 특히 교부들에게서 나왔다. Delling, "στοιχέω," 681-82을 보라.

22) 캘빈 스쿤호번은 중요하지만 간과된 한 연구에서 하늘의 심판과 정화라는 곳곳에 등장하는 성경 모티프를 분석한다(*The Wrath of Heaven* [Grand Rapids: Eerdmans, 1966]). 그의 분석은 성경의 "하늘"이 땅처럼 구속을 필요로 하므로, (기독교 신학에서 흔히 그렇게 여겨지듯이 어떤 내세적인 세계가 아니라) 이것이 창조된 우주의 일부임을 입증하는 데 기여한다.

23) Ryan Juza, "Echoes of Sodom and Gomorrah on the Day of the Lord: Intertextuality and Tradition in 2 Peter 3:7-13," *Bulletin for Biblical Research* 24 (2014): 227-45. 나는 2012년 9월 29일에 인디애나폴리스의 자유 감리교 세계사역센터에서 열린 대학원생 신학 세미나에서 주자의 논문을 논평하는 특권을 누렸다.

하늘이 두루마리처럼 말리는 모습(4절)을 묘사하면서 시작하고, 그 다음에는 땅 특히 에돔(5-10절)에 초점을 맞추는데, 여기서 소돔과 고모라 멸망에 사용됐던 전형적인 이미지가 활용된다.[24] 하나님의 심판이 하늘에서 땅으로 내려올 뿐만 아니라(5절), 그 결과로 땅이 계속적 연소로 특징지어지는 "유황"과 "불붙는 역청"으로 변한다(9-10절). 유황과 연소에 대한 언급은 명백히 창세기 19:24을 반영하며, 소돔의 멸망이 지닌 영속적인 성격은 제2성전기 유대문헌에서 표준적 비유가 되었다.[25]

주자가 베드로후서 3:10에서 발견한 (구약에 나오는 야웨의 신현적 강림과 일치하는) 묘사는 하늘에 있는 귀신의 세력을 멸하시고, 땅을 심판에 노출시키기 위해 우주의 상층을 벗겨내시는 하나님에 대한 묘사다. 이는 천체와 하늘의 타락한 세력을 함께 가리키는 *stoicheia*의 모호성을 고려한 것이다. 이런 모호성은 베드로후서 3장의 의미를 이해시켜줄 뿐만 아니라, 하늘과 타락한 하늘 세력에 대한 이중적 언급은 소돔과 고모라의 심판 전승과 잘 어울린다. 이 전승이 소돔의 죄를 천체와 그와 관련된 악한 영들에 대한 우상숭배와 관련된 것으로 이해했기 때문이다. 또한 이런 모호성은 "하늘의 권능들이 녹을 것이며"라는 이사야 34:4의 첫 번째 행에 대한 70인역과[26] 일치한다. "하늘의 권능들"은 거짓 신들을 가리키는 것처럼 보이는 반면, "녹을 것이며"는 물리적 우주에 보다 적합하기 때문이다. 이런 *stoicheia*의 모호성 때문에 우리는 이 하늘의 "멸망"의 성격에 대해서 지나치게 문자적으로 해석하기가 어렵다.

---

24) 에돔은 심판받아야 할 "모든 나라"의 대표인 것 같다(사 34:2).
25) 여기서 벧후 3장에 나오는 대화재의 배경으로서의 소돔과 고모라에 대한 주자(Juza)의 논증 내용을 시시콜콜 다 다룰 수는 없다. 그가 여러 가지 중첩되는 증거들을 제시하고 있고, 그의 글이 주의 깊은 독자들에게 유익하리라는 점만 말해두자.
26) 바티칸 사본과 루키아노스 교정본.

땅과 그중에 있는 일이 "드러나리로다"

"땅과 그중에 있는 모든 일"(벧후 3:10)에 일어나는 현상을 표현하는 데 동사 "드러나리로다"(heuriskō)가 선택된 것은 몇 가지 이유에서 의미심장하다. 첫째, 이는 베드로가 사용하고 있는 소돔과 고모라의 전형적 예와 부합된다. 창세기 18:22-33에 나오는 아브라함과 하나님과의 대화는 정확히 의로운 사람들이 소돔에서 "발견될" 것인지, 그렇지 않은지에 관한 것이기 때문이다. 동사 heuriskō는 창세기 18:26-32의 70인역에 일곱 번 나타난다.[27]

이 동사는 감람산 강화에서 인자의 도래에 관한 예수님의 가르침의 문맥에서도 나타난다. 한밤중의 도둑에 대한 예수님의 비유(마 24:43; 눅 12:39)에 의존하고 있는 듯한 베드로후서 3:10에서 주의 날은 "도둑같이" 임한다고 되어 있다. 그뿐 아니라 동사 heuriskō는 주인의 집안을 관리하게 된 종에 대한 예수님의 비유, 즉 "그 종이 이렇게 하는 것을 보면 [heuriskō] 복이 있으리로다"(마 24:46; 눅 12:43)에도 나타난다.[28]

이처럼 심판을 목적으로 한 하나님의 오심과 관련된 종말론적 "발견"의 의미는 새 하늘과 새 땅에 대한 약속 바로 다음에 베드로가 독자들에게 하는 권면과 완벽하게 일맥상통한다. "그러므로 사랑하는 자들아, 너

---

27) 하나님과의 대화에서 아브라함은 롯과 그의 가족을 구하려는 열망에 사로잡힌 듯 보인다. 그리고 주자("Echoes of Sodom and Gomorrah")가 주장하듯이 벧후 3:9에 나오는 누구도 멸망하기를 원치 않으시는 하나님의 오래 참으심에 대한 진술은, 야웨가 롯과 그의 가족을 구출하시기 위해 천사를 보내시는 모습을 넌지시 암시한다(창 19:12-23). 하나님이 명시적으로 "의인"이라고 불리는 롯을 구출하신 일은 벧후 2:6-9에서 언급된다. 마찬가지로 심판이 정말로 닥치지는 않을 것이라고 생각하며 비웃거나 조롱하는 자들(3:3-4)은 롯이 천사들과 함께 소돔을 탈출할 것을 권유했을 때 그가 농담을 하고 있다고 생각한 롯의 사위들에 상응한다(창 19:14).

28) 이외에도 예수님은 분명히 자신의 세대에 임할 심판을 소돔과 고모라에 임한 심판과 비교하신다(마 10:15; 눅 10:12).

희가 이것을 바라보나니 주 앞에서 점도 없고 흠도 없이 평강 가운데서 나타나기를[*heuriskō*] 힘쓰라"(벧후 3:14). 이처럼 베드로는 독자들에게 의로운 행동으로 주님이 "땅과 그중에 있는 모든 일"을 심판하러 오실 날에 대비하라고 촉구한다. 비슷한 방식으로 「바나바서신」이라고 알려진 성경 외 기독교 문헌에서는 신자들에게 "너희가 심판의 날에 발견되도록[*heuriskō*] 행동하라"라고 격려한다(21.6).

베드로후서 3:10에서 땅이 "드러나는" 것에 대한 몇 가지 해석은 이를 심판에 노출된다는 부정적인 (또는 아마도 중립적인) 의미로 받아들이는 반면, 베드로후서 3:14과 「바나바서신」에서 이 동사가 긍정적으로 사용된 것은 심판을 견뎌낸다는 뜻과 비슷한 대안적 의미를 암시한다.

앨 월터스는 베드로후서 3장에 대한 한 중요한 논문에서 이런 보다 긍정적인 해석을 주장한 바 있다.[29] 월터스는 다양한 흐름의 언어학적이고 교차 본문적인 증거를 탐구하여 베드로후서 3:10의 "드러나느니라"에 대한 베드로의 용법의 배경이 야금술과 관련 있다고 주장한다. *heuriskō*가 월터스가 주장하는 대로 야금술에서 쓰는 전문적 용어로 밝혀지든 그렇지 않든 간에, 베드로후서 3장에서의 불에 의한 심판의 이미지가 순전히 파괴적인 것이 아니라 오히려 인간의 죄악성의 찌꺼기가 불타 없어지는 용융 과정으로 이해할 수 있고, 따라서 "드러나리로다"는 "시련을 견딤" 또는 "기개를 보임"(showing the mettle; 여기서 "mettle"은 원래 "metal"[금속]이었다)과 비슷한 의미를 지닌다는 월터스의 주장은 올바른 방향에 서 있는 것 같다.[30] 따라서 불의 심판은 금속이 용융되어 쓸모 있

---

29) Al Wolters, "Worldview and Textual Criticism in 2 Peter 3:10," *Westminster Theological Journal* 49 (1987): 405-13.
30) 같은 책, 412("금속"에 관한 의견은 나 자신의 견해지만, 월터스의 글에 함축되어 있다).

는 제품으로 다시 만들어지는 "주물 공장"(foundry)에 비유될 수 있다.[31]

"드러나리로다"(heuriskō)의 긍정적인 용법을 불이나 금속과 연결시킬 수 있는 증거는 베드로전서에 나타나는데, 거기서 저자는 고난의 결과가 다음과 같을 것이라고 설명한다. "너희의 믿음의 확실함은 불로 연단하여도 없어질 금보다 더 귀하여 예수 그리스도께서 나타나실 때에 칭찬과 영광과 존귀를 얻게[heuriskō] 할 것이니라"(1:7).

하지만 월터스는 베드로후서 3장에 대해 야금술적인 배경을 가정할 뿐만 아니라, 구체적으로 본문에서 귀금속의 제련과 비슷하게 레위 지파의 제사장들을 정결케 하시는 하나님에 대한 말라기 3-4장의 생생한 묘사가 활용된다고 주장한다.[32] 6장에서 살펴본 것처럼 말라기에서 하나님이 오시는 날은 각자의 반응에 따라 금을 연단하는 자의 불처럼 깨끗하게 하기도 하고(3:2-3), "용광로 불"처럼 타오르며 소멸시키기도 할 것이다(4:1[마소라 본문 3:19]).

월터스의 주장을 뒷받침하는 예로, 최소한 하나의 고대 기독교 문헌은 말라기의 언급을 베드로후서 3장과 명백히 관련짓고 있다. 「클레멘스2서」 16:3에 따르면 "너희는 심판의 날이 이미 불타는 가마처럼 다가

---

31) 그렇다고 "주물 공장"(foundry)의 의미의 근원을 찌꺼기 아래서 순수한 금속을 "발견한다"(finding)라는 개념에 이르기까지 직접적으로 추적할 수 있다고 주장하는 것은 아니다. 이 단어는 "금속을 주조하다"라는 의미의 "녹여 붓다"(to found)에서 나온 것으로 보인다. "to found"에는 "기초를 세우다" 또는 "놓다"와 같은 또 다른 의미도 있다. 그러나 이 두 의미는 모두 궁극적으로 기본으로 돌아가거나 내려간다는 (어떤 경우에는 금속을 그 기본에 이르기까지 녹이고, 다른 경우는 어떤 것의 바탕에서 시작한다는) 의미에서의 "발견"과 관련된다고 주장할 수 있다. 따라서 하나님의 심판의 "주물 공장"이 바닥에서부터 정화된 세상을 다시 만들기 위해 창조의 기초로 내려간다고 말할 수 있지 않을까?

32) 베드로전서에 나오는 고난의 신학의 배경으로서의 말 3장에 대한 자세한 분석으로는 Dennis E. Johnson, "Fire in God's House: Imagery from Malachi 3 in Peter's Theology of Suffering (1 Peter 4:12-19)," *Journal of the Evangelical Theological Society* 29 (1986): 285-94을 보라.

4부 | 총체적 종말론과 관련된 문제 본문들

오고 있고, 하늘의 일부는 온 땅과 마찬가지로 납이 불로 인해 녹듯이 녹을 것이며, 그 뒤로 사람들의 감추어진 일과 드러난 일이 나타날 것임을 안다."[33]

베드로후서 3장에 나타난 홍수의 유비

베드로후서 3장의 불이 궁극적으로 파괴적인 것이 아니라 정결케 하는 것이라는 월터스의 주장의 또 다른 근거는, 베드로가 그리스도의 재림 때 있을 심판과 세상에서 악을 제하기 위해 일어난 홍수 사이에서 끌어 내는 유비 관계에서 발견된다. 베드로후서 3장에 나타나는 소돔과 고모라의 배경은 암묵적이기 때문에 추론해야 하는 반면, 홍수 전승의 경우는 사정이 다르다.[34] 베드로는 물에 의한 이전 심판과 불에 의한 다가올 심판을 대조하는 가운데 자신이 어떤 종류의 우주적 파멸을 마음속에 그리고 있는지를 밝힌다.[35]

베드로는 "그때에 세상은 물이 넘침으로 멸망하였으되"라고 설명한다(벧후 3:6). 그러나 노아 시대의 세상은 어떤 의미에서 "멸망"했는가? 우주(또는 땅)가 완전히 없어졌다는 의미에서 멸망한 것은 분명 아니다. 더 정확히 말하면 타락한 인류의 악한 행위가 심판을 받고 노아와 그의 가족에 의한 새로운 시작이 가능하도록 땅이 깨끗해진 것이다. 다가올 심판에 대해서도 마찬가지다. "이제 하늘과 땅은 그 동일한 말씀으로 불사

---

33) 하지만 땅이 녹는 일은 벧후 3장에서는 벌어지지 않는다.

34) 예수님 자신이 인자의 오심을 소돔과 고모라 사건과 홍수 사건에 비유하신다(눅 17:22-37).

35) 창세기에서 홍수 이야기와 소돔 이야기 사이의 한 가지 흥미로운 연결고리는 두 본문 모두 심판을 묘사하기 위해 "비 내리다"에 해당하는 동사를 사용한다는 점이다. 첫 번째 경우에 비는 물인 반면, 두 번째 경우에 비는 "유황과 불"이다(7:4; 19:24). 홍수 이야기와 소돔의 멸망 사이에 있는 일련의 중요한 주제 및 언어적 유사점에 대해서는 Gordon Wenham, *Genesis 16-50* (Word Biblical Commentary 2; Waco: Word, 1994), 42-43을 보라.

르기 위하여 보호하신 바 되어 경건하지 아니한 사람들의 심판과 멸망의 날까지 보존하여 두신 것"이기 때문이다(3:7).

하늘과 땅이 모두 "불사르기 위하여 보호하신 바" 되었지만 멸망당할 것은 땅이 아니라 경건하지 않은 사람들이라는 점(그와 반대로 땅은 "드러날" 것이다)에 주목해보라. 이는 불에 의해 하늘이 멸망할 것이라는 표현도 문자적인 소멸로 해석해서는 안 된다는 점을 암시한다. 따라서 "이제 하늘과 땅"이 주의 날에 소돔과 고모라와 같은 심판을 통과한 후, 베드로가 말한 바 우리가 기다리는 "새 하늘과 새 땅"(3:13)은 소멸되는 세상의 대체물이 아니다. 오히려 이것은 변화된 우주, "의가 있는 곳"이다.

베드로후서 3장에 대한 이런 해석은 고린도전서 3:10-15에서 바울이 묘사하는 신자의 행위에 대한 불의 심판과 일맥상통한다. 거기서 바울은 지혜로운 건축자와 같이 고린도 교회를 위해 터를 닦는 일에 대해 말한다(10절). 이 터, 즉 그리스도 위에서(11절) 각 사람은 서로 다른 성질을 가진 재료―"금이나 은이나 보석이나 나무나 풀이나 짚"(12절)―를 사용하여 자신의 삶을 건축한다. 각 건축자가 한 일은 심판 날에 드러날 것이라고 바울은 설명한다. "이는 불로 나타내고 그 불이 각 사람의 공적이 어떠한 것을 시험할 것임이라"(13절). 어떤 이의 공적은 살아남아 그에 합당한 보상을 받는 반면(14절), 어떤 이의 공적은 불에 타고 그 결과 "자신은 구원을 받되 불 가운데서 받은 것" 같을 것이다(15절). 여기서도 불의 심판은 궁극적으로 구원을 위한 것이다.[36]

---

36) "불 가운데서[*dia*] 구원받다"라는 표현은 보통 불 심판을 "통과함"에도 불구하고 구원받는다는 의미로 받아들여진다(구사일생으로 구원받았다고 할 수도 있다). 그러나 다니엘 프레이어-그리그스(Daniel Frayer-Griggs)는 인상적인 언어학 증거들을 수렴하여, 이 본문에서 바울이 *dia*를 불"로" 구원받았다는 의미로 사용한다고 주장한다. 하나님 심판의 불이 정결하게 하는 구원의 도구가 된다는 의미에서다("Neither Proof Text Nor Proverb: The Instrumental Sense of dia and the Soteriological Function of Fire in 1 Corinthians

베드로후서 3장의 모든 복잡한 의미의 층을 종합하면 마지막 날에 있을 근본적 심판에 대한 묘사를 발견할 수 있는데, 거기서 하나님은 타락한 귀신의 세력을 멸하시고 비유적으로 하늘을 벗기시며, 그 다음에는 땅을 심판하러 내려오신다. 이 심판은 세상이 새로워지고 궁극적으로 구원받도록 세상에서 악을 제거하기 위한 심판이다. 이는 베드로가 마지막 심판을 묘사하기 위해 어떤 파괴의 언어를 생생하게 사용하더라도, 그중 어떤 것도 문자 그대로의 우주의 소멸을 가리키는 것으로 해석할 타당한 이유는 없음을 의미한다.

세상의 종말론적 재창조에 대한 에드워드 애덤스의 견해

지금까지 나는 소돔과 고모라가 베드로후서 3장의 배경에 깔려 있다는 라이언 주자의 통찰에 찬성하면서도, 계획된 심판이 궁극적으로 구원을 이룬다는 앨 월터스의 통찰로 단서를 붙였다. 그렇다고 베드로후서 3장의 배경으로서 세상이 재창조되기 전에 우주적 대화재로 먼저 파괴된다는 스토아 철학의 *expyrōsis*에 대한 에드워드 애덤스의 제안이 아무런 가치가 없다는 뜻은 아니다. 그러나 먼저 우리는 애덤스가 실제로 주장하는 바를 명확히 해야 한다.

여기서 중요한 지점은 애덤스가 우주적 멸망이라는 종말론적 이미지의 성격에 대해 톰 라이트와 반대되는 견해로 자신의 전반적 주장을 표현하며, 구체적으로 베드로후서 3장에 대한 월터스의 해석에 반대한다

3:15"[2013년 4월5일 펜실베이니아 주 이리에서 열린 이스턴 그레이트 레이크스 성서학회 연례모임에 제출된 논문]). 프레이어-그리그스는 고전 3장에서 사용된 용어와 말 3장 70인역에 등장하는 표현 사이의 몇몇 흥미로운 유사점을 보여주기도 한다. 존 프록터(John Proctor)도 말 3장에 나오는 제련하는 불이 고전 3장 사용된 이미지 배후에 있다고 주장한다("Fire in God's House: Influence of Malachi 3 in the New Testament," *Journal of Evangelical Theological Society* 36 [1993]: 9-14).

는 점이다.[37] 그러나 우주 멸망에 대한 이 본문의 해석에서 애덤스는 라이트 및 월터스와 놀랍도록 일치한다. 하지만 이 사실은 애덤스가 그의 책 전체에 걸쳐 우주의 "끝", "멸망" 또는 "소멸"에 대해 사용하는 절대적인 의미로 들리는 수사적 표현으로 인해 가려진다.[38]

우주적 멸망을 강조하는 애덤스의 표현은 애덤스가 볼 때 우주의 불안정화에 대한 신약의 이미지들이 단지 역사 안에서 일어난 사건들, 특히 기원후 70년의 예루살렘 멸망을 생생하게 표현하는 하나의 방식에 불과하다는 (특히 감람산 강화에서 비롯된) 톰 라이트의 일반적인 입장을 바로잡기 위한 것이다. 애덤스는 구약에서 사용된 이런 표현이 대부분 나라나 성읍의 멸망에 대한 생생한 묘사로 해석될 수 있다는 점을 인정하지만, 신구약 중간기의 일부 유대 묵시록에서 이런 표현이 변형되어 나타나는 것은 우주가 근본적으로 재창조되기 전에 해체 내지 파괴되는 것을 가리킨다고 해석한다. 그리고 그는 이것이 신약에 나타나는 우주적 멸망에 대한 표현을 (라이트처럼) 단순히 국지적 사건을 가리킨다고 해석하는 것과 상반되는 입장이라고 생각한다.

그러나 우주가 말 그대로 소멸되는가 하는 주제에 관해 애덤스는 실제로 라이트와 견해가 같다. 애덤스는 자신이 고려하는 유대 묵시록이나 신약도 (심지어 벧후 3장도) "현존하는 세상이 무(無)로 소멸되고, 물질적으로 옛 세상과 불연속적인 완전히 새로운 세상이 그 자리를 차지한다"

---

37) 그가 N. T. 라이트와 반대되는 견해를 처음 표현한 글을 보려면 Adams, *Stars Will Fall*, 5-16, 특히 12-13을 보라. 월터스에 반대하는 글을 보려면 같은 책, 225-28, 특히 228을 보라.

38) 애덤스는 이런 말들을 선호함에도 불구하고, 세상의 문자적 소멸을 상상하지 않는다. 오히려 세상이 구속적으로 재창조되기 전에 창세 이전의 혼돈과 비슷한 것으로 되돌아간다고 상상한다(같은 책, 21, 238).

라고 생각하지는 않음을 인정한다.[39] 사실 "신약시대가 끝날 때까지, 절대적 우주 소멸에 대한 믿음은 우리가 말할 수 있는 한, 진정한 우주론적 대안이 아니었다."[40] 그리고 애덤스는 베드로후서 3장이 세상의 소멸과 그것을 대체하는 우주가 뒤따라온다고 가르치지는 않는다는 라이트의 견해에 동의한다.[41]

그렇다면 애덤스는 왜 라이트의 입장에 대해 그토록 강하게 반대할까? 내가 보기에 애덤스는 그리스도가 재림하실 때 실제로 우주적 심판이 있을 것을 상상한다는 점에서 신약의 종말론이 구약에서 발견되는 국지적 심판을 초월한다는 것을 강조하고자 한다. 그러나 라이트는 종말론적 심판의 우주적 성격에 반대하는 것이 아니라, 단지 이것이 시공간을 가진 우주의 종말을 필요로 한다는 개념에만 반대한다.[42]

애덤스가 베드로후서 3장에 등장하는 멸망 이미지를 우주가 영광스럽게 재탄생하기 이전에 용해되는 것과 비슷하게 묘사하는 것도 월터스의 견해와 본질적으로 일치한다.[43] 차이점은 애덤스는 이런 용해에 대해

---

39) 같은 책, 13.
40) 같은 책, 21.
41) 같은 책, 233("따라서…라는 라이트의 말은 옳다").
42) 바로 이런 이유로 애덤스는 히 12:26-27과 벧후 3:5-13에 대한 라이트의 입장에 혼란스러워한다. 애덤스는 신약의 종말론에 대한 라이트의 "일반적인 주장"에 관한 자신의 이해를 감안할 때, 라이트가 이런 본문들을 진정으로 "우주적인 변화"를 가리킨다고 보는 것이 모순적이라고 생각한다(같은 책, 15-16). 히 12장과 관련해서 애덤스는 라이트가 취했을 것으로 "예상할 수 있는" 해석을 두 번 언급한다(같은 책, 192-93). 이것이 라이트의 전반적인 입장을 오해한 것이라는 사실은 라이트가 자기 입장을 밝히기 위해 제시한 명시적인 논평을 보면 분명하다(*The Challenge of Jesus: Rediscovering Who Jesus Was and Is* [Downers Grove, IL: InterVarsity, 1999], 117. 이에 대한 더 많은 내용을 보려면 이 책의 부록을 보라). 이는 감람산 강화의 국지적 지시대상에 대한 라이트의 견해를 그의 종말론적 입장으로 일반화해서는 안 됨을 의미한다.
43) 월터스가 "용해"라는 단어를 사용한 것을 보려면 "Worldview and Textual Criticism," 409을 보라.

(가설적으로 가능한) 스토아 철학적 배경을 가정하는 반면, 월터스는 (보다 더 개연성이 높은) 금속의 제련에 관한 구약의 이미지를 제안한다는 점이다. 애덤스가 이런 기본적인 일치를 깨닫지 못한다는 사실은 이상하다. 그는 월터스가 우주의 **"절대적 멸망"**, 즉 우주의 "존재의 소멸"을 부정할 뿐이라는 점을 인정하기 때문이다.[44] 그러나 우리 목적과 관련해서 주된 요점은 애덤스조차 베드로후서가 우주의 문자적 멸절이 아니라 심판 이후에 있을 (근본적인) 우주의 갱신을 상상한다고 주장한다는 점이다.[45]

베드로후서 3장에 나오는 거짓된 가르침으로서의 "물질"

지금까지 우리는 베드로후서 3:10, 12에서 "물질"(stoicheia)의 의미에 대한 가장 흔한 세 가지 제안을 탐구했다. 그러나 이 세 가지 전형적인 해석 외에도 이와 관련된 네 번째 가능한 대안이 있을 수 있다. stoicheia는 신약의 다른 부분에서 "초보적인 가르침"과 같은 뜻을 나타낼 수 있다. 이것이 명백히 히브리서 5:12에서 이 단어의 의미인데, 거기서 히브리서 저자는 독자들에게 믿음의 (NRSV에서는 "기본적인 요소들", NIV에서는 "기초적인 진리들"이라고 번역된) 기초 내지 기본(stoicheia)을 배울 필요가 있느냐고 묻는다.

골로새서 2:8은 stoicheia라는 단어를 구체적으로 거짓된 가르침에 대해 사용하면서, "사람의 전통" 및 세상의 stoicheia에 따른 철학을 "그

---

44) Adams, *Stars Will Fall*, 226(애덤스 강조). 월터스는 벧후 3장이 "하늘과 물질이 불로 인해 소멸되는 것이 아니라 녹아내리는 것만" 묘사한다고 생각한다는 애덤스의 비판에 대해 (같은 책, 227) 나는 그의 말이 혼란스럽다는 점을 인정하지 않을 수 없다. 아마도 불에 의한 용융의 이미지와 소멸시키지 않는 불에 의한 용해의 이미지 사이에는 어떤 세밀한 차이가 있겠지만, 이 시점에서 그 차이는 의미론적 차이로 보인다.

45) 애덤스가 실제로 반대하는 것은 월터스가 "멸망"이라는 단어를 소멸의 뜻으로 사용한다는 점인 것 같다. 애덤스 자신은 이 단어를 그런 식으로 사용하지 않기 때문이다(그는 "멸망"이라는 단어를 유지하기를 원하면서도 소멸론적인 입장에는 동의하지 않는다).

4부 | 총체적 종말론과 관련된 문제 본문들

리스도를" 따른 철학과 대조한다. 약간 뒤에 골로새서 2:20은 그리스도 안에 있는 자들이 세상의 *stoicheia*에 대해 죽었다고 단언한다. 그 다음으로 *stoicheia*는 그리스도인들이 그것으로부터 해방된 일련의 규칙들로 나열된다(2:21). 이는 이 단어가 일종의 가르침을 가리킨다는 점을 암시한다(NASB에서는 "기초적 원리"라고 번역했다). NRSV, ESV, NET가 골로새서 2:8, 20의 *stoicheia*를 "초보적인 영들"로 번역한 것이 옳다 하더라도(NLT에서는 "영적인 세력들"이라고 번역했다), 이는 문제가 된 거짓 가르침을 가르침의 기초로서의 귀신의 가르침과 관련지은 것이다.[46] 실제로 이 단어는 갈라디아서 4장에서와 같이 골로새서에서도 다의적일지도 모른다. 갈라디아서 4장에서 *stoicheia*는 3절에서는 율법을, 8-9절에서는 거짓된 신들을 가리킨다.

클리포드 T. 리처즈(Clifford T. Richards)는 최근에 *stoicheia*에 대한 이 네 번째 해석이 베드로후서 2장의 문맥과 잘 들어맞는다고 주장했다. 이 편지는 특별히 거짓된 가르침과 관련이 깊기 때문이다(그리고 사도 바울의 가르침을 왜곡하는 이들[3:15-16]을 언급하기 때문이다). 따라서 리처즈는 그리스도가 재림하실 때 소멸될 것이 바로 이런 가르침(*stoicheia*)과 이를 옹호하는 거짓 선생들이라고 주장한다.[47] 그는 거짓된 가르침의 소멸이 우주의 소멸과 다른 것이라고 말하고 있다.

리처즈의 논문 대부분은 불 심판이 지닌 비유적 성격을 다루지만, 여기서는 이 논의의 구체적인 내용을 가지고 시간을 끌 필요는 없다. 다만 우리의 앞선 분석에 덧붙여서, 리처즈의 주장이 다음과 같은 점을 암시

---

46) NIV가 골 2:8, 20의 *stoicheia*를 이전에는 "기초 원리"라고 번역했지만, 2011년 개정판에서는 "기초적인 영적 세력들"이라고 번역한 점에 주목하라.

47) Clifford T. Winters, "A Strange Death: Cosmic Conflagration as Conceptual Metaphor in 2 Peter 3:6-13"(2013년 4월 4일 펜실베이니아 주 이리에서 열린 이스턴 그레이트 레이크스 성서학회 연례모임에 제출된 논문).

함을 지적하는 것으로 충분하다. 즉 베드로후서 3장에 나오는 *stoicheia* 의 풀어짐과 녹음은 다양한 차원에서 이해되는데, 마귀 세력에 대한 심판(그에 따른 하늘에서의 악의 제거), 하늘이 갈라져 땅이 하나님의 심판에 노출됨, (마귀적인 가르침에 기원을 두고 있을) 거짓된 가르침의 파괴 등을 포함한다는 것이다. 그러나 어떤 경우에도 본문에는 우주의 멸절을 묘사하려는 의도는 나타나지 않는다.

실제로 *stoicheia*가 거짓된 가르침을 가리킬 수도 있다는 가능성을 받아들인다면, 우리는 베드로가 어떤 구체적인 가르침이 소멸될 것으로 생각했는지 질문해볼 수 있다. 거짓 교사들은 그리스도의 재림에 대해 바울이 쓴 글을 왜곡했던 것으로 보인다. 베드로는 새 하늘과 새 땅에 대해 말하며 독자들에게 이 비전에 따라 살도록 권면하는 문맥에서 이렇게 말한다.

> 우리가 사랑하는 형제 바울도 그 받은 지혜대로 너희에게 이같이 썼고 또 그 모든 편지에도 이런 일에 관하여 말하였으되 그중에 알기 어려운 것이 더러 있으니, 무식한 자들과 굳세지 못한 자들이 다른 성경과 같이 그것도 억지로 풀다가 스스로 멸망에 이르느니라(벧후 3:15b-16).

16절의 "이런 일에 관하여"가 주의 오심과 이런 기대에 비추어 우리가 어떻게 살아야 하는가에 대한 바울 자신의 가르침(베드로가 논의해온 주제)을 가리킨다면, 이는 베드로가 이 주제에 대한 자신의 가르침이 바울이 쓴 내용과 일치한다고 이해했음을 의미한다. 8장에서 살펴본 것처럼 바울은 그리스도가 재림하실 때 피조물이 허무한 것에 속박된 데서 해방되리라고 상상한다(롬 8장). 이런 경우, 우리에게는 베드로후서 3장이 (어떤 이들이 주장하듯이) 마지막 날에 있을 우주의 소멸보다는, 세상의 변화와 구속을 가르친다고 생각할 만한 이유가 훨씬 더 많이 있다. 따라서 베드로의 관점에서는 우주가 소멸될 것이라는 개념이 거짓된 가르침이다. 그러면 바로 이 가르침이 그리스도가 재림하실 때 소멸될 것이라고도 추론할 수 있지 않을까? 아니면 이렇게 말할 수도 있을 것이다. (땅에) "남겨지는"(Left Behind; 휴거 후 소멸할 것이라고 여겨지는 땅에 남겨진 사람들을 지칭하는 말로서, 세대주의 종말론을 반영하는 표현-편집자 주) 신학은 마침내 버려질(left behind) 것이다!

히브리서 12장의 우주적 흔들림

이제 우리는 히브리서 12:26-29을 살펴볼 것인데, 이 본문은 창조질서(하늘과 땅)를 우리가 기다리고 있는 (창조되지 않은) 나라와 대조하고 있는 것으로 보인다.

이 본문의 문맥은 히브리서 저자의 일련의 세 가지 대조다. 첫째, 실체적인 땅의 흔들림으로 특징지어지는 시내 산 신현(12:18-21)과 하나님이 장차 땅뿐만 아니라 하늘도 흔드실 사건―하나님의 거룩하심이 시내 산에서보다 훨씬 더 강렬하게 나타날, 진정으로 보편적·우주적 신현(12:26)―사이의 대조가 있다. 이 대조는 역사적으로 구체적인 지상 사건과 진정으로 창조세계 전체에 걸친 사건 사이의 대조다.

히브리서 저자가 끌어내는 두 번째 대조는 하나님이 자기 백성과 처음 언약을 맺으신 곳이며 만질 수 있는(12:18) 땅의 산(시내 산)과, 시내 산에서와 같은 방식으로는 다가갈 수 없는 "하늘의 예루살렘"(12:22)이라고도 불리는 "시온 산"의 대조다. 그러나 시온 산이 지닌 "하늘"에 속한 성격이 곧 이 산에 다가갈 수 없음을 뜻하지는 않는다. 오히려 정확히 그 반대다. 역설적인 점은 첫 번째 산은 만질 수 있었지만 모세 외에는 아무도 그 산에 접근할 수 없었다는 사실이다. 이는 저자가 하늘의 시온/예루살렘과 더불어 "하늘에 기록된" 이들의 모임, 만민의 심판자이신 하나님, "온전하게 된 의인의 영들"(12:23), 새 언약의 중보자이신 예수(12:24)를 열거하는 이유를 설명해준다. 이 대조의 요점은 모세 외에는 아무도 시내 산에 접근하지 못했고(일반 이스라엘 백성은 물러서 있어야 했다) 거기서 맺어진 언약은 죄를 해결할 수 없었던(이는 히브리서 전체에 걸쳐 강조되는 요점이다) 반면에, 예수님을 믿는 모든 신자는 새 언약을 통해 시온 산으로 자유로이 드나들 수 있으며(이는 하늘의 예루살렘에서의 시민권과 동일하다), 이것이 그들이 "하늘에 기록"되고 "온전하게" 되었다고 일컬어지는 이유라는 것이다. (사실은 두 언약의 대조인) 이 두 산의 대조는 이처럼 예수님을 통해 임하는 더 큰 특권과 축복에 초점을 맞추고 있다.[48]

히브리서 저자가 끌어내는 세 번째 대조는 시내 산 신현에 수반된 지상에서의 하나님의 경고를 무시한 데서 비롯된 끔찍한 결과와, 종말에 하늘에서의 하나님의 경고를 무시하는 일로 인한 훨씬 더 심각한 결과의 대조다(12:25). 특권이 커지면 심판도 더 혹독해진다. 이 세 가지 대조의 전반적인 핵심은 종말에 있을 하나님의 신현적 심판이 보편적이고, 시내 산에서보다 더 강력하며, 전혀 피할 수 없는 심판이 될 것임을 강조하는 것이다. 그러므로 우리는 이 심판을 매우 심각하게 받아들여야 한다.

히브리서에서는 이 미래의 우주적 심판에 대한 구약의 근거를 (학 2:21에서 되풀이되는) 학개 2:6의 예언적 신탁에서 발견한다. "그때에는 그[하나님의] 소리가 땅을 진동하였거니와, 이제는 약속하여 이르시되 내가 또 한 번 땅만 아니라 하늘도 진동하리라 하셨느니라"(히 12:26). 6장에

---

48) 바울은 고후 3:8-18에서 이와 비슷하게 옛 언약과 새 언약을 구별한다. 시내 산에서는 모세만이 하나님의 임재에 접근할 수 있었던 반면(이 만남에서 비롯된 그의 얼굴에 비친 영광은 결국 사라졌다), 그리스도를 믿는 신자들은 하나님의 영광에 지속적으로 다가갈 수 있다.

4부 | 총체적 종말론과 관련된 문제 본문들

서 살펴본 것처럼 학개서 본문에서는 우주적 진동이라는 과장된 언어를 사용하여 포로기 이후 시대에 열방에 대한 심판이 있을 것이며, 그 결과 열방의 부는 재건된 성전을 재단장하는 데 사용될 것이라고 예언했다.

많은 구약본문의 전형적인 특징과 같이, 원래는 국지적인 역사 사건에 대한 생생한 비유였던 것이 후대의 유대교와 기독교의 해석에서는 보편화되었다. "새 하늘과 새 땅"을 배경으로 한 새로워진 예루살렘에 대한 이사야서의 환상이 바로 이런 경우다(사 65:17). 이 환상은 원래 포로기 이후에 하나님 백성의 공동체적 삶에 대한 치유를 약속했지만, 나중에는 종말론적인 미래에 있을 진정한 우주적 갱신을 가리키는 것으로 일반화되었다.

학개서 예언의 경우에 히브리서 기자는 바다와 마른 땅과 열방을 흔드시는 하나님에 대한 원래 언급을 생략하고, 학개서 본문에서 발견되는 땅과 하늘의 순서를 뒤바꾼다. 심지어 저자는 다가올 종말론적 심판과 그 이전에 지상에서 벌어진 시내 산의 흔들림의 대조를 강조하기 위해 "~뿐만 아니라"와 "~도"를 삽입한다. 그 다음에 창조세계의 구속과 모순되는 것처럼 보이는 말씀이 나온다.

이 또 한 번이라 하심은 진동하지 아니하는 것을 영존하게 하기 위하여 진동할 것들 곧 만드신 것들이 변동될 것을 나타내심이라. 그러므로 우리가 흔들리지 않는 나라를 받았은즉 은혜를 받자. 이로 말미암아 경건함과 두려움으로 하나님을 기쁘시게 섬길지니 우리 하나님은 소멸하는 불이심이라 (히 12:27-29).

언뜻 보면 저자가 하나님의 우주적 진동이 창조질서를 소멸시키고, 창조질서는 흔들리지 않는 "영적인" 나라로 대체되리라고 주장하는 것처럼 보일 수도 있다. 그러나 여기에는 두 가지 중요한 고려 사항이 있는데, 첫 번째는 어휘적이거나 언어학적인 것이고, 두 번째는 개념적이고 정경적인 것이다. 첫 번째는 "변동될 것"으로 번역된 단어의 의미와 관련된 반면, 두 번째는 흔들리는 것에서 흔들리지 않는 것으로의 변동이 성경의 다른 곳에서 어떻게 이해되는지와 관련된다.

어휘적인 문제부터 먼저 살펴보자. 히브리서 12:27에서 "변동될 것"으로 번역된 단어는 *metathesis*로 "제거"를 뜻할 수 있지만, "변화" 또는 "변형"을 뜻할 수도 있는 명사다. 똑같은 명사가 히브리서 7:12에서 관련된 동사 *metatithēmi*와 함께 옛 언약에서 새 언약으로의 변동을 수반하는 변화를 묘사하는 데 사용되었다. "제사 직분이 바꾸어졌은즉 [*metatithēmi*] 율법도 반드시 바꾸어지리니[*metathesis*]." 분명 이는 절대적으로 새로운 어떤 것으로 교체되기 위한 옛 것의 종말/사라짐/제거로 해석될 수 있지만, 이런 해석은 그리스도가 가져오신 새 언약을 이전 시대에는 불완전하게만 성취되었던 것의 참된 성취로 보는, 신약의 논리에 대한 근시안적인 이해다.

마찬가지로 히브리서 11:5에서는 에녹이 죽기 전에 옮겨진 일―새로운 존재 방식으로 옮겨짐―을 묘사하기 위해, 동사 *metatithēmi*(2회)와 더불어 명사 *metathesis*를 사용한다. "믿음으로 에녹은 죽음을 보지 않고 옮겨졌으니[*metatithēmi*] 하나님이 그를 옮기심으로[*metatithēmi*] 다시 보이지 아니하였느니라. 그는 옮겨지기[*metathesis*] 전에 하나님을 기쁘시게 하는 자라 하는 증거를 받았느니라." 여기서도 또 다시 (NRSV에 함축된) 에녹의 종말/사라짐/이동에 대해 말할 수 있지만, 이런 "옮기심"의 바탕에 깔린 개념을 에녹이 새로운 형태의 삶으로 옮겨간 것으로 이해하는 편이 더 낫다.[49]

용어들 밑바탕에 깔린 개념은 어휘 문제와 관련되어 있다. 여기서는 고린도전서 15장을 살펴보는 것이 유용하다. 이 본문에서 바울은 현재의 썩고 부패할 수 있으며 죽을 운명에 처한 인간의 몸(히브리서의 용어를 사용하자면 "흔들릴" 수 있는 몸)과, 썩지 않고 부패하지 않으며 죽지 않을 미래의 부활의 몸("흔들리지 않는" 몸)의 관계를 밝힌다. 바울은 죽을 몸과 부활의 몸의 관계를 설명하기 위해 세 가지 비유를 사용한다.

첫째, 바울은 죽을 몸을 씨앗에 비유하는 반면, 부활의 몸은 식물에 비유한다(15:36-37). 후자가 실재가 되려면 전자가 죽어야 한다. 그러나 이는 단순한 대체가 아니다. 바울은 씨앗(죽을 몸)과 식물(부활의 몸) 사이의 정체성의 연속성을 세심하게 강조한다. 바울이 쓰는 표현으로는, 전자는 썩을 것으로 "심고" 썩지 않을 것으로 "다시 살아"난다(15:42).

바울이 부활을 묘사하기 위해 사용하는 두 번째 비유는 우리가 "변화"되리라는 것이다(바울은 그리스도가 재림하실 때 살아 있는 자들은 사실 죽지 않겠지만, "우리가 다" 변화될 것이라고 말한다[15:51]). 여기서 동사는 15:52에서 죽을 몸에서 죽지 않을 몸으로의 변화를 묘사하기 위해 다시 사용되는 *allassō*다. 여기서 중요한 점은 이 동사가 (히 1:12에서 인용된) 시편 102:26의 70인역에서 하늘과 땅이 낡았을 때 그것을 옷처럼 바꾸시는 하나님을 묘사하는 데 사용된 바로 그 동사라는 점이다. 시편 102편이 우주의 소멸을 가리킨다고 생각하는 대신, 시편 기자가 사용한 옷을 바꾸는 비유에 대해 숙고할 수 있을 것이다. 바울은 고린도전서 15장에서 한편으로 우리가 (그렇게 할 수 있다면) 부활의 옷을 입을 수 있도록 현재의 죽을 몸을 벗어버리는 일과, 다른 한편으로 하나님이 부패하기 쉬운 우주를 벗기시고 이를 보다 항구적인 옷(새 하늘과 새 땅)으로 대체

---

49) 10장에서 중간상태에 대한 논의의 일부로, 에녹이 "어디로" 옮겨졌는가 하는 질문을 다룰 것이다.

하시는 일 사이에 어떤 유사점이 있다고 생각했을까?[50]

바울이 "변화되리니"라는 말을 사용한다는 점이 몸과 우주의 이런 비교를 명백하게 만드는 것은 아니지만, 바울이 부활의 몸으로의 변화에 대해 사용하는 세 번째 비유는 이런 방향을 향해 있다. "우리도 변화되리라"라는 두 번째 진술(15:52) 바로 뒤에 바울은 썩을 것과 죽을 것이 썩지 아니함과 죽지 아니함을 "입을"(endyō) 것이라고 단언하며, 이는 사망을 삼키고 이기는 것과 같다고 말한다(15:53-54). 삼켜지는 것은 몸(또는 피조물)이 아니라 사망이라는 진술 외에도, 이런 "입다"(endyō)의 용법은 분명히 옷 입음 또는 옷에 관한 표현이다. 이 표현은 옛 인간의 타락한 삶을 벗어버리고(엡 4:22; 골 3:9) 하나님의 형상으로 갱신된 새로운 인간을 입는(endyō) 일(엡 4:24; 골 3:10)에 대한 바울의 진술과 유사한 한 가지 중요한 예다. 따라서 도덕적 부패에서 의로, 죽을 몸에서 부활의 몸으로, 썩을 피조물에서 새로운 피조물로의 이 세 가지 핵심적인 전환 사이에는 중요한 개념적 유사점이 있으며 모두 옷을 갈아입는 일에 비유할 수 있다.[51]

히브리서에서도 바울이 고린도전서 15장에서와 똑같은 것을 말한다고 억지로 주장하고 싶지는 않다. 하지만 "혈과 육은 하나님 나라를 이어받을 수 없고 또한 썩는 것은 썩지 아니하는 것을 유업으로 받지 못하느니라"(고전 15:50)라는 바울의 주장은, 흔들리지 않는 것(하나님 나라)을 받으려면 흔들릴 수 있는 것(썩어 없어질 창조세계)을 없애야/바꾸어야 한다

---

50) 시 104:1-3에서 하나님이 천막에 거하는 것처럼 하늘에 거하시며 옷을 입듯이 햇빛을 입고 계시다고 묘사하는 것에 주목해보라.

51) 에드워드 애덤스는 옷을 갈아입는 비유에 대해 비슷한 제안을 하면서(*Stars Will Fall*, 197), 히 12장이 우주의 단순한 변화가 아닌 물리적 분해를 뜻한다는 그의 앞선 강력한 주장에 단서를 단다(같은 책, 189-91). 실제로 그는 이런 물리적인 분해조차 우주의 완전한 멸절과는 같지 않다는 점을 강조한다(같은 책, 190-91).

는 히브리서의 진술(히 12:27-28)과 상당히 일맥상통한다. 두 경우 모두 하나님 나라의 신적 (창조되지 않은) 기원을 강조하는 것은 창조된 세상을 초월하는 것과 아무런 관련이 없다. 더 정확히 말하면 하나님 나라의 신적 기원은 새 피조물을 순전한 은혜의 선물로 표현하는 하나의 방식이다. 하나님 나라의 신적 기원 외에도 바울과 히브리서 기자가 함께 동의하는 것은 썩어 없어질 옛 세상의 변화/변형이 항구적이고 썩지 않을 나라로 귀결되며 그 속에서 신자들은 완전한 시민으로 새로운 삶에 참여하리라는 것이다.

확실히 히브리서는 예루살렘 성전에 대한 어떤 언급도 (아마도 그 타당성을 부정하려는 수사적 전략의 일환으로) 애써 피하는 반면, 학개 2장의 우주 요동에 대한 신탁은 원래 재건된 성전을 재단장하는 데서 절정에 이르렀다는 점(7절)이 중요할 수도 있다. 따라서 히브리서 기자가 의도한 바는 결코 아니더라도, 히브리서 12장을 정경적으로 해석하면 하늘과 땅의 최후 종말론적 동요의 결과는 하늘과 땅의 우주적 성전의 갱신이며, 이는 하나님의 흔들리지 않는, 즉 항구적인 나라와 동일함을 암시한다. 히브리서가 이 나라를 영원한 나라로 이해하는 것은 이사야 66장과 잘 어울리며, 거기서 야웨는 이렇게 단언하신다. "내가 지을 새 하늘과 새 땅이 내 앞에 항상 있는 것과 같이 너희 자손과 너희 이름이 항상 있으리라"(22절). 여기서 우리는 이사야 66:1-2a을 떠올릴 수도 있다. 거기서 하나님은 명시적으로 우주(하늘과 땅)가 자신의 "집" 또는 성전이라고 말씀하신다.

히브리서 12장은 현재의 우주가 우리의 몸과 똑같이 실제로 부패와 무상함에 종속되어 있다고 단언하지만, 성경의 소망은 우주도 몸과 똑같이 썩지 않을 것으로 부활하리라는 것이다.[52]

---

52) 에드워드 애덤스조차 히브리서 전체에 걸쳐 저자가 새로워진 우주를 종말론적인 최종 상태로 상상하고 있음을 암시하는 "감질나게 하는 징후"가 있다고 주장한다(같은 책, 197-

요한계시록 21-22장과 감람산 강화에서의 우주의 사라짐

아마도 히브리서 12장은 우주의 멸망을 분명히 묘사하지는 않는 것 같다. 그러나 요한계시록 20장에서 마지막 심판 때 하늘과 땅이 사라지는 모습(또는 피하는 모습)을 통해 말하려 한 것은 무엇인가? "내가 또 크고 흰 보좌와 그 위에 앉으신 이를 보니 땅과 하늘이 그 앞에서 피하여 간 데 없더라"(11절).

요한계시록 20:11에서 하늘과 땅이 사라지는 것은 때때로 21:1에 언급된 하늘과 땅의 사라짐과 동일하다고 여겨지며, 둘 다 우주의 총체적 멸망을 나타내는 것으로 해석된다. 이 두 본문이 등가적이든 그렇지 않든 우리가 주목할 점은, 요한계시록 20장의 이야기가 죽은 자들이 (소멸되지 않은 하늘에 있는) 하나님의 보좌 앞에 서며 바다가 죽은 자들을 내어주는 (따라서 바다도 여전히 존재한다) 장면의 바로 한 구절 앞에 나온다는 사실이다. 따라서 요한계시록 20장의 심판 장면에서, 하늘과 땅이 피하는 것을 하나님의 의로운 임재에 수반되는 우주적 동요의 생생한 표현으로 해석해도 무방하다.[53] 물리적인 우주조차 세상을 심판하러 오신 거룩하신 이의 두려운 임재를 견딜 수 없다.

요한계시록 20:11보다 더 골치 아픈 것은 하늘과 땅이 "사라질" 것이라는 요한계시록 21장과 감람산 강화에 나오는 명백한 두 가지 진술이다. 감람산 강화에 나오는 예수님의 말씀부터 시작해보자.

예수님은 제자들에게 인자의 오심에 선행할 일련의 징조들에 대해 가르치시다가 끝부분에서 이렇게 말씀하신다. "천지는 없어질지언정 내 말

---

98). 그러나 애덤스는 이 점에 대해서는 자세히 설명하지 않는다.

53) 이와 똑같이 시 104:6-7이 땅을 덮은 물이 하나님의 천둥을 피해 달아나는 모습을 생생히 묘사한 것에 주목하라.

은 없어지지 아니하리라"(마 24:35; 막 13:31; 눅 21:33). 이는 단지 하늘과 땅이 없어지더라도(*parerchomai*) 예수님의 말씀(다가올 징조들에 대한 예수님의 예언)은 확실하고 신뢰할 만하다는 취지의 가설적인 진술에 불과한가? 6장에서 우리는 시편 102편에 나오는 하늘과 땅의 일시성을, 관련된 히브리어 동사들의 모호성에 바탕을 둔 가설적인 가능성으로 해석할 수 있음을 살펴보았다. 그러나 예수님 말씀의 그리스어를 근거로 이와 비슷한 해석을 뒷받침할 수는 없다. 예수님은 실제로 우주의 소멸 내지 사라짐을 예언하고 계신 것처럼 보인다. 그러나 이것은 어떤 의미에서의 사라짐인가?

마찬가지로 요한계시록 21장에서 선견자 요한은 이렇게 선언한다. "또 내가 새 하늘과 새 땅을 보니 처음 하늘과 처음 땅이 없어졌고"(1절). 동사들은 약간 다르지만(감람산 강화에서는 *parerchomai*, 계 21장에서는 *aperchomai*), 접두사 "*par-*"와 "*ap-*"는 의미상 식별 가능한 차이를 나타내지 않는다. 요한계시록 21장은 우리가 아는 세상이 사라져 새로운 우주로 대체될 것임을 암시한다. 여기서 문제는 이것이 대체로 이어지는 소멸인가, 아니면 일종의 (확실히 근본적인) 변화에 대한 언급인가 하는 것이다.

여기서 우리는 "하늘이 큰 소리로 떠나가고"라는 베드로후서 3:10의 진술을 상기할 수 있다. 거기서도 "떠나가고"는 *parerchomai*다. 앞서 베드로후서 3장에 대해 논의할 때, 이 구절에서 염두에 두고 있는 것이 하늘의 완전한 소멸보다는 하늘의 정화임을 보았다. 그러나 이 해석을 감람산 강화에 나오는 예수님의 말씀과 요한계시록 21장에 나오는 요한의 환상에도 적용할 수 있는가?

이 질문에 답하기 위해 고린도후서 5:17에서 바울이 회심을 "새 피조물"로 묘사한 것을 살펴보자.[54] 다음은 이 구절을 문자적으로 번역한 것

---

54) 이 구절은 바울이 "새 피조물"이라는 말을 사용한 두 곳 중 한 곳이다. 다른 하나는 갈 6:15 이다("할례나 무할례가 아무것도 아니로되 오직 새 지으심을 받는 것만이 중요하니

이다. "누구든지 그리스도 안에 있으면 새 창조! 옛 것들[ta archaia]은 지나갔다. 보라, 새 것들[kaina]이 왔다!"[55] 여기서 바울은 옛 삶의 종말에 대해 동사 parerchomai를 사용하며, 다음으로 옛 삶은 그리스도 안에서의 새 삶으로 대체된다. 옛 삶이 사라지는 것이 누군가가 소멸된 다음 그의 분신으로 대체되는 것과 같다고, 바울이 그렇게 생각한다고 믿어야 하는가? 상식은 말할 것도 없고 바울의 모든 저작을 보면, 그리스도께로 회심하는 데 아무리 근본적인 변화가 요구되더라도, 이것은 인격의 소멸이 아닌 변화를 기술한다는 것을 알 수 있다.

따라서 유추해보면, 현재의 하늘과 땅이 사라져 새 창조를 위한 길을 열어주는 것도 대체가 뒤따르는 파괴의 문제가 아니라 변화의 문제다. 사라짐을 단순한 소멸과 대체가 아닌 변화로 보는 이런 관점은 사람들의 (몸을 포함한) 구속과 인간 이외의 세상에 대한 구속의 유사성을 가정하는 성경 패턴에 의해 뒷받침된다.[56]

지금까지 우리는 베드로후서 3장이 신자들에게 그리스도가 다시 오실 때 흠 없이 발견되기를 요청하는 한편, 하나님의 심판 뒤에 땅 그 자

라"). 이 개념과 그 배경에 대한 철저한 분석으로는 Moyer V. Hubbard, *New Creation in Paul's Letters and Thought* (Society for New Testament Studies Monograph Series 119; Cambridge: Cambridge University Press, 2002); T. Ryan Jackson, *New Creation in Paul's Letters: A Study of the Historical and Social Setting of a Pauline Concept* (Wissenschaftliche Untersuchungen zum Neuen Testament 2/272; Tübingen: Mohr Siebeck, 2010)을 보라.

55) NRSV: "그러므로 누군가가 그리스도 안에 있으면 새로운 창조가 존재한다. 모든 옛 것은 지나갔다. 보라. 모든 것이 새롭게 되었다!" 여기서 바울의 언어는 제2성전기 유대문헌에 나오는 "새 창조" 신학을 원용한 것이며, 유대문헌에서 이 어구는 전형적으로 우주적 갱신을 가리킨다(허바드와 잭슨의 연구를 보라). 그러나 이 본문에서 사도는 이를 개인적 변화에 적용한다.

56) 이런 유사점은 신학적으로 창세기의 창조 기사에서 나타나는 사람들과 땅 사이의 불가분한 관련성에 바탕을 두고 있다. 이런 점은 창 2-3장 전체에 걸쳐 "사람"('ādām)과 "땅"('ādāmâ) 사이의 언어유희에서 특별히 두드러진다.

체가 발견되리라고 단언한다는 점을 살펴보았다. 고린도전서 15장에서 바울은 현재의 썩을 몸이 썩지 않을 부활의 몸으로 변화되는 것을 다루는 반면, 히브리서 12장은 흔들릴 수 있는 우주에서 다가올 흔들리지 않는 나라로의 변화에 대해 말하고 있다. 그리고 로마서 8장은 부활(몸의 구속)과 창조세계 자체가 하나님의 자녀가 누릴 바로 그 영광에 동참하도록, 썩어짐의 종노릇한 데서 해방되는 것에 대해 말한다.

개인적 갱신과 우주적 갱신의 유비 관계는 확실히 근본적인 정화가 필요하다는 점을 암시한다. 그러나 두 경우 모두 소멸 뒤의 대체를 묘사하지는 않는다. 그리스도 안에 있는 사람들의 "새 창조"든, 요한계시록 끝에 나오는 "새 하늘과 새 땅"(21:1)이든, 핵심은 구원이 하나님이 그토록 사랑하시는 세상의 구출과 변화에 있다는 것이다(요 3:16).

모두가 구원받을까?

이 우주적 구원의 비전은 모두가 "구원"받을 것임을 의미하는가? 여기서 마지막 심판이라는 (복합적인) 주제에 대한 충분한 논의를 할 수는 없지만, 적어도 "그리스도가 다시 오실 때의 우주적 멸망"에 대해 무언가 말할 필요는 있을 것이다.

여기서 중요한 것은 이 세상과 세상 안에 있는 모든 사람에 대한 하나님의 사랑의 성경적 우선성과, 하나님은 모두가 구원에 이르기를 원하신다는 점을 강조하는 것이다. 이는 성경이 분명히 전달하고 있는 내용이다. 베드로후서 3:9은 최후의 불 심판을 다루는 문맥에서조차 주님의 재림이 늦어지는 이유가 주님이 "너희를 대하여 오래 참으사 아무도 멸망하지 아니하고 다 회개하기에 이르기를" 원하시기 때문이라고 말한다. 이는 분명 하나님이 심판을 기뻐하지 않으심을 뜻한다. 그리스도로 성육신하신 하나님의 십자가 위에서의 고난은 그분의 사랑이 우리가 이해할 수 있는 것보다 훨씬 더 넓고 깊다는 강력한 표시다. 이로 인해 우리는 우리의 제한된 상상력으로 하나님이 하실 수 있거나 하실 일을 결정해서는 안 된다고 생각하게 된다.

그럼에도 불구하고 다음 두 가지 요소는 모든 사람이 최종적으로 구원받지는 않을 것임을 암시한다. 첫째, 성경은 심판의 사실에 대해 꽤 분명히 밝히고 있다. 모두가 자동적으로 구원에 참여하는 것은 아니다. 하나님 나라에 들어가는 일은 그분이 자유를 부여하신 자들(인간 피조물)에게 근본적이고 어려운 전환을 요구한다. 이 전환은 너무나 근본적이어서 새로 태어나는 것에 비유할 수 있다(요 3:3, 7). 이는 공관복음의 회개(마 4:17; 막 1:15)에 상응하는 요한복음의 이미지다. 하나님 나라에 들어가는 것이 왜 그토록 어려운가? 바로 그것은 우리 의지를 창조주의 뜻에 굴복시키고 우리 삶을 하나님의 통치에 맡기는 것을 의미하기 때문이다.

예수님이 심판을 묘사하며 사용하신 생생한 이미지는 당혹스럽다. 예수님은 바깥 어두운 데(마 8:12; 22:13; 25:30; 참조. 눅 13:28)나 풀무불(마 13:42, 50)에서 울며 이를 가는 것에 대해 말씀하시며, 게헨나 불의 이미지를 사용하신다(마 5:22, 29, 30; 10:28; 18:9; 막 9:43, 45, 47; 눅 12:5). 세부적인 내용을 아무리 분석해보아도, 이 이미지들은 창조세계의 통치자이신 하나님의 정당한 요구를 거부하는 이들에게 닥칠 부정할 수 없이 끔찍한 운명을 묘사한다.

마지막 심판에 대해서는 아직도 많은 것이 불가사의하지만, 아마도 우리는 온유한 자들이 땅을 기업으로 받을 것이라는 예수님의 가르침(마 5:5)에서 한 가지 단서를 발견할 수 있다. 이는 마지막 심판이 우주적 상속권 박탈, 즉 하나님의 선한 창조세계로부터의 영속적인 추방과 비슷하

4부 | 총체적 종말론과 관련된 문제 본문들

다는 뜻인가? 이는 마지막 심판을 영원한 고통이라는 고전적 개념보다는 당사자의 소멸로 해석해야 한다는 뜻일 수도 있다. 그러나 예수님이 사용하시는 극단적인 이미지에서 우리는 이것이 누구도 경험하기를 원할 일이 아니라는 경고를 받아야 한다. 우리는 감히 이 이미지에 함축된 예수님의 생생한 경고를 약화시켜서는 안 된다.

마지막 심판의 실재에 대한 성경의 명백한 가르침 외에도, 총체적 구원의 논리 자체가 보편적 구원이 매우 가능성이 낮다는 점을 암시한다. 구원에 대한 내세적 관점을 고수하는 이들은 내세에서 (그것이 무엇을 의미하든) 하나님과 연합된 모든 영묘하고 육신을 떠난 "영혼들"을 상상할 것이다. 그러나 인간의 죄와 반항의 실재는, 총체적 구원에 대한 관점과 결합되면, 이런 의미에서의 보편 구원론을 실제적으로 불가능하게 만든다.

성경적 구원은 실제 사람들이 문화적·역사적 상황 속에서 타락으로부터 의를 향해 나아갈 때 그들의 실제적인 변화를 수반하므로, 우리는 세상에 존재한 적이 있는 모든 사람이 동료 인간들과 함께 실제 세상 속에서 구체적으로 살아가는 방식을 포함해서, 내적으로나 외적으로 변화되는 것을 상상해볼 필요가 있다.[57] (현세에서 시작되어 종말에 절정에 이르는) 이런 변화는 독재자, 테러범, 연쇄살인범, 아동학대범, 강간범 등과 같은 사람들에게 적용되어야 할 것이다. 이것이 얼마나 현실적인가?

핵심은 극악한 죄를 저지른 사람들이 회개와 구원에 이를 수 없다는 점이 아니다. 우리 중에 아무도 본질적으로 의롭지 않으며, 구원은 오직 은혜로 말미암는다. 그러나 나의 요점은 일종의 사고 실험과 비슷하다. 구원이 "죽어서야 맛보는 하늘의 떡"이 아니라 실제 사람들의 (그들의 행동이 그들의 믿음과 일치되기 시작하는) 구체적인 변화라면, 우리는 모든 사

---

57) 내적 변화는 외적 변화를 통해 입증되어야 한다. 이것이 우리의 행위나 공로에 의해 심판받는 것의 핵심이다(요 5:28-29; 고후 5:10; 계 22:11-12; 참조. 롬 8:13).

람이 현세적인 상황에서 의로운 삶을 향해 실제적으로 변화되는 시나리오를 상상해야 할 것이다. 이는 내세적 구원을 동반하는 "하늘의 떡"은 아니지만 "땅 위의 떡"처럼 보인다. 그것은 비현실적이고 실현 불가능한 유토피아다.

그러나 하나님의 은혜는 인간의 상상을 초월한다는 점을 강조하고 싶다(따라서 내 사고 실험에 결함이 있는지 모른다). 요한계시록 21:15에 따르면(참조. 사 60:11) 새 예루살렘의 문들이 언제나 열려 있다는 점도 진지하게 받아들이고 싶다. 확실히 이 본문은 문 밖에 있는 사람들의 범주(계 22:15)를 언급하기 직전에 "자기 두루마기를 빠는" 자들이 문 안에 들어갈 것이라고 단언한다(14절). 그 후에 우리는 곧 다음과 같은 초대를 받는다. "성령과 신부가 말씀하시기를 오라 하시는도다. 듣는 자도 오라 할 것이요 목마른 자도 올 것이요 또 원하는 자는 값없이 생명수를 받으라 하시더라"(17절).

이 부르심은 절대적으로 보편적이다. 그러나 당신은 목말라야 한다. 그 물을 원해야 한다. 성경과 인간의 경험을 볼 때, 어떤 이들은 목말라 하지 않는다. 모두가 이 생명수를 원하는 것은 아니다. 나는 보편적 구원이 사실일 수도 있다고 생각하고 싶지만—분명 하나님의 자비는 우리의 이해를 초월한다—총체적 구원에 대한 성경적 이해는 이것이 희망사항에 불과함을 암시한다.[58]

유스터스, 아슬란, 그리고 근본적 변화에 대한 성경의 비전

진정한 회심의 어려움과 성경적 변화의 포괄적 성격에 대한 한 가지

---

58) 이 내용 초고를 논평해준 실비아 키이즈마트와 J. 제럴드 잰즌에게 감사의 뜻을 표한다. 그들의 논평은 이런 몇몇 주제에 대한 내 생각을 명료하게 하는 데 도움이 되었다.

강력한 예화는 C. S. 루이스의 판타지 소설 『새벽 출정호의 항해』(*The Voyage of the Dawn Treader*, 시공주니어 역간)에 나오는 유스터스 스크럽 (Eustace Scrubb)의 이야기에서 찾아볼 수 있다. "새벽 출정호"가 정박한 한 섬에서 (처음에는 거의 호감이 가지 않는 등장인물인) 유스터스라는 소년 이 죽어가는 용이 동굴 밖으로 기어 나오는 모습을 본다. 소년은 용이 죽 었다고 확신하고 동굴을 탐험하다가, 거기에 용이 쌓아둔 놀라운 보물이 가득하다는 것을 알게 되고, 그 사실을 배에 탄 다른 사람들에게 숨길 방 법을 내내 생각하면서 보물을 자기 것으로 만들기 시작한다. 결국 유스 터스는 보물 위에서 잠이 든다. 잠에서 깨어나자 소년은 자신이 용으로 변해 있는 것을 발견한다. 그렇게 겉모습이 그의 내적인 본성을 표현한 것이다.[59]

이 이야기 후반부에는 용이 된 유스터스가 자신이 처한 곤경을 충분 히 깨닫게 되고 필사적으로 변화되기를 원하는 장면이 나온다. 그 후에 유스터스는 사자 아슬란(이 이야기에서 그리스도의 상징)을 만나고, 아슬란 은 유스터스를 거품이 일어나는 샘으로 데려가 그에게 옷을 벗고 목욕하 라고 말한다. 용의 비늘을 벗겨내어 "옷을 벗으려고" 몇 번을 시도했지만 그 아래 또 다른 비늘이 있는 것을 발견하게 된 유스터스는 마침내 아슬 란의 발톱에 굴복하고, 아슬란의 발톱은 용의 비늘 전체를 벗겨내어 용 을 벌거벗은 연약한 상태로 만든다. 그런 다음 아슬란은 직접 유스터스 를 목욕시킨 뒤 새로운 옷으로 갈아입힌다.[60]

유스터스가 용의 비늘을 벗는 이 생생한 그림은 구원을 위해서는 근 본적인 변화가 필요하다는 성경적 진리를 상기시킨다. 확실히 이런 변화

---

59) C. S. Lewis, *The Voyage of the Dawn Treader* (New York: MacMillan, 1952), 6장, "The Adventures of Eustace."
60) 같은 책, 7장, "How the Adventure Ended."

는 구원과 동등하다. 출애굽에 관한 장(4장)에서 이미 살펴본 것처럼, 구원은 구조 또는 구출과 온전한 상태로의 회복을 수반한다. 구원은 다른 것이 아니라 바로 하나님이 처음부터 품으신 창조의 의도가 회복되는 것이다.

분명한 것은 이 세상에는 근본적인 변화가 필요하다는 점이다. 성경은 (인간과 인간 이외의) 창조세계의 올바른 기능 수행이 죄로 인해 방해를 받았다고 전제한다. 인간의 경우에 이는 의지, 양심, 욕구, 육체적인 삶, (가족, 문화, 예술, 교육, 정치 제도, 경제 체제 등을 포함한) 사회적 관계를 포함하는데, 그중 어느 것도 역사를 통틀어 번영을 위한 하나님의 기준을 따라 펼쳐지거나 전개되지 않았다. 예수님이 로마의 고문과 처형 도구 위에서 죽으신 사건에서 절정에 이른, 악과 맞선 싸움에 대해 신약은 잔인할 만큼 솔직하다.

그러나 성경의 비전은 몸이 치유되며 인간사회가 마침내 자비와 정의에 대한 하나님의 생각을 반영하게 될 날이 오고 있다는 것이다. 하나님 나라에 대한 예수님의 가르침은 악의 세력에 대한 하나님의 목적이 승리하는 데 근거를 두고 있다. 따라서 예수님은 한 비유에서 하나님 나라를 많은 양의 가루 반죽 속에 약간의 누룩을 넣는 여인에 비유하신다. 그 결과 온 반죽이 누룩으로 부풀었다(마 13:33; 눅 13:20-21). 요는 하나님 나라가 억압적인 악의 세력 속에 간신히 침투한 것처럼 보일지 모르지만, 결국 적은 양의 누룩이 가루 반죽 전체를 바꾸어놓듯이 세상을 변화시키리라는 것이다.

하나님 나라의 포괄적인 성격은 다니엘서의 환상에서도 묘사된다. 거기서 세상의 모든 나라를 상징하는 거대한 우상은 인간의 손으로 만들어지지 않은 한 돌(즉 인간적으로 만들어진 실재가 아니라 하나님 나라)에 직면한다. 그러나 겉으로 보기에 작고 하찮아 보이는 이 돌이 신상을 때려

산산이 부순 뒤, 온 땅을 가득 채우는 거대한 산으로 자라난다(단 2:31-36, 44-45). 성경은 이 누룩과 돌처럼 하늘에서 비롯된 하나님 나라가 언젠가는 땅의 온 피조물을 포함하게 되리라고 가르친다. 이 나라의 성장은 다른 것이 아니라, 바로 물이 바다를 덮은 것처럼 땅이 하나님의 영광에 대한 지식으로 가득 찰 때까지 역사 속에서 드러나게 되는 하나님의 구속의 목적이다(사 11:9; 합 2:14).

바울은 예수님의 죽음/부활과 승리 이후를 살아가면서, 이 부활하시고 승천하신 메시아가 현재 만유의 주로 다스리고 계심을 잘 알고 있다. 하지만 동시에 바울은 메시아가 (마지막 원수인 사망을 포함해서) 하나님을 대적하는 모든 세력을 정복하신 후에, 나라를 아버지께 바치실 구속사의 또 다른 단계를 고대한다(고전 15:24-26). 그래서 요한계시록 11:15에 따르면, 이 세상 나라는 하나님의 나라가 될 것이다. 그리고 하나님은 만유 안에서 만유가 되실 것이라고 바울은 말한다(15:28). 그러면 창조질서가 다시 한 번 창조주께 순종과 찬양으로 응답할 것이다. 결국 성경은 다름 아닌 하늘과 땅의 종말론적 변화를 상상한다.

10장

◆

성경적 종말론에서의 하늘의 역할

9장에서 나는 창조세계의 구속과 모순되는 것처럼 보이는 신약의 몇몇 본문을 다루면서 우주의 멸망을 묘사하는 것처럼 보이는 본문에 초점을 맞추었다. 10장에서는 문제 본문을 계속해서 살펴보되, 이번에는 내세의 하늘에 대한 약속을 제시하는 것처럼 보이는 본문을 살펴볼 것이다. 먼저, "하늘"에 관한 가장 흔한 종류의 본문은 하늘을 땅과 대조되는 하나의 이상으로 제시하며, 기독교의 종말론적 소망이 그리스도가 다시 오실 때 하늘을 향한 소망임을 암시하는 것처럼 보인다. 그러나 앞으로 보게 되겠지만, 이런 본문들의 핵심은 하늘이 현재 땅 위에서 나타나야 하며(윤리), 미래에 땅 위에서 나타나리라는 것이다(종말론). 어떤 경우에도 하늘은 의인의 최종 목적지가 아니다.

다음으로 교회의 "휴거" 개념을 뒷받침하기 위해 사용되는 몇몇 본문이 있다. 교회의 휴거 내지 땅에서 하늘로의 이동은 보통 세대주의 신학에서 신자들이 "환난"을 피하기 위한 일시적인 것으로 여겨진다. 그러나 통속적인 기독교 상상 속에서는 이렇게 신자들이 이 땅의 고난에서 벗어나는 일이 흔히 하늘에서의 영원한 삶의 시작으로 다루어진다. 우리는 "휴거"와 관련된 일차적인 두 본문이 실제로 무엇을 가르치는지를 자세히 살펴볼 것이다.

세 번째 종류의 본문은 흔히 최종 목적지라는 의미에서의 하늘이 아니라, 죽음과 부활 사이의 중간기 내지 중간상태로서의 하늘을 약속하는 것으로 이해된다. 실제로 성경이 이 중간상태에 대해 가르치고 있는 내용과 전반적인 기독교의 소망 속에서 그것이 어떤 역할을 하는지를 살펴보는 것은 중요한 작업이다.

묵시록 패턴―하늘에서의 준비, 땅에서의 드러남

(지상에서의 삶과 대조적으로) 하늘의 이상을 제시하는 것처럼 보이는 본문들을 이해하는 데 있어서 특별히 유용한 접근방법은 신약의 종말론을 형성하는 한 중요한 패턴을 명확히 밝히는 것이다. 이것은 하늘에서 준비되고 그 후에 땅에서 드러나거나 공개되는 묵시록 패턴이다. "묵시록적"(apocalyptic)이라는 명칭은 이런 패턴을 가리키는 내 나름의 용어다. 이 단어는 "계시"를 의미하는 그리스어 *apokalypsis*에서 유래했고, *apokalypsis*는 "덮개를 벗기다", "드러내다"라는 뜻의 동사 *apokalyptō*와 관련이 있다.

대부분의 신약학자들은 현 시대와 다가올 시대 사이의 근본적인 종말론적 대조에 대해 잘 알고 있다. 신약에서는 창조세계가 구속될 것을 예상하지만, 우리는 현재 만물이 구속된 것을 보지 못하고 있다. 완전한 구속은 미래의 소망이지 아직 현재의 실재가 아니다. 대신 우리는 두 시대 사이―한편으로는 그리스도의 삶과 죽음, 부활, 승천을 통한 하나님 나라의 시작과, 다른 한편으로는 그리스도의 귀환 내지 재림을 기다리는

하나님 나라의 완성 사이—에 살고 있다.[1]

이 종말론적 대조는 세 가지의 주된 방식으로 진술할 수 있다. 첫 번째 대조는 현재의 타락한 시대와 다가올 영광스런 시대를 구분하는 신약 본문에서 발견된다. 두 번째 대조는 현세적 삶의 부패와 신자들이 현재 하늘에서 누리고 있는 것의 차이를 강조하는 것과 관련된다. 두 경우 모두 죄와 구속이 대조되지만, 첫 번째 대조는 약속된 미래를 내다보는 반면, 두 번째 대조는 현재의 구원에 초점을 맞춘다는 점에서 차이가 있다.

이는 다른 두 가지 대조의 요소들을 결합시킨 세 번째 종말론적 대조 내지 긴장이 내포되어 있음을 의미한다. 이는 구원에 담긴 "이미"의 요소 즉 우리가 현재 (하늘에서) 누리고 있는 것과, "아직"의 요소 즉 미래에 구원이 (땅 위에) 나타나는 것 사이의 대조다. 여기서 긴장은 죄와 구속 사이의 긴장이 아니라 부분적인 구속과 완전한 구속 사이의 긴장이며, (하늘에서의) 부분적인 구속은 (땅 위에서의) 다가올 완전한 구속에 대한 보증이다.

"이미"(부분적인 구속)와 "아직"(완전한 구속) 사이의 대조는 신약 종말론에 대한 논의에서 흔히 볼 수 있다. 하지만 이 대조에 확고히 내장되어 있는 묵시록 패턴의 의미가 항상 완전하게 파악되는 것은 아니다. 이 패턴은 현재와 미래의 대조를 종합하는 동시에, 준비의 개념을 통해 하늘과 땅의 대조도 종합한다. 요는 현재 하늘에서 준비되고 있는 구원이 이후 미래에 지상에서 드러난다는 것이다. 준비와 드러남이라는 묵시록 패턴은 신약 곳곳에 스며들어 있다. 이것을 제대로 이해하면 표면적으로는 내세적 소망을 가르치는 것처럼 보이는 많은 성경본문의 의미를 명확하

---

1) 그리스어 단어 *parousia*는 "임재"를 뜻하지만, 그리스도의 귀환과 관련해서는 흔히 "오심"으로 번역된다(마 24:3, 27, 37, 39; 고전 15:23; 살전 2:19; 3:13; 4:15; 5:23; 살후 2:1, 8; 약 5:8; 벧후 1:16; 3:4, 12; 요일 2:28).

게 밝히는 데 도움이 된다.

이 묵시록 패턴은 그리스도의 성육신, 승천, 재림 또는 강림이라는 시간 순서에 명백히 의존하고 있다. 예수님은 성육신으로 자신의 사명을 성취하시기 위해 하늘에서 땅으로 오신다. 승천은 예수님이 하늘로 돌아가셔서 아버지 우편에 앉으시는 때다. 그리고 재림은 예수님이 모든 일을 성취하시기 위해 땅으로 돌아오시는 것이다.[2] 우리는 지금 예수님의 승천과 재림 사이인 (그리스도가 하늘에 계시는) 준비의 시대에 살고 있다. 물론 어떤 의미에서 준비는 예수님의 역사적 사명보다 시간적으로 앞선다. 오래전 먼 과거에 하나님이 그 결과를 예상하시고 계획하셨기 때문이다. 그럼에도 불구하고 재림을 기다리는 현재 하나님 백성의 관점에서 보면 현재는 준비의 시대다.

준비와 드러남이라는 묵시록적 틀은 사도행전 3장에 전제되어 있다. 사도 베드로는 하나님이 "너희를 위하여 예정하신 그리스도 곧 예수를 보내시리니 하나님이 영원 전부터 거룩한 예언자들의 입을 통하여 말씀하신 바 만물을 회복하실 때까지는 하늘이 마땅히 그를 받아" 둘 것이라고 말한다(3:20-21). 베드로와 같이 우리도 (예수님의 승천 이후의) 준비의 시대에 살고 있다. 우리가 소망하는 만물의 회복은 여전히 (예수님의 재림을 기다리는) 미래의 일이다.

바울은 인간의 예상을 뛰어넘는 종말론적 미래에 대해 말하면서 이런 묵시록 틀을 암시한다. "하나님이 자기를 사랑하는 자들을 위하여 예비하신 모든 것은 눈으로 보지 못하고 귀로 듣지 못하고 사람의 마음으로 생각하지도 못하였다"(고전 2:9).[3] 그런 다음 바울은 성령이 미래에 속

---

2) 사도신경의 표현과 같이 "그는 하늘로 올라가셨고 전능하신 하나님 아버지의 우편에 앉아 계신다. 거기서 그는 살아 있는 자들과 죽은 자들을 심판하러 오실 것이다."
3) 여기서 바울은 구약을 인용하고 있다. "주 외에는 자기를 앙망하는 자를 위하여 이런 일

4부 | 총체적 종말론과 관련된 문제 본문들

신약본문	무엇을	동사	누구를 위해	어디에	미래의 기대
고전 2:9		예비하신	자기를 사랑하는 자들을 위하여		
마 25:34	나라	예비된	너희를 위하여		(심판 때) 상속받을 것
벧전 1:3-5	유업, 구원	간직하신	너희를 위하여	하늘에	말세에 나타날 것
골 1:5	소망	쌓아둔	너희를 위하여	하늘에	
고후 5:1-5	처소, 집(=몸)	이루게 하시고	우리에게	[하늘에 있는]	(부활의 몸으로) 덧입을 것
요 14:1-3	거할 곳, 거처	예비하러	너희를 위하여		예수님이 제자들을 위해 다시 오실 것
빌 3:20-21	시민권		우리의	하늘에	우리 몸을 변화시킬 구원자의 오심 (부활)
히 11:13-16	본향, 성	예비하셨느니라	그들을 위하여	[하늘의]	나라
계 21:1-2	거룩한 성 새 예루살렘	준비한 (단장한)	그리스도를 위하여	하늘	하나님께로부터 하늘에서 내려옴

표 10.1. 땅에서의 드러냄(미래)을 위한 하늘에서의 준비(현재)

을 행한 신을 예부터 들은 자도 없고 귀로 들은 자도 없고 눈으로 본 자도 없었나이다"(사 64:4). 심판 신현으로 임해달라는 야웨께 대한 예언자의 간구 바로 뒤에 나오는 이 인용문은, 앞서 9장에서의 우주적 멸망에 대한 논의와 천상적 준비의 역할에 관한 10장의 주제 사이에 매력적인 연관성을 제시한다.

한 어떤 것을 우리에게 드러내셨다고 말한다(2:10).

성령은 정확히 무엇을 드러내셨는가? 여기서 우리는 하나님이 자신을 사랑하는 이들을 위해 준비하고 계신 것을 살짝 보여주는 일련의 신약본문을 살펴보는 것이 유익하다(표 10.1.을 보라). 이런 본문을 하나하나 꼼꼼히 살펴보면서 패턴상의 변화, 특히 준비되고 있는 것을 가리키는 서로 다른 용어에 주목하면 매우 유용할 것이다.[4]

마태복음 25:34

마태복음 25:34에 나오는 예수님의 양과 염소 비유에서부터 논의를 시작해보자. 양과 염소 비유에서 왕은 궁핍한 이들에게 긍휼을 베푼 의인들을 칭찬한다. 여기서 종말에 대한 하나님의 준비는 성육신보다 시간적으로 앞선다.

> 아버지께 복 받을 자들이여 나아와 창세로부터 **너희를 위하여 예비된 나라**를 상속받으라(마 25:34).

이 본문과 고린도전서 2:9은 "예비하다"(hetoimazō)라는 같은 동사를 사용하지만, 다른 본문에서는 다른 동사들이 사용된다. 마찬가지로 여기서 언급된 나라는 약속된 기업에 대해 사용된 많은 이미지 가운데 하나다.

---

4) 이 패턴에서 세부적인 내용의 다양성을 고려하면, 신약 안에 있는 "여러 형태의" 종말론 이미지를 "체계적으로 일치시키는" 일의 어려움에 대한 G. C. 베르카우어의 경고에 주의를 기울이는 것이 좋다. 그는 외관상 양립할 수 없는 이미지들의 다양성에 직면했을 때도 여전히 "본문 속에서 의도된 바"를 식별할 수 있다고 주장한다(*The Return of Christ*, trans. James Van Oosterom, ed. Martin J. Van Elderen [Studies in Dogmatics: Grand Rapids: Eerdmans, 1972], 216-17).

베드로전서 1:3-5

베드로전서 1:3-5에서는 다른 두 가지 이미지가 사용되는데, 여기서 초점은 약속된 것의 영속적이거나 불멸하는 본성에 있다.

> 우리 주 예수 그리스도의 아버지 하나님을 찬송하리로다. 그의 많으신 긍휼대로 예수 그리스도를 죽은 자 가운데서 부활하게 하심으로 말미암아 우리를 거듭나게 하사 산 소망이 있게 하시며, 썩지 않고 더럽지 않고 쇠하지 아니하는 **유업**을 잇게 하시나니, 곧 **너희를 위하여 하늘에 간직**하신 것이라. 너희는 말세에 **나타내기로 예비하신 구원**을 얻기 위하여 믿음으로 말미암아 하나님의 능력으로 보호하심을 받았느니라(벧전 1:3-5).

마태복음의 "나라"는 여기서 "유업"으로 대체되며(마 25:34의 의인은 천국을 상속받을 것이므로 이는 타당하다), "구원"("천국"과 동등한 포괄적 용어)으로도 대체된다. 또 다른 차이점은 베드로전서 1장에서는 "예비된" 대신 "간직하신"(*tēreō*)을 사용한다는 점이다. 이런 차이에도 불구하고 이 본문은 하늘에서의 준비라는 패턴에 잘 들어맞고, 우리를 위해 하늘에 간직된 것이 마지막 날에 드러나거나 밝혀지리라는 점을 명시적으로 언급한다(5절).[5] 이 마지막 요점은 패턴의 일부분만 보여주는 본문들을 볼 때 필수적으로 기억해야 한다.

---

5) (우리가 그리스도의 부활을 통해 소유한[벧전 1:3]) 이 약속된 기업이 썩지 않을 기업이라는 점은 고전 15:42, 50, 52, 54에 나오는 부활의 몸에 대한 바울의 묘사와 잘 어울린다. 또한 고전 15:50의 표현("혈과 육은 하나님 나라를 이어받을 수 없고 또한 썩는 것은 썩지 아니하는 것을 유업으로 받지 못하느니라")은 부활을 마 25:34에 나오는 천국을 상속받는 것에 대한 예수님의 언급과 연결시켜준다.

골로새서 1:5

골로새서 1:5은 종말론적 드러냄을 언급하지는 않지만, 하늘에서의 준비라는 똑같은 패턴을 전제로 한다. 여기서 우리는 이 구절을 보다 넓은 문맥 속에서 읽을 수 있다.

> 우리가 너희를 위하여 기도할 때마다 하나님 곧 우리 주 예수 그리스도의 아버지께 감사하노라. 이는 그리스도 예수 안에 너희의 믿음과 모든 성도에 대한 사랑을 들었음이요 너희를 위하여 **하늘에 쌓아둔 소망**으로 말미암음이니 곧 너희가 전에 복음 진리의 말씀을 들은 것이라. 이 복음이 이미 너희에게 이르매 너희가 듣고 참으로 하나님의 은혜를 깨달은 날부터 너희 중에서와 같이 또한 온 천하에서도 열매를 맺어 자라는도다(골 1:3-6).

여기서는 앞에서 "나라", "유업", "구원"이 등장하는 대목에 "소망"이라는 단어가 눈에 띌 뿐 아니라, 동사도 달라서 "예비된" 또는 "간직하신" 대신 "쌓아둔"(*apokeimai*, "축적된, 비축된")이 나온다. 그러나 요점은 동일하다. 약속된 종말론적 미래(하늘과 땅의 구속)는 현재에도 확실하다는 것이다.

고린도후서 5:1-5

다음으로 고린도후서 5:1-5에서는 다시 영어 동사 "prepared"(준비된)가 등장한다(하지만 이는 다른 그리스어 동사인 *katergazomai*에서 나왔다). 바울은 현재의 몸과 부활의 몸을 대조하면서 이렇게 말한다.

> 만일 땅에 있는 우리의 장막 집이 무너지면 **하나님께서 지으신 집 곧 손으로 지은 것이 아니요 하늘에 있는 영원한 집**이 우리에게 있는 줄 아느니라.

참으로 우리가 여기 있어 탄식하며 **하늘로부터 오는 우리 처소로 덧입기를** 간절히 사모하노라. 이렇게 입음은 우리가 벗은 자들로 발견되지 않으려 함이라. 참으로 이 장막에 있는 우리가 짐 진 것같이 탄식하는 것은 벗고자 함이 아니요 오히려 덧입고자 함이니, 죽을 것이 생명에 삼킨바 되게 하려 함이라. 곧 **이것을 우리에게 이루게 하시고** 보증으로 성령을 우리에게 주신이는 **하나님이시니라**(고후 5:1-5).

바울은 처소 또는 집으로서의 몸이라는 비유를 사용하여, 자신은 종말에 "벗은" 상태(즉 육신을 떠난 상태)가 되기보다, 하나님이 준비하신 따라서 "손으로 지은 것이" 아닌(1절) 집 내지 처소인 새로운 부활의 몸을 입고 싶다고 말한다. 바울이 (집으로 묘사한) 부활의 몸에 대해 사용한 "손으로 지은 것이 아니요"라는 표현은 예수님이 하신 다음과 같은 말씀에 의존한 표현일 것이다. "우리가 그의 말을 들으니 손으로 지은 이 성전을 내가 헐고 손으로 짓지 아니한 다른 성전을 사흘 동안에 지으리라 하더라 하되"(막 14:58).[6]

고린도후서 5장은 널리 오해되는 본문이기 때문에 나중에 다시 다루겠지만, 우선은 여기서 바울이 묵시록 패턴을 가정하고 있다는 점에 유의하는 것만으로도 충분하다. 부활은 미래의 일이지만, 우리에게는 어떤 의미에서 우리가 소망하는 집 내지 처소가 이미 "하늘에" 있으며, 하나님이 친히 그 처소를 지으시거나 준비하고 계신다.

---

6) 바울은 아레오바고 설교에서 이렇게 말한다. "우주와 그 가운데 있는 만물을 지으신 하나님께서는 천지의 주재시니 손으로 지은 전에 계시지 아니하시고"(행 17:24). 사도행전에서 스데반은 그보다 앞서 "지극히 높으신 이는 손으로 지은 곳에 계시지 아니하시나니"(7:48)라고 말한 다음, 사람이 지은 예루살렘 성전과 하나님이 친히 지으신 하늘과 땅의 우주적 성전을 대조하는 사 66:1-2을 인용한다(7:49-50).

요한복음 14:1-3

요한복음 14:1-3은 흔히 잘못 이해되는 또 다른 본문인데 나중에 더 자세히 다룰 것이다. 그러나 여기서 요점은 단순히 2-3절에서 예수님이 제자들에게 하신 약속이 묵시록 패턴에 잘 들어맞는다는 것이다.

> 너희는 마음에 근심하지 말라. 하나님을 믿으니 또 나를 믿으라. 내 아버지 집에 거할 곳이 많도다. 그렇지 않으면 너희에게 일렀으리라. 내가 **너희를 위하여 거처를 예비**하러 가노니 가서 **너희를 위하여 거처를 예비**하면 내가 다시 와서 너희를 내게로 영접하여 나 있는 곳에 너희도 있게 하리라(요 14:1-3).

예수님은 제자들을 위해 "거처"를 "예비하러"(*hetoimazō*) (언급되지는 않았지만 아마도 하늘로) 가신다. 여기서도 고린도전서 2:9과 마태복음 25:34에 등장한 동사가 똑같이 사용된다. 예수님은 우리가 그분과 함께 그분이 준비하신 것을 누리게 하시기 위해 "다시" 오실 것이다. 예수님의 재림은 분명 준비된 것이 드러날 기회가 될 것이다. 그런데 이 일은 어디에서 일어날 것인가?

많은 그리스도인은 단순히 요한복음 14:3에서 의도된 것이 천상의 운명이라고 가정하지만, 이는 비성경적인 세계관에서 비롯된 것이다. 내가 추적해온 묵시록 패턴은 준비된 것이 땅 위에서 드러날 것임을 암시한다. (여기서는 명시적으로 언급되지는 않았지만) 그리스도가 오실 곳은 땅이기 때문이다.

빌립보서 3:20-21

널리 오해받는 또 다른 본문은 빌립보서 3:20-21이다. 그 "마침은 멸

4부 | 총체적 종말론과 관련된 문제 본문들

망"(빌 3:19)인 이들과 대조적으로 바울은 이렇게 단언한다.

> 그러나 **우리의 시민권은 하늘에 있는지라**. 거기로부터 구원하는 자 곧 주 예수 그리스도를 기다리노니, 그는 만물을 자기에게 복종하게 하실 수 있는 자의 역사로 우리의 낮은 몸을 자기 영광의 몸의 형체와 같이 변하게 하시리라(빌 3:20-21).

이 본문에는 "예비된", "간직하신", "쌓아둔"과 같은 동사가 전혀 나오지 않지만(심지어 "하늘에 있는지라"라고 번역하려면 "있는지라"를 덧붙여야 한다), 현재 우리가 하늘에 가지고 있는 것(시민권)과 그에 뒤이은 하늘로부터 있을 그리스도의 재림이라는 묵시록 패턴은 분명하다. "시민권"은 나라, 유업, 구원, 소망, 거처, 집, 처소, 곳 등과 짝을 이루며, 이는 마지막 날에 여기서 우리 낮은 몸의 변형으로 묘사되는 부활로 드러날 것이다. 이런 변형은 그리스도의 우주적 주권에 바탕을 두고 있고, 그 주권으로 인해 만물(*ta panta*)이 그분께 복종하게 될 것이다.

빌립보서 3장에서 사용되고 있는 묵시록 패턴을 이해하면 오늘날의 많은 그리스도인이 하늘 시민권에 대해 가진 오해를 해소하는 데 도움을 얻을 수 있을 것이다. 이 본문은 하늘로 가는 것에 대해 말하고 있는 것이 아니라, 그리스도가 다시 오실 때까지 현재의 타락한 세상에서 이 세상과는 다른 (긴장관계에 있는) 방식으로 살아가기 위한 우리 확신의 원천에 대해 말하고 있다.

빌립보서 3장의 앞부분에서 바울은 현재의 모든 유익한 것 및 이 세상에서의 지위를 해로 여긴다는 점(빌 3:3-9)과 그리스도를 본받아 부활에 이르기 위해 그리스도의 고난에 참여하고자 한다는 점을 강조했다(3:10-11). 바울은 이처럼 땅이 하늘과 같이 변화되는 날까지, 하늘/하나님의 가치관에 따라 땅에서 하늘의 시민권을 삶으로 보여주고자 노력한다.

빌립보는 로마의 식민지였고 빌립보 교회에 속한 많은 사람이 로마 시민이었을 것이라는 점은 주목할 만하다. 바울은 로마 시민권과 하늘에 있는 시민권 사이의 유비 관계를 이용하여 예수님을 (구원자나 주로 흔히 묘사된) 로마 황제와 대조되는 참된 "구원하는 자"이자 "주"라고 지칭했다. 그뿐 아니라, 바울은 로마가 사람들로 가득하고(실은 인구 과잉이고) 제국 전역에 흩어진 로마 시민들은 언젠가 로마에 정주하리라고 기대하지 않았다는 사실도 틀림없이 잘 알고 있었다. 대신 그들은 제국의 대표자로서 어디에 있든지 그곳에서 자신의 시민권을 행사하며 살 것을 기대했다. 마찬가지로 시민권이 하늘에 있는 그리스도인들도 이 땅 위에서 하나님 나라의 대표자로 살면서, 참된 주님이 그들을 원수에게서 해방시키시고 식민지에 자신의 통치를 완전히 확립하시기 위해 하늘(모[母]도시)로부터 다시 오실 날까지, 또는 주기도문의 표현대로라면 하나님의 나라가 임하고 그분의 뜻이 하늘에서 이루어진 것같이 땅에서도 이루어질 날까지, 그리스도의 통치를 드러내야 한다.[7]

히브리서 11:13-16

하늘에 있는 시민권(빌 3:20-21)과 예수님이 우리를 위해 준비하신 장소(요 14:1-3)에 대해 다루었으니, 이제 히브리서 11장이 우리의 참된 본향

---

7) 아마도 일반 독자들에게 N. T. 라이트보다 더 유익하게 로마 제국의 배경을 빌 3:20에 적용한 학자는 없을 것이다. 다음 글들을 보라. "Paul's Gospel and Caesar's Empire," in *Paul and Politics: Ekklesia, Israel, Imperium, Interpretation; Essays in Honor of Krister Stendahl*, ed. Richard A. Horsley (Harrisburg, PA: Trinity Press International, 2000), 160-83(특히 173-74); *The Resurrection of the Son of God* (Christian Origins and the Question of God 3; Minneapolis: Fortress, 2003), 229-30; *Paul for Everyone: The Prison Letters; Ephesians, Philippians, Colossians, and Philemon* (Louisville: Westminster John Knox, 2004), 126-27.

에 대해 무엇이라고 말하는지를 고찰해보자. 이 본문은 구약시대의 신실한 사람들, 그들의 구원을 위한 하나님의 목적이 성취되기 전에 죽은 이들에 대해 말하고 있다.

> 이 사람들은 다 믿음을 따라 죽었으며 약속을 받지 못하였으되 그것들을 멀리서 보고 환영하며 또 땅에서는 외국인과 나그네임을 증언하였으니, 그들이 이같이 말하는 것은 자기들이 **본향** 찾는 자임을 나타냄이라. 그들이 나온바 본향을 생각하였더라면 돌아갈 기회가 있었으려니와, 그들이 이제는 **더 나은 본향**을 사모하니 곧 **하늘에 있는 것**이라. 이러므로 하나님이 그들의 하나님이라 일컬음 받으심을 부끄러워하지 아니하시고, **그들을 위하여 한 성을 예비하셨느니라**(히 11:13-16).

여기서 우리가 소망하는 본향, 성은 앞 본문들에서 언급된 약속된 나라, 유업, 구원, 소망, 집, 처소, 거처, 장소, 시민권을 묘사하는 또 다른 방식이다. 그중 어느 경우에도 열거된 항목들의 천상적 위치가 신실한 자들의 목적지를 묘사하지 않는다. 더 정확히 말하면 이 하늘의 성(히 11:16)은 우리를 위해(또는 이 경우에는 "그들", 즉 구약의 성도들을 위해) "예비"되고 있다. 이 "예비하셨느니라"는 고린도전서 2:9, 마태복음 25:34, 요한복음 14:3에서와 같은 동사다(hetoimazō). 묵시록 패턴을 따른다면, 그 의미는 우리가 하늘의 성으로 "올라"가는 것이 아니라, 하늘의 성이 여기로 오고 있고 마지막 날에 드러나리라는 것이다.[8] 바로 이것이 우리가 요한계시록에서 발견하는 사실이다.

---

8) 앤서니 티슬턴(Anthony Thiselton)이 표현하듯, 히 11장의 성은 "위에 있다기보다는… 앞에 있다"(*Life after Death: A New Approach to the Last Things* [Grand Rapids: Eerdmans, 2001], 105).

또 내가 새 하늘과 새 땅을 보니 처음 하늘과 처음 땅이 없어졌고 바다도 다시 있지 않더라. 또 내가 보매 **거룩한 성 새 예루살렘이 하나님께로부터 하늘에서 내려오니 그 준비한 것이 신부가 남편을 위하여 단장한 것 같더라** (계 21:1-2).

거룩한 성 새 예루살렘이 하늘에서 땅으로 내려오는 것은 새로운 우주에 대해 요한이 본 환상의 핵심이다. 이렇게 새 예루살렘이 하나님께로부터 내려오는 사건은 요한계시록 3:12에서 (사데 교회에 보내는 편지의 문맥에서) 이미 약속되었다. 그러나 요한계시록 21:2에서는 성이 하늘에서 내려오는 것을 언급할 뿐 아니라, 우리가 앞 본문들에서 본 것과 똑같은 "준비한"(*hetoimazō*)이라는 동사를 "단장한"이라는 동사(*kosmeō*의 분사형)와 함께 사용하는데, 이는 결혼식을 위해 (단장하며) 준비하는 신부의 이미지와 잘 어울린다.

요한계시록 21장의 새 예루살렘에 대한 요한의 환상은 우리가 다른 많은 신약본문에서 발견한 묵시록 패턴을 가장 명백하게 보여주기 때문에 중요하다. 앞의 몇몇 본문에서는 흔히 독자가 묵시록적 드러남이 어디서 발생할 것인가와 같은 배경 지식을 보충해야 한다. 예를 들면 예수님이 요한복음 14:3에서 제자들에게 그들을 위해 거처를 준비하신 뒤에 오셔서 영원히 자신과 함께 있도록 그들을 데려가시겠다고 말씀하실 때, 오늘날의 많은 독자는 그 거처를 (분명히) 하늘로 생각한다. 그러나 이런 생각은 성경 자체보다는 신학의 역사에서 비롯된 비성경적인 일련의 가정에 바탕을 두고 있다. 하나님이 하늘에 예비하신 성이 요한계시록 21장에서 땅으로 내려온다는 사실은 하늘에서의 준비의 목표가 지상의 미래임을 분명히 밝혀준다. 우리는 하늘로 올라가지 않는다. 반대로 하늘에 준비된 것 내지 쌓여 있는 것이 그리스도가 다시 오실 때 우리에게로 온다.

톰 라이트는 크리스마스 이전에 미리 아이에게 "너를 위해 장롱에 안전하게 보관된 선물"이 있다고 말하는 부모를 비유로 들며 이 점을 훌륭하게 예시한다. 이는 크리스마스가 오면 아이가 "장롱에 있는 선물을 갖기 위해 찬장에 올라가서 살아야" 한다는 뜻이 아니다. 그와 달리 선물을 장롱에서 꺼내 세상 속에 있는 아이의 일상적인 삶을 윤택하게 할 것이다.[9]

10장의 첫머리에 있는 표는 우리가 다양한 신약본문에서 살펴본 바, 하늘에서 준비되어 다음 땅에서 드러나는 묵시록 패턴을 요약해준다. 모든 내용이 모든 본문에 포함된 것은 아니지만, 본문들을 나란히 놓고 비교해보면 그런 패턴이 나타난다(많은 본문에서 "너희를 위하여"가 반복되는 것에 주목해보라). 땅에서 드러내기 위해 하늘에서 준비하는 이런 패턴은 성경 전체의 대의와 일치한다.

패턴의 핵심

묵시록 패턴은 오늘날의 독자들에게는 이상하게 보일지 모르지만 매우 중요한 일련의 신학적인 (그로 인해 윤리적인) 요점을 강조한다.

첫째, 땅에서 드러내기 위해 하늘에서 준비하는 패턴은 구원이 우리가 하는 일이 아니라 하나님의 선물임을 강조한다(누가 준비하는지에 유의하라). 한 가지 중요한 의미에서 (그것이 구원이나 나라나 성이나 유업 등 어느 것으로 이해되든) 종말론적인 미래를 초래하는 것은 우리가 아니다. 비록

---

9) N. T. Wright, *New Heavens, New Earth: The Biblical Picture of the Christian Hope* (Cambridge: Grove Books, 1999), 7. 이 얇은 책은 1993년에 스펄전 칼리지(런던)에서 행해진 불멸성에 대한 라이트의 드루 강의(Drew Lecture)다.

교회가 분명히 하나님이 초래하시는 구원이나 나라에 대한 증인으로서, 이 땅에서 공동체로 살아가며 이 미래를 구현해야 함에도 불구하고 그렇다. 따라서 묵시록 패턴은 우리를 자기 의나 승리주의의 미망에서 깨어나게 한다. 다가올 새 창조는 하나님 편에서의 순전한 은혜의 행위다.

둘째, 묵시록 패턴은 그리스도가 다시 오실 때까지는 구원이 단지 부분적인 것에 불과하다는 점을 강조한다. 따라서 기독교의 소망은 마지막 날의 드러남을 인내심 있게 기다리는 일을 수반한다. 우리가 재림을 향해 살아갈 때, 그 과정에서 신실해지기 위해 그리스도인의 제자도는 그리스도의 삶의 패턴을 따라 십자가의 제자도가 될 것이고, 따라서 흔히 고난과 희생으로 특징지어질 것이다. 이것은 약속된 하나님 나라와 이 시대의 권세 사이의 윤리적 긴장 때문이다. 그리스도인의 삶이 따라야 할 십자가 패턴은 오늘날의 서구인들이 듣기에는 매우 어렵다. 우리는 (여기에는 나 자신도 포함된다) 전형적으로 일시적 미봉책을 원하고, 어떻게든 우리의 (당연한 것으로 여겨지는) 신실함 때문에 고난을 면제받아야 한다고 생각하기 때문이다. 그러나 정반대로 그리스도께 대한 신실함과 타인에 대한 우리의 사랑은 흔히 이 타락한 세상에서 윤리적으로 살기 위해 우리가 고난을 자발적으로 떠맡을 것을 분명히 요구한다.

셋째, 묵시록 패턴은 우리가 오늘날 세상에서 약속된 나라를 분명히 보지 못하더라도—그 나라는 여러 가지 면에서 지속적인 죄의 권능으로 인해 감추어져 있거나 가려져 있다—하나님이 이 나라의 최종적 성공을 보장하신다는 점을 우리에게 확신시켜준다. 분명히 감추어진 것의 최종적이고 완전한 드러남이 있을 것이고, 그 속에서 이 세상을 향한 하나님의 목적이 성취될 것이다. 따라서 묵시록 패턴은 우리가 소망을 포기하고 싶은 유혹을 받을 때에도 하나님이 약속하신 모든 것의 다가올 구속을 신뢰하고 그 구속을 구체화하고자 애쓰도록 우리에게 용기를 북돋아준다.

묵시록 패턴은 이런 (윤리적 함의를 지닌) 신학 요점들을 강조할 뿐만 아니라, "하늘"에 관한 본문들을 잘못 해석하는 데서 비롯되는, 총체적 종말론에 대한 많은 잠재적 반대 의견을 없애는 데도 유익하다. 나는 묵시록 패턴을 제시하면서 이미 이런 몇몇 본문을 다루었다. 확실히 이런 본문들은 묵시록 패턴에 긍정적으로 기여한다. 요는 땅에서의 드러남을 위한 하늘에서의 준비라는 렌즈를 통해 신약을 읽으면, 천상의 미래의 근거가 된다고 여겨지는 본문들에 대한 많은 터무니없는 해석이 사라진다는 것이다.

휴거는 어떻게 되는가?

이런 본문들이 천상의 미래를 가르치지 않는다 하더라도, 그리스도인들이 땅에서 하늘로 데려감을 당할 것—"휴거" 교리—을 암시하는 본문들은 어떻게 되는가?

"휴거"라는 단어는 (최소한 표준 영역본에서는) 신약의 어떤 종말론적인 본문에도 등장하지 않지만, "끌려 올라감"이라는 개념(이것이 "휴거"의 의미다)은 데살로니가전서 4:17에서 발견된다(여기서 그리스어 동사는 *harpazō*다).[10] 마태복음 24:40-41(평행본문: 눅 17:34-35)은 (비록 여기에 나오는 말은 "끌려 올라감"이 아니라 "데려감"[*paralambanō*]이지만) 오늘날 대중적 종말론에서 휴거의 근거로 흔히 거론되는 두 번째 본문이다. 각 본문을 차례로 살펴보자.[11]

---

10) 영어 단어 "rapture"(휴거)는 라틴어 동사 *rapio*에서 유래되었는데, 이 말은 불가타 역에서 살전 4:17에 나오는 *harpazō*를 번역하는 데 사용되었다.

11) 역사적으로 고전 15:51-52과 요 14:1-3도 휴거와 관련지어졌다. 비록 오늘날 대부분의 통속적인 종말론에서 대표적 증거본문으로 제시되지는 않지만 말이다. 고전 15장은 부활을 묘사하면서 이를 그리스도의 재림 내지 강림과 함께 다루지만(따라서 여기서 길게 다룰 필

데살로니가전서 4:13-18

데살로니가전서 4:13-18은 대표적인 "휴거" 본문이다. 그러나 이 본문은 재림에 관한 비밀한 교리를 가르치려고 하지 않는다. 이것이 이 본문의 요점은 아니다. 그와 달리 바울은 목회적 목적으로 글을 쓰고 있으며, 이런 이유 때문에 "이러한 말로 서로 위로하라"(18절)라고 끝맺는다. 구체적으로 말하면, 바울은 주의 재림 이전에 믿음 안에서 죽은 이들이 그리스도가 다시 오실 때 불이익을 받는가 하는 문제를 다루고 있다. 그들은 불이익을 받지 않을 것이라고 바울은 단언한다. 분명히 그리스도 안에서 죽은 자들은 살아 있는 자들보다 우선권을 가질 것이다. 그들이 먼저 부활할 것이기 때문이다. "그 후에 우리 살아남은 자들도 그들과 함께 구름 속으로 끌어 올려 공중에서 주를 영접하게 하시리니 그리하여 우리가 항상 주와 함께 있으리라"(17절). 바울은 이처럼 데살로니가 교회를 위로하면서, 재림 이전에 그들 가운데 먼저 죽은 자들에 대해 염려할 필요가 없음을 강조한다.

그럼에도 불구하고 데살로니가전서 4:17은 언뜻 보면 확실히 하늘에서 영원히 산다는 개념을 뒷받침하는 것처럼 보인다. 공중에서 주를 만난 뒤 "우리가 항상 주와 함께" 있을 것이기 때문이다. 그러나 이 본문이 (요 14장처럼) 실제로 우리가 어디서 영원히 주와 함께 있을 것인지를 말해주지 않는다는 점은 흥미롭다.[12] 해석자는 성경 전체의 대의에서 이 부

요는 없다), 요 14장은 흔히 천상적 내세를 가르친다고 여겨지기에 10장 나중 부분에서 다룰 것이다.

12) "공중"(신자들이 그리스도를 만날 곳)이 오늘날의 기독교 신학에서의 "하늘"과 정확히 의미가 같지 않다는 점에 주목하라. 고대 그리스 저자들은 흔히 (바울이 여기서 사용하는) *aēr*라는 말을 *aithēr*(별들의 순수한 상층 영역)와 구별되며 밀도 있고 흐릿한 공기로 특징지어지는 (달 아래 있는) 하층 대기를 가리키는 데 사용했다. 공중에 대한 이런 이해를 지체 없이 바울에게 적용할 수는 없지만, 신약은 때로 공중을 사탄의 영역과 결부시킨다. 사탄은 "공중의 권세 잡은 자"(엡 2:2)라고 불리는데, 이는 본질적으로 "이 세상의 임금"(요

　　　　　　　　　　　　　　　　4부 │ 총체적 종말론과 관련된 문제 본문들

분을 보충해야 한다. 8장에서 살펴본 것처럼 성경은 땅 위에서 이런 일이 있을 것임을 암시한다.

이 결론은 바울이 사용하는, 숨은 뜻이 있는 두 단어의 의미를 탐구해보면 확인되는데, 이 두 단어에는 모두 정치적 뉘앙스가 있다. 우선 바울은 "주"의 "강림"[*parousia*]을 언급한다(살전 4:15). 오늘날 신약학자들이 인정하듯이, *parousia*는 흔히 신 또는 황제의 공식적 방문, 즉 신이나 왕이 어느 도시로 오는 것을 가리키는데, 이런 의미는 본문에서 뜻이 명료하게 통한다.[13] 고대에 *parousia*는 많은 과시와 의식을 동반하는 큰 축하 행사였고, 그렇기 때문에 바울은 그리스도의 *parousia*를 "천사장의 소리"와 "하나님의 나팔 소리"로 공개적으로 알리는 일(살전 4:16)과 누가 주를 처음 만날 것인가 하는 중요한 문제를 언급하고 있다.

*parousia*와 관련된 것이 *apantēsis*("만남")의 개념인데, 바울은 이를 데살로니가전서 4:17에서 언급한다.[14] 진 그린(Gene Green)이 지적하듯

12:31; 14:30)이라는 요한 문헌의 표현과 뜻이 같은 어구다. 다양한 형태의 씨 뿌리는 자의 비유(마 13:4, 19; 막 4:4, 15; 눅 8:5, 12)에 나타나는 (공중에 거하는) 새들과 악한 자/사탄/마귀와의 연관성도 주목해보라. 이런 연관성 중 어떤 것이 살전 4장과 관련된다면, 바울은 구속이 마귀의 "세력권"에서 발생하며, 마귀는 구속을 방해할 힘이 없다고 말하려 했을 것이다.

13) Néstor O. Míguez, *The Practice of Hope: Ideology and Interpretation in 1 Thessalonians*, trans. Aquíles Martínez (Paul in Critical Contexts; Minneapolis: Fortress, 2012), chap. 8, "The Political Analogy in Pauline Language," 특히 *parousia*에 관한 81-82; Helmut Koester, "Imperial Ideology and Paul's Eschatology in 1 Thessalonians," in *Paul and Empire: Religion and Power in Roman Imperial Society*, ed. Richard A. Horsley (Harrisburg, PA: Trinity Press International, 1997), 158; Gene L. Green, *The Letters to the Thessalonians* (Pillar New Testament Commentary; Leicester: Apollos; Grand Rapids: Eerdmans, 2002), 223-25; Matthew Forrest Lowe, "Death Dismantled: Reading Christological and Soteriological Language in 1 Corinthians 15 in Light of Roman Imperial Ideology" (PhD diss., McMaster Divinity College, 2011).

14) *eis apantēsin*이라는 표현과 그것의 변형인 *eis hypantēsin*(직역하면, 대격으로 표현된

이, "이것은 도시로 오고 있는 고관을 영접하기 위해 도시 밖으로 대표단을 보내는 관습을 묘사하는 준 전문용어였다."[15] 이 관습은 예수님이 예루살렘으로 의기양양하게 입성하실 때 실행에 옮겨졌고, 그때 사람들은 "종려나무 가지를 가지고 맞으러[hypantēsis] 나가" 예수님께 "이스라엘의 왕"이라고 외쳤다(요 12:13).[16] 바울 자신도 로마로 가는 길에 이런 식의 영접을 경험했다. "그곳 형제들이 우리 소식을 듣고 압비오 광장과 트레이스 타베르네까지 맞으러[apantēsis] 오니"(행 28:15).

오는 고관을 영접할 때 가장 눈에 띄는 자리를 얻으려고 경쟁하는 것이 당시 관례였다. 그래서 바울은 데살로니가전서 4:15-16에서 이미 죽은 그리스도인들이 이 큰 행사에서 불이익을 받지 않으리라고 장담한 것이다. 오히려 그들은 먼저 부활할 것이다(그래서 오시는 왕을 먼저 맞이한다). 1세기에는 묘지가 성벽 밖에 위치해 있었고 흔히 성으로 이어지는 간선 도로에 늘어서 있었으므로, 바울의 독자들은 왕이 성문 가까이 오실 때 성 안에 있는 이들이 왕을 맞이하러 나가기 전에, 그리스도 안에서 죽은 자들이 왕이 지나가실 때 일으킴을 받는 시나리오를 생생하게 상상할 수 있었을 것이다.[17] 또한 이는 "예수 안에서 자는 자들도 하나님이

"만남으로")은 보통 동사적으로, 하나의 행동으로("만나다") 번역된다.

15) Green, *Thessalonians*, 226. 에릭 피터슨(Erik Peterson)도 *apantēsis*가 "중요한 방문객에게 공적인 환영을 베푸는 도시의 오래된 관습"을 가리킨다고 지적한다. 따라서 살전 4:13-18에서 바울의 요점은 그리스도인들이 "공중[aēr]에서 그리스도를 환영하며 그를 *kyrios*로 칭송하"라는 것이다("ἀπάντησις," *Theological Dictionary of the New Testament*, ed. Gerhard Kittel and Gerhard Friedrich, trans. Geoffrey W. Bromiley [Grand Rapids: Eerdmans, 1964], 1:380-81).

16) 관련된 두 명사 *hypantēsis*와 *apantēsis*는 마 25:1-13에 있는 지혜로운 처녀와 어리석은 처녀(또는 신부 들러리)에 대한 예수님의 비유에서도 등장한다(각각 1절과 6절). 신랑이 오는 것을 준비한 지혜로운 처녀들은 신랑을 "맞으러" 나간 다음(마 25:6), 신랑을 혼인 잔치로 데려갔다.

17) Koester, "Imperial Ideology," 160도 함께 보라.

그와 함께 데리고 오시리라"(살전 4:14)라는 바울의 진술과도 일맥상통한다. 이는 무덤에서 일어나 돌아오시는 주님을 만난 자들이 그 다음에 주와 함께 성으로 들어올 것임을 암시한다.

방금 말한 시나리오에서 가장 중요한 점은 고관을 영접하러 나간 이들이 그와 함께 성으로 돌아오는 웅장한 행렬에 동행한다는 점이다.[18] 이 경우에 이 동행은 분명 땅으로의 동행을 의미한다.[19]

(*parousia*와 *apantēsis*가 나타내는) 왕의 방문에 관한 배경적 관습과 창조세계 구속에 대한 성경의 분명한 가르침 외에도, 데살로니가전서 4:13-18에는 바울이 과연 고전적으로 이해되는 바와 같은 휴거를 가르치려고 했는지를 의심할 만한 추가 이유가 있다. 첫째, 휴거는 은밀한 사건이어야 하지만, 이 본문에서 그리스도의 오심은 큰 팡파르와 함께 "호령과 천사장의 소리와 하나님의 나팔 소리로" 공표된다(16절). 이는 고린도전서 15:51-52의 나팔 소리와 비슷한데, 이 본문에서는 살아 있는 신자들의 변화와 죽은 자들의 부활을 수반하는 갑작스러운 그리스도의 오심이 묘사된다.

보라 내가 너희에게 비밀을 말하노니 우리가 다 잠 잘 것이 아니요 마지막 나팔에 순식간에 홀연히 다 변화되리니 나팔 소리가 나매 죽은 자들이 썩지 아니할 것으로 다시 살아나고 우리도 변화되리라(고전 15:51-52).

---

18) Green, *Thessalonians*, 228.

19) 살전 4장의 휴거와 *apantēsis*에 대한 더 많은 내용을 보려면 Míguez, *Practice of Hope*, 142-44, "Excursus 1: On the Rapture"; 또한 Robert H. Gundry, "The Hellenization of Dominical Tradition and Christianization of Jewish Tradition in the Eschatology of 1-2 Thessalonians," in *The Old Is Better: New Testament Essays in Support of Traditional Interpretations* (Wissenschaftliche Untersuchungen zum Neuen Testament 178; Tübingen: Mohr Siebeck, 2005)를 보라.

나아가 가장 통속적인 형태에 있어서 휴거는 환난이 시작될 수 있도록 살아 있는 신자들을 땅에서 옮기는 사건이다(모든 죽은 신자는 이미 하늘에 있다). 그러나 데살로니가전서 4장에서 바울은 죽은 신자와 살아 있는 신자 모두가 그리스도를 만나기 위해 일어날 것이라고 말한다. 따라서 이 본문은 신자들이 땅에서 옮겨지는 사건에 관한 본문이 전혀 아니다. 고린도전서 15장과 마찬가지로 이 본문은 그리스도가 세상을 심판하시고 만물을 새롭게 하시기 위해 주님으로서 오시는 결정적인 강림을 동반할 죽은 자들의 부활과 살아 있는 자들의 변화를 다룬다.[20]

마태복음 24:40-41

대중적 종말론에서 휴거에 대한 또 다른 표준 증거본문은 (눅 17:34-35의 평행본문과 더불어) 마태복음 24:40-41이다. 이 본문들에서 예수님은 인자가 돌아올 때 어떤 일이 일어날지를 설명하신다.[21]

마태복음 24:40-41에 따르면 "그때에 두 사람이 밭에 있으매 한 사람은 데려가고 한 사람은 버려둠을 당할 것이요, 두 여자가 맷돌질을 하고 있으매 한 사람은 데려가고 한 사람은 버려둠을 당할" 것이다. 누가복음 17:34-35도 비슷하다. "내가 너희에게 이르노니 그 밤에 둘이 한 자리에 누워 있으매 하나는 데려감을 얻고 하나는 버려둠을 당할 것이요, 두 여자가 함께 맷돌을 갈고 있으매 하나는 데려감을 얻고 하나는 버려둠을 당할 것이니라." 많은 성경해석자의 일반적인 가정은 "데려감을 얻는" 사람은 하늘로 올라가서 주와 함께 있을 신자라는 것이다. 그리고 이것은

---

20) 또한 이는 고전 15:51-52을 휴거를 가리키는 근거본문으로 이용하는 이들이 잘못된 길에 들어섰음을 암시한다.

21) 브라이언 월시와 나는 *The Transforming Vision: Shaping a Christian World View* (Downers Grove, IL: IVP Academic, 1984), 103-4에서 "휴거" 본문으로 가정되는 이 본문을 처음 다루었다.

데살로니가전서 4:17의 "휴거"와 동일시된다.

그런데 문제는 우리가 보통 이런 본문들을 충분히 주의 깊게 읽지 않는다는 점이다. 마태복음 24장에 나오는 예수님의 비교에 면밀히 주의를 기울여보자. 예수님은 먼저 사람들이 홍수를 예상하지 않았던 노아 시대에는 어떻게 살았는지를 묘사하신다(37-39절). 39절에서 예수님의 요점은 노아 시대 사람들이 "홍수가 나서 그들을 다 멸하기까지 깨닫지 못하였으니 인자의 임함도 이와 같으리라"라는 것이다.

예수님 말씀에 따르면 누가 데려감을 얻는지를 주의 깊게 보라. "그들을 다 멸하기까지"라는 어구는 명백히 악인에 대한 심판을 묘사한다. 홍수 뒤에 땅에 남았던 이들은 노아와 그의 가족이었다. 따라서 예수님이 (40-41절에서) 노아 시대에 상응하는 종말론적 사건을 소개하실 때 이끌어내시는 이 두 사건 사이의 유비 관계는 데려감을 당하는 자들이 불의한 자임을 명백히 밝혀준다. 그들은 심판을 받으러 데려감을 당한다.

이 해석이 의심스럽다면 이 본문에 대한 누가복음의 평행본문을 살펴보라. 누가복음은 37절에 있는 제자들의 질문을 가지고 (17:34-35에서) 데려감을 당하는 자와 남는 자의 이야기를 따르기 때문이다.[22] "주여 어디오니이까?"라고 제자들은 질문한다. 즉 그들은 어디로 데려감을 당했느냐는 것이다. 예수님은 이렇게 대답하신다. "주검 있는 곳에는 독수리가 모이느니라." 이 이미지는 분명 심판에 대한 언급이지 "하늘"에 관한 것이 아니다.[23] 우리는 이 사실에 놀랄 필요가 없다. 마태복음 24장에서 말세에 대해 가르치신 바로 그 예수님이 팔복 강화에서 이렇게 선포하셨

---

22) 눅 17:36은 가장 좋은 그리스어 사본들에는 누락되어 있다.

23) 예수님이 암시하시는 이미지는 예루살렘 남서쪽의 힌놈의 아들 골짜기(gê' ben-hinnōm 또는 Gehenna)인데, 이곳은 제2성전기에 쓰레기, 죽은 짐승, 처형된 죄수를 소각하는 데 사용되는 도시 쓰레기 처리장이 되었다. 구약에서 힌놈의 아들 골짜기는 우상숭배와 바알 또는 몰렉에게 (태워서) 바치는 자녀 제사와 관련된 곳이었다.

기 때문이다. "온유한 자는 복이 있나니 그들이 땅을 기업으로 받을 것임이요"(마 5:5).[24]

여기서 NRSV에서는 각각 "쓸어 가버린"(swept away)과 "데려간"(taken)으로 번역되고 KJV와 NIV에서는 (각각) "제거한"(taken away)과 "데려간"(taken)으로 번역된 두 동사, 예수님이 마태복음 24:39-41에서 사용하신 두 그리스어 동사(*airō*와 *paralambanō*)에 주목해야 한다. 이런 번역본들을 읽은 독자들은 이 동사들을 보고 예수님의 요점을 훨씬 더 분명하게 깨달았어야 했다. 너무나 많은 사람이 이런 분명한 언어적 단서에도 불구하고, 누가 데려감을 당하고 누가 남았는지를 잘못 해석했다는 사실은 한 본문이 말하는 바에 대한 우리의 가정이 우리가 본문에서 발견하는 내용을 어떻게 미리 결정하는지를 보여주는 강력한 사례다.

마태복음 24:40-41은 흔히 통속적인 종말론에서 휴거를 뒷받침하는 데 이용된다(내가 여기서 이 본문을 다룬 이유도 그 때문이다). 하지만 의미심장한 사실은 (휴거가 세대주의 특유의 교리임에도 불구하고) 세대주의 신학자들과 성경학자들은 보통 이 본문에 호소하지 않는다는 점이다.[25] 휴거를 단호히 강조하는 핼 린지(Hal Linsey)의 베스트셀러 『사라진 멋진 행성 지구』(*The Late, Great Planet Earth*)조차 마태복음 24장이나 누가복음 17장에 나오는 "데려감"에 관한 구절들에 결코 호소하지 않는다. 이 구절들은 존더반 출판사에서 「비교 신학」 시리즈로 출간된 『휴거에 대한 세 가지 관점』(*Three Views of the Rapture*)의 초판과 제2판에서도 논의에서 현저하게 빠져 있다. 제2판 서론에서 명시적으로나 암묵적으로 휴거를

---

24) 앞의 3장에 나오는 만화를 보라. 거기서 한 등장인물이 성경은 땅의 멸망을 예언한다고 말한다. 이에 대해 또 다른 등장인물이 이렇게 대답한다. "온유한 자들이 이 사실을 알고 있을까?"

25) 세대주의와 휴거에 대한 더 많은 내용을 보려면 이 책의 부록을 보라.

가르치는 본문을 나열할 때도 마태복음 24:36-42은 확실히 그 속에 포함되어 있지 않다.[26]

존 넬슨 다비(John Nelson Darby)나 윌리엄 E. 블랙스톤(William E. Blackstone) 같은 초기 세대주의자들은 휴거를 옹호하면서 이 본문을 인용했지만,[27] 이미 1925년부터 세대주의자들은 이 본문을 자신들의 주장의 일부로 이용하는 데서 한 발 물러나기 시작했다.[28] 20세기 중엽에 이르러서는 대다수의 세대주의자들이 마태복음 24:36-42이 휴거를 전혀 다루지 않는다는 결론에 이르렀고, 대신 이 본문은 환난 이후의 사건들을 지칭한다는 점을 인정했다.[29] 예를 들어 세대주의자인 존 F. 월부어드(John F. Walvoord)는 휴거를 뒷받침하는 데 이 본문을 사용하는 이들을 비판하며 다음과 같이 힘주어 말한다. "데려감을 당한 사람들은 심판받으러 데려감을 당한 것이다."[30]

---

26) Craig Blaising, *Alan Hultberg, and Douglas Moo, Three Views of the Rapture: Pretribulation, Prewrath, or Posttribulation* (Counterpoints: Bible and Theology; Grand Rapids: Zondervan, 2010), 11-12에 나오는 헐트버그가 쓴 서론.

27) J. N. Darby, *Collected Writings* (Oak Park, IL: Bible Truth Publishers, 1882), 2:290-300; 11:118-67; 24:219-32; 30:166-67, 286-301; William E. Blackstone, *Jesus Is Coming* (New York: Revell, 1908), 63-66, 135.

28) Arno C. Gaebelin, *The Olivet Discourse* (Greenville, SC: The Gospel Hour, 1925), 77-108.

29) Stanley Toussaint, "Are the Church and the Rapture in Matthew 24?," in *The Return: Understanding Christ's Second Coming and the End Times*, ed. Thomas Ice and Timothy J. Demy (Grand Rapids: Kregel, 1999), 121-36. 세대주의 안에서의 이런 변화에 대한 요약적 설명에 관해서는 R. Todd Mangum, "High Hopes for 21st-Century Dispensationalism: A Response to 'Hope and Dispensationalism: An Historical Overview and Assessment' (by Gary L. Nebeker)" (다음 학회에 제출된 논문. Dispensational Study Group of the Evangelical Theological Society, Nashville, TN, November 2000, 13-14n21)의 도움을 받았다.

30) John F. Walvoord, *The Blessed Hope and the Tribulation: A Historical and Biblical Study of Posttribulationalism* (Grand Rapids: Zondervan, 1976), 89.

마태복음 24:40-41(평행본문: 눅 17:34-35)에 대한 휴거와 관련된 해석이 북미 복음주의 전통에서 지속되고 있다는 사실은 이 전통이 세대주의의 고전적 교리에서 얼마나 동떨어져 있는지를 보여준다. 나는 마태복음 24장이 휴거를 가르치지 않는다고 단언하는 오늘날의 세대주의자들에게 동의한다.[31] 데살로니가전서 4장도, 마태복음 24장도 휴거를 가르치지 않는다면 우리에게는 이 개념이 성경적 종말론의 일부라고 생각할 타당한 이유가 없다.

우리가 죽으면 (일시적으로) 하늘로 가게 될 것인가?

그러나 죽은 직후에 하늘을 약속하는 것처럼 보이는 본문들은 어떻게 되는가? 의인들은 죽으면 하늘로 가는가? 이것은 많은 그리스도인에게 중요한 질문이다. 적그리스도, 환난, 천년왕국 같은 말세의 예언과 사건들에 대한 억측이 20세기를 통틀어 인기를 얻었지만, 역사를 통틀어 (또는 최근 시대에도) 모든 그리스도인이 그런 억측에 현혹된 것은 아니다. 대신 미래를 생각해보는 사람들은 (흔히 "개인적 종말론"이라고 불리는) 죽을 때

---

31) 마 24:40-41과 눅 17:34-35에 대한 휴거와 관련된 해석의 인기를 보려면, 최초의 기독교 록 음악으로 간주되는 앨범(*Upon This Rock* [Capitol Records, 1969])에 발표된 래리 노먼(Larry Norman)의 유명한 1969년도 노래인 "우리 모두 올라갈 준비가 되었으면 좋겠네"(I Wish We'd All Been Ready)를 살펴볼 필요가 있다. 이 노래는 1절에서 대환난을 상기시킨 뒤, 2절에서는 눅 17:34을 시적으로 다시 진술한다. "침대에 잠들어 있는 남편과 아내 / 아내가 요란한 소리를 듣고 고개를 돌려보니 남편이 사라졌다네 / 우리 모두 준비 되었으면 좋겠네 / 두 사람이 언덕 위를 걷다가 / 한 사람은 사라지고 한 사람은 아직 남아 있네 / 우리 모두 준비되었으면 좋겠네." 노먼에 따르면 이 노래는 "내가 자랄 때 설교로는 한 번도 들어본 적 없는 이야기를 하고 있다"(그가 1969년에 한 말: http://everything2. com/title/Larry+Norman). 이 노래의 코러스("마음 바꿀 시간이 없다네 / 성자가 오셨고 당신은 남겨졌다네")는 논란의 여지가 있다. 하지만 『레프트 비하인드』라는 책과 영화 시리즈의 제목을 낳은 것으로 보인다.

일어나는 일에 초점을 맞추는 경우가 더 흔했다. 역사상 많은 그리스도인에게 사후에 하늘에서 누리는 복락은 기독교의 소망의 가장 중요한 부분이었다.

앞서 우리는 그리스도가 다시 오실 때 하나님이 신실한 자들을 일으켜 새 생명을 주시고(부활) 우주를 구속해서 새로운 창조를 초래하신다는 것이 성경적 종말론의 일반적 요지라는 사실을 살펴보았다. 그렇다면 죽은 직후에 하늘에 대한 소망을 제시하는 것처럼 보이는 성경본문들은 어떻게 다루어야 하는가? 이런 본문들은 새 하늘과 새 땅에 대한 전반적인 성경적 소망과 어떻게 들어맞는가?

한 가지 접근방법은 이런 본문들이 최종 상태가 아니라, 흔히 중간기 또는 중간상태로 묘사되는 죽음과 부활 사이의 일시적인 복된 시기를 가리킨다고 인정하는 것이다.[32] 이런 본문 중 가장 명백한 본문을 살펴보고, 이 본문이 새 창조에 대한 성경적 소망과 어떻게 들어맞을 수 있는지를 알아보자.

요한복음 14:1-3

죽음 이후의 하늘에 대한 약속을 암시하는 것처럼 보이는 가장 흔히 인용되는 본문은 요한복음 14:1-3일 것이다.

> 너희는 마음에 근심하지 말라. 하나님을 믿으니 또 나를 믿으라. 내 아버지 집에 거할 곳이 많도다. 그렇지 않으면 너희에게 일렀으리라. 내가 너희

---

32) 중간상태는 보통 "죽음 이후의 삶"이라고 일컬어지기 때문에, N. T. 라이트는 부활과 새로워진 창조세계를 "죽음 이후의 삶 이후의 삶"이라고 부른 것으로 유명하다(*Surprised by Hope: Rethinking Heaven, the Resurrection, and the Mission of the Church* [San Francisco: HarperOne, 2008], 148, 151, 169, 197-98, 231).

를 위하여 거처를 예비하러 가노니 가서 너희를 위하여 거처를 예비하면 내가 다시 와서 너희를 내게로 영접하여 나 있는 곳에 너희도 있게 하리라(요 14:1-3).

이미 우리는 이 구절들을 땅에서의 드러냄을 위한 하늘에서의 준비라는 묵시록 패턴의 일부로 살펴본 적이 있다. 이 패턴의 일부로 읽으면, 예수님이 제자들에게 하신 위로의 말씀은 그분이 제자들을 하늘로 데려가시리라는 뜻이 아니라, 이 땅이 마지막 날을 위한 준비가 이루어지는 곳이라는 뜻이다. 성경적 기대는 예수님이 새로워진 창조세계에서 우리와 함께 계실 것임을 암시한다.

예수님의 말씀은 (죽음과 부활 사이의) 중간 시기에 제자들이 하늘에서 자신과 함께 있게 될 것임을 뜻할 수도 있는가? 이런 가능성을 뒷받침하는 유일한 근거는 요한복음 14:2의 "거처"(monai, 단수형은 monē)가 일시적인 (여관방과 같은) 안식처를 가리킬 수도 있다는 점이다. 그래서 앞의 본문은 상상컨대 예수님이 최종적인 우주적 구속을 준비하시면서 제자들을 위해 죽음 후 임시로 머무는 장소도 준비하신다는 뜻일 수도 있다.[33]

그러나 monē의 이런 의미에 대한 증거는 확실치 않다. 특히 나중에 같은 장에서 예수님이 일시적으로 보이지 않는 것, 즉 예수님이 성령을 통해 제자들과 함께 거하시는 것에 대해 바로 이 단어를 사용하신다는

---

33) monē의 이런 뜻에 대한 증거는 성경 외 문헌의 그리스어에 바탕을 두고 있고, 때때로 "여정 중인 여행자를 위한 숙소나 안식처를 가리킬" 수 있는 한 아람어 단어와 관련지어진다 (Raymond E. Brown, *The Gospel according to John: Introduction, Translation, and Notes* [Anchor Bible 29-29A; Garden City, NY: Doubleday, 1966-70], 2:618n2). 그러나 monē는 일시적인 거처를 가리키는 데 사용될 수도 있지만, 분명 이런 의미로 제한되지는 않는다.

점을 고려할 때 더욱 그렇다. 요한복음 14:23에서 예수님은 자기에게 순종하는 사람에게 자신과 성부 하나님이 함께 가셔서 "거처[monē]를 그와 함께"하시겠다고 약속하신다.[34] 이 거처의 예상되는 항구성 외에도, 제자들이 예수님께로 가는 것이 아니라 예수님이 제자들에게로 가시겠다고 약속하시는 것에 주목할 수 있다.

사실 우리는 심지어 예수님이 요한복음 14:2에서 "내 아버지 집"이라는 어구를 사용하신 것이 (비록 많은 해석자는 이를 하늘 성소에 대한 언급으로 해석하지만) 하늘에 대한 결정적 언급이 아니라고 주장할 수도 있다. 이 어구는 온 우주를 가리킬 수도 있다. 이사야 66:1에서 하늘과 땅은 함께 하나님의 "집" 또는 성전으로 묘사되기 때문이다.[35] 다시 말해서 더 넓은 성경적 세계관을 배경으로 삼으면, 요한복음 14:1-3은 단지 예수님이 (하늘에서) 하나님이 거하시기에 알맞은 우주로 만들기 위해 최종적인 구속을 준비하고 계심을 뜻할 수도 있다. 그곳에는 예수님의 모든 제자가 거할 만큼 공간이 많을 것이다.

고린도후서 5:6-9

요한복음 14:1-3이 중간상태를 분명하게 가르치지 않는다면, 고린도후

---

34) 더 나아가 이 명사는 동사 mēnō("거하다, 거주하다, 남아 있다")와 어원이 같은데, mēnō 는 요한복음에서 예수님과 성부 및 예수님, 성부와 제자들 사이의 (지속적인) 관계와 관련해서 흔히 사용된다(14:10, 17; 15:4-10). 명사와 똑같이 동사도 일시적이거나 항구적인 거처를 가리키는 데 사용될 수 있다.

35) 성서신학에서 이 개념의 핵심적 위치를 고려하면 (8장에서의 논의를 보라), (요 1장과 관련해서) "'세상'(10절)이 어떻게 '말씀'에게 '집'이 된다고 볼 수 있는지 알기 어렵다. 세상은 기원 장소나 항구적 거처라는 의미로 볼 때 그분의 '집'이 아니다"라는 J. 램지 마이클스(J. Ramsey Michaels)의 발언은 당혹스럽다(*The Gospel of John* [New International Commentary on the New Testament; Grand Rapids: Eerdmans, 2010], 66). 명백히 "말씀"으로서의 예수님의 기원은 (이 세상에서가 아니라[요 8:23]) 하늘이지만, 예수님은 사실 이 세상을 자신의 항구적인 거처로 삼기 위해 오셨다.

서 5:6-9은 어떤가? 이 신약본문은 다른 어떤 본문보다도 죽음 직후의 하늘에 대한 복된 소망을 명시적으로 나타내는 것처럼 보인다.

사실 고린도후서에서 이 구절들의 문맥은 내세적 방향을 뒷받침하는 것처럼 보인다. 4:8에서 5:10에 이르는 긴 논의 속에서 바울은 현재의 육체적 삶을 하늘의 영원한 미래와 대조하는 것 같다. 4장 끝에서 바울은 우리의 외적 본성이 쇠약해져가는 반면, 내적 본성은 새로워지고 있다고 말한다(16절). 그러고는 눈에 보이는 일시적인 것을 보이지 않고 영원한 것과 대조한다(18절). 따라서 5장에서 바울이 다음과 같이 말하는 것은 완벽하게 이치에 맞다.

> 그러므로 우리가 항상 담대하여 몸으로 있을 때에는 주와 따로 있는 줄을 아노니 이는 우리가 믿음으로 행하고 보는 것으로 행하지 아니함이로라. 우리가 담대하여 원하는 바는 차라리 몸을 떠나 주와 함께 있는 그것이라. 그런즉 우리는 몸으로 있든지 떠나든지 주를 기쁘시게 하는 자가 되기를 힘쓰노라(고후 5:6-9).

이 구절들은 표면적으로는 천상의 미래를 강조하는 것처럼 보인다. 바울은 (땅에서의) 현재의 몸보다 (아마도 하늘에서) "주와 함께 있는" 것이 더 좋겠다고 분명히 말하지 않는가? 이는 분명 죽음 직후에 (우리가 우리 몸에서 분리될 때) 시작되는 하늘에 대한 소망을 가르치지 않는가?

반드시 그렇지는 않다. 창조세계를 구속하시려는 하나님의 계획에 대한 성경의 가르침을 고려하면, 이런 본문들에 대한 우리의 습관적인 접근방식을 약간은 의심해보아야 한다.

먼저 주목해야 할 것은 바울이 5:1-2에서 자신의 실제적인 소망이 하나님이 준비하신 천상의 거처(부활의 몸)에 대해서라고 이미 말했다는 사실과, 5:3-4에서 자신은 벗은(몸에서 분리된) 상태가 되기를 원치 않는다고 단언한다는 사실이다. 하지만 바울은 (현재의) 몸에서 떠나 주와 함께 있는 것이 더 좋다고 말한다(5:8). 바울은 서로 모순되는 소망을 가진 것일까? 바울은 부활을 갈망하면서도 몸에서 분리된 상태는 멀리하며, 동시에 현재의 삶보다 몸에서 분리된 상태를 더 좋아하는가? 바울은 부활한 몸을 제일 좋아하고 다음으로는 몸에서 분리되어 하늘에 있는 상태, 그 다음으로는 현재의 이 땅에서의 몸을 좋아하는지도 모른다. 많은 이들이 이런 식으로 본문을 해석한다.

그러나 이 모순되게 보이는 것에 대해 이런 인위적인 해결책은 필요하지 않다. 오히려 환난과 고난 가운데서도 자신의 소망의 기초가 무엇인지에 관한 4장 거의 끝부분에 나오는 바울의 핵심적 진술에 주목할 필요가 있다(8-12절). 바울이 스스로 말하는 바 고난 가운데서도 신실하게 살 수 있는 이유는 다음과 같다. "주 예수를 다시 살리신 이가 예수와 함께 우리도 다시 살리사 너희와 함께 그 앞에 서게 하실 줄을 아노라"(14절). 여기서는 부활과 그리스도와 함께 있는 것이 분리되지 않는다. 바울은 부활을 고대할 뿐만 아니라, 주의 임재 안에서 부활한 (몸을 입은) 상태로 있는 것도 상상한다.

이는 바울이 5:8에서 "주와 함께 있는" 것에 대해 말할 때, (우리가 본문을 그런 식으로 읽는 데 익숙하지 않다면) 이것을 부활에 대한 소망과 분리시킬 이유가 없음을 의미한다. 바울은 죽은 직후에 그리스도와 함께 있는 것을 말하고 있지 않다. 오히려 그는 재림을 생각하고 있으며, 그때 우리는 부활하여 새로운 창조세계 속에서 그리스도와 함께 있을 것이다. 5:1-2과 4:14을 배경으로 5:6-9을 있는 그대로 읽으면, 주와 함께 있는 것은 다른 것이 아니라, 주님이 새로운 창조세계에서 구속된 인류와 함께 거하실 것이라는 바울의 기대임을 알 수 있다. 따라서 고린도후서

5장이 실제로 (몸에서 분리된) 중간 상태를 기독교 소망의 일부로 가르치고 있는지는 전혀 분명치 않다.

빌립보서 1:23

우리는 빌립보서 1:23에 대해서도 비슷한 주장을 할 수 있다. 거기서 바울은 죽음을 "그리스도와 함께" 있는 것과 관련짓는다(따라서 "죽는 것도 유익"하다[1:21]). 이 문맥(21-24절) 속에서 바울은 빌립보 교회에 대한 사역을 위해 남아 있을 것인지, 아니면 그리스도와 함께 있을 것인지 사이의 딜레마를 언급한다.

> 이는 내게 사는 것이 그리스도니 죽는 것도 유익함이라. 그러나 만일 육신으로 사는 이것이 내 일의 열매일진대 무엇을 택해야 할는지 나는 알지 못하노라. 내가 그 둘 사이에 끼었으니 차라리 세상을 떠나서 그리스도와 함께 있는 것이 훨씬 더 좋은 일이라. 그렇게 하고 싶으나 내가 육신으로 있는 것이 너희를 위하여 더 유익하리라(빌 1:21-24).

해석자들은 흔히 죽으면 즉시 그리스도의 임재 속에 들어가게 될 것이므로 바울이 죽음에 대한 선호를 표현하고 있다고 해석하지만("차라리 세상을 떠나서 그리스도와 함께 있는 것이"[23절]), 사실 본문은 그런 일이 즉시 일어날 것이라고 말하지 않는다. 바울은 진실로 "그리스도와 함께" 있기를 원하지만 어디서 또는 정확히 언제 이런 일이 있을지에 대해서는 자세히 말하지 않는다. 성경 다른 부분 전체를 살펴보면, 우리는 여기서도 바울이 지금 종말에 대해 생각하고 있다고 예상할 것이다. 여기에는 하늘에서의 중간상태에 대한 어떤 분명한 가르침도 존재하지 않는다.

앞의 세 본문(요 14:1-3; 고후 5:6-9; 빌 1:23)이 중간상태를 분명하게 가르치지 않는다면, 누가복음 16:19-31이나 요한계시록 6:9-10과 같이 덜 분명한 본문에서 같은 가르침을 도출해내려는 데 대해서는 매우 신중해야 한다.

누가복음 16:19-31

누가복음 16:19-31에 나오는 아브라함의 품에 안긴 나사로에 대한 언급은 예수님이 심판의 최종 성격(과 재물의 미혹)을 구체적으로 강조하시기 위해 한 비유에서 사용하신 생생하고 상상력을 자극하는 묘사다. 그렇지 않다면 예수님이 (마지막 심판을 기다리며) 하데스에 있는 자들이 실제로 아브라함 곁에 있는 (그래서 "그의 품에"[KJV] 있는) 의인들을 (멀리 떨어진 곳에서) 볼 수 있다는 사실을 가르치시려 했다고 믿어야 하는가? 예수님이 실제로 내세에 대한 유대인의 전통적 관점을 이용하셨는지도 모르지만,[36] 예수님의 요점은 죽음의 최종 성격과 죽은 자들 가운데서 돌아온

---

36) 이와 비슷한 내세에 대한 몇 가지 가능한 관점을 고려해볼 수 있다. 악인과 의인이 하데스의 분리된 구역에 있는 모습은 「에녹1서」와 「스바냐묵시록」을 반영한다. (기원전 160년경의) 「에녹1서」22장에서 저자는 서로 분리된 스올의 비어 있는 네 구역을 묘사하는데, 그 중 둘은 악인들을 위한 곳이고 나머지 둘은 의인들을 위한 곳이다. 마찬가지로 「스바냐묵시록」(기원전 100년에서 기원후 70년 사이에 기록되었다고 추정되는 기독교 내용이 첨가된 유대문헌)은 불타는 하데스에서 고통 당하는 악인들의 영혼을 묘사한다(6장). 의인들이 있는 곳은 강을 경계로 이곳과 분리되어 있는데, 스바냐는 배를 타고 그 강을 건넌다(8:1; 9:1-2). 반대편에는 아브라함, 이삭, 야곱이 에녹, 엘리야, 다윗과 함께 있다(9:4). "아브라함의 품"이라는 말은 아브라함, 이삭, 야곱이 신앙을 위해 순교한 유대인들을 받아주리라는 개념과 관련된 것일 수도 있다(「마카베오4서」13:17). 「아브라함의 유언」(기원후 1세기 내지 2세기의 기독교 내용이 덧붙여진 유대교 저작) 20:14의 긴 교정본에서, 하나님은 미가엘과 나머지 다른 천사들에게 아브라함을 (그가 죽을 때) "그의 품 안에 있는 이삭과 야곱"과 함께 의인의 장소로 데려가라고 말씀하신다(문장 전체에 비문법적이고 서툰 느낌이 있는데, 아브라함이 이미 그의 품 안에 있는 그의 아들들을 만나러 간다는 문제도 있다. 이것은 후대에 덧붙여진 내용임을 암시한다. 실제로 그 다음에는 기독교의 삼위일체에 대한 언급이 나온다). 바벨론 탈무드의 「킷두신」72b나 「예레미야애가 랍바」 1.85 같은 후대의 랍비 저작에서도 "아브라함의 품"을 언급한다. 로마의 히폴리투스(Hyppolytus, 3세기의 기

누군가가 살아 있는 이들을 회개하게 할 수 있다는 생각의 무익함과 관련된다.[37] 어느 학자의 표현대로 "예수님이 다른 비유에서 올바른 농사법 (눅 15:4-6)이나 투자 요령(눅 16:1-13)에 대한 가르침을 주시지 않으시는 것과 마찬가지로, 이 비유에서도 중간상태에 대한 정보를 제공해주시지 않는다."[38] 특별히 신약의 다른 곳에 분명한 가르침이 없는 상태에서 결코 중간상태에 대한 믿음의 근거를 이 비유에서 찾을 수는 없다.[39]

요한계시록 6:9-10

마찬가지로 요한계시록 6:9-10에 나오는 제단 아래 있는 순교자의 "영혼들"에 대한 언급도 별 도움이 못된다. 죽은 의로운 자들은 분명 (하늘에 대한 전통적인 묘사에서와 같이) 평안한 상태에 있는 것이 아니라, 지상에서 고난 받고 있는 이들을 위해 "어느 때까지 하시려 하나이까?"라고 부르짖고 있기 때문이다. 사실 생명과 피의 관계(레 17:11에 따르면 생명 [nepeš]은 피에 있다)에 대한 구약의 강조는 요한계시록 6장의 영혼들이 땅속에서 부르짖는 죽임 당한 아벨의 피(창 4:10)와 별로 다르지 않다는 해석으로 귀결될 수도 있다.[40] (몸에서 분리된 존재의 중간상태를 포함해서)

독교인)는 하데스의 두 구역을 하나는 악인들을 위한 구역, 다른 하나는 부활을 기다리고 있는 의인들을 위한 구역으로 구별하고, 후자를 "아브라함의 품"이라고 부른다(*Against Plato, On the Cause of the Universe*, 1장). 심지어 3세기에도 이곳이 하늘이 아닌 하데스의 한 구역으로 묘사된다는 점에 주목하라.

37) 예수님의 요점의 일부는 살아 있는 이들이 성경(모세와 예언자들)에 주목하지 않으면, 죽은 자들 가운데서의 부활도 그들의 눈을 뜨게 하지 못하리라는 것이다(31절).

38) Tony Wright, "Death, the Dead and the Underworld in Biblical Theology, Part 2," *Churchman* 122 (2008):114.

39) 이 비유에 나오는 의인들이 하늘이 아니라 하데스의 한 구역에 있다는 이야기는 더 말할 것도 없다.

40) "생명"에 해당하는 히브리어 단어(nepeš)는 흔히 (레 17:11의 70인역에서도) 그리스어 *psychē*로 번역되며, 이 단어의 복수형(psychas)은 계 6:9에서 부르짖는 이들에 대해

인격에 대한 "이원론적" 관점을 결연히 옹호한 『몸, 영혼, 영원한 생명』
(*Body, Soul, and Life Everlasting*)이라는 책을 쓴 존 쿠퍼(John Cooper)조
차도 묵시록 상징주의의 가공적 성격을 고려하면, 요한계시록 6장은 자
신의 입장을 뒷받침하는 데 사용될 수 없다는 점을 인정한다.[41]

누가복음 23:39-43

확실히 누가복음 23:39-43은 예수님이 십자가 위에서 행악자(전통적으로
"강도")와 나누신 대화를 기록하면서 중간상태를 가르치지 않는가? 행악
자가 "예수여 당신의 나라에 임하실 때에 나를 기억하소서"라고 간청할
때(42절) 예수님은 이렇게 대답하신다. "내가 진실로 네게 이르노니 오늘
네가 나와 함께 낙원에 있으리라"(43절).

이 본문을 제대로 이해하려면 먼저 42절의 "나라"가 43절의 "낙원"과
같으며, 둘 다 내세를 가리킨다는 많은 독자의 일반적인 가정부터 다룰
필요가 있다. 그런데 예수님이 들어가실 "나라"는 다름 아닌 세상에 대한
자신의 메시아적 통치이며, 이 통치는 예수님이 다시 오실 때 확립될 것
이다. "나라"라는 말은 전혀 내세를 가리키지 않는다.[42]

따라서 예수님은 행악자에게 종말을 기다릴 필요가 없다고 말씀하셨
을 것이다. 죽으면 곧바로 하늘로 갈 것이라는 의미에서, 그는 이미 "오
늘" 낙원에 들어갈 수 있다. 물론 이는 "오늘"이 문법적으로 "내가 네게
이르노니"와 결합되는지 아니면 "네가 나와 함께 낙원에 있으리라"와 결
합되는지에 관한 문제와 관련된다(그리스어로는 어느 쪽으로도 해석할 수 있

사용된다. 창 4:10에서 아벨의 "피"를 뜻하는 단어도 복수형이다.

41) John W. Cooper, *Body, Soul, and Life Everlasting: Biblical Anthropology and the
Monism-Dualism Debate* (2nd ed.; Grand Rapids: Eerdmans, 2000), 117.

42) 하나님 나라에 대한 예수님의 관점을 더 자세히 논의한 글을 보려면 11장을 보라.

다). 예수님이 낙원에 있는 자기 바로 옆자리를 말씀하신다고 가정하더라도, 여전히 이를 죽음과 부활 사이의 몸에서 분리된 존재에 대한 언급으로 이해할 것인지에 관해서는 두 가지 복잡한 문제가 있다.

우선 (8장에서) 새 예루살렘에 대한 논의에서 살펴본 대로 그리스어 단어 *paradeisos*("낙원")는 창세기 2-3장에 나오는 에덴동산 이야기에서와 같이 "동산"에 해당하는 히브리어 단어 *gan*을 70인역이 번역한 것이다. 창세기 3장 끝부분에 따르면 인간은 동산에서 추방되었고, 생명나무로 가는 길을 봉쇄당했으며, 그룹과 화염검이 그 길을 지켰다(23-24절).

따라서 낙원과 생명나무에 다가갈 수 없다는 사실과 관련하여 제2성전기의 다양한 유대 전승이 발전했다(그중 일부 문헌은 신약과 동시대 문헌이고 어떤 것은 신약보다 먼저, 어떤 것은 나중에 나왔다). 이런 전승들은 하나님이 동산/낙원을 하늘로 끌어올리셨거나 (공중/하늘에 있는) 높은 산이나 땅끝으로 옮기셔서, 동산/낙원이 땅 위에 드러날 마지막 날까지 계속해서 접근하지 못하게 하셨다는 개념을 중심으로 삼았다.[43] 하나님이 데려가신(창 5:24) 에녹과 불 병거를 타고 위로 들려 올라간 엘리야(왕하 2:11)가 낙원으로 들어갔는지에 관한 추론도 생겨났다. 에녹과 엘리야에 대한 추론은 (그들은 죽지 않았으므로) 그들이 몸의 형태로 낙원에 들어갔다고

---

43) 「에스라4서」 4:7-8에서는 낙원이 (궁창 위에 있는) 하늘에 위치해 있는 반면, 「에녹2서」 8-9장에서는 에녹이 "세 번째 하늘"로 이끌려 올라가고 거기서 낙원(생명나무가 있는 열매 가득한 동산)을 내려다보는데, 이 낙원은 그 뿌리가 땅으로 뻗어 있지만 땅과는 구별된다. 낙원은 (부패하지 않는 성질과 동일시되는) 셋째 하늘과 (부패하는 성질과 동일시되는) 땅 사이에 위치해 있는 것 같다. 「모세묵시록」(「아담과 하와의 생애」라고 불리는 보다 긴 라틴어 역본으로도 알려져 있는 그리스어 저작)에서는 두 낙원, 즉 원래의 "땅 위에 있는 낙원"(38:5)과 "셋째 하늘에 있는 낙원"(40:2)을 구별한다. 전자는 아담이 추방당한 낙원이고(1:1; 28:1-4; 29:2, 7; 42:6), 후자는 "거룩한 백성"의 약속된 유업인데, 그들이 부활할 때 "말세에" 생명나무와 더불어 이 유업을 누리게 될 것이다(13:2-3; 28:4). 바울은 고린도 사람들에게 부득불 "자랑"하게 되었을 때, 자신이 "낙원"(고후 12:4)에서 겪었던 형언할 수 없는 경험에 대해 (3인칭으로) 말하는데, 그 낙원이 "셋째 하늘"(12:2)에 있었다고 생각한다.

가정한 것으로 보이는데, 이는 이 용어(낙원)가 지상에 존재한 최초의 복된 상태를 가리킨다는 사실과 일맥상통한다. 그러나 낙원에 대한 다른 제2성전기의 추론은 (플라톤주의의 영향을 받아) 죽은 의로운 자들의 영혼 내지 영이 그곳에서 부활을 기다리고 있다고 생각한다.[44]

지면 관계상 이 문제에 대한 제2성전기 유대교의 추론을 더 길게 논의하기는 어렵다. 여기서는 "낙원"의 핵심 개념이 인류가 잃어버렸고 하나님이 준비하고 계신, 의인들이 종말에 새로워진 땅에서 누릴 지상의 복된 상태라는 점을 인식하는 것만으로도 족하다.[45] 이는 우리가 신약에서 종말론적인 공개를 위해 하나님이 준비하고 계신다고 간주되는 항목에 낙원을 쉽게 덧붙일 수 있음을 의미한다. 이것은 묵시록 패턴의 일부다. 그리고 이것은 요한계시록과 잘 어울리는데, 여기서 예수님은 에베소에 있는 교회에게 "이기는 그에게는 내가 하나님의 낙원에 있는 생명나무의 열매를 주어 먹게 하리라"라고 약속하신다(2:7). 다음으로 21-22장에는 (생명나무를 포함해서) 낙원/동산의 요소들과 서로 뒤얽혀 있는

---

44) 「모세묵시록」에서는 아담의 몸이 원래 땅에 있었던 낙원에 묻혀 있는 반면(38:1-5), 아담의 영혼은 심판의 날까지 셋째 하늘에 있는 낙원으로 올라가 있다(37:4-5). 「아브라함의 유언」에서 아브라함은 그룹 천사의 병거에 의해 구름 위의 하늘로 끌어올려 지고(10장), 죽은 뒤에 영혼이 받는 심판을 보기 위해 "하늘의 첫째 문"까지 가는데, 거기서 생명으로 이어지는 좁은 문을 본다. "그리고 그 문을 통해 들어가는 자들은 낙원으로 들어간다"(11장). 나중에는 심판에서 구원받은 영혼을 천사가 데려가는데, "그 영혼을 낙원으로 데리고 올라간다"라고 한다(14장). 바울은 낙원에서의 보기 드문 경험을 이야기하면서 자신이 몸 안에 있었는지 몸 밖에 있었는지 알 수 없었다고 두 번 말한다(고후 12:2-3).

45) 「에녹2서」 9:1에서는 낙원을 "영원한 유업"으로 "의인을 위해 준비된…장소"로 묘사하는 반면, 「바룩2서」 4장은 비슷한 표현으로 낙원과 (계 21장의 새 예루살렘과 동등한) 다가올 도성에 대해 말한다. 후자의 본문(「바룩2서」)에서는 (현재의 예루살렘을 능가하는) 참된 성이 하나님이 낙원을 만드시기로 결심하신 때에 "미리 준비"되었고, 아담이 죄 짓기 전에 그에게 보였다고 말한다(4:3). 아담이 죄를 짓자 도성과 낙원은 아담에게서 옮겨졌다(4:3). 그러나 도성과 낙원은 둘 다 마지막 날까지 하나님과 함께 "보존"된다(4:6).

"하나님께로부터 하늘에서 내려오는" 새 예루살렘에 대한 환상이 있다.[46]

하나님이 성도들을 위해 준비하고 계신 것의 일부로, 하늘에 있는 낙원의 일시적 위치를 이해하기 위한 논증이 있을 수 있지만, 낙원은 결코 천국과 같지 않다. 그보다 더 중요한 점은 (유대문헌에서나 신약에서나) 낙원은 오늘날의 기독교 신학에서 전형적으로 상상하는 식의 비물질적 영역이나 장소가 아니라는 점이다. 플라톤주의를 가장 분명하게 신봉한 교부인 오리게네스(Origen)조차 성도에게 약속된 낙원을 "땅 위에 위치한 어떤 곳"으로 이해한다.[47]

그러나 구체적이고 현세적인 낙원의 성격이라는 문제 외에도 (예수님 우편의) 행악자가 "오늘"(눅 23:43) 예수님과 함께 거기에 있으리라는 말이 무슨 뜻인가 하는 복잡한 문제가 여전히 남아 있다. 두 사람이 죽자마자 함께 낙원에 있을 것이라는 예수님의 확언(이것이 "오늘"이 의미하는 것처럼 보이는 내용이다)은 문제를 상당히 혼란스럽게 만든다. 이것은 예수님이 셋째 날까지는 부활하지 않으셨고 그 이후 한동안 하늘로 올라가지 않으셨다는 신약 자체의 계산과 조화를 이루기 어렵다(눅 24:50-53; 행 1:9-11; 막 16:19도 함께 보라).[48] 이런 복잡한 사정을 고려하면, 누가복음 23:42은 "영혼 수면" 개념, 즉 중간상태의 의식이 존재한다는 개념이 아

---

46) (5세기에 만들어진 듯한) "레온티우스"(Leontius)라고 불리는 그리스도인의 묘비에 새겨진 오래된 비문은 낙원의 구체성을 적절히 묘사한다. 오 하나님, 경건한 자들과 의인들과 함께 그에게 안식을 주소서. 푸릇푸릇한 것들이 자라나고 원기를 회복시키는 것과 물이 있는 곳, 즐거운 동산 곧 고통과 슬픔과 탄식을 알지 못하는 곳에서 안식을 주소서. 거룩, 거룩, 거룩하신 주 하나님, 사바오트, 하늘과 땅이 당신의 거룩한 영광으로 가득하나이다. 이 기도문은 *Early Christian Prayers*, ed. A. Hamman, trans. Walter Mitchell (Chicago: Henry Regnery; London: Longmans, Green, 1961), 84에서 인용했다.

47) 이것이 그가 내세를 낙원에서 하늘로의 여행의 관점에서 묘사하는 한계를 보인 이유다. 그로서는 땅이 진정으로 영적인 이들의 최종 운명이 될 수 있다고 생각하기가 불가능했다. Origen, *On First Principles* 2.11.6-7을 보라.

48) 막 16:9-20은 일반적으로 마가복음 원문이 아니라고 간주된다.

니라, 사람이 주관적 의식에 있어서 죽음에서 부활로 이동한다는 개념을 뒷받침하는 데 사용될 수 있다. 이는 바울이 (고후 5:5-6과 빌 1:23에서) 그리스도의 임재를 종말에 부활한 몸을 입은 상태에서 벌어질 일로 상상하면서도, 죽는 순간 그 임재를 즉각 경험하리라고 기대하는 것처럼 보이는 현상을 설명해줄지도 모른다. 오스카 쿨만의 중간상태에 대한 다음과 같은 말이 옳을 것이다. "**우리도** 기다리며 **죽은 자들도** 기다린다. 물론 그들에게 시간의 리듬은 살아 있는 자들과는 다를지도 모른다. 그리고 이런 식으로 중간 시간은 그들에게는 짧아질지도 모른다."[49] 또는 F. F. 브루스(F. F. Bruce)가 표현하듯이 "어떤 기간이 땅에 속박된 인간 역사의 달력으로 아무리 길게 측정되더라도, 세상을 떠난 신자의 의식 속에서는 죽음과 덧입음 사이에 아무런 시간 간격이 없다고 여겨진다면, 죽음과 부활 사이의 가상적 간격이 창출하는 긴장은 완화될 수 있을 것이다."[50]

중간상태에 대해 연구를 시작했을 때, 나는 신약에 이런 상태를 가리키는 간헐적인 증거가 (비록 이것이 기독교 소망의 강조점은 아니라는 것이 성경을 볼 때 분명하더라도) 있을 수 있음을 인정할 준비가 되어 있었다. 나는 C. S. 루이스의 다음과 같은 대표적인 진술에 동의할 준비도 되어 있었다. "최초의 기독교 문헌들은 인간의 초자연적인 부분이 자연적 유기체의 죽음을 넘어 더 오래 지속된다는 믿음에 대해 대수롭지 않게 당연하다는 듯이 동의한다. 그러나 이 문헌들은 그 문제에 별 관심이 없다. 이 문헌들이 정말로 관심을 갖는 것은 기적적인 신적 행위에 의한 복합적 피조물 전체의 회복 내지 '부활'이다."[51]

---

49) Oscar Cullmann, *Immortality of the Soul or Resurrection of the Dead? The Witness of the New Testament* (London: Epworth, 1958), 57(쿨만 강조).

50) F. F. Bruce, *Paul, Apostle of the Heart Set Free* (Grand Rapids: Eerdmans, 1977), 312n40.

51) C. S. Lewis, *Miracles: A Preliminary Study* (London: Fontana, 1960 [1947]), 33.

신약성경의 관심의 초점이 어디에 있는지에 대한 루이스의 말은 옳다. 하지만 나는 이제 임종할 때의 인격적 생존에 대해 "대수롭지 않게 당연하다는 듯이 동의"한다는 그의 발언이 너무 많은 것을 양보한 것인지도 모른다고 생각한다.[52] 관련 본문들을 연구해본 후 나는 신약에 중간상태에 대한 근거가 실제로 얼마나 적은지를 알고 매우 놀랐다. 이런 근거는 분명 내가 예상한 것보다 적었다.[53] 결국 그것은 중요하지 않다. 진정한 기독교의 소망은 중간상태에 의존하지 않는다. 그리스도인들은 현세적 존재와 미래의 부활 생명 사이의 개인적 연속성을 확신하기 위해 불멸하는 영혼이라는 플라톤적 개념을 필요로 하지도 않는다. 우주를 존재하게 하신 하나님은 종말론적 미래의 보증자이시다. (대니얼 W. 휘틀 [Daniel W. Whittle]이 1883년에 지은 한 유명한 찬송가의 후렴구가 된) 디모데후서 1:12의 기억에 남는 말씀으로 표현하자면 "내가 믿는 자를 내가 알고 또한 내가 의탁한 것을 그날까지 그가 능히 지키실 줄을 확신"한다. 우리는 예수 그리스도의 하나님, 우주의 주님께 소망을 둔다. 그분은 죽은 자를 일으킬 수 있으시고 하늘과 땅을 새롭게 하겠다고 약속하셨다.

우리가 중간상태에 대해 어떻게 생각하든(많은 그리스도인에게 중간상태에 대한 믿음이 소중하다는 점을 인정한다), 하늘이 구속받은 자들의 최종 목적지가 아니라는 점은 성경을 볼 때 분명하다. 이것은 새 창조를 명백

---

52) 이는 루이스가 "초자연적"과 "자연적"이라는 매우 비성경적인 범주(중세 철학 및 신학에서 발전된 범주)를 사용하는 것을 차치하더라도 그렇다. 이런 범주는 인간의 일부 중에 "초자연적인"(자연적인 것을 초월하는) 부분은 없기 때문에 부적절하다. 우리는 단지 존재와 번영을 위해 하나님의 은혜와 능력에 의존하는 피조물일 뿐이다.

53) 여기서 내 논의는 제2성전기 유대교와 신약이 전형적으로 중간상태를 가정한다는 N. T. 라이트(내가 가장 존경하는 학자)의 주장이 너무 많은 양보를 한 것일지도 모른다는 내용을 함축한다. 그럼에도 라이트는 "사후의 삶"(중간상태)에 대한 관심이 부활과 새 창조("사후의 삶 이후의 삶")에 대한 성경적 관심과 "죽기 이전의 삶"에 대한 성경적 관심 둘 다로부터 "심각하게 벗어난 것"일 수 있다고 바르게 경고한다(*Surprised by Hope*, 197-98).

히 약속하는 성경본문들의 결말이며, 구속에 대한 총체적 관점에 대한 이른바 반증들을 살펴봄으로써 확인된다. 내세의 하늘을 약속하는 것처럼 보이는 본문들을 자세히 읽어보면, 이 본문들이 결코 구속받은 인류를 위한 내세적인 운명을 가르치지 않는다는 점이 드러난다. 오히려 이런 "문제" 본문들은 성경의 지배적인 기조, 즉 창조질서 전체의 구속과 인간의 구속을 지상에서의 육체적 생명의 회복(곧 태초부터 있었던 하나님의 창조의도의 회복)으로 묘사하는 전체 기조와 놀랍도록 잘 어울린다.

"하늘"이라는 말은 성경에서 구속받은 이들의 영원한 운명에 대해서는 결코 사용되지 않는다. 그뿐 아니라 기독교의 종말론적 소망을 지칭하기 위해 "하늘"이란 말을 계속 사용하면, 현재 우리의 현세적 삶을 하나님의 목적과 일치하도록 변화시키기 위한 정당한 기대에서 우리 관심이 멀어질지도 모른다. 사실 우리 기대의 초점을 내세적 구원에 맞추는 것은 사회적 악에 대한 저항과 이 세상의 구속적 변화를 위해 일하는 데 필요한 헌신을 소멸시킬 가능성이 있다. 그러므로 해석학적·신학적·윤리적인 이유에서 나는 하나님이 신실한 이들을 위해 예비해두신 미래를 묘사하는 데 "하늘"이라는 말을 사용해온 것을 후회하게 되었다. 이 책의 독자들도 사려 깊게 생각해본 뒤에 나처럼 이런 후회에 동참하기를 소망한다.

5부

하나님 나라의
윤리

11장

•

나사렛의 좋은 소식

이 책에서 나는 사랑하는 이 세상을 구속하시려는 하나님의 일관된 의도를 명백히 밝히는 성경적 종말론을 위한 터를 닦아왔다. 이 목적을 위해 1장에서는 내세적 기대의 문제점을 다룬 반면, 2장과 3장에서는 하나님이 만드신 세상에서의 인간 소명을 탐구했고 창조부터 종말까지 성경 이야기의 핵심 줄거리를 개관해보았다. 4장에서 6장까지는 총체적이고 현세적인 번영에 대한 성경 관점을 실증하기 위해 구약신학의 관련 요소에 초점을 맞추었다. 그다음 7장부터 10장까지는 신약을 펴서 본격적으로 종말론을 살펴보며 부활 소망의 내적 논리를 밝히고, 인간과 땅을 포함한 창조질서를 구속하시려는 하나님의 의도를 보여주었다.

이제 "그래서 어떻다는 것인가?"라는 질문을 할 차례다. 새 창조에 대한 이런 총체적 관점의 윤리적 함의는 무엇인가? 총체적 종말론을 삶으로 실천하는 일에 대한 몇 가지 고찰은 지금까지 여러 대목에서 다룬 바 있지만, 이제 총체적 종말론의 윤리학을 보다 의도적으로 다룰 때가 되었다.

그러나 이 거대한 주제에 어떻게 접근해야 하는가? 짧은 지면에 이 질문에 대한 포괄적 답변을 시도하기란 불가능하다. 총체적 종말론의 함의는 무수하며 인간 삶의 모든 측면에 영향을 끼치기 때문이다. 이 질문에 집중하는 한 가지 방식은 예수님이 나사렛에서 공적 사역을 시작하실 때 하신 가르침(눅 4:16-30)을 하나님 나라 윤리에서의 사례 연구로 고찰하는 것이다. 이 일화는 누가복음 첫 부분에 나오는 예수님의 사명에 대한 강령적 진술을 포함하며 구원에 함축된 몇 가지 윤리적 핵심을 밝혀줄 뿐만 아니라, 하나님 나라라는 강력한 성경적 개념을 우리에게 소개한다.[1] 11장과 12장에서 우리는 나사렛에서 예수님이 하신 복음 선포의 양면을 살펴볼 것이다. 즉 먼저는 하나님 나라의 복음을 살펴보고, 다음에는 하나님 나라가 가져온 근본적 도전을 살펴볼 것이다.

하나님 나라가 가까이 왔다

공관복음서(마태·마가·누가복음)에서 예수님은 하나님 나라가 가까이 왔다는 복음을 선포하심으로써 공적 사역을 시작하신다. 30년 동안 사람들 눈에 띄지 않게 살던 이 갈릴리 출신의 목수는 고향 나사렛을 떠나, 열정의 설교자 요한에게 세례를 받기 위해 요단강으로 간다. 요한도 하나님 나라를 선포하며 회심자를 모으고 있었다.[2] 예수님이 물에서 나오실 때

---

1) 누가복음의 이 본문은 최초로 내게 성경의 총체적 관점을 밝혀주고 내세적 종말론의 대안에 대한 관심을 촉발시켰다. 자메이카에서 학부생으로 마지막 학년을 보내는 동안 나는 눅 4장에 대해 두 편의 논문을 썼는데, 하나는 그리스어 석의 강좌를 위해, 또 하나는 기독교 세계관을 다루는 철학 강좌를 위해서였다.

2) 예수님을 목수라고 부르는 것이 전통이지만 복음서에 사용된 실제 단어는 *tektōn*(막 6:3; 참조. 마 13:55)이다. 이는 석공을 포함한 어떤 종류의 장인이나 건축가도 지칭할 수 있는 단어였다(그러므로 목수도 제외되지는 않았다).

하늘에서 음성이 들려와서 그분이 하나님의 사랑받는 "아들"(1세기의 메시아적 표준용어)이라고 선포한다.[3] 다음으로 예수님은 성령의 인도를 받아 유대 광야로 들어가 40일 동안 금식하며 시험을 받으신다. 이 기간 동안 예수님은 마귀와 대결하시며 하나님 나라의 본질과 그 나라에서 하나님의 아들로서의 자신의 역할에 관한 일련의 시험을 이겨내신다. 이어서 예수님은 성령의 능력으로 "때가 찼고 하나님의 나라가 가까이 왔으니 회개하고 복음을 믿으라"라는 눈길을 끄는 메시지(막 1:15)와 함께 갈릴리로 돌아가신다.

예수님은 어떤 의도로 "하나님의 나라"를 말씀하셨는가? 이것이 이 책의 주제인 총체적 종말론을 이해하는 데 어떤 도움이 되는가? 우선 우리는 예수님이 의도하지 않은 바를 명확히 밝힐 필요가 있다. 월터 라우션부시(Walter Rauschenbusch)가 화려하게 표현했듯이, 기독교 신앙은 "혁명적 혈통에서 태어났다. 기독교 신앙의 요람을 흔든 것은 대중적 소망의 폭풍이었다. 수많은 무리를 요단강으로 이끌어 요한의 말을 듣게 하고 갈릴리에서 예수님을 따른 무리를 전율하게 한 것은 무엇이었는가? 죽을 때 한 사람씩 천국으로 갈 것이라는 소망이었는가?"[4] 라우션부시가 바르게 인정하듯이, 이런 생각은 신약을 억지로 후대의 비성경적인 종말론 개념과 일치시키려는 근본적 오해일 것이다. 또한 이것은 예수님 자신의 배경을 무시하는 것이기도 하다.

그렇다면 예수님이 의도하신 것은 무엇일까?

---

3) 하나님의 "아들"에 대한 언급이 구약에서 언제나 메시아적 의미를 가진 것은 아니다. 이 용어는 이스라엘(출 4:22; 호 11:1), 천사적 존재들(욥 38:7), 다윗 가문의 왕(삼하 7:14; 시 2:6-12; 89:25-27)에 대해 사용되었는데, 이 마지막 용법이 이 단어가 메시아적 의미를 지니게 된 근거다(예컨대 사해 사본 가운데 1QSamuel 2.11-12을 보라).

4) Walter Rauschenbusch, *Christianizing the Social Order* (New York: Macmillan, 1912), 48-49.

하나님 나라의 고대 유대 배경

예수님은 하나님 나라의 개념을 난데없이 발명하신 것이 아니다. 오히려 예수님은 구약까지 거슬러 올라가는 길고 오랜 전통에 의지하셨다. 하나님이 모세 오경(창세기부터 신명기까지)과 전 예언서(여호수아부터 열왕기까지)에서 아주 드물게만 "왕"이라고 불리시거나 "다스리신다"고 일컬어지는 것은 사실이다. 그럼에도 불구하고 이스라엘 아니, 모든 피조물의 통치자이자 심판자로서의 하나님 개념은 구약 전체의 기본적인 배경에 깔린 가정이다.[5] 이 개념은 특별히 입법자로서의 하나님에 대한 널리 퍼진 이해 속에서 나타나며, 이 개념에 따라 이스라엘과 온 피조물은 그분께 순종해야 한다. 하나님이 이스라엘과 세우신 언약을 통해 주어진 토라 속에서든, 하늘과 땅을 세우실 때 도구가 된 그분의 "율례", "법도", "규례"라는 유사한 언어 속에서든, 온 우주가 충성해야 할 신적 군주인 이스라엘의 하나님에 대한 제왕적 그림이 암시적으로 연상된다.[6]

하나님에 대한 제왕적 표현은 시편과 예언서에서 명백하면서도 일반적인데, 이 본문들은 하나님을 "왕"이라고 지칭할 뿐만 아니라 하늘에(부차적인 의미에서는 시온, 예루살렘 성전에도) 좌정해 계신 분으로 상상한다. 거기서 하나님은 이스라엘과 열방, 실제로 온 땅을 다스리시거나 심판하

---

5) 배경에 깔린 이 가정은 모세 오경과 전 예언서에서 하나님을 왕 또는 다스리는 분으로 언급한 단 여섯 군데서 명백해진다. 이런 언급 중 세 개는 모세 오경의 시적인 단락들(출 15:18; 민 23:21; 신 33:5)에서 발견되고, 이스라엘의 왕정 이전의 하나님의 통치에 대해 말한다(출 15:18은 하나님의 통치를 애굽에서의 바로의 압제와 대조하고 있는 본문인 것 같다). 시 이외의 나머지 세 번의 언급은 모두 전(前)예언서에 있으며(삿 8:23; 삼상 8:7; 12:2), 하나님의 통치를 인간 통치자들의 통치와 명백히 대조한다.

6) 우주적 입법자인 하나님에 대한 제왕적 묘사에 대해서는 J. Richard Middleton, *The Liberating Image: The Imago Dei in Genesis 1* (Grand Rapids: Brazos, 2005) 2장, 특히 65-74을 보라.

신다. 예컨대 시편 22:28은 "나라는 여호와의 것이요 / 여호와는 모든 나라의 주재심이로다"라고 단언한다. 마찬가지로 시편 103:19은 "여호와께서 그의 보좌를 하늘에 세우시고 / 그의 왕권으로 만유를 다스리시도다"라고 주장한다. 이런 주장은 때때로 시편 96:10에서와 같이 창조질서의 안정성과 연결된다. "모든 나라 가운데서 이르기를 여호와께서 다스리시니 / 세계가 굳게 서고 흔들리지 않으리라."

전형적으로 하나님은 우주의 현 통치자로 간주되지만, 시편과 예언서에서는 한 가지 특징적인 주제가 드러난다. 즉 악을 쳐부수고 의와 정의의 통치를 확립하기 위해 다가오는 하나님의 미래에 대한 기대가 바로 그것이다. 많은 경우 이런 메시지는 6세기의 바벨론 유수의 종결과 하나님의 백성의 고토귀환을 겨냥하고 있다. 이 메시지의 대표적인 예가, 예수님이 다가오는 하나님 나라에 대한 자신의 "복음" 선포를 위해 사용하셨을 수도 있는 본문인 이사야 52:7이다.

> 좋은 소식을 전하며 평화를 공포하며
> 복된 좋은 소식을 가져오며 구원을 공포하며
> 시온을 향하여 이르기를
> 네 하나님이 통치하신다 하는 자의
> 산을 넘는 발이 어찌 그리 아름다운가.

또한 구약은 바벨론 유수의 종결과만 관련된 것이 아닌, 미래에 있을 하나님의 오심을 구체적으로 예고하기도 한다. 인간의 삶이 현재 부패와 불의의 지배 아래 있다는 점증하는 의식을 바탕으로, 시편 96편은 땅이 한 번 더 창조자의 뜻에 순종하게 될 때가 오리라고 서정적으로 단언한다.

하늘은 기뻐하고 땅은 즐거워하며

바다와 거기에 충만한 것이 외치고

밭과 그 가운데에 있는 모든 것은 즐거워할지로다.

그때 숲의 모든 나무들이 여호와 앞에서 즐거이 노래하리니

그가 임하시되

땅을 심판하러 임하실 것임이라.

그가 의로 세계를 심판하시며

그의 진실하심으로 백성을 심판하시리로다(시 96:11-13).

악을 물리치며 의를 세우는 하나님의 다가올 통치라는 모티프는 다니엘서 같은 묵시 문학에서 중심 주제가 된다. 다니엘서는 통치권이 이 세상의 불의한 통치자들에게서 거두어져 하나님의 거룩한 백성에게 주어질 때, 하나님의 우주적이고 영원한 나라가 세워질 것을 상상한다(7:13-14, 27). 미래에 다가올 하나님 나라에 대한 이런 기대는 성경 이외의 유대 묵시 문학에서 확대된다. 예컨대 쿰란의 「전쟁의 서」(사해 사본 중 하나)에서 그런 기대가 발견되는데, 이 문헌은 하나님의 백성이 의의 원수들을 물리칠 격변적인 전투를 예상한다. 「모세의 유언」 10:1은 다가올 하나님의 승리를 다음과 같이 상상한다. "그때 하나님의 나라가 하나님의 온 창조세계에 걸쳐 나타날 것이다. 그때 마귀는 종말을 맞이할 것이다. 그렇다. 슬픔은 마귀와 함께 사라질 것이다."[7]

예수님 시대 직전의 두 세기 동안 고대의 많은 유대교 저작은 하나님

---

7) J. Priest, "Testament of Moses," in *Apocalyptic Literature and Testaments*, vol. 1 of The Old Testament Pseudepigrapha, ed. James H. Charlesworth (New York: Doubleday, 1983), 931의 번역을 따랐다. (6세기의 라틴어 사본에서 번역되었지만 기원후 1세기의 그리스어 문헌에 바탕을 둔 것으로 여겨지는) 이 문헌은 「모세승천기」라고도 불린다.

나라의 도래뿐만 아니라, 이스라엘을 회복시키고 하나님의 원수들을 정복하며 시온에서 이스라엘을(또는 실제로 온 세상을) 다스리시는 하나님의 의로운 통치를 수립하는, 일종의 메시아적인 구원자이자 통치자(왕이나 제사장이나 심지어 예언자. 어떤 이들은 여러 메시아들을 상상했다)를 고대했다. 다가올 하나님 나라와 메시아적 통치자의 본질에 대해서는(인간 정치지도자로부터 선재하는 천사적 인물 혹은 신과 유사한 인물까지 다양한) 서로 다른 견해들이 존재했으며, 분명 모든 유대인이 메시아적 개념에 동일한 중요성을 부여한 것은 아니었다.[8] 그럼에도 불구하고 하나님의 원래 의도에서 어긋난 세상을 바로잡고 이스라엘을 향한 그분의 약속들을 성취하기 위한 역사 속 하나님 통치의 도래는 예수님 시대에 이르러 유대인의 삶 속에서 핵심적인 기대가 되었다.

예수님이 말씀하신 "하나님 나라"는 무엇을 뜻하는가?

이런 기대는 예수님의 하나님 나라 선포에서 가장 중요한 개념적 배경을 형성한다. 사실 예수님은 하나님 나라의 도래를 선언한다고 주장한 1세기 유대의 여러 메시아적 인물 가운데 한 사람에 불과하다.[9] 이런 기대로 가득 찬 배경을 고려하면, 예수님이 갈릴리에서 하나님 나라가 "가까

---

8) 제2성전기 유대교에서의 메시아 개념의 다양성에 대해서는 Michael F. Bird, *Are You the One Who Is to Come? The Historical Jesus and the Messianic Question* (Grand Rapids: Baker Academic, 2009), chap. 2, "Messianic Expectations in Second Temple Judaism" 부분의 간결한 요약을 보라. 이 장에는 이 주제를 계속 연구하고 싶은 이들을 위한 풍부한 1차 자료와 2차 자료가 언급되어 있다.

9) 마이클 버드(같은 책, 47-52)에 따르면, 예수님은 1세기에 (시몬 벤 코시바[Simon ben Kosiba]는 2세기에) 명백히 메시아/그리스도/기름부음 받은 자로 지칭된 유일한 인물이었지만, 1세기에는 갈릴리 사람 유다, 헤롯의 종 시몬, 목자 아트롱게스, 므나헴, 시몬 바 기오라 등을 포함해서 암묵적으로 메시아로 여겨진 역사적 인물들도 있었다.

이 왔다"거나 "가까이 있다"(마 4:17; 막 1:15)라는 공적 선언과 더불어 자신의 사역을 시작하실 때 열광적인 분위기였다는 것을 짐작할 수 있다. 그러나 예수님은 이 서두의 선언으로 자기 사역을 단순히 시작하기만 하신 것이 아니다. 하나님의 나라는 예수님의 사역 전체를 규정하는 신학 주제로, 처음부터 끝까지 예수님의 가르침 곳곳에 스며들어 있다. 이 주제는 너무나 뚜렷해서 공관복음서에서 백 번도 넘게 언급된다(마태복음에 50회, 마가복음에 15회, 누가복음에 39회).[10]

요한복음에서는 하나님 나라 모티프가 다섯 번만 등장하는데, 두 번은 복음서의 거의 첫 부분인 예수님과 니고데모와의 대화 속에서 등장하며, 세 번은 거의 끝 부분인 빌라도 앞에서 벌어진 예수님의 재판 장면에서 등장한다. 니고데모와의 대화는 "거듭남"(또는 아마도 "위로부터 남")이라는 어구가 등장하는 유명한 본문이다. 예수님은 이 경건한 율법 교사에게 하나님 나라를 보거나 들어가기를 원하는 자는 누구든지 새로운 탄생을 경험해야 한다고 말씀하신다(요 3:3, 5). 인간의 삶은 죄로 인해 부패했으므로, 우리의 우선순위와 헌신의 대상을 근본적으로 변화시키고 하나님의 다가올 통치와 보조를 맞추기 위해서는 위로부터 새로운 생명이 주입될 필요가 있다. 공관복음서에서는 하나님 나라의 생명(또는 하나님의 통치 아래 살아가는 삶)인 새로운 생명이, 요한복음에서는 보통 "영생"이라고 불린다. 미래가 제외되는 것은 아니지만 요한복음에서 "영생"은 일차적으로 (현세의 삶이 끝난 뒤) 사후의 실재를 가리키는 것이 아니라, 지금 여기서의 질적으로 새로운 삶을 가리킨다(이런 이유로 요 10:10에서는

---

10) 이것은 "하늘나라"(마태복음이 선호하는 용어), "내 나라", "그의 나라", "나라", "내 아버지의 나라" 등과 같은 "하나님 나라"에 대한 여러 다양한 표현들을 포함시킨 횟수다. 마가복음의 횟수는 때때로 15회로 제시되기도 하는데, 이는 막 11:10에 나오는 언급의 모호성을 반영한 횟수일 것이다.

풍성한 생명이라고 불린다). "영생"은 기본적으로 하나님 나라를 지칭하기 위해 요한복음이 선호하는 방식이며, 공관복음에서는 하나님 나라가 미래인 동시에 현재다. 따라서 요한복음에서 말하는 새로운 탄생은 공관복음이 말하는 회개 및 믿음과 비슷한 방식으로 기능한다. 새 생명을 주입하고 그로 인해 우리의 방향을 하나님 나라의 목적을 향하도록 재조정하려면 새로운 탄생이 필요하다.

문제는 현대의 많은 그리스도인이 영생을 일차적으로 (하늘에서 영원히 거한다는 개념과 종종 연결되는) 사후의 삶에 대한 언급으로 이해하고, 하나님 나라를 해석하는 데 이 비성경적 개념을 사용한다는 점이다. 그러나 이는 문제를 정확히 잘못된 방향으로 설정하는 것이다. 하나님 나라가 새로운 탄생과 연결되는 요한복음 3장의 전략적 위치는, 이 위치가 앞 세 복음서에서의 하나님 나라에 대한 끊임없는 강조로부터 요한복음의 특징적인 용어로의 전환으로 기능하고 있음을 암시한다. 이는 우리가 요한복음의 기본적인 신학 범주를 충실하게 해석하려면 먼저 공관복음서에서 말하는 "하나님 나라"의 의미가 무엇인지부터 이해해야 함을 의미한다.

그러나 "영생"이 무엇을 의미하는지에 대한 비성경적 선입견을 제외하고도 다른 두 가지 장애물이 우리를 방해한다. 기독교 교회사 속에 만연해온 하나님 나라에 대한 이 두 가지 오래된 오해를 해결해야 한다. 둘다 비성경적인 성/속 이원론 내지 2단계적인 세계관에 뿌리를 두고 있다. 이런 세계관에서 초자연적·"영적" 실재는 우리가 경험하는 자연적·일상적·세속적 세계와 대조되며, 하나님의 통치는 일차적으로 또는 독점적으로 전자 속에서 나타난다고 가정된다. 이런 세계관은 하나님 나라에 대한 두 가지 오해 모두의 바탕에 깔려 있다.

첫 번째 오해는 하나님 나라를 기본적으로 교회와 동일한 것으로 본다. 이런 해석은 아우구스티누스에 의해 (특히 「하나님의 도성」[City of God] 에서) 대중화된 이후, 시대를 막론하고 그리스도인들 사이에서 다양한 형태로 발견된다. 이런 견해에 따르면, 사탄이나 악한 자나 타락한 세력이 사회정치적 영역을 포함한 더 넓은 세상을 지배하는 반면, 하나님의 통치는 그분의 백성 안에서, 그들의 내적 영성이나 공동체적 삶이나 교회 제도 속에서 나타난다고 여겨진다(이 마지막 견해가 아우구스티누스의 견해다). 따라서 성경이 하나님 나라가 전체에 걸쳐 확산되고 있다고 말하면, 이는 교회가 성장을 경험하고 있다는 뜻으로 받아들여질 것이다.

이런 오해의 내면적 형태와 관련해서 자주 인용되는 한 가지 성경본문은 "하나님의 나라가 너희 안에 있느니라"라고 전통적으로 번역되는 누가복음 17:21이다(KJV, NIV 1984).[11] 그러나 그리스어 전치사 *entos*의 의미 범위를 예수님의 가르침과 사역 속에서의 이 말씀의 실제적 배경과 더불어 고려하면, 이 말씀은 하나님 나라가 그들 안에 있다기보다는 청중 "사이에" 또는 그들 "가운데" 이미 있다는 뜻일 가능성이 훨씬 높다(많은 번역본이 [NASB, NRSV, NIV 2011처럼] 보다 그럴듯한 이 의미를 반영한다).

또 다른 끈질긴 오해는 하나님 나라가 (땅과 반대되는) 하늘과 동일하다는 것이다. 이런 잘못된 해석에 깔려 있는 것은 두 위계적 영역 또는 반대되는 영역(하나는 하나님께 속한 영역이고 다른 하나는 본질적으로 악하거나 열등한 영역)이 있다는 기본적으로 동일한 이원론이다. 그 근거로 자주 인용되는 성경본문이 요한복음 18:36인데, 이 본문은 요한복음에서 3

---

11) 예컨대 Thomas à Kempis, *The Imitation of Christ*, book 2, section 1을 보라. 여기서 이 본문이 인용된 뒤 독자들을 향한 이런 권면이 이어진다. "당신 밖에 있는 모든 것에 대한 무관심을 배우고 내면의 삶에 헌신하라. 그러면 하나님의 나라가 당신 안에 임하는 것을 보게 될 것이다"(*The Imitation of Christ*, trans. Betty I. Knott [London: Collins, 1963], 83).

장을 제외하고 하나님 나라를 언급하는 유일한 곳이다. 여기서 예수님은 재판을 받으면서 빌라도에게 이렇게 말씀하신다. "내 나라는 이 세상에 속한 것이 아니니라. 만일 내 나라가 이 세상에 속한 것이었더라면 내 종들이 싸워 나로 유대인들에게 넘겨지지 않게 하였으리라. 이제 내 나라는 여기에 속한 것이 아니니라."[12] 그러나 주의 깊게 읽어보면 예수님은 자기 나라를 하늘과 동일시하고 계신 것이 아님을 알 수 있다. 오히려 예수님은 자기 능력의 기원을 밝히고 계신다. 이 점은 때때로 그의 나라가 이 세상에 "속한" 것이 아니라고 말하는 KJV 같은 번역본들로 인해 모호해지는데, 이런 번역은 그의 나라가 이 세상과 관련이 없다는 뜻으로 해석될 수 있다.[13] 그러나 요점은 예수님의 나라가 (예수님이 가져오신 영원한 생명처럼) 하늘에서부터 다스리시는 하나님**에게서** 비롯되었으며, 그 나라는 땅을 **위한** 것이라는 사실이다. 이런 이해는 주기도문에 반영되어 있는데, 여기서 예수님은 제자들에게 기도하는 법을 가르치신다(마 6:10). "나라가 임하시오며 뜻이 하늘에서 이루어진 것같이 땅에서도 이루어지이다." 즉 땅은 현재 하늘과 조화를 이루지 못하고 있지만, 하나님 나라의 도래는 바로 땅을 하늘과 일치시키기 위해서라는 것이다.

하나님 나라와 하늘과의 이런 잘못된 동일시는 "하나님 나라" 대신 "하늘나라"라는 표현을 사용하는 마태복음의 경향에서 추가적인 동력을 얻는다. 많은 그리스도인은 하나님의 통치가 땅에 확장될 수 없을 정도로 땅이 본질적으로 악하거나 열등하다고 보는 비성경적 이원론을 가지고 "하나님 나라"라는 표현에 접근한다. 따라서 그들은 흔히 "하늘나라"

---

12) NRSV는 요 18:36을 가장 문자적으로 번역한다.

13) 비슷한 잘못된 번역이 NIV, NASB, NAB, NLT, NJB에서 발견된다. 이런 번역본들 중에 몇 몇은 문자적으로 "내 나라는 여기로부터 온 것이 아니다"인 마지막 어구에서 그리스어를 상당히 벗어나 "내 나라는 땅의 나라가 아니다"(NLT)라거나 "내 나라는 이 세계에 속한 것이 아니다"(NASB)라고 말한다. 번역은 언제나 해석이다.

를 "하늘에 있는 나라"의 의미로 받아들인다.[14] "하나님 나라"와 "하늘"은 이렇게 단순한 동의어로 취급된다. 그러나 이는 마태복음의 의도를 잘못 해석한 것이다.[15]

이런 잘못된 해석에도 부분적인 진리가 담겨 있다. 즉 땅이 현재 죄의 손아귀 안에 있으므로, 땅의 어떤 나라도 하나님의 뜻에 전적으로 따르지는 않는다는 것은 사실이다. 실제로 현 시대에도 하나님 나라는 땅의 모든 나라와 긴장관계에 있다. 그러나 하늘과 땅은 본질적으로 대립적인 것이 아니다. 하늘과 땅은 현재는 서로 어긋나 있지만, 하나님의 (그 기원이 땅이 아니라 그분의 통치 장소인 하늘에서 비롯되었다는 의미에서) 하늘나라가 마침내 땅으로 확대될 때 다시 한 번 조화를 이룰 것이다.

요점은 "하늘나라"라는 어구에서 "하늘"은 환유, 즉 하나가 또 다른 하나를 상징하는 비유적 표현이라는 것이다. 이와 비슷한 오늘날의 예는 다음과 같은 발표다. "오늘 아침 백악관은 경제에 대한 성명서를 냈다." 백악관 건물이 말을 하지는 않았다는 사실은 누구나 다 안다. 메시지는 대통령에게서 나온 것이다. 이 발표에서 "백악관"은 마치 "하늘나라"라는 표현에서의 "하늘"과 똑같은 역할을 한다. 위의 문장은 언급된 사람을 그 사람의 위치로 대체하고 있다.

마태복음은 왜 이런 대체를 사용하는가? 왜 마태복음은 "하나님 나라"보다 "하늘나라"를 선호하는가? 과거에 제시된 설명은 고대 세계에서 유대인들 사이에는 하나님의 이름을 말하기를 꺼려하는 경향이 있었다는 것이다. 그래서 마태복음이 일종의 경건한 완곡어법으로서 ("하

---

14) 마태복음은 공관복음서에 나오는 하나님 나라에 대한 언급의 거의 절반을 포함하고 있다. 이런 사실은 앞과 같은 오해가 지속되는 이유를 설명해줄 수 있을 것이다.

15) 또 다른 잘못된 해석은 (천년왕국에 대한 언급으로 이해되는) 하늘나라와 ("영적" 실재에 대한 언급으로 이해되는) 하나님 나라에 대한 고전적 세대주의의 구별이다. 이런 구별은 이른바 진보적 세대주의에서는 더 이상 적용되지 않는다.

나님"을 말하는 것을 경건하게 피하기 위해) "하나님 나라"라는 어구에서 "하나님"을 "하늘"로 대체했다는 것이 이 설명의 논거였다. 그러나 조너선 페닝턴(Jonathan Pennington)이 결정적으로 입증했듯이, 고대 유대문헌에서 "하나님"이라는 단어(심지어 "야웨"라는 이름)를 피하려고 애쓴 증거는 매우 모호하다.[16] 더구나 마태복음은 "하나님"이라는 단어를 전반적으로 피하는 모습을 전혀 보여주지 않는다.[17] 대신 마태복음의 "하늘나라"에 대한 용법은 특별히 다니엘 2-7장에서 명확히 표현된 하나님의 우주적인 나라 개념에 의존하고 있다. 다니엘서는 하나님을 전형적으로 하늘과 관련짓는데, 이는 모든 피조물에 대한 신적 주권을 주장하고 그에 따라 하나님의 통치 형태를 모든 전제적인 (그리고 부분적인) 땅의 나라들과 구별하기 위한 한 방법이다.[18]

그러므로 마태복음에서 "하늘나라"가 마가복음과 누가복음에서의 "하나님 나라"와 같은 실재를 가리킨다는 사실을 분명히 해두자.[19] 따라서 문제는 마가복음과 누가복음이 이 의미심장한 단어를 통해 무엇을 의도했는가 하는 것이다.

---

16) 경건한 완곡어법에 대한 주장은 다음 책에서 결정적으로 틀렸음이 밝혀졌다. Jonathan T. Pennington, *Heaven and Earth in the Gospel of Matthew* (Supplements to Novum Testamentum 126; Leiden: Brill, 2007); reprint, Grand Rapids: Baker Academic, 2009), chap. 1, "Challenging the Circumlocution Assumption."
17) 마태복음은 실제로 "하나님"이라는 단어를 51회 사용하며, 그중 네 번은 "하나님 나라"라는 어구 속에 들어 있다(12:28; 19:24; 21:31, 43).
18) 이것이 하나님의 초월성과 우주적 통치에 관한 마태복음의 담론에서 사용된 "하늘"이라는 용어의 의미에 대해 페닝턴이 설득력 있게 주장하는 요지다. 그의 통찰력 있는 책(앞의 책)의 12장은 구체적으로 마태복음에서의 "하늘나라"를 다루며, 하늘나라는 땅을 위해 하늘에서 온 것이라고 주장한다.
19) 엄밀하게 말해 이는 동일한 외연 내지 지시대상을 갖는다고 할 수 있다. 그러나 페닝턴이 보여주듯이, 이것은 서로 다른 내연 또는 다른 층위의 의미를 갖는다.

나사렛 선언

이 질문에 답하기 위해서는 예수님이 공적 사역을 시작하면서 선포하신 설교인 누가복음 4:16-30에 나오는 나사렛 선언을 살펴보는 것이 도움이 될 것이다. 이 선언에서 예수님은 자신의 사명을 계획적으로 제시하신다. 이 특정한 설교가 왜 그토록 중요한가? 그 답은 이 설교의 내러티브 배치, 즉 누가복음에 기록된 일련의 사건들 속에 등장한다. 누가복음은 다른 공관복음서와 더불어 요한에 의한 예수님의 세례를 서술하고(마 3:13-17; 막 1:9-11; 눅 3:21-22), 예수님의 광야 시험이 그 뒤에 이어진다(마 4:1-11; 막 1:12-13; 눅 4:1-13). 다음으로 세 공관복음서가 모두 예수님이 갈릴리로 돌아가신 일을 기록한다(마 4:12-16; 막 1:14-15; 눅 4:14-15). 마태복음과 마가복음에서 예수님은 하나님 나라의 도래를 짧고 간결한 말씀으로 선언하시지만(마 4:17; 막 1:15), 누가복음은 예수님이 나사렛에서 전하신 회당 메시지를 자세히 서술하되(눅 4:16-30), 하나님 나라에 대한 어떤 명시적 언급도 그 속에 포함시키지 않는다.

누가복음의 기록에서는 예수님이 나사렛에서 이동하실 때 갈릴리의 또 다른 마을인 가버나움으로 가신다. 그리고 예수님은 유대에서 사역을 계속하시기 위해 갈릴리를 떠나려 하실 때 청중에게 다음과 같은 사실을 알리신다. "내가 다른 동네들에서도 하나님의 나라 복음을 전하여야 하리니 나는 이 일을 위해 보내심을 받았노라"(눅 4:43). 이 말씀에 담긴 함의는 바로 이것이 예수님이 실제로 나사렛과 가버나움에서 행하신 일이라는 것이다. 비록 "하나님 나라"라는 용어는 누가복음 4:43 이전에는 등장하지 않지만 말이다.

이는 예수님이 나사렛에서 하신 설교가 하나님 나라에 대한 그분의 설교의 한 예로 의도되었음을 의미한다. 실제로 이것은 전형적 사례이며, 하나님 나라가 무엇을 뜻하는지 구체적으로 이해하는 데 도움을 줄 수 있는 모델이다. 나사렛에서의 이 일화(예수님이 전달하신 첫 메시지와 그 이후에 그분이 말씀하신 내용 모두)에 세심하게 주목해보면, 하나님 나라에 대한 예수님의 이해를 좀 더 명확히 파악하는 데 도움이 될 것이다.

누가복음 4:16-30에는 예수님이 나사렛에서 전하신 메시지의 두 가지 주요 측면이 나타나는데, 이 두 측면은 청중에게서 두 가지 별개의 반응을 이끌어낸다. 우선 예수님은 이사야서의 예언 본문 하나를 읽으시고, 그것이 자신의 사역 속에서 성취되고 있다고 주장하신다(16-21절). 이 주장은 청중에게서 긍정적인 반응을 얻는다(22절). 다음으로 예수님은 열왕기에 나오는 두 예언자에 대한 이야기로 청중과 거리를 두신다(23-27절). 이것이 청중을 격분하게 만든 나머지 청중은 예수님을 죽이려 한다(28-30절).

오늘날의 독자들은 이 이야기의 두 부분을 하나로 합치려는 경향이 있다. 설교자들(심지어 주석가들)이 얼마나 자주 이 두 번째 반응(28-30절)을 예수님이 이사야서를 근거로 하신 첫 주장(16-21절)의 직접적인 결과인 것처럼 해석하는지 참으로 놀랍다. 그러나 이 이야기의 두 사건을 구분하는 것이 중요하다. 청중이 처음에 예수님의 메시지와 관련해서 무엇을 좋아했는지를 이해했을 때만이, 하나님 나라의 본질과 그것이 어떤 의미에서 "좋은 소식"이 될 수 있는지를 비로소 이해할 수 있기 때문이다. 여기 11장의 나머지 부분은 이 이야기의 첫 번째 사건(좋은 소식)에 초점을 맞추고 있는 반면, 12장에서는 두 번째 사건(하나님 나라의 도전)을 다룰 것이다.

누가복음 4장에서 우리는 예수님이 광야에서 시험받으신 뒤, 갈릴리 회당에서 가르침을 시작하셨고 많은 사람들이 환호했다는 사실을 알게 된다(14-15절). 예수님은 고향인 나사렛에 도착하셔서 습관대로 안식일에 회당에 참석하신다(16절). 성경을 읽기 위해 앞에 서셨을 때 예수님은 이사야서 두루마리를 건네받으신다. 그리고 이 두루마리에서 우리가 61장으로 알고 있는 부분을 펴시고 다음과 같은 말씀을 읽으신다.

> 주의 성령이 내게 임하셨으니
> 이는 가난한 자에게 복음을 전하게 하시려고 내게 기름을 부으시고
> 나를 보내사 포로 된 자에게 자유를
> 눈먼 자에게 다시 보게 함을 전파하며
> 눌린 자를 자유롭게 하고
> 주의 은혜의 해를 전파하게 하려 하심이라(눅 4:18-19).

그 순간에 (사 61:1과 61:2의 첫 줄만 읽으신 뒤) 예수님은 두루마리를 덮어 회당 조수에게 다시 건네주고 자리에 앉으신다. 누가복음은 이렇게 말한다. "회당에 있는 자들이 다 주목하여 보더라. 이에 예수께서 그들에게 말씀하시되 이 글이 오늘 너희 귀에 응하였느니라 하시니"(20-21절).

여기서 우리에게 중요한 질문은 이것이다. 예수님은 무엇에 대해 말씀하고 계시는가? 구체적으로 예수님이 말씀하시는 "가난한 자에게 복음", "포로 된 자에게 자유", "눈먼 자에게 다시 보게 함", "눌린 자를 자유롭게" 함은 무엇을 뜻하는가? 이런 행동들은 어떤 의미에서 "주의 은혜의 해"를 나타내는가? 이런 행동들은 어떻게 예수님의 사역 속에서 성취되는 하나님 나라의 본질을 밝혀주는가?

시대를 막론하고 (20세기 중반에서 말까지) 기독교 해석자들의 경향은 누가복음 4:18-19이 (전적으로가 아니라면) 일차적으로 이른바 영적인 문제를 언급하고 있다고 가정하는 것이었다. 과거 여러 세대의 해석자들 사이에는 예수님이 사용하시는 용어들의 지칭 대상에 대해서 일반적

이고 광범위한 의견 일치가 있었다. "가난한 자"? 이는 영적으로 가난한 자를 의미한다. "포로 된 자"? 이는 죄에 속박된 이들을 의미한다. "눈먼 자"? 이는 영적으로 눈먼 이들일 것이다(이 말을 문자적으로 받아들일 수 있을지도 모른다). "눌린 자"? 이는 마귀나 그들 자신의 죄로 가득한 비참한 상태에 눌린 이들일 것이다.

이런 관습적인 본문 해석은 하나님이 만드신 이 선한 세상을 성과 속, 거룩한 것과 더러운 것, 영적인 것과 물질적인 것, 개인적인 것과 사회적인 것이라는 인위적 범주들로 분리시키는 비성경적 이원론에 기인한다. 최근까지 누가복음 4:16-30에 대한 많은 주석은 그리스도로 나타나신 하나님이 실제로 현실의 피와 살을 가진 가난한 사람들이나 포로된 사람들이나 사회적 불의에 눌린 사람들에 대해 관심을 가지셨다는 사상을 하찮게 여겼다(이런 사상을 받아들인다면 구원을 세속적·신성 모독적·물질적·사회적 영역과 직접 접촉하게 하는 일이 될 것이다).

실재에 대한 이런 이원론적 관점은 교회로 하여금 나사렛에서 있었던 사건들 중 첫 번째 사건의 좋은 소식을 듣지 못하게 했을 뿐 아니라, 오늘날에도 많은 독자가 여전히 이 소식을 듣지 못하게 만들고 있다. 이는 우리로 하여금 예수님이 가져다주신 그 소식이 얼마나 놀랍게 좋은지를 이해하지 못하게 한다. 하나님이 만드신 구체적이고 실제적인 세상을 평가절하하는 내세적 이원론을 통해 우리는 그리스도 안에서의 하나님의 구속 활동의 범위를 제한한다. 그리하여 구원을 죄인들이 또 다른 세계인 "하늘"에—이 말에 하늘에 대한 성경적 의미와는 전혀 맞지 않는 신학적 무게와 해석을 부여하면서—거주할 수 있도록 그들을 이 세상으로부터 낚아채는 일로 상상한다. 내가 수년간 교회 및 학원 사역 상황에서 이끌어온 누가복음 4:16-30에 대한 여러 성경공부는 이런 이원론이 그리스도인들에게 지속되는 문제임을 확인시켜주었다. 이런 이원론은 이 본문을 읽는 이들로 하여금 예수님의 주장의 원래 의도를 온전하게 받아들이지 못하게 하고 있다.

누가복음 4:16-30의 이사야서 배경

예수님의 이사야 61:1-2 인용구를 추적해보면, 누가복음 4:18-19을 내세적으로 보는 잘못된 해석을 바로잡을 한 가지 중요한 해결책을 발견할 수 있다. 이사야 61장은 원래의 역사적 배경 속에서 바벨론 유수로 인해 억눌리고 가난해진 6세기나 5세기의 유대인들에게 "좋은 소식"을 선포하고 있다.[20] 귀환자들은 바벨론 유수의 혼란 뒤에 약속의 땅으로 돌아온 이후 파벌주의에 빠졌고, 사회는 여전히 폐허 상태였으며, 자기 백성에게 복을 주시겠다는 하나님의 옛 약속의 성취에 대한 소망은 위기에 처해 있었다. 이런 상황에서 예루살렘의 이사야서 전통에 서 있는 어떤 익명의 예언자가 그들에게 "도시 재개발"이라고 부를 만한, 사회질서의 치유와 회복에 대한 하나님의 약속을 선포한다.

　　예수님이 읽으신 이사야서 본문은 물론 히브리어로 기록되었지만, 누가는 그리스어로 글을 쓰면서 70인역에서 이 본문의 그리스어 번역을 인용한다(표 11.1.을 보라). 그러나 히브리어든 그리스어든 이사야 61장은 똑같은 기본 메시지를 선포한다. 이사야 61:1의 히브리어 본문에는 70인역과 약간 다른 시행 한 줄이 있는 것이 사실이다.[21] NRSV에서 "포로들

---

20) (학자들이 때때로 제3이사야서라고 일컫는) 사 56-66장에 있는 신탁의 기록 연대는 논쟁거리다. 이 신탁들은 백성이 바벨론 유수에서 돌아온 뒤의 상황인 6세기 말엽이나 5세기 초엽의 상황을 다루고 있는 것처럼 보인다(유대인들은 기원전 538년에 고토로 돌아오기 시작했고, 느헤미야의 사명은 보통 기원전 445년으로 추산된다).
21) 예수님이 읽으신 히브리어 본문은 자음만으로 구성되어 있었다. 모음 부호는 나중에 중세 시대(7-10세기)에 마소라 학파로 알려진 유대인 학자들에 의해 덧붙여졌다. 우리가 오늘

에게 해방을"이라고 번역된 이사야 61:1의 마지막 어구는 히브리어에서 직역하면 "포로들에게 트인 구멍을"이 된다. (빛을 안으로 들어오게 하는) 옥문을 여는 것에 대한 이런 언급을, 이사야 61:1의 70인역에서는 눈을 뜨는 것을 가리킨다고 해석했고, 이는 "눈먼 자에게 다시 보게 함을"이라는 어구로 귀결되었다. 바로 이것이 누가복음 4:18의 인용구다.[22]

또한 누가복음의 인용구에는 이사야 61:1의 한 행이 빠져 있는데, 상심한 이들을 싸매거나(히브리어) 치유하는(70인역) 일에 관한 시행이다. 이 시행은 누가복음에 사용된 70인역에 빠져 있었는지도 모른다. 그러나 이 생략이 누가복음 4:16-30에 담긴 예수님의 메시지에서 중요한 것 같지는 않다. 이런 차이들에도 불구하고 예수님은 분명 고대의 예언 본문(사 61장)을 사용하고 계신다. 이 본문은 포로기 후 초반의 파편화되고 억압적인 사회 상황으로 이해되는 하나님 백성의 속박 내지 사로잡힘에 대한 종식을 약속한다(70인역은 육체적 치유도 포괄적인 회복의 일부로 포함시켰을 수도 있다).

누가복음 4:18-19에서 선포된 구원의 구체적이고 현세적인 성격은 예수님이(또는 누가가) 이사야 61장에서는 발견되지 않는 한 시행을 덧붙이셨다는 사실을 통해 훨씬 더 분명해진다. 이사야 61장에는 누가복음 4:18의 마지막 행("눌린 자를 자유롭게 하고")과 상응하는 내용이 없다. 이 행은 사실 이사야 58:6로부터 삽입한 것으로, 누가복음 4장과 이사야 58

날 사용하는 마소라 본문으로 알려진 구약의 표준적인 히브리어 본문은 기원후 1000년경의 것으로 추정된다. 그러나 사해 사본 중 두 개의 고대 이사야서 본문이 발견되었는데, 그중 하나는 이사야서 전체를 담고 있고(「대 이사야 두루마리」) 기원전 100년경의 것으로 추정된다. 이 본문은 예수님이 회당에서 읽으셨던 본문과 비슷할 것이다.

22) 70인역의 번역자들은 사 42:7의 영향을 받았을지도 모르는데, 사 42:7은 맹인의 눈을 뜨게 하고 죄수들을 토굴에서 끌어내는 일을 포함해서 야웨의 종이 성취할 일을 열거한다. 이 구절은 심지어 "어둠 속에 앉아 있는 이들을 감옥에서" 풀어주는 일도 언급한다.

마소라 본문 사 61:1-2(NRSV)	70인역 사 61:1-2(저자 사역)	눅 4:18-19(NRSV)
1 주 하나님의 영이 내게 내리셨으니	1 주의 영이 내게 내리셨으니	18 주의 영이 내게 내리셨으니
이는 주께서 내게 기름을 부으사	이는 그가 내게 기름을 부으사	이는 그가 내게 기름을 부으사
억눌린 자에게 좋은 소식을 전하게 하려 하심이라	가난한 자에게 좋은 소식을 전하게 하려 하심이라	가난한 자에게 좋은 소식을 전하게 하려 하심이라
나를 보내사*	나를 보내사	나를 보내사
마음이 상한 자를 고치며	마음이 상한 자를 치유하며	----------------
포로된 자에게 자유를	포로된 자에게 놓임을	포로된 자에게 놓임을
갇힌 자에게 놓임을 선포하며	눈먼 자에게 시력 회복을 선포하며	눈먼 자에게 시력 회복을 선포하며
[눌린 자를 자유하게 하며(사 58:6)]	[눌린 자를 자유하게 하며(사 58:6)]	눌린 자를 자유롭게 하며
2 주의 은혜의 해와	2 주의 은혜의 해와	19 주의 은혜의 해를 전파하게 하려 하심 이라 하였더라
우리 하나님의 보복의 날을 선포하여	보응의 날을 선포하여	----------------
모든 슬픈 자를 위로하되	모든 슬픈 자를 위로하되	----------------

* NRSV에는 "나를 보내사 가난한 자에게 좋은 소식을 전하게 하려 하심이라"라고 되어 있지만, 히브리어 본문의 순서에 맞추려고 순서를 바꾸었다.

표 11.1. 이사야 61:1-2과 누가복음 4:18-19의 비교

5부 | 하나님 나라의 윤리

장의 70인역 두 곳에서 거의 동일한 어구다.[23] 이 구절이 가리키는 것은 분명 사회적 정의, 나아가 경제적 정의다. 이사야 58장(이 어구가 등장하는 문맥)은 경건하게 기도하고 금식하면서도(2-3a절), 동시에 고용한 일꾼들을 억압하고(3b절) 서로 분쟁하는(4, 9b절) 사람들을 비판하는 예언적 신탁이다. 이사야 58장은 이스라엘의 사회 기준이 붕괴되는 바로 이 상황에서 포로기 이후의 유대인들을 향해, 그들의 종교 의식에 대한 열심을 사회 정의의 영역에까지 확대하라고 분명히 호소한다. 금식은 좋은 일이지만 하나님은 이렇게 말씀하신다.

> 내가 기뻐하는 금식은
> 흉악의 결박을 풀어주며
> 멍에의 줄을 끌러주며
> **압제당하는 자를 자유하게 하며**
> 모든 멍에를 꺾는 것이 아니겠느냐(사 58:6).

본문은 계속해서 하나님의 백성에게 주리고 억눌린 자들을 돌볼 것을 촉구하며(10절), 그들이 이웃과 더불어 정의에 대한 하나님의 요구조건을 이행하면 사회질서가 고쳐질 것이라고 약속한다.

> 네게서 날 자들이 오래 황폐된 곳들을 다시 세울 것이며
> 너는 역대의 파괴된 기초를 쌓으리니
> 너를 일컬어 무너진 데를 보수하는 자라 할 것이며
> 길을 수축하여 거할 곳이 되게 하는 자라 하리라(사 58:12).

---

23) 유일한 차이점은 사 58:6의 70인역에는 (보냄 또는 가게 함을 뜻하는) 동사 *apostellō*의 명령법이 있는 반면, 눅 4:18에는 부정사가 있다는 점이다.

이 시행들이 이사야 61장에서 예수님이 인용하신 부분 바로 두 구절 뒤의 내용과 얼마나 비슷한지에 주목해보라.

> 그들은 오래 황폐하였던 곳을 다시 쌓을 것이며
> 예부터 무너진 곳을 다시 일으킬 것이며
> 황폐한 성읍
> 곧 대대로 무너져 있던 것들을 중수할 것이며(사 61:4).

예수님이(또는 누가가) 이사야 61장과 이사야 58장을 연결시키신 것은 합리적이다. 둘 다 포로기 이후 유다에서의 사회 회복과 관련되기 때문이다. 따라서 이사야 61:1 끝에 이사야 58:6이 삽입된 사실은 예수님이 선포하고 계신 나라의 현세적 성격을 더욱 확증한다.

이사야 61장의 희년과 관련된 배경

하나님 나라에 대한 이런 이해는 이사야 61장이 부채를 탕감하고 종들을 해방해야 하는 때인 (레 25장에서 나온) 희년과 안식년의 신학에 의존하고 있다는 점을 고려하면 훨씬 더 굳건해진다. 이런 해석의 일차적 지표는 이사야 61:1에 있는 "자유를"(또는 "놓임을") 선포한다는 중요한 어구다. 레위기 25:10은 이 어구(동사 *qārā*와 명사 *dērôr*)를 사용하여 안식년/희년을 표현한다. 이 어구는 예레미야 34:8, 15, 17에서 시드기야 왕이 6세기 유다에서 바벨론 유수 직전에 안식년을 부분적으로 시행하려고 시도한 이야기에도 등장한다(이것은 구약에서 안식년/희년의 이상을 실행하는 인물에 대한 유일한 언급이다).[24]

여기서 안식년과 희년의 관계에 대해서는 약간의 설명이 필요하다.

이는 이사야 61장과 예수님이 그 본문을 사용하신 사실을 이해하는 데 도움이 될 것이기 때문이다. 안식년은 고대 이스라엘에서 7년마다 특별한 관례로 시행된 반면, 희년은 안식년이 일곱 번 지난 뒤, 즉 49년 뒤에 찾아왔다. 50번째 해는 희년으로, 이는 본질적으로 두 안식년, 즉 49번째 해와 50번째 해를 연속해서 이어지게 한 것이다.

희년에 대한 지침은 레위기 25장에만 나타난다. 이 본문은 처음에는 안식년에 대해 논하고(1-7절), 그 다음에 (8절에서부터) 희년을 다룬다. 구약의 다른 세 본문은 안식년의 의미를 다루는데, 이 세 본문은 신명기 15장과 출애굽기 21:1-11 및 23:10-11의 몇몇 짧은 언급이다. 기본적으로 우리가 안식년이나 희년에 대해 알고 있는 내용은 이런 구약본문들로부터 재구성될 수 있다.

희년은 세 종류의 윤리적 관례, 즉 하나님의 백성이 7년 간격으로, 그리고 50년째에 한 번 더 실천해야 할 서로 관련된 세 가지 요소로 구성되어 있다. 첫째, 이스라엘 땅의 주민들에게 자유가 있어야 한다. 즉 가난의 결과로 빚에 팔려 노예가 된 이스라엘인은 일곱 번째 해(신 15:1-6)와 50번째 해인 희년(레 25:10, 35-43)에 풀어주어야 한다.[25] 둘째, 땅은 안식을 얻어야 한다. 즉 땅을 묵혀 두어야 한다. 안식년(출 23:10-11; 레 25:1-7)이나 희년(레 25:11-12, 18-22)에는 땅을 경작하거나 씨를 뿌려서는 안 된다. 나아가 가난한 이들은 안식년에 밭이나 포도원에서 나는 소출은 무

---

24) 사실 렘 34:14은 이 사건 이전에는 희년이 실행된 적이 없었으며, 이 사건의 시기가 예루살렘 멸망(아마도 기원전 588년) 직전으로 추정될 수 있음을 암시한다.

25) 자유의 종에는 레 25:10에서 인용한 "그 땅에 있는 모든 주민을 위하여 자유를 공포하라"라는 말이 새겨져 있다. 이 종은 펜실베이니아 헌장 제정 50주년(희년)을 기념하기 위해 1751년에 주조되었고, 1774년에 영국으로부터의 사회경제적·정치적 자유에 대한 미국 식민지인들의 열망을 논의하기 위해 소집된 제1차 대륙회의를 알리기 위해 타종된 것으로 유명하다. 1837년에 이 종은 공식적으로 "자유의 종"이라는 이름을 얻었고 미국 노예제 반대 협회에 의해 (매우 적절하게도) 노예제 폐지 운동의 상징으로 채택되었다.

엇이든 함께 나눌 수 있으며, 그들이 남긴 것은 짐승들이 먹을 수 있다
(출 23:11). 구체적으로 희년과 관계가 있고 안식년과는 관계가 없는 세
번째 관례는 땅을 그 원소유주, 즉 가난이나 빚 때문에 조상이 물려준 기
업을 판 사람에게 돌려주어야 한다는 것이다. 빚으로 인해 뿌리가 뽑힌
사람들은 평안하고 안전하게 살며, 일할 장소인 그들의 땅과 집을 돌려
받는다(레 25:10, 13, 23-28).

이 세 가지 관례가 합쳐져서 고대 이스라엘에서 가난과 속박의 악순
환을 주기적으로 끊어내는 이상을 실현한다. 이 셋은 하나의 공동체적
관례, 구속적 삶의 윤리를 구성한다. 이런 관례들이 윤리적으로 중요하
지만, 관례들의 바탕이 되는 종교적 의미 내지 신학적 의미를 이해하는
것도 마찬가지로 중요하다. 희년의 이 세 가지 관례는 각각 구약의 구속
이야기에 정확히 뿌리를 두고 있기 때문이다.

예컨대 노예에 대한 자유를 살펴보자. 왜 일곱 번째 해에 채무 노예
를 풀어주어야 하는가? "그들은 내가 애굽 땅에서 인도하여 낸 내 종들
이니 종으로 팔지 말 것이라. 너는 그를 [바로처럼] 엄하게 부리지 말고
네 하나님을 경외하라"(레 25:42-43). 안식년과 희년에 채무 노예를 풀어
주는 것은 명백히 출애굽 사건에 근거를 두고 있다. 출애굽 때 하나님은
고난 받는 백성의 부르짖음을 들으시고, 그들을 애굽의 속박에서 해방하
시기 위해 개입하셨다. 그래서 하나님의 백성은 정기적으로 서로를 착취
하려는 타락한 욕구와 맞서야 하며, 의도적으로 희년의 관례 속에서 자
신들의 해방에 대한 기억을 되살려야 한다.

마찬가지로 땅을 묵히는 것도, 비록 앞의 경우보다 덜 명시적이기는
하지만, 하나님 백성에 대한 구약 이야기에 뿌리를 두고 있다. 이것은 이
야기의 다음 단계, 즉 출애굽 이후 광야에서의 방랑 생활에 뿌리를 두고
있다. 예레미야서는 출애굽과 광야 방랑에 대한 이야기에서 광야를 "씨

뿌리지 못하는" 땅으로 묘사한다(렘 2:2). 광야는 이스라엘 역사에서 백성이 스스로 아무 양식도 얻지 못하던 시절, 자신의 생존을 통제하지 못하고 만나와 메추라기를 공급해주시는 하나님께만 의존해야 했던 시절을 상징한다(출 16:11-36; 시 105:40). 광야에서 보낸 40년 동안 이스라엘은 강렬한 체험을 통해 인간이 자율적 존재가 아니며, 스스로를 지탱하지 못한다는 사실을 배웠다. 하나님은 모든 좋은 선물, 아니 생명 그 자체의 부양자이자 공급자다.

그러나 약속의 땅에서의 삶은 달랐다. 그 삶은 파종하고 곡식을 거두는 일을 수반했다. 땅의 생산성은 자신의 노력에서 비롯되며, 하나님이 불필요하다고 믿고 싶은 유혹이 만연했다(신 8:10-18에 있는 이런 개념에 대한 경고를 보라). 그러므로 안식년에 땅을 묵히는 것은 하나님의 백성이 그분의 공급하심에 전적으로 의존할 수밖에 없었던 광야 체험의 재현이었다. 백성은 여섯 번째 해에 어떤 곡물을 심던지 일곱째 해에도 그것으로 충분하다고 믿어야 했다. 그것만으로도 충분히 위험한 일이었다. 그러나 희년은 훨씬 더 급진적인 관습이었다. 희년은 하나님이 49년째 해에 심겨진 곡식이 그 해뿐만 아니라 앞으로 2년 동안 충분한 수확을 내도록 만드시리라고 믿을 것을 요구했다(레 25:18-22).[26] 그리고 하나님의 공급하심에 대한 믿음은 다른 궁핍한 이들을 부양하는 것으로 표출되었다(출 23:11).

희년의 세 번째 관례인 땅의 속량, 즉 땅을 그 원주인에게로 돌리는 것도 구약의 기초가 되는 이야기인 약속의 땅이라는 선물에 그 뿌리를 두고 있다. 레위기 25:23은 이 세 번째 관례의 근거를 설명한다. "토지를 영구히 팔지 말 것은 토지는 다 내 것임이니라. 너희는 거류민이요 동거

---

26) 레 25:21에서 "여섯째 해"라고 일컫는 것은 희년 주기의 48년째 해(7년 안식년 주기의 여섯 번째 해)이다. 따라서 22절의 "여덟째 해"는 희년이다.

하는 자로서 나와 함께 있느니라." 이것이 아합 왕이 나봇의 포도원을 매입하려 했을 때, 나봇이 호소한 조상의 유업(naḥālâ)에 관한 신학이다 (왕상 21:1-4). 왕조차도 이스라엘 농부에게 그의 조상이 나누어준 땅을 억지로 포기하게 할 수 없었다. 나봇으로 하여금 왕의 청을 거부하게 한 바로 그 원리는 누군가가 극도의 경제적 궁핍 때문에 땅을 팔더라도 희년에는 그 땅이 원가족에게 돌아올 것임을 의미했다. 따라서 가난이나 부채로 인해 유업을 잃거나 유랑자가 된 이들이 자기 조상의 땅으로 되돌아가는 것은, 땅—아무도 다른 사람을 희생시켜가면서까지 자신의 유익을 위해 마음대로 할 수 없는 땅—에 대한 하나님의 지배권 및 소유권과 관련된 약속을 실현하는 것이다.

안식년과 희년은 이처럼 하나님의 자기 백성을 향한 은혜로운 의도, 특히 그들을 위해 정의를 실행하시려는 하나님의 목적을 드러내는 이스라엘의 구속 이야기의 중요한 순간들(출애굽, 광야, 땅의 선물)에 뿌리를 두고 있는 일련의 윤리적·사회적 관습을 구성한다. 하나님의 백성은 그들의 삶 속에서, 그들의 공동체적 관계 속에서, 그들이 하나님에게서 경험한 바로 이 구속의 은혜와 정의에 대한 헌신을 구현하도록 요청받는다.

그러나 6세기 말과 5세기 초에 이스라엘은 포로 기간이 끝나고 자기 땅으로 돌아온 뒤, 정의롭고 의로운 공동체적 삶을 위한 하나님의 목적을 실천하지 않고 있었다. 이런 상황에서 이사야 61장은 레위기 25장에서 발견되는 속박 또는 사로잡힘의 언어(가난과 부채로 인한 강제노역)를 취하여 포로기 이후 백성이 그들 자신의 땅에서 겪는 곤경에 비유적으로 적용한다. 이사야서의 요점은 이스라엘의 타락한 사회생활 양식이 속박 가운데서 사는 것과 다름없다는 것이다.

보다 앞선 이사야서 본문에서는 부채 노예의 비유를 포로생활 자체에 적용했다. 이사야 40장에서는 고토로 귀환하는 유대인들에게 이중의 위로를 선포하며("너희의 하나님이 이르시되 너희는 위로하라. 내 백성을 위로하라"[1절]) 예루살렘(백성을 상징하는 성)에 "그 노역의 때가 끝났고 그 죄악이 사함을 받았느니라. 그의 모든 죄로 말미암아 여호와의 손에서 벌을 배나 받았느니라"라고 외쳤다(2절). 조상의 땅에서의 소외를 포함한 노역의 때로서의 포로생활은 부채 노예의 일반적인 개념에 의존하고 있지만, 이스라엘의 죄에 대한 이중형벌의 개념은 구체적으로 예레미야 16:18로 거슬러 올라간다. 거기서 이중형벌로서의 포로생활이 처음 진술되는데, 이것은 이스라엘이 우상숭배를 통해 땅을 더럽힌 결과다.

흥미롭게도 이중회복과 짝을 이루는 이중형벌의 개념은 예수님이 나사렛에서 인용하신 이사야 61장에서 단 몇 구절 뒤에 다시 나타난다.

> 너희가 수치 대신에 보상을 배나 얻으며
> 능욕 대신에 몫으로 말미암아 즐거워할 것이라.
> 그리하여 그들의 땅에서 갑절이나 얻고
> 영원한 기쁨이 있으리라(사 61:7).

NRSV는 이상하게도 "그들의 땅에서"라는 어구를 생략했는데, 이 어구는 히브리어 원문에는 분명히 존재하며 표준적인 영역본들에서도 등장한다(NRSV 번역자들이 단순히 간과했을지도 모른다). 본문은 명백히 포로기 이후의 고토귀환을 가리킨다.[27] 이사야 61장은 이처럼 공동체 전체가, 레위기 25장의 이스라엘 개개인과 같이, 빚으로 인한 노역의 때가 끝난

---

27) 어떤 번역본들(KJV, NIV 1984, NIV 2011, NASB, NLT, ESV)은 사 61:7의 전반부를 수치가 아닌 회복만 이중적인 것으로 번역하는 반면(히브리어가 모호하므로 가능하고 정당한 번역이다). 그 구절의 후반부에서는 명백히 갑절의 땅을 언급한다(역본들은 일반적으로 이점에 대해 일치한다). NRSV를 제외하고 이중적 수치를 언급하는 다른 역본들로는 NAB, NJPS, HCSB가 있다.

뒤 그들의 기업으로 되돌아갈 것이라고 확언한다. 또한 소외 내지 노역이 너무 극심했으므로, 회복도 참으로 놀라울 것이다.

그러나 이사야 61장이 기록되었을 무렵에 이스라엘은 이미 그 땅에 있었지만, 포로생활과 노역은 어떤 의미에서 여전히 지속되고 있었다. 그래서 이사야 61장에서는 속박이나 사로잡힘을 포로생활에 대한 비유로서가 아니라 포로기 이후 이스라엘의 파편화된 사회적 삶의 상태에 대해 사용하면서, 희년과 유사한 자유 내지 해방의 시기를 선포하고 있다.[28] 이사야 61장은 상하고 낙심한 사람들에게 "여호와의 은혜의 해", 곧 구원과 회복에 대한 하나님의 옛 약속들이 성취되며 이스라엘을 향한 은혜의 새 시대가 가까이 왔다는 "좋은 소식"을 선포한다.

복음의 포괄적 범위

이사야 61장(과 사 58장)에서 레위기 25장까지 이르는 예수님의 나사렛 설교에 대한 이런 배경을 놓고 보면 예수님이 선포하신 말씀의 의미가 더 분명하게 다가온다. 예수님이 나사렛에서 인용하신 본문은 구체적이고 현세적인 구원과 회복에 대한 암시와 약속으로 가득하다.

이 사실은 누가복음, 특히 7장을 계속해서 읽어보면 확인된다. 여기서 예수님 자신이 그의 선언의 의미를 해석하고 계시기 때문이다. 누가

---

28) 이처럼 포로기 이후에 속박의 비유가 사용되는 것은 스 9:7-9; 느 9:36-37과 「유딧서」 8:22-23; 「에스더속편」 14:8; 「마카베오2서」 1:27; Josephus, *Jewish War* 5.395-96; 같은 저자, *Jewish Antiquities* 18.4 등과 같은 정경 외 여러 유대문헌에서도 볼 수 있다. 다른 한편으로 사 61장은 포로생활을 이스라엘이 그들 땅에 있으면서도 계속해서 소외되는 것에 대한 비유로 사용한다고 말할 수 있다. 이 모티프에 대한 자세한 분석으로는 Bradley C. Gregory, "The Postexilic Exile in Third Isaiah: Isaiah 61:1-3 in Light of Second Temple Hermeneutics," *Journal of Biblical Literature* 126 (2007): 475-96을 보라.

복음 7:18-23에서 헤롯의 명령으로 옥에 갇힌 세례 요한(3:19-20)은 예수님께 제자들을 보내 이렇게 묻는다. "오실 그이[우리가 기다려 온 메시아]가 당신이오니이까? 우리가 다른 이를 기다리오리이까?"(7:19). 12장에서 요한의 질문의 기반(즉 요한이 이 질문을 하는 이유)을 다룰 것이지만, 예수님의 응답은 그분이 실현하고 계신 하나님 나라의 본질을 여기서 밝히는 데 유용하다. 요한의 제자들이 예수님께 그가 진실로 메시아인지에 관한 질문을 하는 바로 그 순간에(7:20), 누가는 예수님이 많은 질병과 악한 영들을 고치시고 눈먼 이들을 보게 하셨다는 점을 언급함으로써 그분의 대답을 지연시킨다(7:21). 다음으로 누가는 예수님이 요한의 제자들에게 이렇게 대답하셨다고 전한다. "너희가 가서 보고 들은 것을 요한에게 알리되, 맹인이 보며 못 걷는 사람이 걸으며 나병환자가 깨끗함을 받으며 귀먹은 사람이 들으며 죽은 자가 살아나며 가난한 자에게 복음이 전파된다 하라"(7:22; 참조. 마 11:5).

여기서 주목할 점은 예수님이 하신 일에 대한 누가복음의 내러티브적 요약(7:21)과 예수님의 활동에 대한 예수님 자신의 목록에서 메시아 왕국의 징표는 구체적이고 현세적인 치유와 회복의 행위라는 것이다. 메시아의 사명은 하나님이 악의 지배를 깨부수고, 병에 걸린 몸을 치유하며, 사망에서 생명을 가져다주시면서, 이 깨어진 세상을 회복하시는 일을 하고 계시다는 사실을 말과 행동으로 선포하는 것이다. 이런 일반적인 관찰 외에도, (눈먼 자와 가난한 자에 관한) 예수님의 목록에서 첫 번째 항목과 마지막 항목이 명백히 나사렛 선언에서 나왔다는 점에도 주목해야 한다. 즉 예수님은 누가복음 4:16-30에서 하시겠다고 약속하신 바로 그 일을 성취하기 시작하신다.

「메시아묵시록」(4Q521)으로 알려진 사해 사본 중 하나가 예수님 시대 이전 세기에 기록된 것으로 추정되는데 그 속에 메시아가 올 때 일어날 일에 대한 비슷한 목록이 있다는 점은 흥미롭다.[29] 이 문헌은 단편적이지만 몇몇 시행은 꽤 훌륭하게 재구성할 수 있다. 하나님의 기름부음 받은 자의 도래는 "포로들을 해방하고 눈먼 자들을 보게 하며 뒤틀린 자를 곧게 펴시는" 하나님을 통해 알려질 것이며,[30] 그는 "심하게 상처 입은 자들을 고치고 죽은 자들을 살릴 것이다. 그는 가난한 자들에게 좋은 소식을 선포할 것이다."[31] 바로 이런 항목들이 누가복음 7:22에 등장하며, 이는 하나님 나라에 대한 예수님의 총체적 개념이 최소한 제2성전기의 일부 유대인들의 기대와 일치함을 암시한다. 「메시아묵시록」에서 하늘과 땅이 메시아의 말을 "들을"(또는 순종할) 것이며, "그 안에 있는 모든 것"이 그의 성도들의 가르침을 따를 것이라고 주장한다는 점은 더욱 흥미롭다.[32] 이 성도들은 야웨를 찾고 마음속에 소망을 품은 이로 묘사된

---

29) 이 문헌은 「부활에 대하여」라고도 불렸다. 죽은 자들의 부활은 메시아 왕국의 징표 중에 하나이기 때문이다. James D. Tabor and Michael O. Wise, "4Q521 'On Resurrection' and the Synoptic Gospel Tradition: A Preliminary Study," *Journal for the Study of the Pseudepigrapha* 10 (1992): 149-62을 보라.

30) Messianic Apocalypse (4Q521), 단편 2, 종행 2, 줄 8; Florentino García Martínez and Eibert J. C. Tigchelaar, *The Dead Sea Scrolls Study Edition* (Leiden: Brill; Grand Rapids: Eerdmans, 1999), 2:1045의 번역을 따랐다. 이 시행은 시 146:7-8을 거의 그대로 인용한 것이다. 시 146편을 하나님 나라를 묘사하는 데 사용하는 것의 적절성은 "여호와는 영원히 다스리시고"(10절)라고 선포하는 이 시편의 마지막 구절을 보면 명백하다.

31) *Messianic Apocalypse* (4Q521), 단편 2, 종행 2, 줄 12(번역본은 앞의 책). 테이버와 와이즈(Tabor and Wise, "4Q521 'On Resurrection'")는 이 문헌에서 메시아 자신이 이 표적들을 성취할 것이라고 진술한다고 가정한다. 그러나 치유와 회복의 동사들이 의도한 주어는 하나님이지 메시아가 아닐 수도 있다. 우리가 이 문제를 어떻게 해결하든, 본문은 분명 하나님의 기름부음 받은 자가 나타날 때 이런 것들이 메시아 시대의 표적이 되리라고 주장한다. Lidija Novakovic, "4Q521: The Works of the Messiah or the Signs of the Messianic Time?," in *Qumran Studies: New Approaches, New Questions*, ed. Michael Thomas Davis and Brent A. Strawn (Grand Rapids: Eerdmans, 2007), 208-31을 보라.

32) *Messianic Apocalypse* (4Q521), 단편 2, 종행 2, 줄 1-2(번역. García Martínez and Tigchelaar, *Dead Sea Scrolls*, 2:1045). 이 시행들은 "천지와 바다와 그중의 만물"을 언급

다. 그들은 경건한 자, 의로운 자, 가난한 자, 신실한 자로 특징지어진다.[33] 하나님 나라의 복음을 받는 이들은 바로 이런 가난한/경건한 이들이다. 실제로 본문은 그들이 영원한 나라의 보좌 위에서 높임을 받거나 영화롭게 될 것이라고 밝힌다.[34]

이는 예수님이(또는 누가가) 명백히 「메시아묵시록」을 인용하고 계신다는 말이 아니다. 더 정확히 말하면 이런 개념들은 단지 그 시대의 메시아에 대한 기대의 일부였을 뿐이다. 따라서 예수님이 누군가를 죽은 자들 가운데서 일으키실 때(눅 7:11-15), 이것은 어떤 새롭고 결정적인 일이 일어나고 있다는 강력한 표적이다. 누가복음은 백성의 반응을 이렇게 전한다. "모든 사람이 두려워하며 하나님께 영광을 돌려 이르되, 큰 선지자가 우리 가운데 일어나셨다 하고 또 하나님께서 자기 백성을 돌보셨다 하더라"(눅 7:16).

다르게 표현하자면 "주의 은혜의 해"가 시작되었다(눅 4:19; 사 61:2). 이사야 61장에서 예견된 하나님의 희년의 은혜의 통치가 마침내 찾아왔다. 실제로 그것이 "너희 귀에 응"했다(눅 4:21). 이는 다름 아닌 유대인들이 기대한 "내세"(ba'ôlām habbā'), 더 이상 50번째 해나 일곱째 해로 제한되지 않는 역사상 새로운 시대이며, 이 시대에 하나님은 세상을 치유하시고 다시 한 번 모든 것을 바로잡는 일을 하신다.[35] 이는 예수님이 개시하신 하나님 나라의 시대이며, 그 시대에 하나님은 깨어지고 타락하고 궁

하는 시 146:6을 모방한 것일 수도 있다. 8행이 분명 이 시편에서 취해졌다는 사실을 볼 때 충분히 가능한 이야기다.

33) *Messianic Apocalypse* (4Q521), 단편 2, 종행 2, 줄 3-6.

34) *Messianic Apocalypse* (4Q521), 단편 2, 종행 2, 줄 7.

35) 사 56:1에서 이것은 "의를 행"하는 것('āśû ṣĕdāqâ)으로 일컬어진다. 후대 유대교에서 이 우주적 수선은 *tikkûn 'ôlām*이라고 불리게 된다. 이것이 신약학자 N. T. 라이트가 "일을 바로잡으시는" 하나님이라고 즐겨 부르는 것이다.

핍한 인간들을 회복시키시고 악(모든 형태의 속박, 가난, 눈멀음)을 뒤바꾸셔서 세상(요 3:16에서 하나님이 그토록 사랑하신 *kosmos*)이 다시 태초부터의 하나님의 참된 목적—샬롬과 축복을 위한 목적—을 나타내게 하신다.

그러므로 예수님의 메시지를 단지 사람들의 내적 태도나 존재 상태에 관한 내적 메시지로 만들기 위해 아무렇지도 않게 "영적으로 해석"할 수는 없다는 사실이 명백해진다. 그와 달리 예수님은 청중의 내적 속박(이것이 예수님이 사람들에게 회개를 촉구하신 이유다)과 억압적인 외적 상황 모두를 포함한 복잡한 상황 전체를 다루고 계신다. 따라서 예수님이 자신이 "가난한 자에게 복음을" 전하러 오셨다고 주장하시거나(눅 4:18), 평지 설교에서 "너희 가난한 자는 복이 있나니 하나님의 나라가 너희 것임이요"라고 말씀하실 때(눅 6:20), 우리는 예수님이 말 그대로 1세기 이스라엘에서 경제적으로 궁핍하고 정치적으로 소외된 이들을 포함해서 말씀하셨다는 점을 진지하게 받아들일 필요가 있다.

예수님의 말씀은 가난이 좋은 것이라거나 (팔복이 종종 그릇 번역되듯이) 가난한 사람은 "행복"하다는 의미가 아니라, 가난한 이들 중에 자기 나름의 방편을 신뢰하지 않고(사실 그들에게는 어떤 방편도 없다) 하나님의 은혜로운 구원의 약속을 신뢰하는, 이스라엘 전통에 충실한 사람들이 있었음을 의미한다. 하나님의 구원의 약속은 야웨가 처음 자기 백성을 애굽의 속박에서 속량하기 위해 행동하셨던 출애굽에 뿌리를 둔다.

이 가난한 자들은 이사야 61:1과 「메시아묵시록」(단편 2, 종행 2, 줄 6)의 '*ănāwîm*("억눌린 자", "고난당한 자", "궁핍한 자")이었다. 이는 이사야 61:1의 70인역에서 "가난한 자들"(*ptōchoi*)로 번역된 말이다. 그들은 인내하며 겸손하고 기대 가득한 소망을 품고, 하나님 자신이 오래전 히브리 노예들이 애굽에서 압제당하며 신음하던 소리를 들으셨을 때 시작하신 일을 마무리할 새로운 그분의 구속의 역사를 기다렸다. 압제적인 상황 속에 살면서 믿음으로 구속을 바라며 부르짖던 예수님 시대의 모든 이들에게 예수님의 메시지는 실제로 좋은 소식이었다.

나사렛에서 예수님의 청중도 분명 그렇게 인식했다. 예수님의 청중은 자신을 하나님 나라의 좋은 소식을 받는 가난한 자로 이해했다. 1세기의 모든 유대인이 자신을 옛날의 'ănāwîm, 즉 새로운 압제로부터의 해방인 두 번째 출애굽을 기다리는 사람으로 이해하는 것이 정당한 일이었다면, 나사렛 사람들 같은 시골의 갈릴리 사람들이 자신을 그렇게 이해하는 것은 갑절로 더 정당했다. 그들은 이스라엘에서 가난한 사람 중에서도 가장 가난한 사람이었기 때문이다. 따라서 예수님이 자신의 계획, 자신의 선언을 선포하실 때 이것은 나사렛에서 놀라운 소식이 된다. 사람들은 자신의 필요에 대한 깊은 인식에서 우러난 반응을 보인다. "하나님이 우리까지도 돌보신다!" 우리는 하나님의 약속된 구속에 참여할 것이다! 누가복음이 전하듯, "그들이 다 그를 증언하고 그 입으로 나오는 바 은혜로운 말을 놀랍게" 여긴 것은 당연한 일이다(4:22).

그러나 예수님의 메시지는 원래의 청중에게만 좋은 소식이 아니었다. 그것은 오늘날 우리에게도 좋은 소식이다. 나사렛에서의 예수님의 하나님 나라 선포는 복음에 대한 우리의 해석에 족쇄를 채우고 하나님의 구원 범위를 제한시키는 이원론적인 사고 습관을 벗는 데 도움을 준다. 그러나 그것도 중요하지만 복음은 우리의 이해를 바꾸는 것 이상의 역할을 한다.

예수님이 주신 하나님 나라의 메시지가 좋은 소식인 이유는 가장 근본적으로 우리가 예수님의 원래 청중 못지않게 예수님이 가져오신 치유와 구속, 우리가 하는 모든 일과 관련된 구속을 절실히 필요로 하기 때문이다. 우리는 여러 가지 면에서 세상의 망가진 상태에 사로잡혀 있고, 개인적인 차원에서만이 아니라 하나님의 목적에서 어긋난 타락한 사회질서의 일부분으로서도 죄에 연루된 채 구속을 기다리며 신음하는 창조세계 속에서 살아가기 때문이다. 그리고 우리는 치유를 갈망한다. 좋은 소식은 하나님 나라의 도래가 우리의 삶 전체―우리의 몸, 우리의 일, 우리의 가족, 우리의 모든 사회적 관계, 심지어 이 땅 자체와 우리와의 관계―에 영향을 끼친다는 것이다. 하나님 나라의 좋은 소식은 다름 아닌 세상이 치유될 것이고(*tikkûn ʿôlām*; 문자적으로는 "세워질 것이고") 우리 모두가 거기에 동참하도록 초대받았다는 것이다.

12장
◆
하나님 나라의 도전

11장에서 나는 예수님의 나사렛 설교에서의 하나님 나라 선포가 청중의 깊고 구체적인 현세적 필요를 다루었기 때문에 좋은 소식이었다고 주장했다. 그러나 나사렛에서의 사건은 청중의 찬사와 함께 긍정적인 분위기로 끝나지 않았다. 예수님이 어떻게 이 좋은 소식을 복잡하게 만드셔서 그것이 피상적으로나 자기 의를 조장하는 방식으로 이해되지 않게 하셨는지를 탐구하는 것이 12장의 목표다. 더 정확히 말하면 하나님 나라의 좋은 소식은 삶의 근본적인 방향전환을 요구하는 급진적 도전을 통해서만 이해될 수 있다.

예수님은 자신이 읽으신 이사야 61장 본문이 자신과 자신의 사명 속에서 성취되고 있다고 주장하심으로써 나사렛 회당에서 전하신 메시지의 첫 번째 국면을 마무리하셨다. 이에 대해 예수님은 청중에게 뜨거운 찬사를 받으셨다. "그들이 다 그를 증언하고 그 입으로 나오는 바 은혜로운 말을 놀랍게 여겨 이르되 이 사람이 요셉의 아들이 아니냐"(눅 4:22).

주목할 점은 이 문맥에서 요셉에 대한 언급에 폄하의 의도가 있는 것은 아니라는 점이다.[1] 예수님은 나사렛 지역사회의 일원으로서 더 넓은 세상으로 나갔다가 고향 사람들을 돕기 위해 돌아온 사람으로 긍정적으로 인정받는다. 예수님은 내부자로 받아들여지며 그의 메시지는 하나님 나라에 대한 마을 사람들의 열망과 깊이 연관된다.

　　그러나 바로 이 순간에 예수님은 사람들의 기대를 뒤엎기 시작하신다. 사람들이 본질적으로 "좋은 설교입니다, 목사님"이라고 말하자 예수님은 일부러 그들을 대적하신다. 예수님은 분명히 청중의 칭찬에 만족하지 않으신다. 그래서 예수님은 언뜻 보면 말이 되지 않는 말을 그들의 입을 빌어 말씀하신다. "너희가 반드시 의사야 너 자신을 고치라 하는 속담을 인용하여 내게 말하기를, 우리가 들은 바 가버나움에서 행한 일을 네 고향 여기서도 행하라 하리라"(눅 4:23). 우리는 예수님의 청중이 큰 소리로 항의하는 모습을 상상할 수 있다. "아니다. 우리는 어떤 기적도 요구하지 않는다. 우리는 정말 당신을 믿는다!"

　　그러나 예수님은 그들을 멀리하시기로 작정하신 것처럼 보인다. 예수님은 이렇게 말씀하신다. "내가 진실로 너희에게 이르노니 선지자가 고향에서는 환영을 받는 자가 없느니라"(눅 4:24). 그들은 말을 자르며 이렇게 말했을지도 모른다. "하지만 우리는 당신을 받아들인다. 우리는 당신의 메시지를 좋아한다!" 그럼에도 불구하고 예수님은 듣기 불쾌한 예언적 주장을 하기 시작하신다.

---

1) 이것은 분명 마 13:53-57과 막 6:1-4에 나오는 논평의 부정적 어조와는 다르다. 누가복음의 기록은 예수님이 마을 사람들에게서 받으신 반응을 두 단계(첫 번째는 긍정적, 두 번째는 부정적)로 나누는 유일한 기록이다. 요 6:42에도 예수님이 요셉의 아들이라는 점에 대한 군중의 부정적 평가가 다른 상황 속에서 (나사렛이 아닌 가버나움에서) 나온다.

내가 참으로 너희에게 이르노니, 엘리야 시대에 하늘이 삼 년 육 개월간 닫히어 온 땅에 큰 흉년이 들었을 때에 이스라엘에 많은 과부가 있었으되, 엘리야가 그중 한 사람에게도 보내심을 받지 않고 오직 시돈 땅에 있는 사렙다의 한 과부에게뿐이었으며, 또 선지자 엘리사 때에 이스라엘에 많은 나병 환자가 있었으되, 그중의 한 사람도 깨끗함을 얻지 못하고 오직 수리아 사람 나아만뿐이었느니라(눅 4:25-27).

23, 24, 25절 첫 부분에서 예수님의 말씀의 강조적인 어투는 아주 놀랍다. "반드시…내가 진실로 너희에게 이르노니…내가 참으로 너희에게 이르노니." 예수님은 자신의 요점을 망치로 못을 박듯이 각인시키려 하시는 것처럼 보인다.

그렇다면 예수님의 요점은 무엇인가?

하나님 나라의 범위 넓히기

여기서 예수님은 열왕기상 17:1-24과 열왕기하 5:1-19의 이야기에 나오는 하나님 은혜의 두 수혜자가 외부인이라는 사실에 초점을 맞추신다. 이 두 구약본문은 분명 이 두 사람을 외부인으로 간주하지만, 둘 중 어느 본문도 예수님만큼 어려움에 처한 이스라엘 사람들과의 대조를 강조하지는 않는다. 이스라엘에도 하나님의 도움이 절실히 필요한 많은 과부와 나병 환자들이 있었다고 예수님은 설명하신다. 그러나 엘리야와 엘리사는 그들 중 아무에게도 보냄 받지 않고 오히려 시돈 땅의 과부와 수리아의 나병 환자에게 보내졌다. 예수님에 따르면 이스라엘의 하나님은 자기 백성을 위해 역사하시지 않고, 대신 어려움에 처한 두 이방인을 위해—한 경우에는 기근 때 한 가난한 여자에게 음식을 공급해주고 그 여인의

죽은 아들을 살리시기 위해, 다른 한 경우에는 유력한 군대 지도자 한 명을 고치시기 위해—역사하셨다.[2]

이런 예들을 통해 예수님은 하나님 나라가 1세기의 많은 유대인들 사이에서 건널 수 없는 심연으로 굳어지고 있었던 유대인과 이방인 사이의 대립을 무너뜨리고 있음을 청중에게 분명히 이해시키려 하신다. 또한 예수님은 가난한 여자와 유력한 남자에 관련된 두 예를 드심으로써, 남녀의 위계질서와 빈부의 차이 내지 특권층과 소외계층의 차이를 실질적으로 해체하신다. 민족, 성별, 사회적 지위와 상관없이 모든 사람은 하나님의 은혜의 수혜자가 될 수 있다. 하나님은 사람을 편애하지 않으신다. 사실 나아만은 처음에는 자존심 때문에 병 고침을 위한 엘리사의 지시를 거부했지만 마침내 자신을 낮추어 예언자에게 순종했기 때문에(왕하 5:9-15), 'ănābîm 즉 하나님 은혜의 좋은 소식을 받는 가난하거나 궁핍한 자로서의 자격을 얻었다.[3] 이를 통해 예수님은 민족(또는 성별이나 사회적 지위)이 아닌 이런 수용적 태도가 하나님의 구원과 치유를 받을 수 있는 유일한 기준이라는 급진적인 말씀을 하신다. 이런 태도는 하나님 나라에 들어갈 수 있게 하는 거듭남에 요구되는 회개 및 믿음과 동일한 것이다.

여기서 예수님은 하나님 나라가 세리, 창녀, "죄인"(마 21:31-32; 눅 5:29-31; 7:34-39) 등과 같은 다양한 범주의 소외된 이스라엘 사람들에게 개방되어 있다는 생각을 뛰어넘으신다. 엘리야와 엘리사 이야기에 호소하시는 예수님의 요점은, 하나님 나라가 완전한 외부인에게—최소한 청

---

2) 엄밀히 말하자면 과부의 양식은 엘리사와 함께 나누어야 할 양식이었다(왕상 17:9-16). 이것이 예수님이 언급하시려는 사실은 아니다.

3) 열왕기하의 이 사건에 대한 탁월한 연구로는 Frank Anthony Spina, *The Faith of the Outsider: Exclusion and Inclusion in the Bible Story* (Grand Rapids: Eerdmans, 2005), 72-93(특히 외부인인 나아만과 엘리사의 이스라엘인 종과의 대조)을 보라.

중이 외부인이라고 생각하는 이들에게―열려 있다는 것이다. 하지만 이스라엘 사람들이 가진 성경의 내러티브 범위의 관점에서 보면 그들은 전혀 외부인이 아니다. 시돈 땅의 과부와 수리아의 나병 환자는 다른 모든 이방인과 같이 하나님의 형상으로 지음 받은 인간이며(창 1:26-28), 같은 인간 가족의 구성원이다. 이스라엘은 그 구성원 중 하나다.[4] 최초의 인간 가족은 시간이 지나면서 서로 다른 문화와 언어를 가진 많은 민족으로 다양화되었지만(창 10장), 이스라엘 정경의 이야기에 따르면 그들 모두는 같은 조상에게서 유래했다.

그러나 유대인과 이방인의 구별은 어떤 의미에서는 정당하다. 그 구별의 기원은 하나님이 세상의 모든 민족 중에서 이스라엘을 땅의 모든 민족과 족속에게 복을 가져다줄 제사장 사명을 지닌 특별한 자기 백성으로 선택하신 일로 거슬러 올라갈 수 있다(창 12:1-3; 출 19:3-6). 그러나 이스라엘과 다른 나라들 사이의 정당한 구별은 시간이 지나면서, 유대인으로서의 정체성이 유대인 아닌 이들과 대비되는 것으로 정의될 만큼 대조적인 구별로 발전했다.

처음에 이스라엘은 단지 (독특하기는 하지만) 다른 민족들 가운데 있는 한 민족이었지만, 점차 "민족"(=이방인)이라는 말은 이스라엘 사람이 아닌 이들에 대해서만 사용되었다. 이는 기독교 역사에서 성직자와 평신도의 구별과 비슷하다. 원래 목회 지도자의 역할을 맡은 사람들은 단지 하

---

4) 우리가 하나님의 형상으로 창조된 것은 단순히 하나의 사실(우리가 날 때부터 얻은 선물)만이 아니라 (2장에서 살펴본 것처럼) 규범적 소명이기도 하다. 예수님은 친히 우리가 원수를 사랑해야 할 이유가 하나님을 닮기 위해서라고 가르치신다. 예수님은 우리가 원수를 사랑하면 그 결과 우리가 "하늘에 계신 너희 아버지의 아들이 되리니 이는 하나님이 그 해를 악인과 선인에게 비추시며 비를 의로운 자와 불의한 자에게" 내려주시기 때문이라고 설명하신다(마 5:45). 또는 (누가복음에 따르면) "지극히 높으신 이의 아들이 되리니 그는 은혜를 모르는 자와 악한 자에게도 인자하시니라. 너희 아버지의 자비로우심같이 너희도 자비로운 자가 되라"(눅 6:35-36)라고도 설명하신다.

나님의 백성(*laos*) 가운데 한 무리에 불과했지만, 점차로 "사람들"(=평신도)이라는 단어는 성직자가 아닌 사람들에 대해서만 쓰이게 되었다. 두 경우 모두에서 이런 용어는 (특징적 사명을 지닌) 어떤 무리를 그들이 원래 지체가 되었던 더 큰 무리로부터 멀어지게 하는 역할을 한다. 사역이나 섬김을 위해 선택받는 것이 엘리트적이 되거나 심지어 상반된 의미의 정체성으로 바뀌게 되고, 결국 이는 (지위가 아닌 역할과 관련된) 구별의 원래 목적을 뒤엎는다.

1세기의 일부 유대인의 경우에 외부인들과의 이런 대조 의식, 심지어 외부인들을 향한 적대감에 기여한 한 가지 핵심 요소는 이스라엘이 애굽에서 경험한 속박에서부터 시작하여 이방 민족에게서 연이어 겪은 매우 실제적인 압제였다. 하나님의 택하신 백성이 되는 특권과 사사기 시대에 여러 주변 나라들로부터 받은 끊임없는 공격, 앗수르와 바벨론의 정복으로 인한 정신적 충격, 페르시아의 통치 아래서의 포로기 이후의 삶, 그 이후의 (마카베오 시대의 잠시 동안의 휴식 기간을 제외하고) 그리스와 로마 제국에 의한 압제를 결합해보면, 우리는 선택으로 인한 이스라엘의 특권 의식이 시간이 지남에 따라 어떻게 이스라엘인이 아닌 사람들을 신랄하게 정죄할 수 있는 "내부인 대 외부인"의 사고방식으로 발전했는지 쉽게 이해할 수 있다(예컨대 바벨론이나 에돔에 관해서는 시 137편, 앗수르에 관해서는 나훔서를 보라).[5]

(11장에서 살펴보았듯이, 눅 4:16-30에 대한 배경의 일부를 이루는) 구약의

---

5) 조엘 S. 카민스키(Joel S. Kaminsky)는 *Yet I Loved Jacob: Reclaiming the Biblical Concept of Election* (Nashville: Abingdon, 2007)에서 이스라엘의 성경이 세 집단, 즉 택함 받은 백성(이스라엘)과 멸망을 위해 택함 받은 백성(가나안 족속이나 아말렉 족속같이 멸망을 위해 택함 받은 몇몇 특정 민족), 택함 받지 않은 백성(다른 모든 민족과 백성)을 구별한다고 주장한다. 그러나 실제로 이런 정교한 구별이 사람들의 의식 속에 언제나 자리 잡고 있는 것은 아니다.

안식년과 희년에 대한 규정에는 외부인들에 대한 독설이 없지만, 이스라엘의 "내부인 대 외부인" 구도를 고려하면 이런 규정들의 적용 가능성에는 분명한 한계가 있다. 예를 들면 신명기 15장은 히브리인 종만이 안식년에 해방된다는 점을 분명히 밝히며(12절), 땅은 엄밀하게 말하면 이스라엘 사람들에게만 되돌아갈 수 있다. 레위기 25장은 심지어 종을 정당하게 다루는 문제에 있어서 히브리인 종과 외국인 종을 구별한다(44-46절). 일반적으로 이 본문은 희년/안식년의 부채 탕감의 원리를 "네 이웃"(레 25:14, 15; 신 15:7, 9)이나 "네 형제"(레 25:25, 35) 즉 동료 이스라엘 사람에게 적용한다.

그러므로 예수님은 엘리야와 엘리사 예언자의 이야기에 호소하심으로써, 안식년/희년의 원리의 범위를 상당히 넓히고 계신다.[6] 따라서 이 두 예언자 이야기의 의미를 무시한다면, 예수님이 이사야 61장을 인용하신 의미와 그 본문을 통해 희년의 이상에 호소하신 의미를 잘못 이해하게 된다. 이 두 예언자 이야기는 나사렛 선언을 해석하는 데 핵심이 된다. 바로 이것이 나사렛에서 예수님의 말씀을 들었던 청중이 이해해야 했던 내용이다.

하나님 아들의 도전

나사렛에서 예수님의 말씀을 들은 청중은 하나님 나라가 이 세상의 포괄적 변화와 관련이 있으며, 현세적 삶의 어떤 차원도—신체적 건강도, 사

---

6) 예수님은 선한 사마리아인의 비유(눅 10:25-37)에서 (레 19:34의) 이방인 사랑의 개념을 사용하심으로써, (레 19:18의) 네 이웃을 사랑하라는 이와 관련된 개념의 범위도 넓히신다. 이 비유에 대한 탁월한 분석으로는 David I. Smith, *Learning from the Stranger: Christian Faith and Cultural Diversity* (Grand Rapids: Eerdmans, 2009), chap. 4, "On Loving Foreigners"를 보라.

회경제적 현실도—원리적으로 배제되지 않는다는 점을 잘 이해했다. 이 점은 이 본문을 "영적으로 해석"해온 2천 년의 세월에 뒤이어 누가복음 4:16-30을 읽는 오늘날 우리에게 도전일 수도 있다. 그러나 구원을 총체적으로 이해하는 구약의 관점에 젖어 있는 예수님의 원래 청중에게는 문제가 되지 않았다. 그래서 예수님은 이 점을 많이 강조하실 필요가 없었다. 예수님은 단지 이를 당연한 것으로 여기셨다.

예수님의 청중이 곤란을 겪었던 문제는 하나님 나라가 또 다른 의미에서 포괄적이라는 점이었다. 그들은 특히 자신들이 로마의 통치 아래서 겪고 있던 당대의 압제를 고려할 때, 하나님 나라가 모든 사람을 똑같은 기반 위에서 포용하게 되어 있고 아무도 원리상 그 나라에서 제외되지 않으며, 심지어 그들이 원수로 간주한 이들조차 제외되지 않는다는 가능성을 참을 수 없었다. 오늘날 많은 그리스도인처럼, 그들은 성스러운 것과 속된 것을 구별하는 세계관, 즉 두 영역(하나는 더 고상하고 하나는 더 저열한 영역)의 이원론을 받아들이지는 않았다. 그들의 문제는 우리가 사회적 이원론이라고 부를 만한 것, 즉 다루기 힘들고 적대적인 두 집단(우리/그들)의 이분법이었다.

예수님의 청중이 지닌 이런 "내부인 대 외부인"의 사고방식은 예수님이 이사야 61장을 2절 첫 행까지 인용하신 뒤 인용을 멈추신 이유를 설명해줄 수 있다. 이 구절은 "우리 하나님의 보복의 날"이라는 표현과 더불어 계속된다. 예수님은 심판과 관련해서 관대하시기 때문에 이 어구를 생략하신 것이 아니다. 예수님은 종종 청중에게 심판을 선포하셨다(예컨대 눅 10:13-15; 11:29-32). 문제는 이사야 61장이 계속해서 말세에 열방이 이스라엘에 복종하는 것에 대해 말하고 있다는 점이다(6-7절). 단순한 역할의 전도로 이스라엘은 더 이상 다른 나라에 속박되지 않는 모습으로 묘사된다. 오히려 상황은 그와 정반대가 될 것이다. 본문은 명시적으로 이런 전도가 2절에 나오는 하나님의 보복이 의미하는 바라고 말하지는 않지만 그런 의미를 쉽게 함축하는 것 같다. 이사야 61장은 좋은 소식은 이스라엘을 위한 것이지만 심판(보복)은 다른 모든 이들을 위한 것임을 암시한다. 그러나 이는 예수님의 메시지와 정반대다. 그것은 예수님이 도전하고자 하시는 "우리 대 그들"이라는 틀에 청중을 더 깊이 매몰되게 할 뿐이기 때문이다.

그래서 예수님은 이사야 61장의 구절 중간에서 인용을 중단하실 뿐만 아니라, 청중이 예수님의 메시지에 손쉽게 갈채를 보내는 것에 반대하신다. 그는 계속해서 엘리야와 엘리사 이야기에 호소하시며, 이 두 예언자의 사역이 외부인들, 즉 언약 공동체의 울타리 밖에 있는 이들을 대상으로 한 것이었음을 강조하신다. 사실 예수님은 이 사실을 가지고 청중의 약을 올리고 계신다고 말할 수도 있다. 예수님은 그들이 예수님의 메시지에 긍정적으로 반응하고 자신의 "은혜로운 말"에 대해 놀라움을 표현하는 바로 그때 그렇게 하신다(눅 4:22).

그들의 긍정적인 반응의 일부는 "이 사람이 요셉의 아들이 아니냐?"라는 수사적 질문을 던지는 것이었다. 그러나 누가복음에서 이것은 수사적 질문이 아니다.

예수님의 족보(누가복음에서는 바로 앞장)가 "사람들이 아는 대로는 요셉의 아들이니"(3:23)라는 설명으로 시작되는 것은 우연이 아니다. 그리고 나사렛 선언에 바로 선행하는 시험 이야기 내내, 우리는 두 가지 시험의 첫머리에 등장하는 마귀의 "네가 만일 하나님의 아들이어든"이라는 반복되는 도전(4:3, 9)을 발견한다. 또 그 이전에 예수님이 세례 받으실 때 하늘에서 이런 음성이 들려온다. "너는 내 사랑하는 아들이라. 내가 너를 기뻐하노라"(3:22).

따라서 예수님은 단순히 요셉의 아들─고향 사람, 그 메시지가 단지 우리의 현재 가정을 확증해주는 우리와 같은 부류에 속하는 한 사람—이 아니라, 다름 아닌 하나님의 아들이다. 이 하나님의 아들이 청중이 편안하게 느낄 만한 범위를 훨씬 넘어서 (당시와 오늘날의) 그들에게 도전하신다.

하나님의 아들은 하나님 나라의 총체적·포괄적 본질을 다음 두 가지면에서 심각하게 받아들이라고 우리에게 도전하신다. 첫째, 그는 우리에게 구원의 범위를 "영혼"(또는 속사람)이나 내세의 "하늘"에서의 삶에 제한하지 말라고 도전하신다. 오히려 우리, 특히 현대 독자들은 구원이 실재의 역사적·사회문화적 배경 속에서 인간(몸과 전 존재)의 완전한 역할 수행을 회복시키시는 하나님과 관련되어 있다는 성경적 관점을 이해할 필요가 있다. 사실 구원은 (이 점이 눅 4:16-30에서 명백해지지는 않지만) 궁극적으로 창조질서 전체의 회복을 포함할 것이다. 둘째, 예수님은 우리에게 이 총체적 구원의 범위를 단순히 "우리"나 "우리와 같은 부류"의 사람들에게 제한하지 않도록 도전하신다.

사실 예수님이 나사렛에서 전하신 메시지의 두 부분 사이에는 본질적인 관련성이 있다. 사회질서의 총체적 갱신은 다양한 차원에서 서로 간에 공평하고 자비로운 관계를 삶으로 실천하는 사람들을 수반한다. 그러므로 (예수님 시대에나 우리 시대에나) 개인들과 사회 집단 사이에 존재하는 적대감을 고려할 때, 건강한 사회 기능의 회복은 사람들 사이의 구체적 화해를 수반해야 한다. 그렇지 않으면 그것은 몽상에 불과하다. 나아가 이런 갱신과 회복은 단지 유대인에게만—또는 백인이나 흑인, 미국인, 중산층, 그리스도인에게만—국한될 수 없다. 하나님의 뜻은 인간 가족 전체가 창조 때의 하나님 목적에 부합하여 갱신되고 회복되는 것이다.

그러나 이런 사회적 갱신은 외부에서부터 자동적으로 발생하지는 않을 것이다. 그것은 우리가 하나님의 화해의 계획에 의도적으로 참여할 것을 요구한다. 이는 우리가 우리 자신과 다른 타인들의 구원에 대해 마음을 열지 않으면, (인간 공동체를 온전하게 회복시키고자 하는) 하나님 나라의 복음을 진정으로 받아들이기가 불가능함을 의미한다.[7] 우리가 온전함을 회복하는 것은 다른 사람들의 회복에 달려 있다.[8] 그리고 이 사실은 온갖 종류의 정당한 역사적 이유로 인해 우리가 미심쩍은 눈으로, 심지어 적대적인 태도로 바라보는 사람들(또는 인간 집단들)에게도 적용된다.

예수님이 나사렛에서 전하신 메시지의 두 가지 차원 사이의 통합적 관계는 누가복음 7장에서 요한의 제자들이 예수님이 메시아인지에 관한 요한의 질문을 전했을 때, 예수님이 그들에게 주신 대답을 다시 살펴보면 확인된다. "너희가 가서 보고 들은 것을 요한에게 알리되, 맹인이 보며 못 걷는 사람이 걸으며 나병환자가 깨끗함을 받으며 귀먹은 사람이 들으며 죽은 자가 살아나며 가난한 자에게 복음이 전파된다 하라"(22절). 이미 우리는 예수님의 대답이 그분이 가져오신 구원의 총체적이고 현세적인 성격을 보여준다는 점을 살펴보았다. 또한 (11장에서) 이 목록의 두 가지 항목―"맹인이 보며"와 "가난한 자에게 복음이 전파된다"―이 예수님이 나사렛에서 읽으신 이사야 61장의 명백한 인용구라는 점도 언급했다. 우리는 이 목록의 다른 두 항목도 나사렛 사건에서 나왔지만, 예수님이 청중과 거리를 두신 나사렛에서의 두 번째 일화에서 나왔다는 점을 인식할 필요가 있다. "나병환자가 깨끗함을 받으며"와 "죽은 자가 살아나

---

7) 나는 여기서 "구원"이란 말을 이신칭의로 (그것도 중요하지만) 축소시키지 않고 총체적인 성경적 의미로 사용하고 있다. 타인의 구원은 이처럼 (이민 개혁이나 건강관리 등과 같은 문제들에 대해 심오한 함의를 지닌) 그들의 가족, 경제, 사회, 심지어 의학의 온전함을 포함한다.

8) 자기들을 압제한 나라 바벨론에 살고 있는 포로들에게 예레미야가 하는 말을 주목해보라. "너희는 내가 사로잡혀 가게 한 그 성읍의 평안을 구하고 그를 위하여 여호와께 기도하라. 이는 그 성읍이 평안함으로 너희도 평안할 것임이라"(29:7).

며"라는 어구는 엘리야와 엘리사 이야기를 암시하는데, 그 이야기에서 엘리사는 나아만의 나병을 고치며 엘리야는 과부의 아들의 생명을 회복 시킨다. 누가복음 7장은 이처럼 이사야 61장 인용구와 열왕기에 나오는 예언자 이야기가 다가올 메시아 시대의 표적으로서, 예수님의 메시지와 사역에 필수적이라는 점을 확증한다.

	나사렛 선언(약속된 것)	누가복음 7:22(성취된 것)
누가복음 4:18-19	가난한 자에게 복음을 전하게	✓
	포로 된 자에게 자유를	(누락)
	눈먼 자에게 다시 보게 함	✓
	눌린 자를 자유롭게 하고	(누락)
누가복음 4:25-27	(초과분)	못 걷는 사람이 걸으며
	엘리사 이야기 (4:27)	나병환자가 깨끗함을 받으며
	(초과분)	귀먹은 사람이 들으며
	엘리야 이야기 (4:25-26)	죽은 자가 살아나며

표 12.1. 나사렛 선언과 누가복음 7:22의 비교

그러나 누가복음 7장의 목록에는 나사렛에서의 두 일화 모두에서 언급되지 않은 두 가지 항목이 있다. "못 걷는 사람이 걸으며"와 "귀먹은 사람이 들으며"는 이사야 35:3-6을 암시한 것일 수도 있다. 이 본문은 찰스 웨슬리의 기념비적 찬송인 "만 입이 내게 있으면"에 영감을 주었다. 누가복음 7:22에 나오는 예수님의 목록에 이 두 항목이 등장하는 것은 메시아가 가져다주는—명시적으로 약속된 것을 초월하는—구원의 "초과분"이라고 부를 만한 것을 표현한다. 요점은 하나님 나라가 진실로 총체적이고 삶 전체와 관련된다면, 그 안에 포함된 것의 전 범위를 (눅 4장에서든 다른 어떤 곳에서든) 하나의 요약된 문장으로 표현하는 것은 불가능하다는 것이다. 예수님이 누가복음 7:22에서 제시하시는 목록조차 예시적인 것이지 포괄적인 것은 아니다. 총체적 구원에는 우리의 신학이 꿈꾸는 것보다 더 많은 차원이 존재한다!

요한과 우리에게 놓여 있는 걸림돌

우리는 누가복음 7:22에 중요한 생략이 있다는 점에도 주목해야 한다. 이 구절은 누가복음 4:16-30에서 자세히 밝혀진 예수님의 사명 성취의 구체적인 예를 제시하므로, 예수님이 "포로 된 자에게 자유"를 주는 것과 "눌린 자를 자유롭게" 하는 것에 대한 언급을 생략하셨다는 사실은 놀랍다. 왜 예수님은 이 중요한 어구를 생략하셨는가? 그 답은 요한의 질문의 근거에 있다. "오실 그이가 당신이오니이까, 우리가 다른 이를 기다리오리이까?"(눅 7:19) 요한은 솔직하게 "당신이 우리가 기대해온 메시아입니까?"라고 질문하고 있다. 그가 이렇게 묻는 이유는 생각해보면 꽤 분명하다. 어쨌든 요한은 예수님의 나사렛 선언에 대한 소문과, 이 선언에서 예수님이 주장하신 바를 들었다. 하지만 누가복음 4:16-30의 핵심이되는 눌린 자/포로 된 자를 해방시키실 것이라는 예수님의 선언은 요한의 경우에는 아직 성취되지 않았다. 헤롯에 의해 옥에 갇힌 요한에게 명백한 것은 그가 아직 예수님의 오심으로 옥에서 풀려나지는 않았다는 사

실이다.[9] 그래서 요한은 정당한 의심을 품었다.[10]

바로 이것이 예수님이 요한의 제자들에게 하신 답변을 이와 같은 도전으로 끝맺으시는 이유다. "누구든지 나로 말미암아 실족하지 아니하는 자는 복이 있도다"(눅 7:23). 이 "누구든지"는 우선적으로 요한이다. 요한은 하나님 나라에 대한 그의 기대에 있어서 걸림돌이 될 만한 것에 대해 개인적으로 경고를 받고 있다. 예수님은 요한이 하나님의 희년 통치의 자유하게 하는 유익에 즉각 참여하는 것을 보장하실 수 없음을 암시하신다. 실제로 요한은 결국 옥에서 죽는다(마 14:3-11; 막 6:17-29). 요한의 경우에는 하나님 나라의 유익이 부활 때까지 지연된다. 요한은 옥에 갇혀 있는 동안―당분간―희년은 다른 사람들을 위한 것이라는 사실을 받아들일 수 있을까?

요한이 해방을 기대한 것은 잘못된 일이 아니었다. 요한은 (주기도문을 풀어서 말하자면) 하나님 나라가 임하면 그분의 뜻이 하늘에서와 같이 땅에서도 이루어질 것이라는 올바른 성경적 기대를 품었다. 하나님 나라의 도래는 다름 아닌 이 땅에서의 우리 삶이 축복, 샬롬, 공의에 대한 하나님의 원래 의도대로 완전히 회복되는 것(부당하게 옥에 갇힌 이들의 해방을 포함해서)을 의미했다(그리고 의미한다). 요한이 이해하지 못한 것은 하나님 나라가 갑자기 임하지는 않는다는 점이었다. 요한은 이 점에서 예수님에 걸려 넘어질 위험에 처해 있었다. 요한은 너무 많은 것을 너무 빨리 기대했다.

---

9) 사 61장에서 속박이나 투옥은 비유인 반면, 요한에게 그것은 매우 문자적으로 적용되었다. 그러나 투옥에 대한 언급을 비유적으로 받아들이더라도, 눌린 자를 해방시키는 일은 요한에게도 적용된다.

10) 이는 마치 요한이 (「꿈의 들판」[*Field of Dreams*]이라는 영화의 인상적인 장면에서 등장인물인 레이 킨셀라[Ray Kinsella]가 묻듯이) "그게 내게 무슨 이익이 된다는 거죠?"라고 묻는 것과 같다.

그러나 역사적으로 많은 그리스도인은 반대되는 문제를 겪어왔다. 우리는 충분히 기대하지 않았다. 그리고 우리가 기대해온 것을 종종 "하늘"과 그리스도의 재림이 찾아올 때까지 미루어왔다. 우리는 하나님이 흔히 압제와 고통으로 특징지어지는 실제 역사적 상황 속에 처한 실제 사람들의 세상을 돌보신다는 것을 정말로 믿지 않았다. 구원에 대한 우리 이해는 비성경적인 내세적 성격으로 특징지어졌다. 그래서 미래에 대한 우리의 기대는 흔히 예수님이 나사렛에서 선포하신 완전한 좋은 소식을 반영하지 않았다.

다시 말해 요한만 예수님에 걸려 넘어질 위험에 처해 있는 것이 아니다. 예수님이 나사렛에서 선포하신 메시지를 고려하면, 현대의 그리스도인들은 요한과는 다른 이유에서 요한이 던진 질문("오실 그이가 당신이 오니이까?")을 던지는 자신의 모습을 발견할지도 모른다. (예수님의 청중이 나사렛에서 좋은 소식으로 받은) 하나님 나라에 대한 이 총체적 비전은 우리의 선입견에 도전하기 때문에 우리를 어리둥절하게 할 수도 있다. 그 비전은 너무 현세적이거나 세속적으로 보인다. 우리가 기대해온 하나님 나라와 닮지 않은 것이다. 사실 11장에서 제시한 것과 같은 하나님 나라는 "사회 복음"과 너무 비슷하게 들릴지도 모른다. 이 용어는 오늘날 교회의 이른바 보수진영에서 혐오하는 말인데, 특히 자유주의 개념이라고 여겨지는 사회질서의 구원과 대조되는 "개인적 구주"로서의 예수님에 대한 개념에 따라 양육받은 그리스도인들 가운데서 그렇다.

우리가 이 총체적 가르침을 도전적이라고 느낀다면, 아마도 지금이 하나님의 아들이 제기하시는 도전에 반응해야 할 때일 것이다. 혼란스러울 수도 있지만, 성경은 구원에 인간의 삶을 (육체적·사회적 측면에서) 원래 의도대로 회복하는 일이 포함된다는 점을 매우 분명히 밝히고 있다. 아마도 지금이 성경으로 되돌아가 (교회 안에서 수많은 사람이 그렇게 했듯이) 총체적 구원에서 "자유롭게" 떠나기보다는 총체적 구원에 대한 성경의 가르침을 "보존"할 때일 것이다.

그러나 총체적 구원에 대한 이런 비전은 처음에만 혼란스러울 뿐이다. 이것은 궁극적으로 좋은 소식—심지어 위대한 소식—이다! 우리가 이 점에 대해 솔직하다면 하나님 나라는 정확히 우리에게 필요한 것이다. 하나님 나라는 현재의 망가진 상태와 회복과 갱신에 대한 우리의 가장 깊은 열망을 해결해주기 때문이다. 우리는 이런 망가진 상태가 개인적 차원과 공동체적 차원에서 교회와 사회에 만연해 있음을 알고 있다. 여기에는 실패한 결혼생활, 마약중독, 음란, 가정폭력, 인종차별, 가난, 질병, 전쟁, 인종학살, 탐욕, 자포자기가 포함된다. 우리는 하나님의 치유와 평안을 필사적으로 열망하고 소망한다. 마음과 삶을 두 갈래로 나누는 뿌리 깊은 습관(현실을 성스러운 것과 속된 것, 영적인 것과 세속적인 것으로 구분하는 일)을 해체하려고만 한다면, 우리 마음은 하나님의 총체적 구원의 능력을 향해 열리기 시작할 것이다. 좋은 소식이란 하나님이 개인이든 사회든 우리의 모든 안팎의 깨어짐을 고치기를 원하신다는 사실이기 때문이다.[11]

---

11) 요한이 옥에서 죽었다는 사실은 하나님 나라에 대한 성경적 이해와, "건강과 부의 복음" 또는 "번영 복음"이라는 이름으로 통용되는 승리주의적 가정 사이의 차이에 대해 경고해준다. 예수님 자신도 부활 이전에 거부와 죽음을 당하셨다. 이는 이스라엘이 구원받기 전 이집트에서 속박당한 경험 및 고토로 돌아오기 전 바벨론 포로로 지낸 경험과 병행하는 경험이다. 바울 자신도 우리가 부활에 이르려면 그리스도와 함께 고난을 당해야 한다고 말한다(빌 3:10-11). 사실 모든 피조물이 속박 가운데 신음하며 해방을 기다리고 있다(롬 8:18-25). 다시 말해 부활, 치유, 총체적 회복은 적절한 기독교적 소망을 구성하는 반면—그리고 현재에도 상당한 본질적인 치유와 회복이 존재한다—"소망"은 다가오고 있지만 아직 완전히 우리와 함께 있지는 않은 것을 믿고 있음을 의미한다. 우리는 두 시대 사이, 즉 하나님 나라가 이미 시작되었지만 아직 최종 완성에 이르지는 않은 시대에 살고 있다.

세계관의 변화―소망과 위험의 징조

감사하게도 많은 그리스도인이 깨닫고 있다. 교회 안에서 많은 이들의 세계관이 서서히 보다 총체적인 방향으로 바뀌고 있는 것이다. 우리는 심지어 새로운 귀로 누가복음 4:16-30 이야기의 첫 번째 사건을 듣기 시작하고 있다. 많은 그리스도인이 구속은 총체적인 것이며 현세 삶의 어떤 차원도(사회질서를 포함해서) 원리상 하나님의 변혁적 목적에서 제외되지 않는다는 성경 진리를 이해하기 시작했다.

세계관의 이런 변화는 약간의 혼란, 심지어 위험과 함께 찾아온다. 문제는 오늘날 북미 교회에서 구체화된 것과 같이(그러나 거기서만 그런 것은 아니다), 진화하는 "기독교" 세계관이 여전히 이원론적인 경우가 많다는 것이다. 그런데 이것은 전과 다른 보다 해로운 종류의 이원론이다. 우리는 과거의 두 영역으로 된 이원론을, 나사렛에서 예수님의 청중 사이에 만연했던 "내부 집단 대 외부 집단"의 틀이라는 새로운 형태의 이원론으로 대체할 위험에 처해 있다. 내세적 성격이라는 옛 귀신은 쫓아냈지만, 그것을 진정으로 성경에 부합하는 정신으로 대체하려고 언제나 겸손하게 애쓴 것은 아니다. 대신 우리는 이 세상에서 변화를 일으키려는 야망으로 이 시대의 방황하는 영들―부정한 영들―이 우리의 상상력에 깃들도록 내버려두었는지도 모른다(마 12:43-46과 눅 11:24-26을 보라).

요점은 내세적 구원에서 하나님 나라에 대한 총체적 이해로의 전환은 개인적 변화 없이는 불가능하다는 것이다. 구원에 대한 진정으로 성경적인 이해로의 변화는 도덕적 책임 없이, 머리의 지식만으로 제한될 수 없다. 달리 표현하자면, 종말론은 윤리와 분리되지 않는다.

하나님 나라의 윤리적 도전을 생략한다면, 우리가 새로 발견한 현세성은 우리의 이기적 소비주의/물질주의, 신분상승 지향, 근대 후기의 생활방식을 확증해줄 뿐이다. 즉 세상에 대한 우리의 긍정(우리 구원에 대한 총체적 비전)은 우리에게 (우리가 누구든 간에) 이익이 되는 것으로 이해되는 반면, 더 넓은 세상의 필요, 특히 우리가 선호하는 내부 집단 바깥의 사람들의 구체적인 필요는 무시된다. 비극은 오늘날 많은 상승 지향적인 북미의 그리스도인들이 흔히 그들의 종교적 정체성과 경제적 특권을 축적하고 지키면서, 가난한 이들이나 이민자들 또는 다른 나라나 문화나 종교에 속한 사람들에 대해서는 거의 관심을 갖지 않는다는 점이다. 물론 이 문제는 북미의 사람들이나 심지어 그리스도인에게만 국한된 것은 아니다. 그러나 이 책의 일차적 독자들과 북미에 사는 사람들의 특별한 종교적·경제적 특권을 고려해보면, 이 도전을 심각하게 받아들일 필요가 있다.[12]

우리는 하나님 나라가 교회나 나라나 일련의 문화적 이상과 동일하지 않다는 사실을 심각하게 받아들일 필요가 있다. 하나님 나라는 온 땅을 회복시키시는 하나님의 통치를 가리킨다. 누가복음 4:16-30의 예수님의 말씀에 따르면, 총체적 구원의 핵심은 모든 사람이 하나님이 약속하신 충만한 복에 참여할 수 있고 그 복은 분명히 다가오고 있다는 것이다. 교회는 이 통치의 복을 다른 사람들에게 전달하도록 부르심 받았다. 이는 시험 기사에서 마귀가 예수님께 던진 "만일 네가 하나님의 아들이어든"이라는 바로 그 도전을 그리스도인들이 떠맡아야 함을 의미한다. 예수님이 하나님 나라를 자기 유익을 위해, 또는 자기 목적을 위한 수단으로 이용하려는 유혹을 처리해야 하셨던 것처럼, 오늘날의 그리스도인들도 동기와 삶의 방식에 관한 자기 점검을 실행할 필요가 있다. 타인을 위해 살아감을 통해서 우리 자신이 하나님의 자녀임을 보여줄 수 있기 때문이다.

---

12) 옛 노래 가사처럼 "오, 주님, 기도해야 할 사람은 / 바로 접니다. 접니다. / 기도해야 할 사람은 / 내 형제나 자매가 아니라 접니다. 오, 주님."

그때 비로소 우리는 하나님이 우리에게 "너는 내 사랑하는 아들/딸이라. 내가 너를 기뻐하노라"라고 말씀하시는 음성을 듣게 될 것이다.

내세적인 성/속 이원론의 틀에서 구원에 대한 보다 총체적 이해로의 변화가 겸손과 개인적 변화를 동반하지 않는 것도 위험이겠지만, 이원론적 세계관에 여전히 빠져 있는 이들에게도 똑같은 위험이 있다. 솔직히 말해서 이 세상을 순전히 악으로 폄하하고 하늘로의 탈출을 소망하는 근본적인 이원론에 여전히 사로잡혀 있는 그리스도인은 오늘날 소수다. 반대로 많은 그리스도인은 현세적 삶을 교회의 이전 세대가 편안하게 느꼈던 수준보다 더 긍정적으로 수용하고 있다. 그럼에도 불구하고 많은 그리스도인이 과거의 성/속의 구분과 비슷한 것을 여전히 간직하고 있다.

"성스러운 것"(영적 이상)	모든 사람의 (원리상의) 평등함	
"세속적인 것"(사회, 경제, 정치의 실제 세계)	"우리"(미국, 남성, 중산층, 백인, 시민, 선진국, 서방 국가)	"그들"(다른 나라, 여성, 빈곤층, 유색인, 이민자/외국인, 개발도상국, 비 서방 국가)

표 12.2. 두 종류의 이원론을 결합시키는 것의 위험성

교회의 여러 영역 속에는 내세적인 두 영역의 세계관을 "우리 대 그들"이라는 사회학적 이원론과 매우 해로운 방식으로 결합시키려는 교묘한 유혹이 있다. 이 혼합적인 세계관은 우리로 하여금 하나님이 보시기에 모든 사람이 평등하다는 이상을 (하나의 "영적" 진리로서) 경건하게 긍정하면서도, 사회질서와 민족국가의 문제에 있어서는 (심지어 가족과 남녀 관계에 있어서도) 정치와 경제의 "실제" 세계에서 "우리 대 그들"이라는 견고하고 이기적인 틀을 계속 고수하게 한다. "성스러운 것"의 영역에서 우리는

기꺼이 모든 사람의 평등함을 선언하고 ("하늘"로 가는 길이라는 최소한의 의미로 이해되는) 복음을 나눈다. 그러나 지상에서의 현실정치라는 "속된" 영역에서 우리는 우리의 부를 축적하고 우리의 (국가적·계층적·경제적) 특권을 고수한다. 좋다. 아마도 우리 재산의 일부를 구제금이나 십일조로 낼 수 있을지 모른다. 하지만 이런 제스처는 우리의 삶의 방식, 성공과 물질적 향상과 국가 정체성에 대한 우리의 현세적인 (우상숭배에 가까운) 열심에 있어서는 아무런 본질적인 변화도 요구하지 않는다.

나는 우리가 예수님이 나사렛에서 전하신 메시지의 두 번째 부분에 대해 마음을 열지 못한다면, 첫 번째 부분도 사실상 듣지 못할 것이라고 생각한다. 최소한 예수님이 의도하신 대로 말이다. 즉 우리의 현세성은 어려움에 처한 이들(그들이 누구인지와 관계없이)을 향해 베푸는 공의와 사랑에 대한 현세적 열정과는 단절된, 단순한 소비주의와 이기심에 불과하게 될 것이다. 다시 말해 우리가 이 세상에서 제사장적인 복의 전달자, 완전한 복음의 화해의 사역자가 되려면, 나사렛에서 예수님의 말씀을 들은 청중에게 필요했던 바로 그 회심과 변화가 우리에게도 필요하다.

"우리 대 그들"의 해석학을 넘어서

하나님 나라의 핵심은 실제 사람들과 하나님의 화해, 그들 사회의 구체적 맥락에 영향을 끼치는 화해다. 이것은 단순히 훌륭한 신학이 아니다. "그림의 떡"이 되려는 것도 아니다. 이런 화해는 화해를 이룬 사람의 편에서 실제 삶의 변화를 수반해야 하며, 이런 변화는 사람들 사이의 화해를 포함한다. 신약은 그리스도를 통한 하나님 나라의 도래가 유대인과 이방인 사이의 분리의 벽을 무너뜨린다는 점을 분명히 밝힌다(엡 2:14-16). 실제로 1세기에 하나님 나라는 남편과 아내, 부모와 자녀, 주인과 종의 관계를 포함해서 위계적이고 엘리트적인 그리스-로마의 가정 안에서까지 실제적 차원의 변화된 관계를 요구했다(엡 5:21-6:9).[13]

에베소서의 가정 규례가 명시적으로 위계 제도(특히 노예제)의 근절을 옹호하지는 않는다는 점은 오늘날의 (보다 "진보적인") 독자들에게는 때때로 충격적이다. 그럼에도 불구하고 에베소서 5장은 다른 모든 사람에게 복종하고(5:21) 그리스도의 사랑을 삶의 본보기로 삼는(5:1-2) 교회 안의 모든 사람에게 입각한 역할의 근본적 재정의를 요구한다.[14] 이런 재정의는 너무나 근본적이어서, 실제적으로 변화된 가족 관계와 노예 제도의 궁극적 근절로 귀결되었다.[15] 인간들 사이에서 생겨난 역사적 구별은 그리스도를 통해 극복되었다. 바울이 다른 곳에서 표현했듯이 "너희는 유

---

13) 많은 신학자들은 엡 5장이 일반적인 가족이 아니라, 단지 한 남자(*paterfamilias*)가 동시에 대가족(*familia*)의 남편, 아버지, 노예 주인이 되는 특정한 형태의 부유한 엘리트 가족을 다루고 있다는 점을 인식하게 되었다. 1세기에 변화가 가장 필요했던 곳은 이런 형태의 경직된 위계적 가족 제도였다. 이런 가정의 자유인 남자들은 보통 여자, 자녀, 종과 별도로 자기들끼리 식사를 했다. 그래서 이런 가족 위계질서에 대한 가장 핵심적 도전 중 하나는 모두가 함께 먹는 초대 교회의 성찬을 수반한 공동식사인 것으로 밝혀졌다(고전 11:17-33을 보라). 엡 5장이 그리스-로마의 엘리트 *familia*를 어떻게 비판하고 있는지에 대한 짧고 명쾌한 설명으로는 Gordon D. Fee, "The Cultural Context of Ephesians 5:18-6:9," *Priscilla Papers* 16 (2002): 3-8을 보라.

14) 역설적인 점은 남편("사랑하라")과 아내("복종하라")에게 주어진 바로 그 명령이 온 교회에도 주어지고 있다는 점이다(엡 5:1-2, 21). 다시 말해 엡 5장을 주의 깊게 읽어보면 남편도 아내를 따라야 하며 아내도 남편을 사랑해야 함을 알 수 있다. 이는 5:1-2, 21에 나오는 사랑과 복종에 대한 일반적인 명령의 한 가지 함의일 뿐이다. 그러나 사도 바울은 1세기의 상황에서 너무 급진적으로 들릴 수도 있기 때문에 이를 명시적으로 말하지 않으려고 주의한다. 하지만 생각해보면, 그리스도가 모델이라면 사랑과 복종 사이에는 어떤 실제적 차이도 있을 수 없다. 따라서 엡 5장은 가족 안에서의 위계와 압제에 대한 해결의 씨앗을 심고 있다.

15) 골 3:18-4:1의 가정 규례와 (골로새서 교회의 배경 속에 위치한) 빌레몬서의 노예제도에 대한 구체적인 해결도 함께 보라. 골로새서에 대한 급진적인 해석에 대해서는 Brian J. Walsh and Sylvia C. Keesmaat, *Colossians Remixed: Subverting the Empire* (Downers Grove, IL: IVP Academic, 2004)를 보라. 빌레몬서 이야기에 대한 이해를 돕는 창의적인 재진술을 보려면 특히 202-12을 보라.

대인이나 헬라인이나 종이나 자유인이나 남자나 여자나 다 그리스도 예수 안에서 하나"다(갈 3:28).[16] 이는 "천상의" 진리 내지 "영적" 진리일 뿐만 아니라 이 땅에서 구체적 삶으로 표현되어야 한다.

따라서 예수님이 나사렛에서 원래 청중에게 던지셨던 것처럼 우리에게도 던지시는 도전은 우리가 기꺼이 창조의 하나님과 나머지 인간 가족 사이에서 화해를 이루는 제사장적 사역자로 섬길 것인가 하는 것이다. 이는 필연적으로 사람들 사이에서의 변화된 관계를 수반할 것이다. 이런 도전을 기꺼이 받아들이려는 태도는 우리가 하나님 나라 복음에 대해 열려 있다는 하나의 표지다.[17]

보아하니 예수님의 청중은 이 도전을 받아들이지 않은 것으로 보인다. 그들은 엘리야와 엘리사가 언약 밖에 있는 사람들에게 행한 사역에 대해 예수님이 강조하신 요점을 충분히 이해했지만, 예수님의 말씀은 그들의 분노만 부채질할 뿐이었다. 누가복음은 예수님이 이 두 이방인들의 외부인으로서의 신분을 강조하셨을 때, 회당 안에 있던 사람들이 "다 크게 화가 나서 일어나 동네 밖으로 쫓아내어, 그 동네가 건설된 산 낭떠러지까지 끌고 가서 밀쳐 떨어뜨리고자 하되, 예수께서 그들 가운데로 지나서" 가셨다고 전한다(눅 4:28-30).

비극은 땅의 모든 족속에게 복이 되도록 (아브라함을 통해) 부르심 받은 바로 그 사람들이 외부인들에 대해 적대적 입장을 취하게 되었다는

---

16) 바울이 언급한 다른 두 종류의 관계와 대조적으로, 갈 3:28에서 남녀관계에 대해 사용하는 (NRSV에 정확히 반영된) 다른 언어에 주목해보라. 바울은 (이 두 경우 모두 "또는"이라는 단어 사용을 통해 반영된) 유대인과 헬라인 사이의 민족적 구별의 폐지와 노예제도의 근절을 의도한 반면, "남자와 여자" 사이에는 (창 1:27의 인용구인 듯한 내용에서 "그리고"라는 단어를 유지함으로써 암시한) 구별의 폐지가 아니라 변화된 관계만을 의도한다.

17) 예수님은 자신을 환영하지 않는 사마리아 사람들의 마을을 파괴하기 위해 하늘에서 불이 내리기를 원하는 제자들을 꾸짖으셨다(눅 9:52-55).

것이다. (분명 모든 이스라엘 사람은 아니지만) 이스라엘 안에 있는 많은 이들이 하나님과 가까운 그들 자신의 특권적 지위를 자랑하고, 부름 받은 그들이 전해주는 복의 수혜자가 되어야 할 나라의 사람들을 (노골적으로 반대하는 게 아니라면) 경멸하게 되었다. 창조와 역사의 유일하신 참 하나님과의 관계 속으로 이방인들을 초대하는 대신, 그들은 이방인들을 사실상 항구적으로 하나님의 저주 아래 있는 자들로 간주하며 배제했다.

이제 이 이야기를 읽는 그리스도인들은 예수님의 청중의 반응에 대해 분노할 권리가 있다. 우리는 당연히 우리 주님, 곧 (우리 대부분을 포함해서) 이방인들에게도 구원을 주러 오신 분을 지지하기를 원한다.[18] 청중과 달리 예수님은 이스라엘의 선택이 엄밀히 말해서 그들 자신을 위한 것이 아니라, 요한복음 3:16이 하나님이 그토록 사랑하셨다고 말하는 더 넓은 세상, 곧 *kosmos*를 위한 것이라고 성경을 바르게 이해하셨다.

그리스도인들이 예수님의 청중이 나사렛에서의 그분의 메시지에 대해 보인 격렬한 반응에 마음이 불편한 것은 이해할 만하다. 하지만 궁극적으로 우리 편에서의 이런 반응은 너무 무기력 하고 (더 중요한 점은) 너무 이기적이다. 이는 복음의 급진성을 충분히 진지하게 받아들이지 않은 태도다. 이것은 최악의 경우, (역사적으로 그랬듯이) 그리스도의 이름으로 "그리스도를 죽인 자들"에 대한 박해를 후원할 정도로 교회의 격렬한 반유대주의로 귀결될 수도 있다. 그러나 이는 예수님의 청중이 외부인들에 대해 보인 바로 그 태도를 재현하는 것을 의미한다. 우리는 본문을 "우리"와 반대되는 "그들"에 대한 비판으로 읽음으로써, 나사렛의 청중이 예수님의 메시지를 들었을 때 가지고 있었던 바로 그 장애물을 공유하고 있음을 드러내는 셈이다.[19]

---

18) 여담이지만, 나는 유대인 어머니에게서 태어난 유대인 혈통이다.

19) 제임스 샌더스(James Sanders)는 성경에 대한 이런 접근방식을 (하나님의 진정한 초월

나는 예수님의 청중의 반응을 변명하고 싶은 생각이 전혀 없다. 하지만 나사렛 사건의 두 번째 부분에서 예수님의 메시지의 급진적 의미를 진정으로 이해하려면, (마치 우리는 선한 사람인 것처럼) 언제나 예수님을 우리 편에 놓고, 이를 통해 본문의 도전에서 우리 자신을 안전하게 밀봉하여 제외시키는, 승리주의적인 "우리 대 그들"의 해석학을 가지고 누가복음 4:16-30(과 나머지 성경)을 읽는 데서 벗어날 필요가 있다고 주장하고 싶다. 오히려 우리에게는 몰두와 거주의 해석학이 필요하다. 이런 해석학을 통해 우리는 본문 속에 거하며, 예수님이 근본적인 복음의 빛에 비추어 우리 각 교회의 관행과 삶에 의문을 제기하시는 음성을 듣게 될 것이다. 그렇지 않으면 우리는 피상적이고 안이하며 이기적인 방식으로만 누가복음 4:16-30의 좋은 소식을 받을 수밖에 없을 것이다.[20]

성에 뿌리를 두고 우리에게 의문을 제기할 수 있는) 진정한 "예언적 해석학"과 대비되는, (길들여진 하나님 이해에 뿌리를 두어, 위로만을 우리에게 가져다주는) "구성적 해석학"이라고 부른다. James A. Sanders, *Canon and Community: A Guide to Canonical Criticism* (Philadelphia: Fortress, 1984), 53, 70; "Hermeneutics," in *Interpreter's Dictionary of the Bible*, Supplementary Volume, ed. Keith R. Crim, Victor P. Furnish, and Lloyd R. Bailey (Nashville: Abingdon, 1976), 402-7; "Hermeneutics in True and False Prophecy," in *Canon and Authority: Essays in Old Testament Religion and Theology*, ed. Burke O. Long and George W. Coats (Philadelphia: Fortress, 1977), 21-41을 보라.

20) "우리 대 그들"이라는 대립적 세계관을 채택할 위험성은 (최소한 인터넷상에서는 세대주의적 휴거 신학의 대안으로 가장 강력한 목소리를 내는) 일관된 과거주의 종말론의 몇몇 분파 가운데서 특히 명백하다. 종말론에 대한 일관된 과거주의 접근법의 신봉자들이 미래에 대한 내세적 관점을 포기한 것은 옳다. 그러나 그들은 (나와 달리) 성경의 모든 예언이 이미 성취되었으며, 우리는 이제 새 하늘과 새 땅에 있고 이 세상에서 하나님 나라의 완성을 위해 일하고 있다고 주장한다. 이런 접근방식이 해석학적으로 정당한지 또는 이 시대와 다가올 시대의 신학적 괴리를 적절히 이해하고 있는가 하는 문제와는 별도로, 특히 신정론 또는 기독교적 재구성이라고 불리는 운동과 관련된 일관된 과거주의의 분파들은 흔히 하나님 나라에 대한 그들의 이해를 (한 나라와 그 나라의 자본주의 경제에 "기독교적"이라는 칭호를 부여하며) 미국의 문화적·경제적 우월성에 대한 관점과 결합시키고, 그리스도의 이름으로 세상을 "정복"하려 하며, 심지어 예배 시간에 믿음의 원수들의 이름

따라서 우리는 다음과 같은 질문을 할 수 있다. 예수님이 하나님이 이방인들에게 베푸신 사랑의 예가 아니라(이것은 너무 쉽다), 우리가 교회 안에서 (아마도 1세기의 이스라엘이 그랬듯이, 이해할 만한 이유로) 폄하하고 반대하는 사람들의 집단에게 베푸신 사랑의 예를 드셨다면, 우리는 어떻게 반응했을까? 이 사람들이 누구일지는 교회 안에서 우리가 (보다 진보적인 진영이든 보수적인 진영이든) 차지하는 위치에 따라 달라진다. 나는 "진보적"이나 "보수적"이라는 말에 (이런 말이 유용하더라도) 여전히 가치가 있는지 잘 모르겠다.[21] 어쨌든 (우리가 우리 자신을 어떻게 규정하든) 진짜 문제는, 예수님이 우리 자신과 동등한 지위를 가진 사람들의 예로 이방인이 아니라, 어떤 집단이든 우리의 윤리적·종교적 감수성에 가장 거슬리는 집단의 구성원을 제시하신다면 우리가 어떤 반응을 보일까 하는 것이다. 정직하게 말한다면, 우리는 누가 하나님 나라에서 가장 멀리 떨어져 있다고 말할까? 우리가 볼 때 누가 우리나 하나님의 원수일까? 솔직히 우리는 누구와 엮이지 않는 편을 선호할까? 스스로에게 이런 어려운 질문을 던져보지 않으면, 우리는 예수님이 누가복음 4:16-30에서 제시하신 총체적 구원의 복음을 받아들일 준비가 되지 않은 것이다.

나는 클래런스 조던(Clarence Jordan)의 유명한 신약성경 『목화밭』

을 대고 그들의 멸망을 위해 기도한다는 윤리적인 문제가 있다. David Chilton, *Paradise Restored: A Biblical Theology of Dominion* (Tyler, TX: Reconstruction Press, 1985), 216-19을 보라.

21) 나는 "진보주의자들보다 더 진보적이고 보수주의자들보다 더 보수적"이라고 불렸다. 이것은 과거의 내 제자(라일 프리먼[Lyle Freeman])가 주말교육 수련회를 인도하러 갔던 나를 자신의 지역 교회에 소개할 때 만들어낸 말이다. 나는 이 표현이 앞과 같은 구별을 적절하게 무너뜨리고 있다고 생각한다. 중요한 질문은 어떤 사람이 "보수적" 기독교 내지 "진보적" 기독교와 관련된 일련의 인위적인 대의와 일치하느냐 하는 것이 아니라, 그가 성경과 성경의 주님께 충실한가 하는 것이다. 감사하게도 모든 신학적 진영 안에 이런 사람들이 존재한다.

역본이 오늘날의 세계와 관련된 예수님의 메시지의 의미에 대해 생각하는 데 도움이 된다고 믿는다. 조지아 주에 있는 인종을 초월한 "코이노니아 농장"으로 유년기의 지미 카터(Jimmy Carter)와 밀러드 풀러(Millard Fuller)의 관점을 형성하는 데 도움을 주었던 조던은 1960년대 미국 남부의 인종주의라는 문제의 관점에서 복음서를 상황화했다. 『예수님이 하신 일』(Jesus' Doings)이라고 불리는 누가복음 번역에서 조던은 디베료를 미국 대통령으로, 빌라도를 조지아 주 주지사로, 헤롯을 앨라배마 주 주지사로, 빌립을 미시시피 주 주지사로, 루사니아를 아칸소 주 주지사로 상상했고, "안나스와 가야바는 남침례회 연맹의 공동 회장이었다"(눅 3:1-2).[22] 조던의 역본에 따르면 세례 요한은 군중에게 다음과 같이 말한다.

> 독사의 자식들아, 누가 너희 머리 위에 곧 임할 진노를 피하라고 너희에게 압력을 가하더냐? 너희는 **마음이 변화**되었다는 **증거**를 보여야 한다. "우리 선한 백인들"이라는 말로 서로 등 두드려주지 말라. 내가 너희에게 이르노니 하나님은 원하시면 능히 이 돌무더기로도 백인들을 만드실 수 있기 때문이다. 이미 도끼가 나무뿌리에 놓였으니 제 역할을 하지 못하는 나무마다 찍혀 불에 던져질 것이다(눅 3:7-9).

다음으로 조던은 예수님이 (나사렛의 회당에 상응하는) 발도스타에 있는 고향 교회에서 설교하시고 매우 긍정적인 반응을 얻으신 뒤에 청중에게 다음과 같이 말씀하신다고 묘사한다.

---

22) 원래 Clarence Jordan, *The Cotton Patch Version of Luke and Acts: Jesus' Doings and the Happenings* (New York: Association Press, 1969)의 제목으로 출간되었다. 이 책은 *Clarence Jordan's Cotton Patch Gospel: Luke and Acts* (Macon, GA: Smyth & Helwys, 2004)의 제목으로 재출간되었다.

분명 너희 가운데 어떤 자는 "의사 선생님, 당신 약이나 드시지요"라는 옛 속담을 내게 인용하며, "네가 콜럼버스에서 했다고 우리가 들은 모든 일을 바로 여기 네 고향에서도 하는 모습을 한번 보자"라고 말할 것이다. 진실을 말하자면 어떤 예언자도 자기 고향에서는 환영을 받지 못한다. 내가 너희에게 솔직히 말하는데, 엘리야 시대에 하늘이 삼 년 육 개월간 닫혀서 온 땅에 큰 흉년이 들었을 때, 조지아 주에 많은 **백인** 과부가 있었지만, 엘리야가 **그 중 한 사람과도** 함께 머물지 않았다. 대신 엘리야는 테렐 카운티에 있는 한 **흑인** 과부와 함께 머물렀다. 또 위대한 말씀 선포자인 엘리사 시대에 많은 **백인**들이 아팠지만, 엘리사는 **그중의 한 사람도** 고치지 않고 오직 아프리카 사람 나아만만 고쳤다(눅 4:24-27).

요점은 우리 모두가 다양한 사회 문제를 놓고 흥분해야 한다는 것이 아니다. 결국 오늘날 미국의 이른바 "티 파티"(Tea Party) 운동은 이민과 보건 문제에 대해, 가장 근본적으로는 정부의 개입 역할에 대해 매우 흥분해 있다. 그러나 지금까지 이 운동의 구성원들은 기본적으로 그들이 생각하는 그들 자신의 특권 상실에 화가 나 있다. 그들은 다른 사람들이 당한 불의로 인해 화가 난 것이 아니며, 특히 자신과는 상이한 사람들이 당한 불의로 인해 화가 난 것은 더더욱 아니다. 이런 식의 독선적인 분노는 예수님이 선포하신 나라와는 (이 분노가 그분의 나라에 들어가는 데 걸림돌이 된다는 점 외에는) 아무 관련이 없다.[23]

"티 파티" 운동의 배후에 있는 동기는 기독교 원리를 바탕으로 서아

---

23) (그것이 자기희생을 의미하더라도) 타인을 위해 변호하는 일과 독선적인 특권 보호 사이의 차이는 최근 전 세계의 정치 운동 속에서 특히 명백하다. 성경에 근거해서 볼 때, 자기 자신의 특권을 보호하는 데 뿌리를 둔 어떤 운동도 근본적으로 그 동기와 프로그램에 있어서 비기독교적이라는 점을 기꺼이 밝혀야 한다.

프리카 노예무역에 끊임없이 반대한 18세기 영국의 윌리엄 윌버포스 (William Wilberforce) 같은 노예 폐지론자들의 동기와는 정반대다. 오늘날 미국의 많은 보수적인 그리스도인의 사리사욕은 오벌린 대학 총장으로 있으면서 다른 교수들과 함께 당시에 실행된 "도망 노예법"을 어기고, 예수 그리스도의 복음에 뿌리를 둔 시민 불복종의 도전 행위로 도망 노예들을 숨겨준 19세기의 복음 전도자 찰스 그랜디슨 피니(Charles Grandison Finney)를 지배한 원동력과도 직접적으로 반대된다.[24]

인종차별 문제는 오늘날 교회에서 (표면 아래에서 좀 더 숨겨진 형태로 존재할지는 모르지만) 이전처럼 그렇게 두드러지지는 않을 것이므로, 다른 방식으로 누가복음 4:16-30 메시지의 핵심에 좀 더 가까이 다가가보자. 예수님이 멕시코와 국경을 맞대고 있는 어떤 주에서 미국인 회중에게 이렇게 말씀하셨다고 가정해보자. "주택 파동과 주식시장 붕괴 때문에 집을 잃은 캘리포니아 주에 사는 많은 미국 중산층 시민이 있었지만, 하나님은 산타페에 사는 한 멕시코인 불법 노동자와 그의 가족을 위해 주택과 건강보험을 제공해주시기를 기뻐하셨다." 또는 예수님이 이렇게 말씀하셨다고 상상해보자. "일리노이 주 휘튼에는 암과 심장병으로 죽어가는 은퇴한 복음주의 기독교 선교사들이 많이 있었지만, 하나님은 그들 중에 아무도 고쳐주지 않으시고, 대신 샌프란시스코에 있는 한 에이즈에 걸린 동성애자를 고쳐주셨다." 주일 아침에 미국의 전형적인 보수적 교회에서 이와 같은 말씀이 어떤 반응을 얻겠는가? 이런 말씀이 지금 당장 이것을 읽고 있는 우리에게는 어떤 반응을 불러일으키는가? 요는 하나님이 우

---

24) 피니와 오벌린 대학에 대한 매력적인 이야기를 보려면 Donald W. Dayton, *Discovering an Evangelical Heritage* (Peabody, MA: Hendrickson, 1976), chap. 2, "Reform in the Life and Thought of Evangelist Charles G. Finney"; chap. 5, "Civil Disobedience and the Oberlin-Wellington Rescue Case"를 보라.

리가 일반적으로 편안함을 느끼는 범위 밖에서 일하고 계신다는 이런 주장에 대한 우리의 반응이, 과연 우리가 진실로 예수님이 나사렛에서 선포하신 하나님 나라 복음을 듣고 있는지를 결정하리라는 것이다.

　나는, 그리스도인들이 오늘날 이른바 문화전쟁 속에서 어떤 특정한 문제를 지지하거나 반대해야 하는지에 대해 거들먹거리며 말하려는 의도가 전혀 아니다. 사실 내가 하고 싶은 일은 정확히 반대되는 일이다. 우리는 "우리 대 그들"(또는 "내부 집단 대 외부 집단")이라는 대립적 이원론에 근거한 이런 전쟁에서 우리 자신을 해방시킬 필요가 있다. 이런 이원론은 하나님 나라 복음과 정반대되기 때문이다. 기독교 복음은 선과 악 사이의 (하나님 나라와 멸망의 세력 사이의) 진정한 대립이 집단들 사이에 있는 것이 아니라, 모든 인간의 마음을 관통한다고 이해한다. 그러므로 지각없는 문화전쟁 참여에 대한 하나의 해독제로서, 그리스도인들은 성경에서 가르치는 근본적으로 총체적인 구속의 비전에 사로잡힌 상상력을 가지고, 어려움에 처한 이들을 위해 (그들이 우리와 다르더라도, 다르다면 더더욱) 매일 용기와 사랑의 행위로 개인적·공동체적 차원에서 세상에 참여할 필요가 있다.

　따라서 어떤 의미에서 12장은 독자들에게, 특히 이 책의 나머지 부분이 묘사하는 구속에 대한 총체적인 비전에 긍정적으로 사로잡힌 독자들에게 경고의 역할을 하고자 한다. 참으로 이런 총체적인 비전은 우리의 편협하고 갑갑한 구원관에 대한 강력한 해독제다. 그리고 이것은 분명히 우리에게 좋은 소식이다. 그러나 우리는 감히 이 총체적인 비전을 단지 이기적으로 도용해서, 예수 그리스도의 복음에 불충하는 고통을 감내하면서까지 하나님 나라를 순전히 우리에게 이익이 되도록 해석하려 하지 않는다.

하나님 나라의 소망

나는 오늘날 그리스도인 가운데 있는 "우리 대 그들"이라는 대립적인 정체성의 시험과 유혹에 대해 극도로 진지하지만, 그것이 기정사실이라고는 생각하지 않는다. 그것은 만연한 유혹이자 가능성이지만 감사하게도 아직 편재한 사실은 아니다. 그리고 내게는 이 모든 세월 동안 사랑과 긍휼로 나를 양육한 폭넓은 신앙 공동체에 대한 믿음이 있다. 히브리서 기자의 말을 달리 표현하자면, 나는 교회에 이보다 더 좋은 것이 있다고 믿는다.[25]

오늘날 교회의 여러 영역은 "하늘 아래 모든 족속"의 사람들이 그들의 모국어로 복음을 듣고 반응한 초기 예수 운동의 오순절 체험을 충실히 물려받았다. 베드로는 오순절에 일어난 일이 남자와 여자, 젊은이와 노인, 종과 자유인이 똑같이 하나님의 영을 받을 것이라고 선포한 요엘서의 예언적 환상의 성취였다고(욜 2:28-29) 설명한다(행 2:17-18).[26]

내가 알게 된 (여러 나라의 여러 교파와 지역 회중에 퍼져 있는) 교회는 요한계시록 7:9-10의 환상에 대한 중요한 미리 맛보기를 보여준다. 여기서 요한은 다음과 같은 광경을 본다. "이 일 후에 내가 보니 각 나라와

---

25) "사랑하는 자들아 우리가 이같이 말하나 너희에게는 이보다 더 좋은 것 곧 구원에 속한 것이 있음을 확신하노라"(히 6:9).

26) 이런 민주화 환상은 오순절에 모든 나라와 언어에 속한 유대인들에게 적용되었지만, 초대 교회가 진정으로 보편적인 복음의 함의를 이해하게 된 것은 행 15장에 기록된 예루살렘 공의회 이후의 일이다. 이는 예수님 안에 있는 구원의 유익에 참여하기 위해 이방인들에게 유대인이 될 것을 요구하는 일부 유대인 신자들에 의해 촉발되었다. 하나님이 이방인들 가운데서 이미 행하신 일에 대한 증언을 듣고(4, 7-12절) 성경에 대해 고찰한 뒤에(15-18절), 예루살렘 공의회는 이방인들도 나름대로 하나님 백성의 일원으로 인정받는다는 점을 분명히 했다(19-20절). 오늘날에 적용할 수 있는 유사점은 북미 교회가 다른 나라나 문화에 속한 사람들도 서구문화(또는 심지어 서구신학)에 편입하지 않고도 그리스도의 복음에 대한 신실한 복종에 이를 수 있다는 점을 인정하는 일이 될 것이다.

족속과 백성과 방언에서 아무도 능히 셀 수 없는 큰 무리가 나와, 흰 옷을 입고 손에 종려 가지를 들고 보좌 앞과 어린양 앞에 서서 큰 소리로 외쳐 이르되, 구원하심이 보좌에 앉으신 우리 하나님과 어린양에게 있도다 하니."

이 환상은 그 자체로 요한계시록 5장의 성취다. 요한계시록 5장에서는 그리스도가 이 땅 위에서 다스리는 제사장 사명을 위해 구속되고 새로운 인류가 된, "각 족속과 방언과 백성과 나라"에서 나온 하나님 성도들의 모임을 내다본다(5:9-10). 이 무리는 다민족으로 이루어진 예배자 집단일 뿐만 아니라, 그들의 지상 통치는 그들이 하나님을 찬양하는 이유인 "구원"을 나타낸다. 우리가 성경을 통째로 읽고 그리스도의 재림에 대한 기대 속에서 인생을 살아갈 때 우리를 인도해야 하는 것은 이런 이중적으로 포괄적이고 총체적인 하나님 나라에 대한 비전(땅을 다스리는 모든 문화에서 나온 구속받은 사람들)이다. (창조부터 종말까지) 정경 66권의 전반적인 요지는—우리에게 볼 수 있는 눈이 있다면—현세적 삶의 모든 차원에 적용 가능하며, 동시에 인류 가족 전체에 열려 있는 하나님 나라에 대한 비전을 우리에게 밝혀준다. 하나님 나라의 복음을 그보다 못한 것으로 축소시키지 말자.

새 땅은 어떻게 되었는가?

이 시점에서 독자는 세상 피조물의 구속에 대한 성경의 총체적 비전과, 대부분은 아니더라도 많은 그리스도인이 지구의 미래에 대해 생각하는 것 사이에 존재하는 상당한 긴장관계를 느꼈을 것이다. 어떻게 오늘날 교회에서 그토록 많은 이들이 이 세상을 구속하시려는 하나님의 의도를 알지 못하는 것처럼 보이게 되었는가? 어떻게 하늘에서의 내세적 운명이라는 개념이 땅의 회복에 대한 성경적 가르침을 대체하고 결국 기독교 종말론을 지배하게 되었는가? 창조세계의 구속이 어떻게 교회의 대중적 신학에서 사라졌는지를 이해하기 위해 종말론의 역사를 간략하게 살펴보는 것이 이 부록의 과제다. 감사하게도 교회 역사에서 총체적 종말론의 쇠퇴가 이야기의 전부는 아니다. 최근에는 땅의 회복에 대한 성경적 비전이 일부 회복되었고, 이 장에서는 그 사실도 다룰 것이다.[1]

기독교 종말론에서 미래의 소망을 현세적 존재를 초월하는 것으로

---

1) 이 부록에서 총체적 종말론의 역사에 대한 완벽한 설명 같은 것을 시도하지는 않을 것이다. (내가 현재 가진 전문적 지식은 말할 것도 없고) 지면 제약 때문에 이 설명은 전반적인 인상을 보여주고자 하며, 속량된 땅이라는 개념의 쇠퇴와 회복에 있어서 주요 흐름만 제시하고자 한다. 총체적 종말론의 역사에 대한 보다 충분한 설명은 별도의 책을 기다려야 할 것이다.

상상하려는 충동은 언제나 세상 구원에 대한 성경의 편만한 강조와 어느 정도 긴장관계에 있었다. 예를 들면 내세에 대한 일반적인 플라톤주의 관점을 (종종 무의식적으로) 공유한 많은 기독교 신학자들이 그럼에도 불구하고 종말론에 있어서 성경의 현세적 강조점을 존중하려 애쓴 것은 칭찬할 만하다. 그들은 다음 두 가지 방식을 주로 사용했다. 이런 성경적 강조점이 모습을 드러내는 첫 번째 방식은 신약에서 현저하게 드러나는 몸의 부활에 대한 교리를 통한 방식이다. 두 번째는 요한계시록 20:1-5에서 발견되는 그리스도의 천년 통치인 천년왕국 개념을 통해서다. 20세기 이전에는 땅의 종말론적 회복을 명시적으로 다루는 기독교 신학자를 거의 찾아볼 수 없었다.

초기 수 세기 동안의 총체적 종말론

교회의 초반 수 세기 동안에는 거의 모든 기독교 저술가가 몸의 부활을 주장했으며, 어떤 이들은 물질성에 대한 의구심에 있어서 플라톤주의를 능가한 영지주의와 반대되는 개념을 옹호했다. 잘 알려진 예외는 알렉산드리아의 오리게네스(185-254년)인데, 그는 플라톤주의 관점에 상당히 영향받은 것으로 밝혀졌다.

오리게네스는 「제1원리에 대하여」(*Peri archōn*)[2]라는 유명한 저작에

---

2) 이 저작의 인용구는 *On First Principles*, trans. G. W. Butterworth (reprint, Gloucester, MA: Peter Smith, 1973)에서 가져왔다. 오리게네스는 그리스어로 「제1원리에 대하여」를 썼지만, 이 책은 소수의 단편들밖에 남아 있지 않다. 대신 우리가 이 저작에 대해 아는 내용의 대부분은 다른 사람들이 한 라틴어 번역본이나 요약에서 나온 것이다. 루피누스(Rufinus)의 (「데 프린키피이스」[*De principiis*]라는 제목의) 라틴어 번역에는 오리게네스 사상의 가장 "정통적인" 형태가 담겨 있지만, 히에로니무스의 인용문들은 보다 비정통적인 오리게네스의 모습을 묘사하며, 이는 다른 초기 저술가들에게서 발견되는 오리게네스에 대한 비판과 현존하는 일부 그리스어 단편들과 잘 어울린다. 버터워스의 번역은 그리스어 단편들과 히

서 하나님만이 엄밀하게 몸이 없으시므로, 우리는 부활 때 실제로 몸을 갖게 될 것이라고 주장한다. 그러나 그는 부활한 몸이 "하등한 존재"의 특징인 "더 거칠고 더 단단한 몸 상태"에 있는 것이 아니라 "보다 완벽하고 복된 존재"에 걸맞은 "'천상적 몸'의 영광"으로 빛날 것이라고 주장한다.[3] 실제로 오리게네스는 부활한 몸이 "하늘에 거할 수 있는 영적인 몸"이 될 것이라고 단호히 주장한다.[4]

「제1원리에 대하여」의 다른 대목에서 오리게네스는 인간의 최종적인 복된 상태가 어떤 상태일지에 대해 세 가지 가능성을 제시한다(셋 다 육체성에 대한 혐오를 보여준다). 이 세 가지 가능성에는 "몸이 없는 존재"(영혼의 불멸성), "천상적인"(비육체적인) 몸, 행성들의 "고정된" 천상의 영역까지도 초월하는 "참된 하늘"의 가장 높은 영역에서의 존재가 포함된다.[5] 세 번째 가능성은 복된 자들의 몸의 상태라기보다는 그들이 거하게 될 영역을 묘사하기 때문에 그것이 다른 두 가지 가능성과 어떻게 같은 수준인지는 분명치 않다.[6]

에로니무스의 인용구로 루피누스의 책을 보완한 비평판 본문을 바탕으로 하고 있다. 이 주제에 대해서는 버터워스의 서론을 보라. Brian E. Daley, *The Hope of the Early Church: A Handbook of Patristic Eschatology* (reprint, Peabody, MA: Hendrickson, 2003), 54도 함께 보라. 다음 역본은 쉽게 접할 수 있지만 (단순히 루피누스의 라틴어 역본에 바탕을 둔) 신뢰성은 약간 떨어지는 번역이다. Frederick Crombie, in *Ante-Nicene Fathers*, vol. 4, ed. Alexander Roberts, James Donaldson, and A. Cleveland Coxe (Buffalo, NY: Christian Literature Publishing, 1885), http://www.newadvent.org/fathers/.

3) Origen, *On First Principles* 2.2.2 (Butterworth, 81-82).

4) 같은 책, 2.10.3 (Butterworth, 141).

5) 같은 책, 2.3.7 (Butterworth, 93). 오리게네스는 *On First Principles* 1.6.4(Butterworth, 58) 같은 다른 곳에서도, 부활한 몸의 두 번째 형태가 이 땅의 물질이 아니라 "창공"으로 구성되어 있다고 주장한다.

6) 세 번째 가능성에 대한 히에로니무스의 묘사는 (앞에서 인용한) 루피누스의 묘사와 약간 다르며, 오리게네스가 하늘의 "고정된" 영역이 "녹아 없어질 것이고", "성도들의 거처 역할을 할" 하늘은 이 영역에서 두 단계 높다고 주장하는 것으로 묘사한다(Butterworth, 92-93n7에서 인용).

나아가 오리게네스는 이 세 번째 가능성을 마태복음 5:5("온유한 자는 복이 있나니 그들이 땅을 기업으로 받을 것임이요")과 조화시키려는 시도로, 어떤 이들은 "땅에서 거할 곳을 얻기에 합당하다고 여겨질" 것이지만, 진정으로 순종하며 지혜로운 자들은 "하늘 또는 하늘들의 나라를 얻으라는 말씀을 듣게 될 것"이라고 주장한다. 그리고 "땅에서 하늘들까지 성도들이 전진할 길이 열려 있는 것으로 보이므로, 그들은 그 땅에 영구히 머물러 있는 것처럼 보이기보다는, 필수적인 진보를 이루었을 때 '하늘나라'의 상속에 이를 것이라는 소망을 품고 땅에 거하는 것처럼 보일 것"이라고 결론짓는다.[7]

나중에 오리게네스는 「제1원리에 대하여」에서 내세에서의 상향적 진보라는 이런 개념을 확대하여 성도들이 "땅 위에 위치한 어떤 장소"인 "낙원"에서 시작할 수도 있지만, 점점 증가하는 지식과 지혜를 통해 "공중의 영역"으로 "올라가" 행성의 영역(눈에 보이는 하늘)을 통과하여, 마침내 "보이지 않는" 하늘(지성이 "하나님에 대한 관조와 이해"를 영원히 마음껏 누리는 곳)에 도달할 것이라고 주장한다.[8]

그러나 오리게네스는 주류에서 벗어난 인물이었다. 부활의 (육체성을 포함해서) 중요성은 교회의 초기 수 세기 동안 종말론적 소망의 한 요소

---

7) Origen, *On First Principles* 2.3.7 (Butterworth, 93-94). 오리게네스조차 땅의 최종 상태에 대한 신약의 분명한 가르침(오늘날의 많은 그리스도인이 간단하게 무시하는 것)과 씨름해야 했다는 점은 의미심장하다.

8) 같은 책, 2.11.6-7(Butterworth, 152-54). 오리게네스는 비물질적인 관점 내지 유사-비물질적인 관점에서 부활한 몸을 해석하려는 경향이 있었을 뿐만 아니라, 영혼의 선재성과 출생 이전의 타락 및 이런 타락에 대한 형벌로서 땅에 몸을 입고 태어나는 것도 믿었다(*On First Principles* 1.8.1; 이 부분은 루피누스의 라틴어 역본에서는 발견되지 않지만 현존하는 그리스어 단편에서 발췌한 것이다[Butterworth, 67-68]). 땅에 몸을 입고 태어나는 것이 죄에 대한 형벌로 간주된다면, 논리적으로 몸을 탈피한 최종 상태를 더 선호하게 될 것임은 자명하다.

로서 거의 의심받지 않았다. 그러나 부활한 비물질적인 몸에 대한 오리게네스의 해석이 대체로 거부되었음에도 불구하고, 이런 몸의 이상적인 처소가 "하늘"이라는 그의 견해는 표준적인 견해가 되었다.

부활보다 더 격한 논쟁거리는 그리스도가 세상에 대한 마지막 심판 및 구속 이전에 이 땅에 세우실 의와 평화의 천년왕국이었다. 이는 성경에서 단 한 군데, 즉 요한계시록 20장 첫 부분에서만 발견되는 개념이다.[9] 2세기와 3세기의 몇몇 기독교 저술가들은 천년왕국을 주장하고 종말론에 있어서 천년왕국에 중요한 역할을 부여했다. 하지만 오리게네스는 (3세기에) 이를 유대적이고 지나치게 문자적인 성경해석으로 간주했으며,[10] 에우세비우스(Eusebius)도 (4세기에) 유명한 「교회사」(*Ecclesiastical History*)에서 "물질주의적인" 해석으로 경멸하며 거부했다.[11] 오리게네스는 플라톤주의의 영향을 받아 하나님 나라가 신자의 영혼 안에 점진적으로 세워진다는 이유로 천년왕국의 소망이 가진 현세적이고 물리주의적인 요소를 비판했다. 반면에 에우세비우스는 천년왕국에 대한 거부의 근거를 하나님 나라에 대한 자신의 해석에서 찾았는데, 그는 하나님 나라를 종말론적인 미래의 우주적 사건이 아니라 로마 제국 콘스탄티누스 황제 치하에서 나타나고 있던 섭리를 통한 교회의 성장으로 보았다.[12]

솔직히 말해서 천년왕국의 논리는 이해하기가 어렵다. 왜 최종적인

---

9) 「바룩2서」 29:2-30:1과 같은 일부 유대 묵시 문학에서는 일시적인 메시아 왕국의 개념도 발견된다.

10) Origen, *On First Principles* 2.11.2 (Butterworth, 142); Origen, *Commentarium series in evangelium Matthaei* 17.35도 보라.

11) Eusebius, *Ecclesiastical History* 7.24-25.

12) 천년왕국 개념에 대한 몇몇 과도한 반발이 케린투스(Cerinthus)와 기타 인물들이 천년왕국을 과장하고 심지어 관능적으로 묘사한 데서 비롯되었음을 인정하더라도 그렇다(Eusebius, *Ecclesiastical History* 3.28을 보라). 이런 저술가들은 「바룩2서」 29:5-8과 같은 후대의 유대 묵시문헌에서 하나님 나라에 대한 묘사를 찾았을지도 모른다.

종말론적 상태(계 21-22장의 새 하늘과 새 땅)가 시작되기 전에 일시적인 구속된 창조세계가 있어야 하는가? 왜 의로운 순교자들만의 "첫째 부활"이 있고 나서 천 년이 흐른 뒤에 보편적인 부활과 심판이 있는가? 요한계시록에 대한 최근의 어떤 문학적·해석학적 저작은 요한계시록이 천년왕국을 최종 상태 **이전의** 일시적인 시기가 아니라, 이 상태**의** 처음 천년—마지막 심판 이전의 구속된 창조세계에서 그리스도의 왕권을 아직 인정하지 않고 그리스도가 재림하실 때 여전히 살아 있는 이들을 위한 시험적인 기간—으로 표현하고자 했다고 그럴듯하게 주장했다.[13] 그러나 요한계시록의 저자가 이 점을 좀 더 분명하게 밝혔다면 더 좋았을 것이다. 그랬다면 초대 교회가 (그리고 후대의 해석자들이) 많은 어려움을 면했을 것이다.

문제는 내세적 열망이라는 지배적인 플라톤주의 배경이 일시적인 현세의 천년왕국에 대한 믿음과 결합될 때, 우주 구속에 대한 성경의 모든 약속과 묘사는(성경에 많이 있다) 그리스도의 이런 천 년 통치로 집약되는 경향이 있으며, 이로 인해 최종 상태는 "하늘"로 재해석된다는 것이다.

따라서 일부 천년왕국설 신봉자들(millenarian 또는 chiliast: 각기 "천"에 해당하는 라틴어와 그리스어에서 파생된 단어)은 요한계시록 20장의 천년왕국을 하나님이 이루실 자연의 번성과 정의로운 사회질서에 대한 구약 예언의 성취로 해석한다.[14] 또한 그들은 천년왕국을 창조세계가 (롬 8장에서

---

13) 이는 J. Webb Mealy, *After the Thousand Years: Resurrection and Judgment in Revelation 20* (JSOTSup 70; Sheffield: JSOT Press, 1992)의 복잡한 주장의 일부다; 밀리의 요약을 보려면 239, 241, 244을 보라. Gerhard A. Krodel, *Revelation* (Augsburg Commentary on the New Testament; Minneapolis: Augsburg, 1989), 327, 330도 보라.
14) 순교자 유스티누스(*Dialogue with Trypho* 81)와 이레나이우스(*Against Heresies* 5.35.2)는 둘 다 사 65장의 새 하늘과 새 땅을 천년왕국의 증거로 인용한다.

새 하늘과 새 땅

묘사된) 썩어짐의 종노릇한 데서 해방되는 것[15]을 포함해서 만물의 회복 내지 갱신(비록 이런 것들은 분명 영원한 상태와 관련이 있지만)에 대한 신약의 여러 기대와 같은 것으로 본다.[16] 사실 의로운 자들의 최종 운명이 속세를 초월해야 한다는 플라톤주의의 가정 때문에, 초기 천년왕국설 신봉자들 가운데 일부는 요한계시록 20:1-5의 천년왕국과 요한계시록 21장의 새 하늘과 새 땅조차 구별하지 않고, 그 둘을 지상에서의 그리스도의 천 년 통치와 동일시하며 최종적인 종말론적 구원과 구별한다.[17] 이는 천년왕국을 신봉하는 역사가들 사이에서도 나타나는 (플라톤주의 가정이 곳곳에 강하게 스며 있는) 해석이다.[18]

2세기와 3세기 및 4세기 초에 일시적인 현세적 천년왕국을 단언한 기독교 저술가들 중에서, 그들이 최종 상태를 현세적이고 구체적인 것으로 이해했는지, 아니면 초월적이고 비우주적인 것으로 이해했는지를 분별하려면 그들의 글을 주의 깊게 읽어야 한다. 많은 경우에 그 둘을 구별하기가 매우 어렵다.

예를 들면 2세기의 「바나바서신」은 세계 역사의 여섯 "날들"(하루를

---

15) 이레나이우스(*Against Heresies* 5.32.1)는 롬 8:19-21을 천년왕국의 증거로 인용한다.

16) 천년왕국설 신봉자들이 때때로 인용하는 유일한 논쟁거리가 될 만한 본문은 고전 15:24-28이다. 이 본문은 두 단계의 왕국을 암시하기 때문이다. 그러나 바울은 자신의 다른 저작에서도 그리스도가 재림하실 때 있을 사건들의 순서에서 천년왕국과 비슷한 어떤 것도 암시하지 않는다. 고전 15:24-28에 나오는 하나님 나라의 두 단계는 그리스도의 현재 통치(하나님 나라의 "이미"의 측면)와 세상에서 악이 근절된 뒤에 시작되는 최종 상태(하나님 나라의 "아직"의 측면)의 구별을 가리킬 가능성이 가장 높다.

17) 이레나이우스(*Against Heresies* 5.35.2)는 계 21장의 처음 네 구절을 5절과 구별하면서, 전자는 천년왕국을 가리키는 것으로, 후자는 영원한 상태를 가리키는 것으로 다룬다.

18) 이런 혼란은 『초대 교회의 소망』(*The Hope of the Early Church*)에 나오는, 교부들의 종말론에 대한 브라이언 데일리(Brian Daily)의 일부 유익한 분석의 초점을 흐려놓는다. 이와 반대되는 혼란은 A. H. 암스트롱의 저서에게 발견되는데(아래 각주 52-53번을 보라), 그는 천년왕국에 대한 교부들의 언급을 절정에 이른 우주의 갱신을 묘사하는 것으로 보는 경향이 있다.

천 년으로 본다)이 지난 뒤에 천년왕국 시대 또는 안식의 시대가 찾아올 것을 기대한다.[19] 그러나 이 글의 저자가 이 안식일/일곱째 날 뒤에 "여 덟째 날, 즉 또 다른 세계의 시작"이 있을 것이라고 계속해서 주장할 때,[20] 이것이 항구적으로 새로워진 우주 내지 하늘을 가리키는 것인지는 불분 명하다. "여덟째 날"이라는 명칭은 (역사를 초월하는 세계와 대비되는) 세계 역사의 또 다른 단계를 암시할지 모르지만, 그렇다고 확신할 수는 없다. 「바나바서신」은 최종 상태의 본질에 대해 전혀 밝히고 있지 않기 때문이 다. 그럼에도 불구하고 이 문헌은 "약속을 받고, 악이 더 이상 존재하지 않으며, 모든 것이 주님으로 말미암아 새롭게 되어 우리 자신이 의를 행 할 수 있게 될" 날을 고대하며 현실적이고 현세적인 소망을 보여준다.[21]

(2세기 문헌인) 유스티누스의 「트리포와의 대화」(*Dialogue with Trypho*)도 마찬가지로 모호하다. 유스티누스는 먼저 "예루살렘에서 천 년" 동안 그리스도의 문자적인 지상 통치가 있고 "그런 다음 예루살렘 이 건설되고 단장되며 넓혀질" 것이라고 단언하며,[22] 그 뒤에는 "보편적 인" 또는 "영원한" 부활이 있을 것이라고 말한다.[23] 「트리포와의 대화」 뒷

---

19) 보통 2세기 초에 저술된 것으로 추정되는, 위경에 속하는 이 저작은 세계 역사 6천 년 이 후에 안식의 시대가 찾아온다는 고전적 도식을 활용한 최초의 기독교 저작이다.

20) *Epistle of Barnabas* 15.8. 이 저작의 인용문은 Alexander Roberts and James Donaldson, in *Ante-Nicene Fathers*, vol. 1, ed. Alexander Roberts, James Donaldson, and A. Cleveland Coxe (Buffalo, NY: Christian Literature Publishing, 1885), http://www.newadvent.org/fathers/에서 발췌했다.

21) *Epistle of Barnabas* 15.7. 15장의 논증에 이 진술이 있는 것으로 보아 확실하지는 않 지만, 아마도 이 진술은 여덟째 날에 대한 언급이라기보다는 천년왕국/안식에 대한 언급일 것이다.

22) Justin, *Dialogue with Trypho* 80. 이 저작의 인용문은 Marcus Dods and George Reith, in *Ante-Nicene Fathers*, vol.1, ed. Alexander Roberts, James Donaldson, and A. Cleveland Coxe (Buffalo, NY: Christian Literature Publishing, 1885), http://www. newadvent.org/fathers/에서 발췌했다.

23) 같은 책, 81.

부분에서 유스티누스는 여호수아와 예수님을 (모형과 원형으로서) 비교하며, 여호수아가 이스라엘에 땅을 분배해준 것처럼 예수님도 "똑같은 방식으로는 아니지만 각자에게 좋은 땅을 나누어주실 것"이라고 주장한다.[24] "여호수아는 백성에게 일시적인 유업을 준" 반면 "예수님은 거룩한 부활 뒤에 우리에게 영원한 소유를 주실 것"이기 때문이다.[25] "거룩한 부활 뒤에"라는 말과 "영원한 소유"라는 말은, 특히 유스티누스가 계속해서 예수님을 통해 "성부께서 하늘과 땅 모두를 새롭게 하실" 것이라고 말할 때, 예수님이 나누어주시는 "좋은 땅"이 (천년왕국이 아니라) 최종 상태를 가리키는 말임을 암시한다.[26] 그러나 유스티누스가 새 하늘과 새 땅에 대한 이사야서의 예언을 (일시적인) 천년왕국에 대한 증거로 인용할 수 있다는 사실은 혼란을 가중시킨다.[27] 새 하늘과 새 땅은 천년왕국과 영원한 상태를 함께 가리키는가? 아니면 유스티누스는 좋은 땅/영원한 소유가 하늘에 대한 비유의 역할을 하는 문자적인 천년왕국을 지칭하려 했는가? 훗날 유스티누스가 "바로 이 땅에서 모든 성도를 위한 미래의 소유물이 있을 것"이며, 따라서 "이들이 그 땅에서 그와 함께 있을 것이고, 영원하고 부패하지 않을 선을 상속받게 될 것"이라고 말할 때[28] 이것이 천년왕국을 가리키는지 최종 상태를 가리키는지를 놓고 해석자들의 의견은 엇갈린다.[29]

이레나이우스(130-202년경)도 이와 같이 복잡한 경우다. 한편으로 이

---

24) 같은 책, 113.

25) 같은 책.

26) 같은 책.

27) 같은 책, 81.

28) 같은 책, 139.

29) 유스티누스는 "죽은 자들의 부활은 없으며 그들이 죽을 때 그들의 영혼은 하늘로 옮겨진다고 말하는" 이들은 참 그리스도인이 아니라고 주장한다(*Dial.* 80). 이는 이 문제에 대한 그의 견해가 궁극적으로 어디로 귀착되는지를 암시한다.

레나이우스는 천년왕국을 구속받은 이들이 친숙한 땅의 환경에서 신적 본성에 참여하려는 궁극적 목표에 익숙해지기 위한 준비 기간으로 본다.[30] 이는 우리가 어떤 식으로든 궁극적으로 현세적 존재를 초월할 것임을 암시한다. 그러나 이레나이우스는 분명히 최종 상태를 새 하늘과 새 땅이라고 부르며, 이를 실제적이고 물리적이며 변화된 우주로 이해하는 것처럼 보인다.[31] 그럼에도 불구하고 구속받은 이들이 새로운 세상에서 경험할 서로 다른 수준의 보상에 대한 그의 견해에서 현세적 존재를 초월하려는 충동이 나타난다. 가장 합당한 자들은 하늘로 바로 올라가는 반면 어떤 사람들은 낙원("아마도 하늘과 땅 사이의 장소")으로 가고,[32] 또 다른 사람들은 "그 성"(계 21장에 따르면 하늘에서 땅으로 내려온 새 예루살렘)의 "영광을 소유"할 것이다.[33] 그러나 이런 "구원받은 이들의 등급과 배열"은 고정된 위계질서가 아니다. 구속받은 자들은 (외관상 하늘을 궁극적 목적지로 하는) 새로운 창조세계에서 "발전"하고 "올라갈" 기회가 있을 것이기 때문이다.[34] 이레나이우스의 도식은 복잡할 수도 있지만, 그는 오늘날 많

---

30) Irenaeus, *Against Heresies* 5.32.1; 5.35.2. 이 저작의 인용구는 Alexander Roberts and William Rambaut, in *Ante-Nicene Fathers*, vol. 1, ed. Alexander Roberts, James Donaldson, and A. Cleveland Coxe (Buffalo, NY: Christian Literature Publishing, 1885), http://www.newadvent.org/fathers/에서 발췌했다.

31) Irenaeus, *Against Heresies* 5.35.2; 5.36.1.

32) Daley, *Hope of the Early Church*, 31. 하늘과 땅의 중간으로서의 낙원(70인역에서는 에덴동산을 이렇게 부른다) 개념은 아담과 하와가 죄를 지은 뒤 낙원이 인간에게 출입금지 구역이 되었을 때, 낙원을 하늘로 올려진(또는 높은 산 위에 감춰진) 것으로 이해하는 유대 외경문헌에 의존한 것일 수도 있다(하늘에 숨겨져 인간이 못 들어가는 낙원에 대해서는 「에스라4서」 4:7-8을 보라; 낙원과 하늘의 예루살렘은 인간이 출입할 수 없지만, 하늘의 예루살렘은 시내 산 위에서 모세에게 계시되었다고 말하는 「바룩2서」 4:1-6을 보라). 낙원은 종말에 하늘에서 땅으로 내려와 새 창조의 중심 항목이 될 것이라고 여겨졌다(계 21-22장을 보라).

33) Irenaeus, *Against Heresies* 5.36.1-2.

34) 같은 책, 5.36.2. 이 점에 있어서 그는 땅에서 하늘로의 전진이라는 오리게네스의 훗날의 도식을 예고한다.

은 그리스도인이 그러듯이 땅의 구속을 단순하게 일축하지는 않는다.

(3세기의) 메토디우스(Methodius)의 경우는 언뜻 보기에는 덜 모호해 보인다. (「열 처녀의 잔치」라고도 알려진) 「심포지움」(*Symposium*)에서 메토디우스는 구약의 장막절이 비유적으로 천년왕국을 상징한다고 해석한다. 이스라엘 백성이 애굽을 떠난 다음 장막절을 기념하고 약속의 땅으로 갔던 것처럼, 자신은 "현세의 애굽"을 떠난 뒤 "그리스도와 함께 일곱째 날, 곧 참된 안식일이라고 불리는" (장막절에 상응하는) "안식의 천년왕국을 기념"[35]할 것이며, 그 후에는 "더 크고 좋은 것으로 나아가, 하늘들 위에 있는 하나님의 집으로 올라갈" 것이라고 메토디우스는 말한다.[36]

그러나 메토디우스가 어떤 곳에서는 구속된 이들을 위한 최후의 천상적 운명을 명백히 가르치는 것 같은 반면에, 다른 곳에서는 정반대로 말하는 것처럼 보인다. 「부활에 대한 강론」(*Discourse on the Resurrection*)에서 메토디우스는 우주가 (정화를 통해 새롭게 되는 것과 대조적으로) 파괴될 것이라고 생각하는 이들을 질책한다. 이런 관점은 하나님을 폄하하는 관점이라고 설명하는데, 왜냐하면 하나님이 세상을 창조하실 때 두 가지 대안 중에 보다 못한 것을 선택하셨고, 그런 다음 종말 때 그것을 파괴하는 보다 완벽한 대안을 통해 문제를 해결할 것이라고 가정하기 때문이라는 것이다.[37] 반대로 "하나님은 어리석은 사람들이 말하듯이 우주를 헛되이 또는 오로지 파괴하기 위해 세우신 것이 아니라, 땅이 존재하고 사람이 살고 지속되도록 세우셨다. 그러므로 땅과 하늘은

---

35) Methodius, *Symposium* 9.5.

36) 같은 책.

37) Methodius, *Discourse on the Resurrection* 1.8. 이 저작의 인용문은 William R. Clark, in *Ante-Nicene Fathers*, vol. 6, ed. Alexander Roberts, James Donaldson, and A. Cleveland Coxe (Buffalo, NY: Christian Literature Publishing, 1886), http://www.newadvent.org/fathers/에서 발췌했다.

만물이 불타고 흔들린 뒤에 다시 존재해야 한다"라고 메토디우스는 말한다.[38] 메토디우스는 성경이 근본적 변화를 묘사하기 위해 과장된 언어를 사용한다는 점을 인정하면서 이렇게 설명한다. "우리는 창조세계가 파괴되기 위해서가 아니라 새로워지기 위해 마치 불에 타 멸망할 **것처럼** 사라지리라고 예상할 수 있다."[39] 그리고 그는 통찰력 있게 우주의 구속을 몸의 부활과 관련지으며 "공기도, 땅도, 다른 어떤 것도 더 이상 없다면, 우리의 몸이 어떤 삶의 방식으로 존재할 것인지를 논하는 것은 어리석다"라고 말한다.[40]

그러나 우주의 정화에 대한 강조가 어떻게 천년왕국 뒤에 구속받은 이들이 하늘로 올라갈 것이라는 메토디우스의 주장과 아귀가 맞는가? 아마도 구속된 우주에서 성도들은 땅에서 하늘로 마음대로 갈 수 있을 것이다. 어쨌든 우리는 결정적으로 땅이 아닌 하늘이 의인의 최종 목적지라는 그의 나중 입장에는 아직 이르지 않았다. 사실「바나바서신」, 유스티누스, 이레나이우스, 메토디우스에서 우리는 현세적인 구속에 대한 상당한 긍정을 발견한다. 그들 모두가 우주의 항구적 갱신을 가르쳤다고 결정적으로 판단을 내릴 수는 없더라도 말이다.

초기 기독교 교부들에게서 우주의 최종 구속에 대한 분명한 진술을 발견하기는 어렵지만, 일시적인 현세적 천년왕국의 개념은 많은 저술가에게서 나타난다. 파피아스(Papias), 유스티누스, 이레나이우스,「바나바서신」(모두 2세기), 테르툴리아누스(Tertullian, 2세기 말/3세기 초), 히폴리투스(Hippolytus), 메토디우스(둘 다 3세기), 콤모디아누스(Commodianus, 3세

---

38) 같은 책.
39) 같은 책, 1.9, 미들턴 강조.
40) 같은 책.

새 하늘과 새 땅

기 또는 아마도 5세기),[41] 락탄티우스(Lactantius, 4세기 초)는 명백히 현세적 천년왕국을 가르쳤다.[42] 다른 초기 기독교 저술가들은 천년왕국을 명시적으로 언급하지 않는다는 사실이 곧 그들이 그 개념에 반대했다는 증거가 되지는 않는다. 유스티누스의 (「트리포와의 대화」는 없고) 두 편의 「호교론」(Apologies)만 있었다면 우리는 그가 천년왕국 신봉자였다는 사실을 결코 알지 못했을 것이기 때문이다. 이레나이우스의 경우도 마찬가지다. 그도 「이단 반박론」(Against Heresies)의 1-4권이 아닌 5권에서만 천년왕국을 언급한다.[43]

교회의 처음 몇 세기 동안 천년왕국 개념의 "유대적인" 또는 "물질주의적인" 성격에 관해 비난하는 이들의 경멸하는 발언들에도 불구하고 이 개념이 계속 존재한 것을 볼 때, 내세에 대한 플라톤적 관점에 동화되기 시작한 이들 가운데서도 현세적 구속에 대한 성경적 관점이 지속적인 힘

---

41) Daley, *Hope of the Early Church*, 162-64의 논의를 보라.

42) 초기 기독교의 어떤 저술가들이 현세적 천년왕국을 명백히 가르치는지에 대해서는 이견이 있지만, 내가 열거한 이들은 가장 논쟁의 여지가 없는 이들이다. 이런 저술가들의 천년왕국에 대한 견해에 대해서는 다음 책들을 보라. Justin, *Dialogue with Trypho* 80-81 (그리고 아마도 139); Irenaeus, *Against Heresies* 5.32-35; *Epistle of Barnabas* 15; Tertullian, *Against Marcion* 3.25; *The Shows* 30; Hippolytus, *On the Antichrist* 5; Commodianus, *Instructiones* 1.44.1-15; 2.38.12-16; Methodius, *Symposium* 9.5; Lactantius, *Divine Institutes* 7. 천년왕국에 대한 파피아스의 견해는 이레나이우스의 저작에서 인용된 단편들을 통해서만 알려져 있다.

43) 도널드 페어번은 (아트 마모스타인[Art Marmorstein]과 A. J. 비서[A. J. Visser]의 저작에 의존해서) 많은 초기 기독교 저술가들의 저작이 천년왕국에 대해 침묵하는 데 대한 매우 합리적인 설명을 내놓는다. 그는 교부들이 이교도 독자들을 대상으로 한 저작에서 보통 천년왕국을 언급하지 않는 이유는 교부들이 변증적 저작에서는 보통 교리적 논쟁을 피하기 때문이고, 또 현세적 메시아 왕국에 대한 언급을 로마 당국자들이 정치적 도전으로 여길 수도 있기 때문이라고 주장한다. Donald Fairbairn, "Contemporary Millenial/Tribulational Debates: Whose Side Was the Early Church On?," in *A Case for Historic Premillennialism: An Alternative to the "Left Behind" Eschatology*, ed. Craig L. Blomberg and Sung Wook Chung (Grand Rapids: Baker Academic, 2009), 109-10을 보라.

을 가졌음을 알 수 있다. 그러나 5세기에 이르러 천년왕국설과 우주의 영속적 쇄신의 개념은 (부활의 몸을 제외하고는) 기독교 종말론에서 실질적으로 사라졌다.

아우구스티누스의 종합

새로워진 우주의 비전에 대한 결정적 타격은 4세기와 5세기에 아우구스티누스(354-430년)에 의한 권위 있는 종합 작업에서 나왔다. 아우구스티누스는 천년왕국을 교회 역사 전체와 동일한 것으로 해석함으로써 에우세비우스의 관점을 확대했을 뿐만 아니라, 처음에는 (플로티노스의 철학을 요한복음의 로고스에 대한 가르침과 연결시킨) 밀란 주교 암브로시우스(Ambrose of Milan)의 설교를 통해, 다음에는 마리우스 빅토리누스(Marius Victorinus)가 라틴어로 번역한 플로티노스의 「엔네아데스」(*The Enneads*)를 읽음으로써 신플라톤주의 신학의 틀에 상당히 동화되었다.[44]

하나님의 지상 통치의 문제에 관해서는 아우구스티누스의 「하나님의 도성」이 기념비적인 저작으로 남아 있다.[45] 아우구스티누스는 에우세비우스처럼 미래에 있을 그리스도의 지상 통치에 관한 천년왕국설과 결별하고, "교회는 지금도 그리스도의 나라이며 하늘나라"라고 주장했다.[46] 그러나 한 세기 앞서 하나님의 통치를 (그리스도인에 대한 박해를 멈추고 그들의 재산을 회복시킨) 콘스탄티누스의 칙령 이후 교회의 점진적인 승리와

---

44) 플라톤주의와 신플라톤주의에 대한 간략한 분석을 보려면 앞의 1장을 보라.
45) 하나님 나라에 대한 아우구스티누스의 접근은 티코니우스(Tyconius)의 알레고리적/모형론적 성경해석 방법(Tyconius, *Book of Rules*), 그중에서도 특히 요한계시록에 적용된 방법(Tyconius, *Commentary on the Apocalypse*)의 영향을 받았다.
46) Augustine, *City of God* 20.9. St. Augustine, *Concerning the City of God against the Pagans*, trans. Henry Bettenson (London: Penguin, 2003), 915에서 인용했다.

새 하늘과 새 땅

확산에서 구현된 것으로 해석한 에우세비우스와 달리,[47] 아우구스티누스가 살았던 시대의 보다 격동하는 역사적 배경은 그에게 이런 낙관주의를 허용하지 않았다.[48] 아우구스티누스는 교회가 본향이 아닌 이 세상을 통과하는 순례 여행 중이며, 역사 내내 세상과 상당한 갈등 관계에 있다고 보았다.

아우구스티누스의 보다 염세적이고 내세적인 세계관에 기름을 부은 것은 그가 살았던 시대만이 아니었다. 우리는 그의 저작에 만연한 신플라톤주의 틀에 대해서도 해명할 필요가 있다. 이런 틀은 서로 배타적인 두 가지 사랑—영원한 것에 대한 사랑과 일시적인 것에 대한 사랑—에 대한 그의 유명한 개념과, 영혼과 대비되는 몸에 대한 그의 일관된 평가절하에서 특히 두드러진다. 아우구스티누스의 사상에서 하나님께 대한 충성 대 배교와 불순종이라는 모티프(핵심적이고 정당한 성경적 모티프)는, 하나는 초월적이고 고상하며 다른 하나는 현세적이고 하등하다는 두 영역에 대한 신플라톤주의적인 가치의 틀 위에 덧붙여진다(그리고 지속적으로 그 틀과 싸운다).[49] 창조된 원래의 선함이라는 성경적 개념은 그의 표현을 분명 완화시키는데, 플라톤의 「파이돈」의 급진적 이원론보다는 「티마이오스」에 다소 가깝다. 하지만 아우구스티누스의 종말론에는 우주의 구속이 존재하지 않는다.[50]

인정하는 바, 교회사를 통틀어 전개되는 그리스도와 성도들의 통치에

---

47) 기원후 313년의 밀라노 칙령은 기독교를 포함한 모든 종교에 대한 관용을 도입했다.

48) 아우구스티누스의 (기원후 413년에 집필하기 시작한) 「하나님의 도성」은 흔히 로마의 쇠퇴와 몰락, 특히 기원후 410년 알라리크가 자행한 약탈에 대한 신학적 응답으로 간주된다.

49) 하나님에 대한 사랑 또는 하나님을 향한 갈망이라는 아우구스티누스의 모티프는, 두 영역을 가정하는 그의 이원론에서 떼어놓고 보았을 때, 긍정적인 평가를 받는다. James K. A. Smith, *Desiring the Kingdom: Worship, Worldview, and Cultural Formation* (Cultural Liturgies 1; Grand Rapids: Baker Academic, 2009)을 보라.

50) 플라톤의 「티마이오스」와 「파이돈」의 차이에 대해서는 1장의 논의를 보라.

대한 아우구스티누스의 이해(20세기에 "무천년설"이라고 불리게 된 견해)는 역사적 실재에 대한 긍정적 평가를 암시할지도 모른다.[51] 그러나 이런 역사 과정에 대한 긍정은 지상 역사의 궁극적인 목표가 역사를 초월한 천상의 영역이라는 그의 견해와 상당히 불일치한다. 최종 구원은 아우구스티누스에게 있어서 근본적으로 비우주적이고 비시간적인 것이었다.

유명한 신플라톤주의 역사가인 A. H. 암스트롱(A. H. Armstrong)이 1966년의 빌라노바 강연에서 다음과 같이 말했을 때, 여기에는 무언가 중요한 지점이 있다.

> 내가 보기에, 성 아우구스티누스와 당대의 다른 기독교 사상가들 대부분은 그들이 실제로 일으킨 변화보다 플라톤주의를 더 심오하고 더 역동적으로 변화시킬 수 있는 기회를 놓쳤고…어떤 면에서 물질적 우주에 대한 그들의 사상은 이교적 플라톤주의 사상과 비교해볼 때 분명한 후퇴를 보여주거나, 적어도 필요한 기독교적 진보를 이루는 데 실패한 것으로 보인다.[52]

스스로를 기독교적 플라톤주의자로 간주하는 암스트롱은 계속해서 이렇게 말한다.

---

51) "무천년설"이라는 용어는 20세기 초나 중엽의 어느 시기에 후천년설, 즉 (교회사 마지막 천 년만이 아니라) 교회사 전체가 계 20장의 천년왕국과 동일하다는 견해의 한 특정한 형태를 지칭하기 위해 사용되었다. "무천년설"이라는 단어의 기원을 발견하기 위한 시도를 보려면 Richard B. Gaffin Jr., "Theonomy and Eschatology: Some Reflections on Postmillennialism," in *Theonomy: A Reformed Critique*, ed. William S. Barker and W. Robert Godfrey (Grand Rapids: Zondervan, 1990), 197-224(특히 이 글의 첫 부분)을 보라.

52) A. Hilary Armstrong, *St. Augustine and Christian Platonism* (Vilanova, PA: Vilanova University Press, 1967), 13. 암스트롱이 언급하는 후퇴는 플라톤이 물리적인 우주는 영원하다고 (따라서 결코 파괴되지 않을 것이라고) 생각했다는 사실을 암시한다.

새 하늘과 새 땅

나는 [이교주의의] 우주적 종교를 [필요적으로] 거부함에 있어서 무언가 중요한 것이 완전히 상실될 위기에 처해 있고, 4세기와 5세기에 한 번의 기회를 놓쳤다고 생각한다. **상실될 위기에 처해 있었던 것은 거룩함에 대한 의식, 우주 전체의 종교적 적실성 및 그와 더불어, 필연적으로 일상적 인간의 삶과 신체적 활동의 거룩함에 대한 의식이었다.**[53]

이 기회를 놓치고 세상에 대한 총체적 관점을 상실하자, 우주의 구속이 종말론의 역사에서 다시 나타나는 데 매우 오랜 시간이 걸렸다.

아우구스티누스부터 종교개혁까지

사실 우주의 구속은 중세 시대의 관점에서 완전히 사라진다. 캐롤라인 워커 바이넘(Caroline Walker Bynum)은 몸의 부활에 대해 역사적으로 서술하며 이렇게 설명한다.

서력기원 바로 전후 몇 세기 동안 유대인들과 그리스도인들이 소망한 몸의 부활은 재구성된 우주—"새 하늘과 새 땅"—에서 발생한다고 생각되었다.…그런 소망은 5세기까지는 사라지지 않았지만, 천년왕국 시대가 곧 올 것이라고 기대하는 이들은 더 이상 많지 않았고, 종말론적인 열망은 뼈가 아직 지하에서 휴식하는 동안 영혼이 갈지도 모르는 하늘에 점점 더 초점이 맞춰졌다.[54]

---

53) 같은 책, 16(미들턴 강조).
54) Caroline Walker Bynum, *The Resurrection of the Body in Western Christianity, 200-1136* (New York: Columbia University Press, 1995), 13.

만물의 영속적인 회복에 대한 소망이 여기서 일시적 천년왕국의 개념으로 축소되었다는 점에 주목해보라. 그러나 이것조차 더 이상 중요한 소망이 아니다. 대신 몸의 부활에서 영혼의 불멸성으로의 변화를 수반하는, 땅에서 하늘로의 기대의 변화가 존재한다. 워커 바이넘은 이 변화를 이런 식으로 설명한다. "초기 기독교인들은 회복된 지상 낙원에서 몸이 부활할 것을 기대했고, 그 낙원의 도래는 임박한 것이었다. 반면에 대부분의 후기 중세 기독교인들은 부활과 하나님 나라의 도래가 멀리 떨어진 또 다른 시간과 공간 속에서 벌어질 일이라고 생각했다." 이는 비물질적인 영역을 완곡하게 표현한 것이다.[55]

위와 같은 개념은 영혼을 몸의 형상이나 통일성으로 보는 아리스토텔레스적 관점을 신봉하기 때문에 몸의 부활의 중요성을 기독교 소망의 핵심으로 강조하는 경향이 있었던 토마스 아퀴나스의 경우에도 나타난다.[56] 아퀴나스는 심지어 세상의 멸망이 아닌 종말론적 갱신을 옹호한다.[57] 그러나 이런 대담한 움직임을 찬미하기 전에, 우리는 아퀴나스가 부활한 성도들이 영원을 보내게 될 이 새로워진 세상을 무시간적 실재(시간이 멈출 것이다)[58]이자 동물이나 식물이 없는 세상으로 이해한다는 점에 주목해야

---

55) 같은 책, 14.

56) 몸에 부활에 대한 토마스 아퀴나스의 설명을 보려면 「신학 대전」(*Summa theologiae*, 바오로딸 역간) 5권 3부의 두 번째 부분 뒤의 보충부 77문, "부활의 때와 방식에 대하여"("Of the Time and Manner of the Resurrection")를 보라(75-85문은 부활의 다양한 측면들을 다룬다). 인격을 영혼과 몸의 복합체로 보는 아퀴나스의 관점에 대해서는 *Summa contra Gentiles* III.52.5을 보라. 영혼을 본질적인 인격으로 보는 플라톤의 견해에 대한 그의 비판을 보려면 *Summa contra Gentiles* II.57을 보라.

57) Aquinas, *Summa Theologiae*, 5권 3부의 두 번째 부분 뒤의 보충부 91문 1항: "Whether the World Will Be Renewed."

58) Aquinas, *Summa Theologiae*, 5권 3부의 두 번째 부분 뒤의 보충부 91문 2항: "Whether the Movement of the Heavenly Bodies Will Cease."

새 하늘과 새 땅

한다(실제로 인간은 몸은 있지만 그의 동물적 본성을 초월할 것이다).[59]

문자적인 지상 천년왕국에 대한 소망은 아우구스티누스 이후 때때로, 특히 (12세기의 시토 수도회 수도사인 피오레의 요아킴[Joachim of Fiore]의 영향을 받은) 중세 말의 개혁운동에서, 그리고 16세기의 재세례파 교인들 사이에서(이른바 급진 종교개혁) 표면화되었다.[60] 이런 경우에서 천년왕국에 대한 소망은 불의하고 부패한 현재 상황에 대한 저항과 연결되었다. 소망하는 천년왕국은 사회와 교회 안의 정치적 불의와 경제적 부패에 대한 대안인 현세적 이상의 역할을 했다.[61] 그러나 대체로 중세시대 신학과 권위 있는 종교개혁 신학은 아우구스티누스에 의해 시작된 노선을 따라 무천년설을 신봉했다.[62]

---

59) Aquinas, *Summa Theologiae*, vol. 5권 3부의 두 번째 부분 뒤의 보충부 91문 5항: "Whether the Animals and Plants Will Remain." 최종 상태에 대한 아리스토텔레스 견해의 현대적 형태로는 Peter Kreeft, *Everything You Wanted to Know about Heaven— But Never Dreamed of Asking!* (San Francisco: Ignatius, 1990)을 보라. 크리프트에 따르면 하늘은 의인들이 비물질적 실체로 구성되었다는 의미에서 "영적인" 부활한 몸으로 살게 될 객관적으로 실재하지만 비물질적인 "장소"다.

60) 요아킴과 아퀴나스의 종말론을 비교한 흥미로운 연구로는 Jürgen Moltmann, "Christian Hope: Messianic or Transcendent? A Theological Discussion with Joachim of Fiore and Thomas Aquinas," trans. M. D. Meeks, *Horizons* 12 (1985): 328-48을 보라.

61) Norman Cohn, *The Pursuit of the Millennium: Revolutionary Millenarians and Mystical Anarchists of the Middle Ages* (rev. ed.; Oxford: Oxford University Press, 1961); Walter Klaassen, *Living at the End of the Ages: Apocalyptic Expectation in the Radical Reformation* (Lanham, MD: University Press of America, 1992).

62) 종교개혁 시대에 이르러 천년왕국은 너무나 소외된 나머지, 토머스 크랜머(Thomas Cranmer)가 1553년에 작성한 최초의 영국국교회 신조 41항은 (비록 이 조항은 엘리자베스 1세 시대의 1563년 개정판에서 생략되었지만) 천년왕국을 "유대인의 망령에서 나온 우화"로 묘사했다. 마찬가지로 아우크스부르크 신앙고백 제17조는 "현재 죽은 자들의 부활 이전에 경건한 자들이 세상 나라를 차지하고 악인들은 어디서든 진압될 것이라는 유대인의 견해를 퍼뜨리는" 재세례파와 그 밖의 사람들을 정죄했다. Philip Schaff, *History of the Christian Church*, vol. 2, *Ante-Nicene Christianity, AD 100-325* (Edinburgh: T&T Clark, 1884), 619n4을 보라.

그러나 새 땅의 개념은 마르틴 루터(1483-1546년)와 장 칼뱅(1509-1564년)의 저작에 일관성 없이 등장하기 시작했다.[63] 루터는 "의가 거하는 새 하늘과 새 땅이 존재하게 될…그날에 새로운 존재로 일으킴을 받는" 것에 대해 말할 수는 있었지만,[64] 우주적 회복의 중요성에 대해 의식적으로 숙고하지는 않고 사람들의 종말론적 구속에 초점을 맞추어 최종 상태를 일반적으로 "하늘"이라고 칭한다.[65]

변화된 우주라는 개념은 관련된 성경본문에 대한 칼뱅의 주석(그는 특정 본문이 실제로 말하는 내용에 충실하려고 했다)에서 때때로 나타나는데, "하늘과 땅은 그리스도의 나라가 되기에 알맞도록 불로 깨끗해질 것이다"[66]라는 베드로후서 3:10에 대한 주석이나 "하나님은 현재의 타락한 세상을 인류와 같은 시기에 완벽한 상태로 회복시키실 것이다"[67]라는 로마

---

63) 칼뱅에게서 볼 수 있는 이런 비일관성에 대한 분석으로는 J. H. van Wyk, "John Calvin on the Kingdom of God and Eschatology," *In die Skriflig* 35 (2001): 191-205을 보라.

64) Martin Luther, *Lectures on Galatians. Luther's Works: American Edition*, vol. 26, *Lectures on Galatians: Chapters 1-4 (1535)*, ed. Jaroslav Pelikan and Walter A. Hansen (St. Louis: Concordia, 1963), 235도 보라.

65) 실제로 루터의 종말론에 대한 1989년의 한 박사 학위 논문은 최종 상태에 대한 루터의 견해가 현세적인가 아니면 천상적인가라는 질문조차 제기하지 않는다(대신 이 논문은 현재의 칭의와 하나님과의 최종적인 화해 사이의 관계에 대한 루터의 복잡한 여러 문제에 사로잡혀 있다). Jane E. Strohl, "Luther's Eschatology: The Last Times and the Last Things" (PhD diss., University of Chicago, 1989)를 보라.

66) John Calvin, *Calvin's New Testament Commentaries*, vol. 12, *Hebrews and 1&2 Peter*, trans. William B. Johnston, ed. David W. Torrance and Thomas F. Torrance (Grand Rapids: Eerdmans, 1994), 365.

67) John Calvin, *Calvin's New Testament Commentaries*, vol. 8, *Romans and Thessalonians*, trans. Ross MacKenzie, ed. David W. Torrance and Thomas F. Torrance (Grand Rapids: Eerdmans, 1995), 174. 수잔 E. 슈라이너(Susan E. Schreiner)의 탁월한 연구서인 다음 책에서조차, 창조세계의 혁신 내지 갱신이라는 개념을 칼뱅의 주석으로 한정한다. *The Theater of His Glory: Nature and the Natural Order in the Thought of John Calvin* (Grand Rapids: Baker Academic, 1991). 97-99을 151-152, 156에 있는 각주와 함께 보라.

서 8:21에 대한 주석에서 나타난다. 그러나 이런 건전한 성경 주해는『기독교 강요』에 담긴 칼뱅의 교리 해설과 긴장관계에 있다. 즉『기독교 강요』에서 칼뱅은 일반적으로 (교회가 그 시민권을 갖고 있는) 하늘에 있는 영적인 그리스도의 나라와 (시민 사회가 그 일부가 되는) 이 땅의 일시적인 하나님 나라를 구별한다.[68] 성경이 영원한 지상 나라를 약속하는 것처럼 보인다는 점을 인정하면서 칼뱅은 이렇게 설명한다. "예언자들은 이런 영적인 복된 상태를 그 나름의 본질에 따라 표현할 말을 찾을 수 없었기 때문에, 그것을 단지 물리적인 말로 묘사했을 뿐이다."[69] 칼뱅은 그리스도인이 시민 사회에 참여하는 것을 폄하하지는 않지만(이는 정당하고 명예로운 활동이다), 그의 신학에는 사회질서나 물리적 우주의 구속이 들어설 자리가 없다. 오히려 그는 교회를 참된 (하늘의) 본향으로 가는 순례길 내지 여행 중에 있는 것으로 묘사한다.[70]

현대의 총체적 종말론

종교개혁 이후로 현재 이 세상의 구속에 대한 광범위한 인식에 가장 가

---

68) 이 두 나라에 대한 칼뱅의 가장 명확한 진술을 보려면 *Institutes* 3.19.5; 4.20.1; *Commentary on Romans* 13.1을 보라. David VanDrunen, "The Two Kingdoms: A Reassessment of the Transformationist Calvin," *Calvin Theological Journal* 40 (2005): 248-66도 보라.

69) Calvin, *Institutes* 3.25.10. 이 본문은 그가 하늘을 "세상의 회복"으로 지칭한 사실을 설명하는 데 도움이 된다(3.25.11). 이것은 세상의 물리적 상태의 회복이 아니라 세상의 참되고(영적인) 복된 상태의 회복이다. 다른 대목에서 칼뱅은 물리적인 나라의 개념을 "유대인의 허영"으로 일축하며(4.20.1), 문자적인 이 땅의 천년왕국 개념을 군이 반박하기에는 "너무 유치한" "허구"라고 부른다(3.25.5). 이 저작의 인용구는 John Calvin, *Institutes of the Christian Religion*, vol. 2, ed. John T. McNeill, trans. Ford Lewis Battles (Library of Christian Classics 21; Philadelphia: Westminster, 1960)에서 발췌했다.

70) Calvin, *Institutes* 2.16.14; 3.2.4; 3.7.3; 3.10.1; 3.25.11-12; 4.20.2을 보라.

까운 것은 18세기와 19세기 대부흥 시대의 후천년설이다. 미국에서 가장 충분히 전개된 천년왕국에 대한 이 현대적 해석에서는 완벽한 천 년의 기간으로 이어지는 지상에서의 사회 조건의 향상과 그 기간 끝에 있을 그리스도의 재림을 기대했다.[71] 이런 관점은 (다른 많은 이들 중에서도) 조너선 에드워즈(Jonathan Edwards), 존 웨슬리(John Wesley), 조지 휫필드(George Whitefield), 찰스 피니의 저작에서 발견된다. 대부분의 후천년설 신봉자들은 사회변혁이 주로 사회정책을 바꾸려는 시도보다는 개인의 회심에서 비롯될 것으로 예상했지만, 후천년설은 보다 넓은 문화에 속한 사회적 병폐를 해결하기 위한 신학적 원동력을 제공하는 건전한 역할을 했다.[72] 실제로 18세기 말에 윌리엄 캐리(William Carey)에게 세상의 점진적인 기독교화에 대한 기대 속에서 현대 선교 운동을 일으키도록 동기를 부여한 것은 마태복음 28장의 지상명령에 대한 강조와 더불어 후천년설의 비전이었다.[73]

그러나 후천년설 신봉자들이 기대한 이 땅의 완성의 시대는 그리스도의 재림이 그 뒤에 이어지는 일시적인 기간일 뿐이었고, 그리스도는

---

71) 후천년설은 일반적으로 미국 칼뱅주의의 한 형태와 관련되지만, 후천년설이 존립 가능한 종말론적 대안으로 체계화된 것은 보통 영국 국교회의 아르미니우스 신념을 가진 대니얼 횟비(Daniel Whitby, 1638-1726)의 공로로 간주된다.

72) 종말론과 사회적 비전의 관계는 Woodrow W. Whidden, "Eschatology, Soteriology, and Social Activism in Four Mid-Nineteenth Century Holiness Methodists," *Wesleyan Theological Journal* 29, nos. 1 and 2 (Spring-Fall, 1994): 92-110에서 다루어진다.

73) 캐리는 자신의 동기를 *An Enquiry into the Obligations of Christians to Use Means for the Conversion of the Heathens* (Leicester: Ann Ireland, 1792)에서 제시하고 있다. 이런 후천년설의 비전은 H. 어니스트 니콜(H. Earnest Nichol)이 1896년에 지은 찬송가 "우리에게는 열방에 전할 이야기가 있다"에서 발견되는데, 이 찬송가는 "우리에게는 열방에 전할 이야기가 있다 / 그들의 마음을 옳은 데로 돌아오게 할 이야기"라는 가사로 시작하며, 후렴구에서 이렇게 확언한다. "어둠은 여명으로 바뀔 것이며 / 여명은 한낮의 빛으로 바뀔 것이기 때문이다 / 그리고 그리스도의 위대한 나라가 땅에 임할 것이다 / 사랑과 빛의 나라가."

보통 비물질적인 방식으로 이해되는 최종 상태의 도래를 알리실 것이었다. (18세기의) 에드워즈나 (19세기의) 피니 같은 후천년설 신봉자들은 분명 "새 하늘과 새 땅"이라는 표현을 사용했지만, 이는 문자적으로 받아들여야 할 표현이라기보다 비우주적인 최종 상태를 그림처럼 생생하게 표현하는 방식에 더 가까웠다. 예를 들면 에드워즈는 새 하늘과 새 땅이 "새로워지고 정결하게 된" 현재의 물리적 창조세계가 아니라, 그와 전혀 다르고 "엄청나며 더 영광스러운" 어떤 것이리라고 주장한다.[74] 실제로 에드워즈는 "영원한 상태"가 "태양계 전체와 같이 덧없이 지나가고 필연적으로 종말에 이를 수밖에 없는 이 지구 위에" 있다고는 상상할 수 없다고 말한다.[75]

후천년설 신봉자들 가운데 최종 상태에 대한 중요한 예외 하나는 존 웨슬리(1703-1791년)다. 그는 말년에 (마지막 10년 동안) 지상 창조세계의 가치와 하나님의 구속 계획에 있어서 이 지상의 역할을 점점 더 인식하게 되었다.[76] 웨슬리는 (그의 동시대인들 대부분이 그랬듯이) 복된 최종 상태를 흔히 "하늘"이라고 불렀지만, 동시에 "새 땅"에 대해서도 말했다.[77] 로마서 8:21을 해설하며 그는 이렇게 설명한다. "창조세계 자체가 구원받을 것이다. 파괴는 구원이 아니다. 그러므로 파괴되거나 더 이상 존재하지 않는 것이 무엇이든 그것은 구원받은 것이 전혀 아니다. 그렇다면 창조세계에

---

74) Jonathan Edwards, "Notes on the Apocalypse," in *The Works of Jonathan Edwards*, vol. 5, *Apocalyptic Writings*, ed. Stephen Stein (New Haven: Yale University Press, 1977), 158, 140(새 하늘과 새 땅을 설명하려는 그의 대단히 난해한 시도에 대해서는 각주 41, 62번을 보라).

75) 같은 책, 142.

76) 웨슬리는 자연세계에 대단히 관심이 많아서 (다른 저서들을 사용하여) *A Compendium of Natural Philosophy, Being a Survey of the Wisdom of God in Creation*, ed. Robert Mudie (3 vols.; London: Thomas Tegg & Sons, 1836)을 편집했다.

77) 그의 설교 "The New Creation"에서(이하의 내용을 보라).

파괴될 부분이 있을 것인가?"[78] (롬 8:19-22에 대한) "큰 구원"이나 (계 21:5에 대한) "새 창조"와 같은 이후의 몇몇 설교에서는 ("짐승"을 포함한) 우주 전체의 궁극적 구속에 대한 웨슬리의 명백하고 일관된 강조가 발견된다.[79] 루이스 웨슬리 데 수자(Louis Wesley de Souza)와 하워드 스나이더(Howard Snyder)로 하여금 (앨버트 C. 아우틀러[Albert C. Outler]가 처음 표현한)[80] 이른바 (성경해석에서 이성, 교회 전통, 개인적 경험의 기여에 관한) "감리교 4대 강령"(Wesleyan Quadrilateral)이 창조질서 속에 새겨진 하나님의 지혜에 대한 웨슬리의 강조로 보완될 필요가 있다고 주장하게 한 것은, 바로 이런 후기의 웨슬리에게서 보이는 창조세계에 대한 언급이었다.[81]

웨슬리 이후에는 오늘날까지도 다양한 형태로 지속되고 있는 19세기의 최소한 두 가지 중요한 운동이 현세적인 최종 상태를 상상했다. 이 두 운동은 이 시기 동안 의인에 대한 천상의 운명이라는 전형적인 기독교적 기대에 대한 예외로 존재한다. 첫째, 제7일 안식일 예수재림교회의 사례가 있는데, 이 교회는 안식일 재림운동에서 엘렌 G. 화이트(Ellen G.

---

78) John Wesley, *Explanatory Notes upon the New Testament* (New York: Carlton & Porter, 1754), http://wesley.nnu.edu/john_wesley/notes/index.htm.

79) John Wesley, "The General Deliverance," sermon 60 (on Rom. 8:19-22); "The New Creation," sermon 64 (on Rev. 21:5), in *The Sermons of John Wesley* (1872 ed.), ed. Thomas Jackson, http://wesley.nnu.edu/john_wesley/the-sermon-of-john-wesley-1872-edition/.

80) *The Wesleyan Theological Heritage: Essays of Albert C. Outler*, ed. Thomas C. Oden and Leicester R. Longden (Grand Rapids: Zondervan, 1991), 21-37, 39-54, 97-110, 111-24에 있는 아우틀러의 글을 보라.

81) Louís Wesley de Souza, "The Wisdom of God in Creation: Mission and the Wesleyan Pentalateral," in *Global Good News: Mission in a New Context*, ed. Howard A. Snyder (Nashville: Abingdon, 2001), 138-52. Howard A. Snyder, "The Babylonian Captivity of Wesleyan Theology," *Wesleyan Theological Journal* 39 (2004): 7-34도 보라. 스나이더는 일부 현대 감리교 신학에서 세계관의 이원론을 다루려면 창조에 대한 이런 강조가 필요하다고 주장한다(그의 비판은 다른 신학적 전통에도 똑같이 적용 가능하다).

새 하늘과 새 땅

White, 1827-1915)의 영감을 받아 발전했다.[82] 이 교회는 1863년에 세워졌고 원래는 주류 기독교인들에 의해 이단 종파로 간주되었지만, 1950년대 말과 1960년대 초에 이르러 복음주의 지도자들은 최소한 (화이트의 보다 극단적인 몇몇 가르침과 거리를 둔) 제7일 안식일 예수재림교회의 일부 흐름이 정통 기독교의 범위 안에 있다고 확신했다. 역사의 절정에 대한 화이트의 관점에서 핵심적인 것은 모든 악이 제거된 새로워지고 회복된 땅이었으며, 이는 제7일 안식일 예수재림교회의 신앙에 있어서 여전히 두드러진 가르침이다. 『대논쟁』(The Great Controversy)에 담긴 화이트의 마지막 말은 인용할 만한 가치가 있다.

> 우주 전체가 깨끗하다. 조화와 기쁨의 한 맥박이 광대한 창조세계를 통해 고동친다. 모든 것을 창조하신 분에게서 생명과 빛과 기쁨이 광대한 우주의 영역 곳곳으로 흘러간다. 가장 작은 원자부터 가장 큰 세계까지 생명이 있는 모든 것과 생명이 없는 모든 것이 그늘지지 않은 아름다움과 완벽한 기쁨 속에서 하나님은 사랑이시라고 선포한다.[83]

제7일 안식일 예수재림교회가 처음부터 땅의 구속이 (총체적 건강 문제를 포함해서) 총체적 삶에 대해 갖는 의미를 규명하려 했고, 보다 최근에는 윤리적 소명의 일부로서 믿음과 배움의 통합을 다루기 시작했다는 점은 의미심장하다.[84]

---

82) 화이트는 원래 윌리엄 밀러(William Miller, 1782-1849)를 따르는 전천년주의 집단인 밀러파의 일원이었는데, 그리스도의 재림에 대한 밀러의 명확하지만 빗나간 예언은 그의 추종자들 사이에서 큰 환멸을 낳았다.

83) Ellen G. White, *The Great Controversy* (Mountain View, CA: Pacific Press, 1911), 678, 42장 "The Controversy Ended"의 결론.

84) 믿음-배움 계획의 배후에 있는 원동력은 홈베르토 M. 라시(Humberto M. Rasi)였다. 그

회복주의자라고도 알려진 19세기 초에 일어난 스톤-켐벨 운동의 여러 창시자들도 지상에서의 최종 상태를 상상했다. 이 운동은 결국 그리스도의 교회나 ("제자들"이라고도 알려진) 크리스천 교회 같은 교파들의 창립으로 이어졌다. 데이비드 립스컴(David Lipscomb)이나 제임스 하딩(James Harding) 같은 이 운동의 많은 창시자들이 하늘과 땅의 항구적인 종말론적 구속을 가르쳤다는 점(그리고 오늘날의 몇몇 구성원들도 여전히 가르친다는 점)은 매우 흥미롭다.[85]

그러나 우주적 구속을 상상한 이런 운동들은 규칙에서 벗어난 예외였다. 현대 기독교 세계의 대부분 종파에서 종말론에 대한 지배적인 접근방식은 내세적인 것이었다. 심지어 사회경제적 차원에서 인간 삶의 향상에 확고하게 초점을 맞춘 19세기 말과 20세기 초의 사회복음운동조차 현세적이고 체화된 내세를 생각할 수 있는 범주가 없었다. 예를 들어 20세기 초에 이 운동의 가장 중요한 대변인이 된 월터 라우션부시(1861-1918년)는 여러 저서에서 지상에서의 회복된 사회 관계로 이루어진 현세적 하나님 나라에 대한 강력한 윤리적 비전을 전파했지만, 이 비전을 (모순되게도) 내세에 대한 비물질적이고 비신체적인 관점과 결합시켰다.[86]

는 1987년에 제7일 안식일 예수재림교회 대학 교수들(과 고등학교 교사들)이 교육과 연구에 영향을 끼칠 총체적인 기독교 세계관을 개발하도록 돕기 위해 (현재는 기독교 교육 연구소로 알려진) 기독교 대학 교육 연구소를 설립했다. 웹 페이지 http://circle.adventist. org/files/CD2008/CD1/ict/ifl_definition.html을 보라. 나는 이 연구소의 초창기에 이곳을 위해 일련의 기독교 세계관 강연을 했다.

85) John Mark Hicks and Bobby Valentine, *Kingdom Come: Embracing the Spiritual Legacy of David Lipscomb and James Harding* (Abilene, TX: Leafwood, 2006); Al Maxey, "Paradise Regained," *Reflections* 310 (August 6, 2007); "Questions from Abroad," *Reflections* 311 (August 10, 2007): http://www.zianet.com/maxey/reflx311. htm.

86) 라우션부시가 내세의 본질을 명시적으로 다룬 한 대목은 그의 마지막 저서인 *A Theology for the Social Gospel* (New York: Macmillan, 1917), 208-39, 18장이다. 그는 자신의 하

이 연구는 지금까지 (약간의 수정은 필요하지만) 19세기 종말론의 상태에 관한 역사가 리처드 타나스(Richard Tarnas)의 다음과 같은 판단을 대체로 확증한다. "종교개혁 이후에 이미 사라지고 있던 교리, 즉 타락과 구속은 인간뿐만 아니라 온 우주와도 관련이 있다는 초기 기독교의 믿음은 이제 완전히 사라졌다. 구원의 과정은, 거기에 어떤 의미가 있다면, 오직 하나님과 인간 사이의 인격적 관계에만 관련되었다."[87] 우리는 19세기에 여기에서 벗어나는 예외가 있었다는 사실을 살펴보았다. 그럼에도 불구하고 타나스의 평가는 대체로 옳다.[88]

휴거 교리의 영향

아마도 19세기 동안 종말론에서 우주의 구속 개념을 더욱 하찮게 만드는 역할을 한 가장 중요한 전개는 플리머스 형제단에 속한 아일랜드인 목사 존 넬슨 다비(1800-1882년)의 가르침에서 유래한 세대주의라고 알려진 해석 체계일 것이다. 세대주의는 1830년대에 시작될 때부터 하나님이 이스라엘과 맺으신 언약과 교회와 맺으신 언약을 날카롭게 구별했

님 나라 비전에 부합되게 단호히 내세의 본질을 다시 생각하려 애썼지만, 이 생각은 "하늘"에서의 삶의 사회적 성격과 거기서의 도덕적 발전의 가능성에 대해 사색하는 형태를 취했다. 그러나 그는 땅의 회복이 기독교적 소망의 일부가 될 수 있는 가능성은 생각조차 하지 않았다.

87) Richard Tarnas, *The Passion of the Western Mind: Understanding the Ideas That Have Shaped Our World View* (New York: Ballantine, 1991), 306-7.

88) G. C. 베르카우어는 Adolf Köberle, *Der Herr über alles: Beiträge zum Universalismus der christlichen Botschaft* (Hamburg: Furche-Verlag, 1957), 103에서 비슷한 판단을 다음과 같이 인용한다. "구속의 이 우주적 측면은 계몽주의 시대 이래로 서구 기독교권에서 점점 상실되었고, 오늘날까지 우리는 이 측면이 지닌 힘과 명료함을 회복하지 못했다." G. C. Berkouwer, *The Return of Christ* (Studies in Dogmatics; Grand Rapids: Eerdmans, 1972), 211n1을 보라.

고, 결국 역사를 (일반적으로) 하나님이 서로 다른 방식으로 인간과 관계를 맺으신 일곱 개의 구별된 "세대" 내지 시기로 나누었다. 세대주의자들은 그리스도의 오심이 최종 상태 이전의 문자적인 지상의 천년왕국의 막을 열 것이라고 기대했지만, 이런 형태의 전천년설은 중세 말이나 재세례파의 천년왕국에 대한 관점에서와 같이 현재 상황에 도전하는 윤리적 역할을 하지 못했다. 대신 천년왕국에 대한 보다 최근의 믿음은 일반적으로 (때때로 "신문 성경해석"이라고 불리는) 예언에 대한 조각 그림 맞추기식 접근법과 현 세상에 대한 깊은 비관주의와 결합되었고, 이 세상은 그리스도가 재림하실 때까지 점점 더 나빠질 것으로 예상되었다. 그리고 고전적인 세대주의자들은 일시적 천년왕국이 끝나면 다시 비물질적인 최종 상태로서의 하늘에 대한 관점으로 되돌아가거나, 현재의 총체적인 삶에 대한 가능한 함의를 전혀 인식하지 못한 채 (벧후 3:10과 계 21장을 인용하면서) 현재 우주가 소멸된 뒤에 하늘과 땅이 교체된다는 개념을 주장했다.[89]

이런 인식 부족의 원인은 다비가 (1840년 무렵부터) 대중화시킨 "은밀한 휴거"라는 유명한 세대주의 교리인데, 이에 따르면 신자들은 "대환난" 직전에 하늘을 향해 땅을 탈출하게 되어 있다.[90] 다비는 예언의 시간표를 찾아내려는 많은 시도가 있었던 캐나다, 미국, 영국에서 성경 예언 사

---

89) 세대주의의 역사 속에서 대략 세 단계를 추적할 수 있는데 이 단계는 각각 "고전적" 세대주의, "수정된" 세대주의, "진보적" 세대주의로 구별할 수 있다. Craig A. Blaising, "Premillennialism," in *Three Views of the Millennium and Beyond*, ed. Darrell L. Bock (Counterpoints: Exploring Theology; Grand Rapids: Zondervan, 1999), 160-81을 보라.

90) 이 교리가 기독교 사상의 역사에서 언제 처음 나타났는지에 관해서 휴거 교리 지지자들 사이에 상당한 논쟁이 있다. 실제로 다비보다 수 세기 전에 이 개념을 주창한 사람들의 예가 있을 수 있지만, 이 교리는 19세기 중엽에서 말까지는 널리 전파되지 않았고, 20세기에 이르러서야 비로소 복음주의 및 근본주의 교회에서 가장 선호하는 종말론 교리가 되었다.

경회를 통해 휴거의 개념을 대중화한 반면, 드와이트 L. 무디(Dwight L. Moody, 1837-1889년)는 다른 이유로 이 교리에 매달렸다. 무디는 휴거를 자신의 부흥 설교, 특히 전도를 위한 회심 촉구를 뒷받침하는 데 이용했다. 무디는 분명하게 정리된 종말론이 없었고 종말론 논쟁을 피하는 경향이 있었지만, 휴거는 어느 때든지 하나님을 만날 준비를 하라는 그의 일관된 강조와 매우 잘 어울렸다. 그 외에도 휴거는 현 세상에 대한 무디의 다소 부정적 관점과 기독교 소망으로서의 내세적 천국에 대한 강조를 뒷받침하는 역할을 했다.[91] 예를 들면 무디는 1877년의 한 설교에서 이렇게 말한 것으로 유명하다. "나는 이 세상을 망가진 배로 간주합니다. 하나님은 내게 생명선을 주시며 '무디야, 네가 구할 수 있는 모든 사람을 구하라'라고 말씀하셨습니다."[92] 무디 이후 19세기의 많은 부흥주의 설교자들 역시 그들의 전도 설교의 긴급성을 뒷받침하기 위해 휴거를 활용했다. 이 교리의 점점 커져가는 인기는 19세기 말에 급증한 복음주의 기독교 운동의 내세적이고 현실도피적인 태도에 기여한 한 가지 중요한 요소였다.

20세기 초에 휴거 개념은 폭발적인 인기가 있었던 스코필드 관주 성경을 통해 상당한 동력을 얻었다. 1909년에 옥스퍼드 대학 출판부에 의해 처음 발간되었고 사이러스 I. 스코필드(Cyrus I. Scofield, 1843-1921년)의 연구 해설이 담긴 이 KJV는 "말세"에 대한 성경 예언의 세대주의 해

---

91) 무디의 유명한 설교집 제목이 『하늘: 하늘과 하늘의 주민들은 어디에 있으며 그곳에 어떻게 가는가?』(*Heaven: Where It Is, Its Inhabitants, and How to Get There* [New York: Revell, 1887])라는 사실은 많은 것을 시사한다. 몸의 부활 개념은 그중 몇몇 설교에서 나타나지만, 다른 많은 설교에서 그는 내세를 의인들의 영이나 혼이 사는 곳이라고 말한다.
92) Dwight L. Moody, "That Gospel Sermon on the Blessed Hope," sermon 16, in *New Sermons, Addresses and Prayers* (St. Louis: N. D. Thompson, 1877), http://www.gutenberg.org/files/27316/27316-h/27316-h.htm.

석에 거의 정경적인 지위를 부여한 나머지, 세대주의는 북미의 복음주의자들과 근본주의자들이 선호하는 종말론적 체계가 되었다.

스코필드와 초기 세대주의자들이 영향을 끼친 뒤에도, 휴거 교리는 20세기에 1970년의 결정적 베스트셀러인 『사라진 멋진 행성 지구』[93]부터 시작해서 핼 린지의 왕성한 글쓰기를 통해 점점 더 많이 알려졌으며 『레프트 비하인드』(Left Behind, 홍성사 역간)라는 일련의 책과 영화를 통해 계속 인기를 얻었다.[94] 『사라진 멋진 행성 지구』는 신약이 최종 상태를 "새 하늘과 새 땅"으로 묘사하고 있다는 점을 인정하면서도 이 주제에 대해서는 두 페이지 이하만 할애했다.[95] 더욱이 새로워진 창조세계가 윤리적 행동에 중요한 자극제가 될 수 있다는 인식은 책 어디서도 찾아볼 수 없다.[96] 린지에게 있어서 우주의 재창조는 우주의 구원이 아니라, 현재의 창조질서의 파괴에 뒤이은 완전히 새로운 창조로 밝혀진다. 『사라진 멋진 행성 지구』는 그리스도의 오심을 창조세계의 구속이 아니라 "안녕"이라고 말하는 교회와 관련지어 끝맺음으로써 이런 점을 잘 보여준다.[97]

---

93) Hal Lindsey, with C. C. Carlson, *The Late Great Planet Earth* (Grand Rapids: Zondervan, 1970). 내가 1975년에 이 책을 샀을 때 이미 45쇄였고 거의 450만 부나 팔려 나갔다. 이 책은 총 3500만 부가 넘게 팔렸고 여러 언어로 번역되었다.

94) 이 시리즈는 Tim F. LaHaye and Jerry B. Jenkins, *Left Behind: A Novel of the Earth's Last Days* (Wheaton: Tyndale House, 1995)와 함께 시작되었다.

95) 새 하늘과 새 땅에 대한 논의는 13장 "Main Event"의 끝에서 발견된다(167-68).

96) 전형적인 세대주의 도식에서 새 하늘과 새 땅은 단지 유사 과학적인 방식으로 찾아낸 또 하나의 예언적 퍼즐 조각에 불과하다. 보통 이것은 어떤 중요한 신학적·윤리적 고찰의 근거도 되지 못한다.

97) 휴거에 관한 장인 11장은 "최후의 여행"이라고 불리며, 이 책의 14번째 장이자 마지막 장인 "수정 구슬 닦기"는 새 창조가 아니라 환난, 다가오는 심판, 그리고 특히 휴거에 초점을 맞추고 있다. 이런 모습은 린지의 이후 책인 『휴거: 진실 혹은 결과』(*The Rapture: Truth or Consequences* [New York: Bantam, 1983])에서도 별로 변하지 않는다. 이 책은 독자들이 "주님이 '언제든' 다시 오셔서 당신을 아버지의 집으로(즉 천국으로) 데려가실 것이라는 확실한 소망을 갖는 데" 도움이 되기를 바란다는 저자의 진심 어린 기도와 함께 끝난다 (176).

휴거 교리와 관련된 최초의 세대주의적 배경에도 불구하고, 오늘날 휴거를 믿는 많은 신자들은 다양한 세대의 세부적인 내용에 대해 다소 혼란스러워한다. 그리고 세대주의 출판물이나 웹사이트, 라디오 및 텔레비전 쇼에서 볼 수 있듯이, 오늘날 어떤 사건이 어떤 성경 예언의 성취인지에 대한 억측처럼 보이는 견해와 관련해서 종종 혼란을 겪는다.[98] 이는 오늘날 대부분의 복음주의자들이 세대주의 도식 전체에 대해 확신한다기보다는, 세대주의적 그림의 한 가지 핵심 조각(휴거)에 심취한 "삼투 현상에 의한 세대주의자"[99]이기 때문이다.

교회의 임박한 하늘로의 탈출에 대한 이런 확고한 주목은 휴거를 믿는 신자들로 하여금 땅의 미래(그리고 그로 인해 현재)를 하찮은 것으로 다루게 하는 효과를 발휘한다.[100] 20세기 전반에 있었던 땅의 미래에 대한 이런 관심 부족은 분명 내세적인 천상적 사고방식과 관련되어 있었지만, 세기가 흘러갈수록 북미의 복음주의자들 사이에서 소비주의와 탐욕의 자유로운 지배로 귀결되었다. 휴거 지향적인 종말론에는 생태학적인 책임 내지 사회적 책임을 위한 신학적 근거가 별로 없기 때문이다.[101]

---

98) 성경 예언의 현 세계에서의 성취에 대한 이런 억측에 근거한 접근방식은 이 "예언들"을 원래의 문학적이거나 역사적인 문맥과 완전히 별개로 해석할 것을 요구한다. 그렇게 되면 해석의 과정은 지나치게 주관적으로 된다.

99) 이 표현에 대해서는 내 제자인 스티븐 임스(Steven Eames)에게 감사를 표한다.

100) 랜디 L. 매덕스(Randy L. Maddox)는 세대주의 종말론과 생태학적인 청지기 역할에 대한 관심 부족 사이의 상호 관계를 보여주는, 기독교 신앙과 환경에 대한 사회학 연구들에 대해 알려준다("Anticipating the New Creation: Wesleyan Foundations for Holistic Mission," *Asbury Journal* 62 [2007]: 49-66, 특히 66nn70-71).

101) 제2차 대각성 운동 이후 휴거 교리의 대두를 포함해서, 후천년설에서 전천년설로의 전환과 관련된 복음주의자들 사이에서의 사회적 비전의 상실에 대한 분석으로는 Donald W. Dayton, *Discovering an Evangelical Heritage* (Peabody, MA: Hendrickson, 1976), chap. 10, "Whatever Happened to Evangelicalism?"; 같은 저자, *The Theological Roots of Pentecostalism* (Peabody, MA: Hendrickson, 1991), chap. 6, "The Rise of Premillennialism"을 보라.

때가 무르익었다

대중적인 복음주의 종말론에서의 휴거 교리가 차지하는 핵심 위치에도 불구하고 의미심장한 변화의 기운이 감돌고 있다. 아마도 이런 변화의 가장 중요한 지표는 이른바 진보적 세대주의자들 사이에서 보이는데, 이들은 현세적 소망에 대한 성경의 강조와 윤리에 있어 휴거 신학의 부정적 함의를 진지하게 받아들이려고 애쓰고 있다. 예를 들면, 흠잡을 데 없는 세대주의자로서의 자격을 지닌(댈러스 신학대학원에서 박사 학위를 받고 종말론 분야의 뛰어난 저작으로 존 F. 월부어드 상을 수상한) R. 토드 맨검(R. Todd Mangum)[102]은 "지금까지 환난 전 휴거에 대한 세대주의자들의 강조에서 비롯된 유익은 별로 없고, 미래에도 그런 강조에서 나올 유익은 더욱더 적을 것으로 전망된다"라는 점을 인정한다.[103] 그는 세대주의자들이 "휴거 불가지론"의 태도를 취하는 이유가 이 교리의 부정적인 윤리 효과 때문인 동시에 성경이 이 교리를 분명히 가르치지 않기 때문이라고 주장한다.[104] 맨검은 대신 "개시된 하나님 나라 윤리"를 제안하는데, 이는 예수님과 신약성경의 가르침에 보다 더 일치한다.[105]

대럴 보크(Darrell Bock)나 크레이그 블레이싱(Craig Blaising) 같은 다른 진보적 세대주의자들은 하나님 나라의 현세적 성격을 강조한다. 신

---

102) R. 토드 맨검은 다음 제목으로 발간된 그의 논문으로 상을 받았다. *The Dispensational-Covenantal Rift: The Fissuring of Evangelical Theology from 1936 to 1944* (Studies in Evangelical History and Thought; Bletchley, UK: Paternoster, 2007).

103) R. Todd Mangum, "High Hopes for 21st-Century Dispensationalism: A Response to 'Hope and Dispensationalism: An Historical Overview and Assessment' (by Gary L. Nebeker)" (복음주의 신학회 세대주의 연구 그룹에 제출된 논문, Nashville, TN, November 2000), 9.

104) 같은 책, 15.

105) 같은 책, 6.

약학자인 보크는 한 광범위한 연구에서 역사 가운데 개시된 하나님 나라의 성경적 기초를 살펴보면서 "우주 전체" 속에서의 하나님 나라의 완성도 긍정한다.[106] 조직신학자인 블레이싱의 저작은 그가 하늘로의 종말론적 도피에 관한 "영적 비전 모델"이라고 부르는 것과, "성도들에게 불멸하는 부활 생명을 허락하는 똑같은 창조의 능력을 통해 땅과 우주적 질서가 새로워지고 영원해지기를 기대하는" 보다 성경적인 "새 창조 모델"을 분명히 구별하기 때문에 중요하다.[107]

맨컴, 보크, 블레이싱 같은 진보적 세대주의자들의 접근방식은 신약학자 조지 엘든 래드의 종말론과 상당한 관련성을 지니고 있다. 1960년대와 1970년대에 래드가 (풀러 신학대학원에서 가르치면서) 쓴 저작들은 창조질서의 구속에 대한 일관된 신학을 표현했다. 래드는 자신을 "역사적 전천년주의자"로 간주했고(즉 문자적인 천년왕국을 주장했지만 세대주의 체계와 오늘날의 예언적 성취에 대한 세대주의의 불가사의한 추측에는 반대했다), 성경에서 구원의 방향은 하늘에서 땅으로 향하는 것이지 땅에서 하늘로

---

106) Darrell L. Bock, "The Kingdom of God in New Testament Theology," in *Looking into the Future: Evangelical Studies in Eschatology*, ed. David W. Baker (Evangelical Theological Society Studies; Grand Rapids: Baker Academic, 2001), 48. 보크는 자신의 진보적인 세대주의적 입장이 언약신학(54-55)이나 이전의 세대주의(58n53)와 어떻게 다른지를 밝힌다.

107) Blaising, "Premillennialism," 163. 블레이싱은 2부로 이루어진 다음 논문에서 세대주의 운동 안에서의 발전 과정을 추적하기도 했다. "Developing Dispensationalism, Part 1: Doctrinal Development in Orthodoxy," *Bibliotheca sacra* 145 (1988): 133-40; "Developing Dispensationalism, Part 2: Development of Dispensationalism by Contemporary Dispensationalists," *Bibliotheca sacra* 145 (1988): 254-80. 훗날 어떤 글에서 블레이싱은 세대주의의 발전 과정을 세 단계—고전적 단계, 수정된 단계, 진보적 단계—로 범주화하는데, 각 단계는 (다른 특징들과 더불어) 모든 신자에 대해 영원한 미래의 상태를 인정하는 점점 더 큰 경향을 나타낸다("The Extent and Varieties of Dispensationalism," in Craig A. Blaising and Darrell L. Bock, *Progressive Dispensationalism* [Wheaton: BridgePoint, 1993], 9-56).

향하는 것이 아니라고 끊임없이 설명했다. 래드의 말을 빌리면, "따라서 최종적 구속은 이 세상에서 또 다른 세상으로의 도피가 아니며, 다른 세상—하나님의 세상—이 내려와 이 세상의 변화를 가져오는 것으로 묘사할 수 있다."[108] 구체적으로 말하자면 래드에게 최종 상태는 "하늘에서의 의인들의 영혼의 모임"이 아니라 "구속된 땅 위에서 하나님과 완전한 교제를 나누는 구속받은 사람들의 모임"이다.[109]

총체적 종말론을 향한 중요한 운동은 개혁주의 신학 전통에서도 보이는데, 이 전통의 뿌리는 아우구스티누스와 칼뱅까지 거슬러 올라가며 일반적으로 무천년설을 신봉한다. 일부 개혁신학자들과 성경학자들은 명백히 현세적인 최종 상태를 주장한다는 점에서 전통적인 무천년설을 벗어난다. 예를 들면 A. A. 하지(A. A. Hodge)는 19세기에 『하지조직신학』(Outlines of Theology, 기독교문사 역간)에서 이렇게 썼다. "하나님은 우리가 있는 물질적 우주에 대변혁을 일으키실 것이다." 그리고 "이 세상은 재구성되고 그리스도와 그의 교회의 항구적인 거처로 영광스럽게 개조될 것이다."[110]

보다 최근에 앤서니 후크마(Anthony Hoekema)의 고전적인 1979년도 저작인 『개혁주의 종말론』(The Bible and the Future, 부흥과개혁사 역

---

108) George Eldon Ladd, *The Pattern of New Testament Truth* (Grand Rapids: Eerdmans, 1968), 37. Ladd, *The Presence of the Future: The Eschatology of Biblical Realism* (Grand Rapids: Eerdmans, 1974)도 보라. 이 책은 그의 이전 책 *Jesus and the Kingdom* (New York: Harper & Row, 1964)의 개정판이다.

109) Ladd, *Pattern of New Testament Truth*, 14. Ladd, A *Commentary on the Revelation of John* (Grand Rapids: Eerdmans, 1972), 275; 같은 저자, A *Theology of the New Testament*, ed. Donald A. Hagner (rev. ed.; Grand Rapids: Eerdmans, 1993 [1974]), 681-83도 보라.

110) A. A. Hodge, *Outlines of Theology: Revised and Enlarged* (rev. ed.; New York: Hodder & Stoughton, 1878), 577-78(40장의 질문 1, 3에 대한 대답부터).

간)은 "새 땅"이라는 제목의 명쾌한 장으로 마무리되는데, 거기서 그는 "그리스도가 다시 오신 뒤에 하나님이 생겨나게 하실 새 땅—천 년뿐만 아니라 영원히 지속될 새 땅"에 대해 말한다.[111] 『국제 표준 성경 백과사전』(The International Standard Bible Encyclopedia)에 실린 캘빈 스쿤호번(Calvin Schoonhoven)의 1982년도 글인 "새 하늘"에서는 성경의 독특한 소망이 "창조세계의 구속"으로 특징지어진다고 명백히 진술하고 있다.[112] 훨씬 더 최근에도 번 포이스레스(Vern Poythress)는 "이 땅의 회복"으로서의 구원의 완성에 대한 자신의 강조 때문에 자기가 "지상적 무천년주의자"로 알려지기를 원한다.[113]

(역사적으로 무천년주의적인) 개혁주의 전통의 한 가지 중요한 갈래는 그 뿌리가 네덜란드의 신학자이자 정치가인 아브라함 카이퍼(Abraham Kuyper, 1837-1920년)로 거슬러 올라간다. 그는 프린스턴 신학대학원에서 있었던 1898년도 스톤 강좌로 북미에서 명성을 얻었는데, 거기서 영어권 교회에 기독교 세계관이라는 개념을 소개했다(이를 그는 "삶의 체계" 또는 "세계 및 인생관"이라고 불렀다).[114] 이 강연에서 카이퍼는 기독교 신

---

111) Anthony A. Hoekema, *The Bible and the Future* (Grand Rapids: Eerdmans, 1979), 276.

112) Calvin Schoonhoven, "Heavens, New," in *The International Standard Bible Encyclopedia*, vol. 2, ed. Geoffrey W. Bromiley et al. (Grand Rapids: Eerdmans, 1982), 656. Schoonhoven, *The Wrath of Heaven* (Grand Rapids: Eerdmans, 1966)도 보라.

113) Vern S. Poythress, "Currents within Amillennialism," *Presbyterion* 26 (2000): 21-25, http://www.frame-poythress.org/poythress_articles/2000Currents.htm. 일반적으로 개혁주의신학 전통 속에서 연구하면서 이 땅의 구속을 신봉하는 다른 학자들로는 Wesley Granberg-Michaelson, *A Worldly Spirituality: The Call to Redeem Life on Earth* (San Francisco: Harper & Row, 1984); Michael E. Wittmer, *Heaven Is a Place on Earth: Why Everything You Do Matters to God* (Grand Rapids: Zondervan, 2004) 이 있다.

114) 이 강연은 처음에는 1931년에 『칼뱅주의』라는 제목으로 어드만 출판사에서 출판되었고,

앙이 삶의 모든 영역에 끼쳐야 하는 총체적 영향을 설명했다.[115] 카이퍼가 기독교 대학, 신문, 정당을 시작한 매우 활발한 활동가였던 반면, 그의 동료 헤르만 바빙크(Herman Bavinck, 1854-1921년)는 전문적인 신학자였다. 바빙크는 (네덜란드어로 1895-1901년에 발간된) 『개혁 교의학』(Gereformeerde Dogmatiek, 부흥과개혁사 역간)에서 창조세계 구속에 대한 일관된 비전을 표현했다.[116] 바빙크에·따르면 "하나님의 영예는 그분이 죄로 인해 부패하고 오염된 바로 그 인간, 바로 그 세상, 바로 그 하늘, 바로 그 땅을 구속하시고 새롭게 하신다는 그 사실에 있다."[117] 땅의 구속에 대한 성경의 논리를 충분히 이해한 보다 최근의 네덜란드 신학자는 G. C. 베르카우어(G. C. Berkouwer)다. 베르카우어는 "새 땅"이라는 제목의 한 계몽적인 장에서 그리스도인들이 얼마나 쉽게 하늘이 자신의 최종 목적지라고 단순히 (그러나 그릇되게) 가정하는지를 진술하며[118] 이렇게 경고한다. "새 땅에 대한 기대가 부정되거나 상대화될 때 **이 땅 위에서의 삶의 의미는 붕괴된다.**"[119]

최근에는 Abraham Kuyper, *Lectures on Calvinism*라는 제목의 다른 판본으로 출판되었다.

115) 아브라함 카이퍼의 유산에 대해서는 Peter S. Heslam, *Creating a Christian World-view: Abraham Kuyper's Lectures on Calvinism* (Grand Rapids: Eerdmans, 1998); Richard J. Mouw, *Abraham Kuyper: A Short and Personal Introduction* (Grand Rapids: Eerdmans, 2011)을 보라.

116) Herman Bavinck, *Reformed Dogmatics*, vol. 4, *Holy Spirit, Church, and the New Creation*, ed. John Bolt, trans. John Vriend (Grand Rapids: Baker Academic, 2008); 이 책은 영어로는 다음 제목의 단권으로 발간되었다. *The Last Things: Hope for This World and the Next*, ed. John Bolt, trans. John Vriend (Grand Rapids: Baker Books, 1996).

117) Bavinck, *Reformed Dogmatics*, 4:717; *Last Things*, 137. *Reformed Dogmatics*, 4:715-30, chap. 18, "The Renewal of Creation"; *Last Things*, 155-69, chap. 7, "The Renewal of Creation"에 나오는 바빙크의 분석 전체를 보라.

118) Berkouwer, *Return of Christ*, 213-14.

119) 같은 책, 227(미들턴 강조). 베르카우어 책의 7장 "The New Earth"(211-34)는 지구 구

이런 카이퍼주의 내지 (때때로 알려진 바와 같이) 신칼뱅주의 전통은 20세기 중반에 미국과 캐나다에서 (토론토의 기독교 학문연구소를 포함해서) 기독교적으로 이 땅에서의 삶에 관여한다는 총체적 입장을 끊임없이 전파해온 다양한 단체와 모임을 낳았다.[120] 이런 전통에 영향을 받은 이들은 일반적으로 문화적·지적·정치적 참여에 대한 그들의 소명 의식의 근거를 성경적 가르침의 두 측면, 즉 문화 명령(창조세계의 청지기가 되어야 할 인간의 소명)과 우주적 구속에 대한 종말론적 비전에 두었다. 이런 전통에 입각하거나 큰 영향을 받고 땅의 최종 구속을 명시적으로 지지하는 현대 저술가들로는 브라이언 월시, 실비아 키이즈마트(Sylvia Keesmaat), 앨 월터스, 스티븐 보우머-프레디거(Steven Bouma-Prediger), 코넬리우스 플랜팅가(Cornelius Plantinga Jr.), 폴 마셜(Paul Marshall), 마이클 고힌(Michale Goheen), 크레이그 바톨로뮤(Craig Batholomew) 등이 있다.[121]

원의 주석적·신학적·윤리적 중요성에 대한 탁월한 분석이다.

120) 기독교 학문연구소에 대해서는 Robert E. VanderVennen, *A University for the People: A History of the Institute for Christian Studies* (Sioux Center, IA: Dordt College Press, 2008)를 보라.

121) 이런 저자들이 쓴 책들 중 대표적인 것은 다음과 같다. Brian J. Walsh and J. Richard Middleton, *The Transforming Vision: Shaping a Christian World View* (Downers Grove, IL: IVP Academic, 1984); Brian J. Walsh and Sylvia C. Keesmaat, *Colossians Remixed: Subverting the Empire* (Downers Grove, IL: IVP Academic, 2004); Sylvia C. Keesmaat, *Paul and His Story: (Re)Interpreting the Exodus Tradition* (Journal for the Study of the New Testament: Supplement Series 181; Sheffield: Sheffield Academic Press, 1999); Al Wolters, *Creation Regained: Biblical Basics for a Reformational Worldview* (Grand Rapids: Eerdmans, 1985; 2nd ed., 2005); Steven Bouma-Prediger, *For the Beauty of the Earth: A Christian Vision of Creation Care* (Grand Rapids: Baker Academic, 2001; 2nd ed., 2010); Cornelius Plantinga Jr., *Engaging God's World: A Christian Vision of Faith, Learning and Living* (Grand Rapids: Eerdmans, 2002); Paul Marshall, with Lela Gilbert, *Heaven Is Not My Home: Learning to Live in God's Creation* (Nashville: Thomas Nelson, 1999) 『천국만이 내 집은 아닙니다』(IVP 역간); Craig G. Bartholomew and Michael W. Goheen, *The Drama of Scripture: Finding Our Place in the Biblical Story* (Grand

카이퍼주의 전통은 1960년대 스위스에 문화에 대한 기독교적 고찰을 위한 비공식적인 연구 센터인 라브리를 세운 미국 선교사 프랜시스 쉐퍼가 촉진한 문화에 대한 총체적 접근방식의 원천이기도 하다. 쉐퍼는 암스테르담 자유대학의 한스 로크마커(Hans Rookmaaker)에게 영향을 받았는데, 로크마커는 카이퍼주의 전통에서 양육된 학자였다. 쉐퍼는 (그리스도의 죽으심이 "우리가 죽은 자들 가운데서 부활할 때…자연 전체를 구속할 것"이라고 밝히며) 새로워진 우주에 대한 소망을 그의 종말론의 핵심이라고 단언하게 되었다.[122] 그뿐 아니라 쉐퍼의 지적인 후계자들도 계속해서 같은 소망을 가르쳤으며 그들 중 일부는 세계 여러 지역에서 라브리 연구 센터와 관련되어 있다.[123] 쉐퍼의 초기 동료들 중 두 사람이 쓴 책의 제목은 적절하게도 『인간: 하나님의 형상』(Being Human: The Nature of Spiritual Experience, IVP 역간)인데, 이 제목은 이런 총체적 비전을 잘 보여준다.[124] 또한 네덜란드 라브리와 관련된 빔 리트커르크(Wim Rietkerk)는 이전 저작인 『미래의 큰 행성 지구』(The Future Great Planet Earth)를 확대한 책인 『천년왕국의 열병과 이 지구의 미래』(Millenium Fever and the Future of this Earth)를 썼는데, 두 책 모두 창조세계의 구원을 하나님의 궁극적 목적으로 명백히 옹호한다.[125]

Rapids: Baker Academic, 2004); Michael W. Goheen and Craig G. Bartholomew, *Living at the Crossroads: An Introduction to Christian Worldview* (Grand Rapids: Baker Academic, 2008).

122) Francis Schaeffer, *Pollution and the Death of Man: The Christian View of Ecology* (Wheaton: Tyndale House, 1970), 66.

123) 예를 들면 빔 리트커르크, 제람 바스(Jerram Barrs), 우도 미들먼(Udo Middlemann)은 우주의 구속과 윤리학에서의 그것의 의미라는 주제로 정기적으로 강연하고 있다.

124) Ranald Macauly and Jerram Barrs, *Being Human: The Nature of Spiritual Experience* (Downers Grove, IL: InterVarsity, 1978).

125) Wim Rietkerk, *The Future Great Planet Earth* (Landour-Mussoorie, India: Nivedit Good Books, 1989); 같은 저자, *Millennium Fever and the Future of This*

개혁주의 전통의 전형적인 무천년설과 대조적으로 이 전통에 속한 최근의 한 흐름은 일종의 후천년설을 옹호했다. 20세기 초중반에 시작된 (기독교 신정론이라고도 알려진) 기독교 재건운동은 이 세상(특히 미국)이 기독교화 할 것이고, 사회가 구약의 모세 율법에 따라 운영될 것이라는 승리주의적 형태의 천년왕국 소망을 가르쳤다(일부 재건주의자들은 심지어 부모에게 불순종하는 자녀를 돌로 치는 것[신 21:18-21을 보라]과 같은 모세 율법의 처벌까지 옹호했다).[126] 이런 형태의 승리주의는 그리스도를 위해 문화를 "장악"하라는 그리스도인들을 향한 요청에서 전면에 등장한다.[127] 초기 재건주의자들은 일반적으로 그들의 후천년설에 입각한 왕국을 최종 상태 (이것 또한 이 땅의 상태다)와 구별했지만, 재건주의 운동의 한 분파는 일관된 과거주의 내지 완전 과거주의로 알려진 입장으로 바뀌었다.[128]

구약학의 표준이 된 과거주의 해석에서는 예언서 문헌이 심판과 구원을 위해 하나님이 역사에 개입하신다는 메시지를 가지고 예언자 자신의 상황을 다루고 있는 것으로 해석한다. 신약 종말론에 대한 과거주의

Earth: Between False Expectations and Biblical Hope (Rochester, MN: Ransom Fellowship Publications, 2008), http://www.ransomfellowship.org/publications/MillenniumFeverPDF.pdf.

126) 기독교 재건운동의 기본적 문헌 두 권은 다음과 같다. Rousas John Rushdoony, Institutes of Biblical Law: A Chalcedon Study (Nutley, NJ: Craig, 1973); Greg L. Banhsen, Theonomy in Christian Ethics (Nutley, NJ: Craig, 1977). 이 운동에 대한 유익한 요약으로는 Rodney Clapp, The Reconstructionists (2nd ed.; Downers Grove, IL: InterVarsity, 1990)를 보라.

127) Gary North, The Dominion Covenant: Genesis (Tyler, TX: Institute for Christian Economics, 1982)를 보되, 특히 (그리스도를 위해 세상을 정복하라는 사명으로 해석된) 지상명령에 관한 마지막 장을 보라. TV 전도자 팻 로버트슨(Pat Robertson, 「700 클럽」의 진행자)으로 하여금 이전의 도피주의 휴거 신학에서 탈피하여 1988년 미국 대통령 선거전에 출마하게 한 것은 바로 이 재건주의 비전이었다.

128) 다양한 재건주의 및 과거주의 운동의 복잡한 상황은 Sam Frost, "A Brief History of Covenant Eschatology," Living Presence Journal 14, no. 2 (summer 2004), http://www.preteristarchive.com/StudyArchive/f/frost-samuel.html에 분석되어 있다.

접근법에서는 결과적으로 감람산 강화에 나오는 예수님의 예언(마 24장; 막 13장)이나 요한계시록에 나오는 요한의 예언을 주로 당대의 사건과 쟁점을 다루고 있는 것으로 이해한다. 이는 (대부분은 아니더라도) 많은 신약학자의 입장이기는 하다. 하지만 덧붙여 말하자면, 대부분의 학자들은 예수님과 요한이 재림 때의 최종적인 우주적 성취도 바라보고 있었다고 주장할 것이다.

그러나 일관된 과거주의자들은 모든 예언이 성취되었고(재림은 이미 발생했고), 따라서 우리는 이미 새 하늘과 새 땅에 있다고 주장한다.[129] 남아 있는 것은 시간의 경과에 따른 하나님 나라의 점진적이고 단계적인 도래뿐이며, 하나님 나라의 도래는 개인적·사회적 악의 궁극적 정복으로 귀결될 것이다.[130] 이것은 이 책에서 옹호하고 있는 입장이 아니라는 점을 분명히 밝힌다.

우주의 구속은 감리교의 신학 전통에 속한 많은 이들 사이에서도 중요한 신학 모티프다.[131] 예를 들면 신학자 하워드 스나이더는 1977년에 쓴 책 『왕의 공동체』(The Community of the King)에서 새 창조에 대한 원숙한 웨슬리의 비전으로 다시 돌아가 총체적이고 현세적인 "하나님 나라 의식"을 제안했다. 또한 최근 2007년에는 "구원은 치유된 창조세계를 의

---

129) 이 입장의 가장 일관된 주장 중 하나는 19세기의 저작인 James Stuart Russell, *The Parousia: A Critical Inquiry into the New Testament Doctrine of Our Lord's Second Coming* (London: Dalby, Isbister, 1878[및 이후의 판본들])에 담겨 있다. 이 책은 20세기에 일관된 자세로 과거주의를 옹호한 많은 사람에게 상당한 영향을 끼쳤고, 베이커북스 출판사와 국제 과거주의 협회에서 이 책의 재판을 찍어냈다.
130) 일관된 과거주의의 후천년설과 대중적인 세대주의의 휴거 신학은 가장 양극화된 종말론적 입장일 뿐만 아니라, 오늘날의 종말론에서 (인터넷이 그 증거라면) 가장 날카로운 목소리다.
131) Maddox, "Anticipating the New Creation"; Theodore Runyon, *The New Creation: John Wesley's Theology Today* (Nashville: Abingdon, 1998).

미한다"라는 글에서 우주의 구속을 핵심으로 삼았는데, 이 글은 같은 제목을 가진 공동 저서로 확대되었다.[132] 풍부한 석의 내용으로 뒷받침된 이와 비슷한 총체적인 신학적 움직임은 감리교 신약학자 조엘 그린(Joel Green)과 앤디 존슨(Andy Johnson)의 저작에서도 발견된다.[133]

우주의 구속을 보여주는 성경적 비전에 대해 되살아난 이런 인식은 개혁주의나 감리교 전통에만 한정되지 않는다. 예를 들면 침례교 신학자 러셀 D. 무어(Russel D. Moore)는 다음과 같은 점을 강조한다. "복음의 핵심은 우리가 죽을 때 하늘로 갈 것이라는 내용이 아니다. 대신 하늘이 내려와 땅과 우주 전체를 변화시키고 새롭게 할 것이라는 내용이다."[134]

다양한 신학적 갈래에 속한 많은 현대 성경학자들이 성경이 내세의

---

132) Howard A. Snyder, *The Community of the King* (Downers Grove, IL: InterVarsity, 1977), 특히 1장("Kingdom Consciousness"); 같은 저자, "Salvation Means Creation Healed: Creation, Cross, Kingdom, and Mission," *Asbury Journal* 62 (2007): 9-47; Howard A. Snyder with Joel Scandrett, *Salvation Means Creation Healed: The Ecology of Sin and Grace; Overcoming the Divorce between Earth and Heaven* (Eugene, OR: Cascade, 2011). Maddox, "Anticipating the New Creation"; Runyon, *New Creation*도 보라.

133) Joel B. Green, *Salvation* (Understanding Biblical Themes; St. Louis: Chalice, 2003); 같은 저자, *Why Salvation?* (Reframing New Testament Theology; Nashville: Abingdon, 2014); Andy Johnson, "Turning the World Upside Down in 1 Corinthians 15: Apocalyptic Epistemology, the Resurrected Body, and the New Creation," *Evangelical Quarterly* 75 (2003): 291-309; 같은 저자, "The 'New Creation,' the Crucified and Risen Christ, and the Temple: A Pauline Audience for Mark," *Journal of Theological Interpretation* 1 (2007): 171-91; Phil Hamner and Andy Johnson, "Holy Mission: The 'Entire Sanctification' of the Triune God's Creation," *Didache* 5 (2005): 1-8, http://media.premierstudios.com/nazarene/docs/didache_5_1_holy_mission.pdf. 나는 비록 그동안 신칼뱅주의/카이퍼주의 전통의 영향을 상당히 받았지만, 나 자신의 위치를 감리교의 신학적 전통으로 규정한다. 사실 총체적 구원의 관점에서 두 전통은 하나로 모인다.

134) Russell D. Moore, "Personal and Cosmic Eschatology," in *A Theology for the Church*, ed. Daniel L. Akin (Nashville: B&H, 2007), 913.

부록 | 새 땅은 어떻게 되었는가?

467

하늘이 아닌 새로워진 땅을 가르친다는 점을 분명히 밝히기 시작하고 있다. T. 데스몬드 알렉산더(T. Desmond Alexander)나 그레그 빌(Greg Beale) 같은 일부 학자들은 그들의 저작에서 이 주제에 눈에 띄는 지위를 부여한다.[135] (몇 명만 언급하자면) 로버트 마운스(Robert Mounce), 앨런 존슨(Alan Johnson), 더글러스 무(Douglas Moo) 같은 학자들의 경우에는 이 주제에 대한 그들의 발언을 어디서 찾아야 할지 알 필요가 있는데, 보통은 성경 주석이나 특정한 성경본문에 대한 글에서 볼 수 있다.[136] 주의 깊게 살펴보면 20세기 초에 글을 쓴 (무디 성서신학원에서 가르친) 케네스 뷔스트(Kenneth Wuest)나 19세기 초에 글을 쓴 애덤 클라크(Adam Clark, 영국의 감리교 학자) 같은 이전 세대의 성경학자들 가운데서도 총체적 구속에 대한 표현을 발견할 수 있다.[137]

---

135) T. Desmond Alexander, *From Eden to the New Jerusalem: An Introduction to Biblical Theology* (Grand Rapids: Kregel, 2009); G. K. Beale, *The Temple and the Church's Mission: A Biblical Theology of the Dwelling Place of God* (New Studies in Biblical Theology 17; Downers Grove, IL: IVP Academic, 2004); 같은 저자, *A New Testament Biblical Theology: The Unfolding of the Old Testament in the New* (Grand Rapids: Baker Academic, 2011); 같은 저자, *The Book of Revelation* (New International Greek Testament Commentary; Grand Rapids: Eerdmans, 1998).

136) Robert H. Mounce, *The Book of Revelation* (rev. ed., New International Commentary on the New Testament; Grand Rapids: Eerdmans, 1998), 384, 385, 401; Alan F. Johnson, "Revelation," in *The Expositor's Bible Commentary*, vol. 12 (Grand Rapids: Zondervan, 1981), 592; Douglas J. Moo, "Creation and New Creation," *Bulletin for Biblical Research* 20 (2010): 39-60; 같은 저자, "Nature in the New Creation: New Testament Eschatology and the Environment," *Journal of the Evangelical Theological Society* 49 (2006): 449-88.

137) Kenneth Wuest, *Romans in the Greek New Testament for the English Reader* (Grand Rapids: Eerdmans, 1955), 137-38; 다음 책의 일부로 재판되었다. *Wuest's Word Studies from the Greek New Testament for the English Reader*, vol. 1 (Grand Rapids: Eerdmans, 1973); Adam Clarke, *The New Testament of Our Lord and Saviour Jesus Christ* (Philadelphia: Thomas, Cowperthwait, 1844), 457(이 책은 원래 1820-1826년에 발간된 클라크의 신구약 주석 중 세 권의 신약 주석을 한 권으로 편집한

최근에 창조세계의 구속에 대한 신약의 가르침을 톰 라이트만큼 널리 알린 성경학자도 다시 없을 것이다.[138] 특히 라이트는 종말론에 관한 엄청나게 인기 있는 저서 『마침내 드러난 하나님 나라』(Surprised by Hope, IVP 역간)와 보다 학구적인 연구서인 『하나님의 아들의 부활』(The Resurrection of the Son of God, 크리스챤다이제스트 역간)에서 이 주제에 대해 전 세계의 교회에 최고의 교사가 되어, 하늘에서와 같이 땅 위에도 임할 하나님 나라에 대한 성경의 비전이 지닌 윤리적이고 심지어 정치적인 의미를 유익하게 강조했다.[139] 라이트가 『하나님은 어떻게 왕이 되셨나』에서 표현한 대로 정통 기독교 교리는 "구원받은 영혼들을 창조질서로부터 구원하는 것이 아니라 하나님의 창조질서 자체에 대한 구원"을 주장한다.[140]

것이다. 클라크의 주석은 여러 다양한 판으로 발간되었다).

138) N. T. 라이트는 심지어 스티븐 콜버트(Stephen Colbert)와의 인터뷰에서 「콜버트 리포트」(Colbert Report, 2008년 6월 19일)에 이런 비전을 홍보하기까지 했다(라이트의 책 『마침내 드러난 하나님 나라』에 대해서는 다음 각주를 보라). http://thecolbertreport. cc.com/videos/m7daav/bishop-n-t-wright.

139) N. T. Wright, Surprised by Hope: Rethinking Heaven, the Resurrection, and the Mission of the Church (San Francisco: HarperOne, 2008); 같은 저자, The Resurrection of the Son of God (Christian Origins and the Question of God 3; Minneapolis: Fortress, 2003). 라이트가 런던의 스펄전 대학에서 행한 덜 알려진 불멸성에 관한 드루 강좌도 이와 관련된다. 이 강좌는 New Heavens, New Earth: The Biblical Picture of Christian Hope (Grove Biblical Booklets 11; Cambridge: Grove Books, 1999)라는 제목으로 출판되었다. 이 24쪽짜리 소책자를 약간 고친 개정판이 "New Heavens, New Earth," in Called to One Hope: Perspectives on Life to Come; Drew Lectures on Immortality Delivered at Spurgeon's College, ed. John Colwell (Carlisle: Paternoster, 2000), 31-51으로 출간되었다.

140) N. T. Wright, How God Became King: The Forgotten Story of the Gospels (San Francisco: HarperOne, 2012), 17(이 책은 라이트가 가장 잘 쓴 책들 가운데 하나다). 라이트가 문화와 구원에 대한 총체적 관점을 최초로 표현한 글은 뉴캐슬어폰타인 교구를 위한 사순절 묵상 시리즈로 쓴 New Tasks for a Renewed Church (London: Hodder & Stoughton, 1992)에서 발견된다.

많은 이들이 감람산 강화에 나오는 예수님의 가르침에 대한 톰 라이트의 해석(라이트는 이를 기원후 70년의 예루살렘 멸망과 관련짓는다)이나 유대 묵시문헌에 대한 (역사적 사건에 대한 비유적 서술이라는) 그의 묘사를 일반화하여, 라이트를 완전 과거주의자 내지 일관된 과거주의자로 오해했다.[141] 그러나 이미 1999년에 라이트는 자신이 미래에 있을 그리스도의 우주적인 오심을 부인하지 않는다는 사실을 설명하려 했다. "(나는 이 점에 대해 자주 오해를 받아왔으므로) 이 점을 최대한 분명하게 말하겠다."[142] 라이트는 분명 예수님의 가르침이 예루살렘의 멸망에서 절정에 이르는 임박한 미래의 심판에 초점을 맞추고 있었다고 생각하지만, 예수님은 최종적인 우주적 구속도 고대하셨다는 점을 인정한다(예컨대 다가올 만물의 재탄생 내지 갱신에 대한 마 19:29에 나오는 예수님의 언급). 실제로 라이트는 다음과 같이 분명히 주장한다. "창조자 하나님이 마지막에 온 우주를 재창조하실 것이며, 예수님이 그 새로운 세상의 중심에 계실 것이라는 믿음은 신약에 깊고 확고하게 뿌리를 두고 있다."[143]

---

141) 묵시 문헌에 대한 라이트의 견해에 대해서는 *The New Testament and the People of God* (Christian Origins and the Question of God 1; Minneapolis: Fortress, 1992), 280-86을 보라.

142) Wright, *The Challenge of Jesus: Rediscovering Who Jesus Was and Is* (Downers Grove, IL: InterVarsity, 1999), 117.

143) 같은 책. 어떻게 (1983년부터) 이원론적 세계관에서 현재 그를 유명하게 만든 총체적 관점으로 생각을 바꾸게 되었는지에 대한 라이트 자신의 설명을 보려면, 자전적 글인 "My Pilgrimage in Theology," *Themelios* 18 (1993): 35 (http://www.ntwrightpage.com/Wright_My_Pilgrimage.htm)을 보라. 이 글에서 명시적으로 언급되지는 않았지만, 이원론에서 총체적 세계관으로의 변화를 이끈 자극제 중 하나는 브라이언 월시와 내가 『그리스도인의 비전』을 쓰는 동안 라이트가 맥길 대학교에서 월시와 나눈 일련의 대화였다. 월시와 내가 총체적 구원에 대해 쓴 초기 저작이 라이트의 총체적인 종말론적 비전의 발전 과정에 약간이라도 기여했을지 모른다고 생각하니 흐뭇하다(이에 대해 더 알고 싶으면 http://jrichardmiddleton.wordpress.com/2014/04/23/the-tom-wright-connection-part-4/을 보라).

땅의 구속이라는 개념은 성경학자들과 전문 신학자들의 분야로
만 머물지 않았다. (뉴욕 시 리디머 장로교회 목사인) 티모시 켈러(Timothy
Keller)의 표현대로 "성경은 미래가 비물질적인 '낙원'이 아니라 새 하늘
과 새 땅이라고 가르친다. 요한계시록 21장에서 우리는 인간들이 이 세
상에서 하늘로 옮겨지는 모습을 보는 것이 아니라, 하늘이 내려와서 이
물질 세계를 깨끗이 하고 새롭게 하며 완전하게 하는 모습을 본다."[144]
총체적 종말론은 존 엘드리지(John Eldredge)의 『욕망으로의 여행』(The
Journey of Desire, 좋은씨앗 역간)이나 랜디 알콘(Randy Alcorn)의 『헤븐』
(Heaven, 요단출판사 역간. 비록 알콘이 "하늘"이라는 말을 새 창조를 뜻하는 말
로 계속해서 사용한다는 사실이 문제를 약간 혼란스럽게 만드는 경향이 있지만)
과 같은 다른 대중적 저술에서도 발견된다.[145] 그리고 이것은 빙산의 일
각일 뿐이다.[146]

특별히 강력한 한 가지 시대의 징조는 (1970년대의 빌리 그레이엄에게
서 그 유산을 추적할 수 있는) 세계 복음화를 위한 로잔 위원회에서 2005
년에 총체적 종말론의 경향을 보이는 특별 문건을 발간했다는 점이다.
이 문건의 저자들은 기독교 영성과 세계 복음화의 관계를 논의하는 중
에 이렇게 선언한다. "대중적인 기독교 종말론은 창조세계에 대한 파괴
적이고 부정적인 견해를 지닌 반면 성경적 관점은…창조세계에서 죄와

---

144) Timothy Keller, *The Reason for God: Belief in an Age of Skepticism* (New York: Riverhead Books, 2008), 32.

145) John Eldredge, *The Journey of Desire: Searching for the Life We've Only Dreamed Of* (Nashville: Thomas Nelson, 2000), chap. 7, "The Great Restoration"; chap. 9, "The Adventure Begins"; Randy Alcorn, *Heaven* (Wheaton: Tyndale House, 2004).

146) John W. Schoenheit, *The Christian's Hope: The Anchor of the Soul—What the Bible Really Says about Death, Judgment, Rewards, Heaven, and the Future Life on a Restored Earth* (Indianapolis: Christian Educational Services, 2001)에서는 휴거와 새 땅 종말론의 기이한 조합이 발견된다.

악을 제거하고 총체적 창조를 추구하는 종말론을 지향한다."[147] (역사적으로 생명선 신학을 가진 D. L. 무디와 비슷한 목소리를 낸) 빌리 그레이엄(Billy Graham)과 관련된 단체가 이 세상의 구속을 긍정하는 문서를 발간했다면, 이는 우리가 패러다임 전환의 한가운데 있다는 분명한 표지다.[148]

물론 이런 전환이 우리가 살아 있는 동안 완결될 것이라는 보장은 없다. 그러나 창조세계를 구속하시려는 하나님의 의도에 대한 일관된 성경의 비전과 이 점에 대한 교회의 변화무쌍한 역사를 감안할 때, 나는 오늘날의 그리스도인들이 우리의 종말론 형태에 대해 진지하게 성찰할 때가 무르익었다고 믿는다. 이런 종말론은 땅의 번영을 위한 하나님의 원래 의도에서 시작하여 이 땅의 삶을 원래 의도대로 회복시키려는 하나님의 구속적 목적—그리스도를 통해 성취되는 목적—에서 절정에 이르는 성경 역사 전체에 확고하게 바탕을 두어야 한다. 특히 우리는 이런 성경적 종말론의 강력한 윤리적 함의를 붙들고 씨름하며, 미래에 대한 총체적 비전이 어떻게 하나님의 세상에서 자비로우면서도 담대한 구속적 삶의 원동력과 바탕이 될 수 있는지를 탐구할 필요가 있다.

---

147) Philip Johnson et al., "Religious and Non-Religious Spirituality in the Western World ('New Age')" (Lausanne Occasional Paper 45; Sydney, Australia: Lausanne Committee for World Evangelization and Morling Theological College, 2005): 27. 이 문서는 태국 파타야에서 열린 세계 복음화를 위한 2004년 포럼을 위해 16조 현안 모임에서 낸 70쪽짜리 문서다. http://www.lausanne.org/documents/2004forum/LOP45_IG16.pdf.

148) 세계 복음화를 위한 로잔 위원회는 1974년에 스위스 로잔에서 열린 세계 복음화에 관한 국제 회의에서 나왔고, 이 회의는 빌리 그레이엄의 추진으로 조직되었다(http://www.lausanne.org/about.html을 보라).

새 하늘과 새 땅

저자 색인

A

Adams, Edward(애덤스, 에드워드) 285, 293-296, 304n.51, 305n.52

Aristotle(아리스토텔레스) 50-51, 58, 444, 445n.59

Augustine of Hippo(아우구스티누스) 51, 52, 370, 440-443, 445, 460

B

Bavinck, Herman(바빙크, 헤르만) 462

Berkouwer, G. C.(베르카우어) 251n.25, 322n.4, 453n.88, 462

Blaising, Craig(블레이싱, 크레이그) 341n.26, 454n.89, 458-459

Bock, Darrell(보크, 대럴) 458-459

C

Calvin, John(칼뱅, 장) 446-448, 460

Carey, William(캐리, 윌리엄) 448

Crouch, Andy(크라우치, 앤디) 36n.2, 65n.10, 258, 259n.35

Cullmann, Oscar(쿨만, 오스카) 208n.20, 231-232, 355

D

Darby, John Nelson(다비, 존 넬슨) 341, 453-454

E

Edwards, Jonathan(에드워즈, 조너선) 448-449

Erasmus(에라스무스) 240-241

Eusebius(에우세비우스) 431, 440-441

F

Fairbairn, Donald(페어번, 도널드) 25, 26n.10, 439n.43

Finney, Charles Grandison(피니, 찰스그랜디슨) 422, 448, 449

Fujiura, Makoto(후지우라, 마코토) 258

G

Graham, Billy(그레이엄, 빌리) 471, 472

I

Irenaeus(이레나이우스) 432n.14, 433nn.15,17, 435-436, 438-439

J

Joachim of Fiore(요아킴, 피오레의) 445

Jordan, Clarence(조던, 클래런스) 419

Justin Martyr(순교자 유스티누스) 432n.14, 434, 435, 438, 439

Juza, Ryan(주자, 라이언) 286, 287, 288n.27, 293

성경 색인

새 하늘과 새 땅

6:7 132, 135, 260

6:8 132

6:11 239, 246

7:3-4 121

7:5 135

7:17 135

8:10 135

8:19 121

8:22 135

9:3 121

9:14 135

9:16 135

9:29 135

10:2 135

10:7 135

13:21-22 165

14:4 135

14:13 123

14:14 121

14:16 123

14:18 135

14:30 117

15:1 123n.14, 124n.14

15:1-18 123n.14, 159

15:2 117

15:3 121

15:6 124

15:7 121

15:8 121, 133

15:10 124, 125n.18

15:11 122, 125

15:13 117, 130, 238

15:13-17 126

15:17 130

15:18 364n.5

15:20-21 123n.14

15:21 124n.14

16:11-36 385

18:13-26 148

18:15-16 148

19 95, 104, 148, 160

19:3-6 92, 399

19:4-5 128

19:4-6 95

19:5 135

19:5-6 104

19:6 69, 95n.15, 135, 247

19:9 160

19:10 160

19:12-13 161

19:16 161

19:16-20 159

19:18 161

19:21 161

19:22 160

19:23 161

19:24 161

20:1-17 127

20:2 128

20:2-3 142

20:4-6 142

20:7-17 143

20:23 142

21:1-11 383

21:1-23:19 127, 143

22:1 130

22:21-24 129

22:25-27 129

23:9 129

23:10-11 383

23:11 384-385

24:7 127

25-30 247

25-31 94

25-40 247

29:45-46 131, 157, 253

31 72

31:2-5 72

31:3 72n.21

32-34 94, 131, 247

32:11-14 131

33:14-16 131

34:6 121n.11

35 72

35-40 94

35:30-35 72

35:31 72n.21

40:34-35 73, 247

40:36-38 247

40:38 247

레위기

17:11 350

18:24-28 142

19:18 151, 401n.6

19:33-34 129

19:34 401n.6

20:22 142

25:1-7 383

25:8 383

25:10 382-384

25:11-12 383

25:13 384

25:14 401

25:15 401

새 하늘과 새 땅

새 하늘과 새 땅

3:25-26 101

5:34 221n.37

7:48 325n.6

7:49-50 325n.6

7:60 196n.5

8:32-34 125n.20

10:39-41 194

15 147n.10, 424n.26

15:4 424n.26

15:7-12 424n.26

15:15-18 424n.26

15:19-20 424n.26

17:24 325n.6

17:24-29 219

17:30 219

17:31 219

23:6-10 228

24:15 205n.15

27:58 221n.37

28:15 336

로마서

1:2-4 194

4:13 222

4:23-25 194

5:12-19 100, 248

5:17 222

6:4-5 194

7:4 194

8 237n.7, 238n.9, 298, 432

8:11 194

8:13 311n.57

8:17 216

8:18-25 410n.11

8:19-22 41, 450, 450n.79

8:19-23 119, 236, 237, 243

8:21 122, 446, 447, 449

8:23 23, 119

8:29 222

10:9 194

10:13 121

11:15 204

11:17-24 103

12:1-2 61

고린도전서

2:9 320, 321, 322, 326, 329

2:10 322

3:10 292

3:10-15 292

3:12 292

3:13 292

3:14 292

3:15 292

3:16-17 250

6:1-6 215

6:14 194

6:19 250

7:39 196n.5

11:17-33 415n.13

11:30 196n.5

12:12-27 250

15 194, 194n.1, 202, 205n.15, 213, 229, 251, 303, 304, 333n.11, 338

15:6 196n.5

15:12 194n.1

15:20 41

15:20-23 222

15:23 319n.1

15:24-26 315

15:24-28 41, 122, 433n.16

15:26 40

15:28 315

15:36-37 303

15:42 303, 323n.5

15:49 104

15:50 304, 323n.5

15:51 303

15:51-52 333n.11, 337, 338n.20

15:52 303, 304

15:52-54 214

15:53-54 304

15:54 40, 214n.27, 226n.41

15:58 194n.1

고린도후서

1:9 194

3:8-18 300n.48

3:18 103, 250.

4:4-6 100, 248

4:8-5:10 346

4:14 194, 347

5:1-2 346, 347

5:1-5 321, 324, 325

5:3-4 347

5:5-6 355

5:6-9 345, 346, 347, 348

5:8 347

5:10 153, 311n.57, 346

5:15 194

새 하늘과 새 땅

새 하늘과 새 땅

변혁적–총체적 종말론 되찾기

Copyright © 새물결플러스 **2015**

1쇄 발행	2015년 7월 27일
5쇄 발행	2022년 5월 30일

지은이	J. 리처드 미들턴
옮긴이	이용중
펴낸이	김요한
펴낸곳	새물결플러스

편 집	왕희광 정인철 노재현 정혜인 이형일 나유영 노동래
디자인	박인미 황진주
마케팅	박성민 이원혁
총 무	김명화 이성순
영 상	최정호 곽상원
아카데미	차상희

홈페이지	www.holywaveplus.com
이메일	hwpbooks@hwpbooks.com
출판등록	2008년 8월 21일 제2008-24호
주 소	(우) 04118 서울시 마포구 마포대로19길 33
전 화	02) 2652-3161
팩 스	02) 2652-3191

ISBN 979-11-86409-19-0 93230

책값은 뒤표지에 있습니다.